Ullst

ÜBER DAS BUCH:

War Königin Christine von Schweden eine pflichtvergessene Monarchin und krankhafte Egozentrikerin, die »größte Hure aller Zeiten« oder eine unabhängige Frau, die sich mutig über erstarrte Konventionen hinwegsetzte? Die Tochter Gustav Adolfs, des protestantischen Helden des Dreißigjährigen Krieges, trat zum Katholizismus über. Sie verspottete die Sklaverei der Ehe und liebte einen Kardinal bis zur Selbstverleugnung. Der glühenden Frömmigkeit des Barock ebenso hingegeben wie seiner Sinnlichkeit, galt ihr doch die Vernunft stets als höchste Tugend… David Eriksson, Sekretär und Vertrauter der Königin, beschreibt sein Leben an Christines Seite aus der Erkenntnis heraus, daß ohne Liebe alles Wissen über einen Menschen Stückwerk bleibt.

DIE AUTORIN:

Sigrid Grabner, 1942 in Tetschen an der Elbe geboren. 1961 Abitur in Halle. Studium der Indonesienkunde und Kulturwissenschaft an der Humboldt-Universität zu Berlin; 1972 Promotion. Seit 1974 freischaffende Schriftstellerin; lebt in Potsdam. Veröffentlichungen: *Hochzeit in der Engelsburg*. Frauen in der italienischen Geschichte, *Mahatma Gandhi*. Politiker, Pilger und Prophet u. a.

Sigrid Grabner

DIE REBELLIN

Königin Christine von Schweden

Historischer Roman

Ullstein

ein Ullstein Buch
Nr. 23711
im Verlag Ullstein GmbH,
Frankfurt/M – Berlin

Ungekürzte Ausgabe
Titel der gebundenen Erstausgabe: Christine. Rebellin auf Schwedens Thron

Umschlagentwurf:
Theodor Bayer-Eynck
unter Verwendung einer
kolorierten Radierung
Kungl. biblioteket, Stockholm

Printed in Germany 1995
Druck und Verarbeitung:
Elsnerdruck, Berlin
ISBN 3 548 23711 8

Oktober 1995
Gedruckt auf alterungsbeständigem Papier mit
chlorfrei gebleichtem Zellstoff

Von derselben Autorin
in der Reihe
der Ullstein Bücher:

Mahatma Gandhi (34941)

Die Deutsche Bibliothek – CIP-Einheitsaufnahme

Grabner, Sigrid:
Die Rebellin : Königin Christine von Schweden ; historischer
Roman / Sigrid Grabner. – Ungekürzte Ausg. – Frankfurt/M ;
Berlin : Ullstein, 1995
(Ullstein-Buch ; Nr. 23711)
ISBN 3-548-23711-8
NE: GT

Für Gerda Wilmanns

PROLOG

Der Kardinal ist tot. Vor dem Palazzo im Borgo drängen sich die Schaulustigen. Geschoben von der Menge, konnte ich nur einen kurzen Blick auf den Toten werfen. Sein Gesicht wirkte beinahe heiter. Der Tod muß als Freund zu ihm gekommen sein.

Mit dem heutigen Tag geht ein Zeitalter zu Ende. Mehr als ein Vierteljahrhundert waren die Königin und der Kardinal die geheimen Herrscher Roms. Vor sieben Wochen starb die Königin. Obwohl ihr Verlust den Kardinal schwer traf, hätte niemand vermutet, daß er ihr so schnell ins Schattenreich folgen würde.

Nach der Beisetzung der Königin hatte mich der Kardinal rufen lassen. Als ich das Arbeitskabinett betrat, stand er vor einem Gemälde, das die selige Königin darstellte. Er stützte sich schwer auf einen Stock, seine Hand zitterte. Da mein Gruß ohne Antwort blieb, wollte ich mich wieder zurückziehen.

»Wie lange kennen wir uns, David?« fragte er, ohne die Augen von dem Bild zu wenden. Er fuhr sich mit einem Tuch über Mund und Stirn, die Perücke verrutschte, der noch kräftige Haaransatz wurde sichtbar.

Die Königin mochte Perücken nicht. In ihrer Gesellschaft hatte ich den Kardinal zuweilen ohne eines dieser Lockenungetüme angetroffen. Jetzt war sein braunes Haar weiß.

Der Kardinal atmete schwer, der Stock entglitt seiner Hand. Ich führte ihn zu einem Stuhl und wollte den Arzt rufen. Ärgerlich winkte er ab und wiederholte seine Frage.

»Im vergangenen Winter waren es dreiunddreißig Jahre, Eminenz.«

Der Kardinal schien über diese Antwort ebenso verwundert wie ich. »Was werden Sie jetzt tun?«

Ich wußte es nicht. Bisher hatte die Königin für mich gesorgt, denn die Päpstliche Universität zahlt ihren Professoren ein kärgliches Salär. Während ich noch nach den rechten Worten suchte, meine Lage zu schildern, fuhr der Kardinal fort: »Treten Sie in meine Dienste. Ich werde Sie nicht über Gebühr beanspruchen. Sie sind zwar etliche Jahre jünger als ich, doch auch schon in einem Alter, da man der Schonung bedarf. Der schriftliche Nachlaß der Königin ist zu ordnen. Wer könnte das besser als Sie.«

Mehr als das Angebot überraschte mich der bittende Ton, in dem es vorgetragen wurde. Bei aller Verbindlichkeit war der Kardinal ein befehlsgewohnter Mann. Wir schätzten einander, aber achteten auf Abstand.

Ich nahm die Stellung mit Freuden an, enthob sie mich doch der Sorgen um das tägliche Brot und erlaubte mir, mich noch einige Zeit in den Räumen der Königin aufhalten zu können.

Zum Abschied übergab mir der Kardinal einen Brief der Königin. »Lesen Sie ihn, wenn Sie allein sind.« Als ich das Knie beugte, zog er mich zu sich empor und umarmte mich.

Ich ritt zum Palazzo an der Lungara zurück, um im Garten ungestört den Brief der Königin lesen zu können. Lange zögerte ich, das Siegel zu erbrechen.

»Caro amico ...«, lieber Freund. So hatte mich die Königin oft genannt. Der Brief war Mitte März datiert. In jenen Tagen genas Christine von ihrer schweren Krankheit. Jeden Vormittag saß ich eine Stunde an ihrem Lager. Wir unterhielten uns über vergangene Zeiten. Ich glaubte, daß sie bald wieder ihr gewohntes Leben aufnehmen würde. Nur einmal beschlichen mich dunkle Ahnungen, als sie sagte: »Wenn ich dich gekränkt habe, David, verzeih mir.« Das war nicht ihre Art. Ich beteuerte, ich würde immer die Stunde preisen, da ich in ihre Dienste hatte treten dürfen. Sie drohte mir mit dem Finger, grundlos, denn sie wußte, daß ich Schmeicheleien verabscheute, lachte dann und entließ mich mit den Worten, für ihre Freunde sei sie nicht die Königin, sondern einfach: Christine.

»Caro amico, wenn Du diese Worte liest, weile ich nicht mehr unter den Lebenden. Mir bleiben nur noch wenige Tage, wie sehr der Anschein auch dagegen spricht ... Du gehörst zu den Wenigen, die mir durch Jahrzehnte treu gedient haben. Vielleicht kennt mich nicht einmal der Kardinal so gut wie Du. Nirgendwo erkannte ich mich deutlicher als in Deinen dunklen jüdischen Augen. Sie waren ein Spiegel meiner Seele. Sie verbargen nicht Trauer, wenn ich litt, nicht Widerstand, wenn Du mir nicht zustimmen konntest, nicht Freude, wenn ich glücklich war. Daß Du mir niemals geschmeichelt hast wie so viele andere, sondern bis zum Schmerz aufrichtig gewesen bist, war mir in all den Jahren ein Geschenk.

Weder Titel noch Reichtümer, womit ich so viele Unwürdige versah, hast Du in meinem Dienst erworben. Ich habe nicht gewagt, Deinen Stolz durch Almosen zu beleidigen. So bist Du immer ein freier Mann geblieben und mir ein wahrhafter Freund geworden. Damit Du es bleiben kannst, setze ich Dir eine Rente aus, von der Du bis ans Lebensende, das noch weit entfernt sein möge, sorgenfrei leben kannst. Der Kardinal als mein Haupterbe wird alles Notwendige veranlassen. Bist Du doch einer der Wenigen, die vor seinen gestrengen Augen stets Gnade gefunden haben. Gott schütze dich. Christina Alexandra.«

Ich alter Mann saß auf der Bank und weinte wie ein Kind. Später lief ich durch die Stadt, um meiner Herr zu werden. Ich folgte dem Strom der Pilger über die Engelsbrücke und fand mich vor dem Grab der Königin in Sankt Peter wieder. Wie lange ich dort blieb, weiß ich nicht, ich weiß nur, daß mich irgendwann das verzweifelte Gefühl überkam, nirgendwo Christine ferner zu sein als an ihrem Grab.

Was gäbe ich darum, wenn die Königin entsprechend ihrem Wunsch im Pantheon bestattet worden wäre – unter der großen Kuppelöffnung, durch die Tag und Nacht der römische Himmel eintritt, in dem Mauerrund zwischen edlen korinthischen Säulen. Jenes Bauwerk, das die Römer einst zur Ehre aller Götter erbauten, wäre die angemessene Ruhestätte für die Königin gewesen. Aber der Papst hat anders entschieden. Einer Monarchin, die der Ketzerei abgeschworen und um des rechten Glaubens willen auf einen Thron verzichtet habe, so ließ er wissen, gebühre ein Platz in der Nähe des Petrusgrabes. Daß Christine niemals eine demütige Tochter der Kirche gewesen ist und sie den Nachfolgern Petri, vor allem dem jetzigen elften Innozenz, so oft die Stirn geboten hat, ist vergessen. Die Tote kündet nur noch vom Triumph des katholischen Glaubens.

Wieder im Garten der Königin, schenkte mir die Natur den Trost, den ich in Sankt Peter vergeblich gesucht hatte. Die Sonne versank hinter dem Gianicolo, mit den Fledermäusen kam die Nacht.

Was bleibt von der Königin, fragte ich mich. Handschriften, Bücher, die sie gelesen, Kunstwerke, die sie betrachtet hat? Die Zeit wird sie zerstreuen. Christines tiefe Stimme, der rasche Gang, das Feuer ihrer Augen, der scharfe Verstand? Wenn der letzte stirbt, der sie gekannt hat, werden sich auch diese Erinnerungen verlieren. Was bleibt?

Auf dieser Welt vergeht nichts, es wandelt sich nur eins ins andere. Der Leib wird zu Erde. Die Erde nährt die Pflanzen. Pflanzen dienen Mensch und Tier als Nahrung. Ein unendlicher Kreislauf. Man könnte auch sagen, wer sich heute an der Hammelkeule delektiert, wird übermorgen vom Hammel gefressen. Was aber wird aus der spirituellen Energie, die jedem Menschen sein unverwechselbares Gepräge gibt? Sie kann sich doch ebensowenig wie die Materie in nichts auflösen. Ist die Verheißung des ewigen Lebens nur ein Trost der Religion oder gründet sie sich auf jahrtausendealte Erkenntnis jenseits aller Beweisbarkeit? Die Königin pflegte zu sagen, Ewigkeit sei der gelebte Augenblick und nicht die ins Endlose verlängerte Zeit.

An jenem Abend nahm ich mir vor, meine Erinnerungen an die Königin niederzuschreiben. Auf Drängen des Kardinals hatte Christine vor etlichen Jahren mit ihren Memoiren begonnen, doch gab sie es bald wieder auf, weil sie meinte, heutzutage befriedige fast jeder, kaum den Kinderschuhen entwachsen, seine

Eitelkeit durch die Niederschrift angeblich unsterblicher Werke. Statt zu leben, verbrächten solche Menschen ihre Zeit damit, sich selbst und andere zu täuschen. Es war ihr immer herzlich gleichgültig, was man von ihr dachte oder denken würde. Spöttisch bemerkte sie, jedes Lästermaul richte sich selber, und ihr mache es nun einmal Spaß, dafür zu sorgen, daß niemand ihr etwas Gutes nachsagen könne. Aber sie hätte nichts dagegen, wenn ich über sie schriebe. Sie hatte im Scherz gesprochen, denn sie fügte hinzu, da ihr das Geld fehle, mir den Weihrauch zu liefern, käme bei meiner Schreiberei vielleicht etwas Ordentliches heraus.

Nun, da ich mich dieser Worte entsann, erschienen sie mir wie ein Vermächtnis. Ich sichtete die Briefe und Dokumente im Nachlaß der Königin, verglich ihre handschriftlichen Aufzeichnungen mit meinen eigenen. Das Jahrhundert zog an mir vorüber – Päpste, Könige, Fürsten, Künstler, Gelehrte ... Mir sank der Mut vor der Aufgabe, die ich mir gestellt hatte. Wie sollte ich über eine Frau schreiben, die so widersprüchlich wie dieses Jahrhundert war, die man als Hure verteufelte und als Heldin feierte? Durfte ich meine Vermutungen über sie als Wahrheiten ausgeben?

Vor zwei Wochen rief mich der Kardinal wieder zu sich. Obwohl schon frühsommerlich warm in Rom, loderte Feuer im Kamin. Der Kardinal verbrannte Papiere. Auf meine unausgesprochene Frage sagte er: »Es sind meine Briefe an die Königin, sie gehen niemanden etwas an.« Es klang wie eine Rechtfertigung.

»Aber diese da«, er wies auf ein Bündel neben sich, »bringe ich nicht übers Herz zu vernichten. Die Königin schrieb sie mir vor mehr als zwanzig Jahren. Sie zu verbrennen hieße, die Königin ein zweites Mal sterben zu sehen. Das geht über meine Kraft. Ich bitte Sie als Freund, dieses Bündel sorgfältig aufzubewahren, es nicht zu meinen Lebzeiten zu öffnen und es dem Zugriff der Inquisition zu entziehen. Nach meinem Tode werden die Beamten des heiligen Offiziums hier das Unterste zuoberst kehren. Mein Neffe und Erbe Pompeo ist einfältig und charakterschwach. Er würde die Briefe verbrennen oder, schlimmer noch, den Inquisitoren aushändigen.«

Ich versicherte den Kardinal meiner Diskretion und bedauerte insgeheim den Verlust seiner eigenen Briefe. Das war unser letztes Gespräch.

Nun ist der Kardinal tot. Ich habe das Bündel geöffnet und bis spät in die Nacht gelesen. Die Kerze auf dem Tisch ist fast niedergebrannt. Sie mahnt mich, daß auch meine Zeit bemessen ist.

Ich stehe im Herbst des Lebens. Seit jeher ist mir der Herbst die liebste Jahreszeit gewesen. Unruhe des Frühlings, Schwüle des Sommers, Betriebsamkeit der Ernte weichen einem stillen, nahezu transzendenten Licht, in dem Menschen und Ereignisse an Kontur gewinnen und sich zugleich entfernen. In Momenten eines wunderbaren Wachseins sehe ich mein Leben wie einen Teppich vor mir ausgebreitet und erkenne das Muster in den verschlungenen Linien. Christines Bild ist darin unauflösbar verwoben.

Ich muß nach bestem Wissen und Gewissen die Geschichte meines Lebens erzählen. Die ganze Wahrheit kennt ohnehin nur Gott. Seinen Beistand erflehend, beginne ich heute meine Aufzeichnungen.

Rom, im Jahre des Herrn 1689, der 8. Juni nach dem Gregorianischen Kalender.

Irgendwo zwischen Nürnberg und Magdeburg bin ich geboren. Von der Mutter her Jude, vom Vater Schwede, seit dreißig Jahren Römer, habe ich mich doch immer als Deutscher gefühlt.

Ein Zigeuner erzählte mir einmal, daß jeder Mensch mit der Erde, in der seine Nachgeburt vergraben ist, verbunden bleibt. Vielleicht erklärt das meine trotz aller bösen Erfahrungen unbeirrbare Liebe zu Deutschland.

Die Königin bewunderte die deutschen Gelehrten, aber sie haßte das Land. In Hamburg sagte sie einmal: »Ein greuliches Land. Alles, was man hier sieht, mißfällt und langweilt. Anderswo braucht es nur vierundzwanzig Stunden für einen Tag und eine Nacht, hier dagegen dauert eine Stunde vierundzwanzig Tage, und die gleichen Tage, die in Rom nur einen Augenblick währen, dauern hier jahrhundertelang. Es ist besser, ein Ketzer zu sein als ein Deutscher, denn ein Ketzer kann katholisch werden, aber eine Bestie niemals vernünftig. Verflucht seien das Land und die dummen Bestien, die es hervorbringt.« Statt zu schweigen – ich wußte ja, wie unglücklich die Königin war –, ergriff ich die Partei der »Bestien« und überwarf mich mit Christine. Doch davon wird noch zu reden sein.

Mehr als vierzig Jahre sind seit dem Ende des großen Krieges vergangen, der so viele Menschen dahinraffte und dem ich mein Leben verdanke. Die damals die Geschicke der Völker bestimmten, sind längst gestorben – König Gustav Adolf und sein Kanzler Oxenstierna, die Feldherren Horn, Banér, Torstensson, die Kardinäle Richelieu und Mazarin, der Große Condé, Marschall Turenne, Wallenstein, Piccolomini, Tilly … Die Namen der Herrscher haben sich geändert, nicht aber ihre Absichten.

Mehr als vierzig Jahre nach dem schrecklichsten aller Kriege steht die ganze Welt gerüstet. In ihren Maximen schrieb die Königin: »Es ist weder Krieg noch Friede. Man bedroht, man fürchtet einander. Niemand tut, was er will oder kann. Man übersieht nicht, wer gewonnen und wer verloren hat. Man weiß, daß sich jedermann fürchtet, nur nicht, vor wem oder warum.« Viele Menschen denken heute so, und mich erschreckt, wie wenig sie mit dieser Erkenntnis anzufangen wissen.

Meine Großeltern mütterlicherseits betrieben in der Judengasse von Fürth einen Trödlerladen. Ihre einzige Tochter Miriam zählte achtzehn Jahre, als der Alexander des Nordens, Gustav II. Adolf aus dem Hause Wasa, unter dem Jubel des Volkes in Nürnberg einzog. Wie ein Frühlingssturm war er mit seiner Armee durch die deutschen Lande gebraust. Die schwedischen Soldaten plünderten damals noch nicht wie die verhaßten Kaiserlichen. In ihren Reihen herrschte Manneszucht. Wo Gustav Adolf das Sagen hatte, durfte jedermann, ob Lutheraner, Calvinist, Katholik oder Jude, frei seinem Glauben leben.

Zu den Offizieren des Königs gehörte Erik Eriksson. Ob er meine Mutter Miriam zum erstenmal unter den Jubelnden am Straßenrand oder in der Judengasse erblickte, weiß ich nicht. Aber ihre erste Begegnung entschied über ihr Schicksal. Weder Bitten noch Drohungen der Großeltern vermochten etwas gegen die Liebe, die Miriam zu dem blonden Schweden erfaßte. Als sie das Mädchen einsperrten, verweigerte es die Nahrung. Unterdessen stand Erik Eriksson vor der Tür. Er hätte sie einschlagen und sich Miriam wie eine Kriegsbeute holen können. Aber er drohte nicht einmal, er wartete. Nach einigen Tagen erbarmten sich die Großeltern der Liebeskranken. Als sie Erik einließen, bat er sie um die Hand ihrer Tochter, und sie willigten schweren Herzens ein. Sie wußten, daß sie Miriam so oder so verlieren würden.

Im März 1632 war Gustav Adolf nach Nürnberg gekommen.

Im selben Monat heirateten Miriam und Erik. Auf der Hochzeit tanzte der König mit der Braut. Meine Großeltern konnten sich nicht recht freuen. Ein Isaak oder Levi wäre ihnen lieber gewesen als der Fremde aus dem Norden, für den Miriam den Glauben ihrer Väter aufgab. Großvater machte sich zeitlebens Vorwürfe, daß er der Ehe zugestimmt und damit, wie er meinte, drei Menschen – meine Eltern und mich – ins Unglück gestürzt hatte.

In jenem Frühling ahnten Miriam und Erik nicht, wie wenig Zeit ihrem Glück zugemessen war. Jung und verliebt, glaubten sie, daß die Siege des Schwedenkönigs Europa bald den Frieden bringen würden, träumten von klirrendkalten Wintern und hellen Mittsommernächten in Norrköping, der Heimat meines Vaters, von einem eigenen Gehöft, Kindern, Ausritten, Schlittenfahrten ...

Im Sommer 1632 standen sich Gustav Adolfs und Wallensteins Heere sieben lange Wochen bei Nürnberg gegenüber. Die Angriffe der Schweden auf die Verschanzungen des Friedländers wurden immer wieder abgeschlagen. Schließlich wandte sich Wallenstein gegen das wehrlose Sachsen, während der Schwedenkönig in südliche Richtung vorstieß.

Meine Mutter, im fünften Monat guter Hoffnung, folgte trotz der Bitten meiner Großeltern, die Niederkunft in Fürth abzuwarten, ihrem geliebten Erik. Eher wollte sie sterben, als von ihm getrennt zu sein. Damals nahmen Frauen und Kinder noch an den Feldzügen teil. Im schwedischen Lager wachte man streng über die Sitten, nur verheiratete Soldatenfrauen durften sich dort aufhalten. Die Kinder lernten in Feldschulen, regelmäßig wurden Gottesdienste gefeiert. Um nichts in der Welt hätte Vater seine Miriam in Fürth zurückgelassen.

Auf die Hilferufe des von Wallenstein bedrängten Kurfürsten von Sachsen zog Gustav Adolfs Heer in Eilmärschen von der Donau nach Norden. Am sechzehnten November trafen die Schweden und die Kaiserlichen bei Lützen aufeinander.

Am Morgen vor der Schlacht lag dichter Nebel über der Ebene zwischen Leipzig und Weißenfels. Nur durch ein Lederkoller geschützt – den Harnisch konnte er wegen einer früheren Verwundung nicht mehr tragen –, trat der König vor die Soldaten und sprach ein Gebet. Dann schwang er sich aufs Pferd, ritt durch die Reihen und sprach den Männern Mut zu. Sie, die Tilly vernichtend geschlagen hatten, bangten vor Wallenstein, dem man Zauberkräfte nachsagte.

Gegen Mittag hob sich der Nebel. »Gott mit uns!« riefen die Schweden, »Jesus Maria!« die Kaiserlichen. Die schwedische Reiterei preschte nach vorn, das Fußvolk setzte sich in Marsch. Den rechten Flügel führte der König. Unter den Hieben seiner finnländischen Kürassiere wichen die leicht berittenen Polen und Kroaten. Aber das schwedische Fußvolk hielt dem Anprall des Feindes nicht stand. Auch der linke Flügel begann zu wanken. Gustav Adolf befahl General Horn, die schon geschlagenen Polen und Kroaten zu verfolgen, und sprengte zum linken Flügel. Mein Vater gehörte zu den Offizieren in seiner Begleitung. Doch der König ritt so schnell, daß außer Franz Albert, Herzog von Sachsen-Lauenburg, verwandt mit den Wasa und nach der Schlacht zum Verräter an ihnen geworden, keiner ihm folgen konnte. Plötzlich senkte sich wieder dichter Nebel über das Schlachtfeld und entzog den König den Blicken seiner Offiziere.

Erst das herrenlose Pferd des Königs entdeckte der schwedischen Reiterei Gustav Adolfs Fall. Für einen Augenblick schien eine Zauberhand Männer, Pferde und Geschütze zu lähmen. Selbst die Kaiserlichen waren verwirrt. Doch schnell faßten sich die Schweden. Sie schlossen die Reihen, die eben noch Zurückweichenden stürmten nach vorn, als sei der Geist des Königs in sie gefahren. Am Abend hatten sie Wallensteins Heer in die Flucht geschlagen. Aber um welchen Preis! Tausende von Verwundeten, Sterbenden und Toten lagen auf den morastigen Äckern. Den König fand man erst nach langem Suchen, seiner Kleider und Waffen beraubt. Pferdehufe, Schmutz und Blut hatten ihn bis zur Unkenntlichkeit entstellt.

Über den Tod des Königs wurden viele Vermutungen geäußert. Hatte ihn seine Kurzsichtigkeit mitten in die feindlichen Reihen geführt? Hartnäckig hielt sich der Verdacht, der Herzog von Sachsen-Lauenburg habe ihn ermordet. Mein Vater, beileibe kein Freund des Lauenburgers, meinte aber, wo so viele gestorben waren, konnte auch ein Gustav Adolf ganz natürlich getroffen worden sein. Verrat oder nicht, man wird nie erfahren, wie der König zu Tode gekommen ist.

Gustaf Adolf ereilte das Schicksal auf dem Gipfel seines Ruhmes. Wer weiß, ob man zehn Jahre später noch seinen Edelmut gerühmt, so viele Tränen um ihn vergossen hätte. Was wäre aus ihm geworden? Ein Augustus? Ein Tiberius, gequält von Zweifeln und Verfolgungswahn? Ein dem Irrsinn verfallender Caligula? Die Schweden ein Volk von Soldaten, Stockholm ein neues Rom?

Die Lutheraner in Schweden und Deutschland feiern Gustav Adolf als Glaubenshelden. Welch eine Verblendung! Von Gustav Adolfs Kanzler und Freund Axel Oxenstierna, dem man gewiß keinen Mangel an Frömmigkeit vorwerfen kann, stammt die zutreffende Bemerkung, Gustav Adolf habe zu viel von einem Alexander oder Caesar gehabt, um als protestantischer Heiliger gelten zu können.

Mein Vater geleitete den Leichnam des Königs nach Weißenfels, wo sich die Königinwitwe Maria Eleanora von Brandenburg hemmungslos ihrem Schmerz hingab. Miriam war überglücklich, Erik lebendig wiederzusehen. Auf seinen Vorwurf, Freude zieme der schweren Stunde nicht, erwiderte sie, daß Tränen und Wehklagen Gustav Adolf nicht vom Tode erweckten. In der Freude aber würde er, der so gern gelacht hatte, weiterleben. Erik empfand Miriams Worte als Sakrileg, ist es doch in Schweden üblich, die Toten ein Jahr und länger in düsteren Zeremonien zu betrauern.

An jenem Tag, da Christine, Gustav Adolfs Tochter und seit drei Wochen schwedische Königin, sechs Jahre alt wurde, am 8. Dezember 1632, kam ich in einem schwedischen Feldlager mitten in Deutschland zur Welt. Meine Mutter nannte mich David und nicht Gustav, wie es meinem Vater lieber gewesen wäre.

»David«, soll sie gesagt haben, »besiegte den Riesen Goliath, in ihm war die Kraft der Schwachen, die ich auch meinem Sohn wünsche.«

Ich wuchs unter Pferdeknechten und Marketenderinnen auf, schlief unter dem Donner der Geschütze und spielte in aufgeworfenen Gräben.

Seit Gustav Adolfs Tod floh das Glück die schwedischen Waffen. Die Soldaten meuterten um den ausstehenden Sold. Wallensteins Heer errang Sieg um Sieg. Kreuz und quer zogen die Schweden durch das verwüstete Land und plünderten ebenso wie die Kaiserlichen, um nicht zu verhungern. Im September 1634 erlitten sie bei Nördlingen ihre schwerste Niederlage.

Meine Mutter wurde von einer Kugel getroffen. Soldaten fanden mich neben der Toten. Als sie mich meinem Vater übergaben, mußten ihn mehrere Männer festhalten, damit er nicht ins Lager der siegreichen Feinde stürmte. Sie fesselten ihn, legten ihn auf einen Karren und brachten sich und uns in Sicherheit. Zwei Tage lag Erik Eriksson wie ein Toter. Dann übernahm er das Kommando der kleinen Gruppe.

Feldmarschall Horn war in Gefangenschaft geraten. Herzog Bernhard von Weimar hatte sich nach Frankfurt gerettet und sammelte dort die Reste der schwedischen Truppen unter seiner Fahne. Vater beschloß, sich mit seinen Leuten nach Frankfurt durchzuschlagen, doch zuvor brachte er mich nach Fürth zu den Großeltern. Er hätte schon damals gern von der Armee Abschied genommen. Seit Gustav Adolfs Tod erschien ihm der Krieg sinnlos. Er hegte den Verdacht, das schwedische Heer diene Kardinal Richelieu nur als Waffe, den spanisch-österreichischen Feind Frankreichs niederzuhalten. Erik Eriksson fühlte sich betrogen, denn er war Gustav Adolf gefolgt, um den deutschen Glaubensbrüdern in ihrem Kampf gegen die Papisten beizustehen. Vor den Großeltern verfluchte er den Krieg, die Papisten, sich selber, weil er Miriam nicht hatte beschützen können.

Mein Großvater, selbst von Miriams Tod ins Herz getroffen, wies ihn streng zurecht. Er sprach jene Worte, die ich später oft von meinem Vater hörte und die mich durchs Leben begleiteten: »Der Geborenen harrt der Tod, und des Todes die Auferstehung, und der Auferstehung das Gericht vor dem, der Schöpfer und Bildner, Kläger, Zeuge und Richter ist, vor dem es weder Unrecht noch Vergessen, weder Begünstigung noch Bestechung gibt. Und laß dich nicht vom bösen Trieb beschwichtigen, daß das Grab eine Zufluchtsstätte für dich sei. Gegen deinen Willen wurdest du erschaffen, gegen deinen Willen lebst du, gegen deinen Willen wirst du sterben, und gegen deinen Willen wirst du Rechenschaft ablegen müssen vor dem König, dem Heiligen, gelobt sei er.«

Mein Vater bat die Alten, für mich zu sorgen, bis er mich holen würde. Er gab ihnen alles Geld, das er besaß, dann ging er.

*

Meine ersten Erinnerungen verbinden sich mit Fürth: der kleinen dunklen Stube, in der wir schliefen, dem muffigen Raum mit dem Trödel, wo ich am liebsten spielte. Die Worte Vater und Mutter vergaß ich. Bevor ich lesen und schreiben konnte, wußte ich schon, daß ich ein Jude war, der einen Jesus von Nazareth umgebracht haben sollte. Sonntags und nach Einbruch der Dunkelheit wurden die Tore an beiden Enden der Judengasse verschlossen. Auf meine Fragen seufzte die Großmutter nur und sagte, das sei eben so, und ich müsse mich daran gewöhnen. Großvater widersprach: »Fügen ja, aber nicht gewöhnen. Wer andere einsperrt, fürchtet sich. Wer Menschen fürchtet, vertraut Gott nicht. Wer Gott nicht vertraut, ist unfrei. Nicht uns sperren sie ein, sondern sich selbst.« Dann erzählte er mir die Geschichte von den Leiden und Prüfungen Hiobs. »Wie den Hiob hat Gott unser Volk auserwählt, durch Leiden den Glauben zu stärken und dadurch die höchsten Güter des Lebens zu erlangen: Wahrheit, Gerechtigkeit und Freiheit.« Mich erschreckte die Strenge dieser Worte, aber ich bewahrte sie in meinem Herzen.

Ich war getauft, wurde jüdisch erzogen, aber nicht beschnitten.

Vater und die Großeltern hatten einander versprochen, mich über mein Glaubensbekenntnis selbst entscheiden zu lassen, wenn ich alt genug dazu sei. Nach dem, was ich inzwischen von der Welt gesehen habe, kann ich den Mut dieser drei Menschen nicht genug bewundern. In einer Zeit, da nicht nur Katholische und Lutherische einander bis aufs Blut bekämpften, sondern auch Lutherische und Calvinisten, Jesuiten und die ebenfalls katholischen Jansenisten einander befehdeten, gingen zwei Juden und ein Lutheraner das Wagnis der Toleranz ein.

Da ich in Gottesfurcht erzogen werden sollte, ließen mich die Großeltern vorerst im jüdischen Glauben unterweisen. Sie mußten viel Ungemach von den Ihrigen erdulden, und auch ich erfuhr zeitig Hohn und Verachtung. Den Juden war ich Christ, den Christen Jude. Ich lernte, mich zu wehren. Meine Fäuste waren kräftig, meine Beine flink, mein wacher Verstand erfaßte schnell jede Situation. Ich hatte keine Freunde. Die Eltern verboten ihren Söhnen den Umgang mit einem Unbeschnittenen, der obendrein ein Raufbold war. Man duldete, aber man liebte mich nicht. Der alte Rabbi, der uns Hebräisch und die Kenntnis der heiligen Bücher lehrte, strafte mich für das geringste Vergehen härter als andere. Ohne Hoffnung auf Freundlichkeit setzte ich nun erst recht alles daran, meinem schlechten Ruf Ehre zu machen. Als der Rabbi plötzlich starb, behaupteten viele, ich hätte ihn zu Tode geärgert.

Der ewigen Klagen über mich und seiner eigenen Ermahnungen müde, sagte der Großvater: »Getauft bist du, aber kein Christ, von jüdischem Blut, aber kein Jude. Was soll aus dir werden, wenn du immer nur rebellierst und nicht weißt, wo du hingehörst?« Der alte Mann liebte mich auf seine Weise, und er fühlte sich schuldig an meinem Schicksal. Aber das half mir nichts. Ich war ein Kind von elf Jahren. In den Nächten weinte ich und nahm mir vor, bei nächster Gelegenheit wegzulaufen und meinen Vater zu suchen.

Zu jener Zeit kam ein junger Rabbi aus Hamburg in die Judengemeinde von Fürth. Während des Unterrichts schnitt ich

Grimassen und störte durch Zwischenrufe. Der Rabbi lächelte nur, strich mir über den Kopf und sagte: »Was für schöne blonde Haare du hast.« Meine Mitschüler klärten den Rabbi auf, daß ich ein Schwedenbastard sei. Ich ballte die Fäuste. »Na und! Ein Schwedenbastard ist auch ein Mensch.« Der Rabbi nickte. »Gut geantwortet. Nun zeig mal, was du kannst.« Worin er mich auch prüfte, meine Antworten stellten ihn zufrieden. Plötzlich wechselte er in eine andere Sprache. Nach wenigen Sätzen begann ich ihn zu verstehen. »Wer hat dich Französisch gelehrt?« fragte der Rabbi erstaunt.

Er faßte mich bei der Schulter und schob mich vor sich her zur Wohnung meiner Großeltern. Das schadenfrohe Gelächter der anderen ließ mich nichts Gutes erwarten. Mehr als den Zorn des Großvaters fürchtete ich seine Trauer und die Tränen der Großmutter. In der Hoffnung, das Unheil noch abwenden zu können, versprach ich hoch und heilig, niemals mehr den Unterricht zu stören. Es half nichts. Damals habe ich begriffen, was der Ausdruck, ein Lamm zur Schlachtbank führen, bedeutet, zumal der Rabbi bemerkte, ich sei ein Schaf.

Großvater begrüßte den Rabbi ehrerbietig. Dann sagte er, ich sei kein schlechter Junge, er selbst trage Schuld an allem, was ich anstellte. Nicht die härtesten Schläge hatten mich je so geschmerzt wie diese Worte. Inbrünstig flehte ich zu Gott, er möge ein Wunder geschehen lassen, damit Großvater getröstet würde.

Rabbi Levi beruhigte den Großvater. Er sei nicht gekommen, sich über mich zu beschweren, sondern ihm zu seinem Enkel zu gratulieren. Ich traute meinen Ohren nicht. Großvater schaute verlegen zu Boden und meinte dann zu mir, Großmutter müsse doch längst von ihrer Besorgung zurück sein. Gar zu gern ging ich sie suchen. Ich schwebte auf Engelsflügeln. Gott hatte mein Flehen erhört und das Wunder geschehen lassen, wenn ich auch nicht wußte, worin es bestand. Als ich mit Großmutter in die Stube trat, fragte mich der Rabbi auf schwedisch, ob ich mich an meinen Vater erinnern könne. Dann redete er spanisch, was ich ebenfalls verstand. Mit Leichtigkeit sprach ich seine Worte nach.

Großvater und der Rabbi wechselten einen bedeutungsvollen Blick, und einer von beiden meinte, Gott hätte seine Hand auf mich gelegt.

Seither haben viele meine Sprachkenntnisse bestaunt und vermutet, ich verbrächte Tage und Nächte mit dem Studium fremder Sprachen. Wie soll ich erklären, warum sich mir der Sinn eines einmal gehörten Wortes sofort erschließt und unverlierbar einprägt? Ich weiß es selbst nicht. Andere besitzen eben andere Talente, die mir abgehen.

Die Bitte des Rabbi, mich außerhalb der Schule unterrichten zu dürfen, gewährte Großvater bereitwillig. Dem Drängen, mich zur Ausbildung nach Holland zu schicken, widersetzte er sich. Er schulde meinem Vater Rechenschaft, wenn der eines Tages vor der Tür stünde, mich zu holen.

Rabbi Levi machte aus mir, einem kleinen Wilden, der wahllos um sich schlug, einen sanften nachdenklichen Jungen. Er führte mich in die Welt Don Quichottes und Gargantuas, Tyl Ulenspiegels und des Königs Artus. Wir lasen Erasmus von Rotterdams »Lob der Torheit« und die Bücher des Alten Testaments. Meine Fragen ermüdeten den Rabbi nicht. Er antwortete mit Gegenfragen und ließ mich die Antworten selber finden. »Gott«, sagte er oft, »ist ein Rätsel, in dir liegt die Lösung.« Bald sprach ich Latein und Hebräisch, Spanisch, Französisch und Portugiesisch so gut wie mein Lehrer. Spott und Schimpf der Mitschüler verstummten allmählich, aber ein Fremder blieb ich – wie Rabbi Levi.

Er war in Portugal geboren. Seine Eltern hatten ihn und sich taufen lassen, um der Verfolgung durch die Inquisition zu entgehen. Insgeheim blieben sie ihrem jüdischen Glauben treu. Die Eltern des Rabbi handelten mit Rohrzucker und Tabak. Als ihnen ihr Verwandter Diego Texeira aus Hamburg schrieb, daß man in der Hansestadt leben könne, ohne den jüdischen Glauben verleugnen zu müssen, verließen sie ihre Heimat. Die Texeiras halfen den Verwandten, und bald waren aus den Flüchtlingen wohlhabende Hamburger Geschäftsleute geworden.

Dem jungen Levi mißfiel die Arroganz der jüdischen Kaufleute portugiesischer Herkunft gegenüber den deutschen Juden, die nicht einmal Wohnrecht in Hamburg erhielten. In Altona drängten sie sich in armseligen Behausungen. Um der Gerechtigkeit auf die Sprünge zu helfen, verteilte Levi seines Vaters Geld an die Bedürftigen der Altonaer Gemeinde. Der alte Levi schickte den mißratenen Sohn zum Studium nach Amsterdam. Wenn er schon nicht zum Kaufmann taugte, da er das Geld verschleuderte, anstatt es zu mehren, sollte er wenigstens Wissen anhäufen. Die jüdische Gemeinde in Amsterdam hätte den begabten jungen Mann auch nach Beendigung seiner Studien gern bei sich behalten, aber Levi zog es wieder nach Altona. Dort erklärten ihm die Gemeindeältesten, daß sie auf seine Hilfe verzichten müßten, wollten sie nicht mit seinem Vater und den mächtigen Texeiras im Streit leben. So abgewiesen, schnürte Rabbi Levi sein Bündel und ging auf Wanderschaft. Mehrmals entging er mit knapper Mühe dem Tod. Man warf mit Steinen nach ihm, hetzte ihn mit Hunden, doch die armen Juden verehrten ihn. Er war furchtlos, wo andere die Angst schüttelte; dem Haß begegnete er mit Güte, er sprach von Gottes Wort, das für alle Völker gelte und Frieden heiße. »Die Menschheit«, sagte er, »ist ein Leib. Wenn aber die Glieder gegeneinander kämpfen, zerstören sie den Leib.«

Da Rabbi Levi sich auch auf Heilkünste verstand, rief ihn mancher hohe Herr zu Hilfe und fand, wenn er von seinen Beschwerden geheilt war, Gefallen an den Worten des Rabbi. Niemals nahm Rabbi Levi Lohn für seine Dienste, er ging so arm, wie er gekommen war. Doch gewann er Schätze, die nicht von Motten und Rost zerfressen werden.

»Alle Religionen«, lehrte mich der Rabbi, »sind von einem Gott, in welcher Form die Menschen ihn auch anbeten. Gott ist Frieden, Barmherzigkeit, Liebe, Wahrheit. Nicht das Schwert öffnet den Weg zu Gott, sondern Leiden um der Gerechtigkeit willen. Glaube niemals einem Prediger, der zu Haß und Gewalt aufruft. Er predigt Irrlehre. Juden, Muselmanen, Katholiken, Calvinisten, Lutheraner, oder wie immer Menschen sich nennen, sind nicht Feinde, sondern Glieder eines Leibes. Nicht in den anderen sitzt das Böse, in uns selbst lauert es.«

Die Worte des Rabbi fielen zu einer Zeit in meine Seele, da sie für die Wahrheiten des Glaubens empfänglich war und noch nicht verhärtet von den Vorurteilen des Verstandes. Wäre ich dem Rabbi nicht begegnet, gehörte ich heute vielleicht zu jenen, die ihren Verstand zur Dirne der Mächtigen und des eigenen Vorteils gemacht haben.

Zwei Jahre blieb der Rabbi in Fürth. Eines Tages sagte er: »Ich habe dich alles gelehrt, was ich weiß und du verstehen kannst, du wirst auf jeder Universität Ehre einlegen. Ich kann nicht länger bleiben. Nur in der Fremde bin ich daheim.«

Mir war zumute, als hätte er mein Todesurteil gesprochen. Alles wollte ich für ihn tun, auf nackter Erde schlafen, hungern, wenn ich ihn nur begleiten dürfe. Der Rabbi ließ sich von meinem Flehen nicht erweichen. »Dein Vater wird kommen und dich nach Schweden mitnehmen. Du wirst viel sehen und lernen. Und wenn du ein Mann geworden bist, vergiß Rabbi Levi und seine Brüder nicht.«

»Was kümmert mich mein Vater! Ein Jude bin ich wie du!« widersprach ich.

Rabbi Levi schüttelte den Kopf. »Vor zwei Jahren warst du klüger als heute. Ein Mensch bin ich, hast du damals gesagt. Heute nennst du dich Jude. Dein Vater kümmert dich nicht? Was er auch ist und wo er auch ist, du schuldest ihm das Leben und damit Liebe wie deiner Mutter. Wenn du ihn verleugnest, bist du nur so frei wie ein welkes Blatt, das vom Baume fällt.«

Der Rabbi ging, ohne sich noch einmal umzudrehen. Ich fühlte mich wie ein herrenloser Hund. Die Welt erschien mir kalt und bedrohlich. Großvater war oft krank, Großmutter weinte sich die Augen blind und jammerte, was aus mir werden solle.

*

Zu der Zeit, da Rabbi Levi Fürth verließ, nahm Erik Eriksson in Tabor von General Torstensson seinen Abschied. Wenige Tage später stand er vor unserer Tür, ein hochgewachsener blonder

Mann, das Gesicht grau und gefurcht wie ein reifbedeckter Acker. Ich ertrug widerwillig seine Umarmung. Soldaten, hieß es, raubten, steckten Häuser in Brand, schlachteten Kinder, und die Schweden sollten sich am schlimmsten aufführen. Bänkelsänger berichteten grausige Moritaten von eingefleischten Teufeln in der Gestalt von Landsknechten. Man sang damals den Reim: »Bet Kinder, bet, morge kommt der Schwed, morge kommt der Oxestern, der wird die Kinder bete lern.«

Aus sicherer Entfernung betrachtete ich den Fremden, der an Großvaters Lager kniete und leise mit ihm sprach. Wie ein eingefleischter Teufel sah er nicht aus, und mein anfänglicher Schrecken wich der Neugier. Mein Vater erzählte, wie ihn Verwundungen, immer neue Feldzüge zwischen Dänemark und Böhmen daran gehindert hatten, sein Wort früher einzulösen. Nach dem Sieg der Schweden über die Kaiserlichen bei Tabor hatte General Torstensson endlich eingewilligt, einen seiner fähigsten Offiziere zu entlassen. Hol deinen Sohn, wenn er noch lebt, soll er gesagt haben, in Schweden sehen wir uns wieder, so Gott will und dieser verfluchte Krieg zu Ende ist.

Auf der Straße waren die Nachbarn zusammengelaufen und bestaunten Soldaten und Pferde. Jeder wollte sich an den prächtigen Zug erinnern, der vor dreizehn Jahren die schöne Miriam aus dem Hause der Eltern geholt hatte. Man pries die Ritterlichkeit der Schweden und vor allem Erik Eriksson, der sich der Eltern der armen Miriam und seines Sohnes annahm. Eben noch als Schwedenbastard geächtet, war ich nun ein Held. Schulkameraden baten, auf der braunen Stute reiten zu dürfen, die mir mein Vater mitgebracht hatte. Die Erwachsenen grüßten mich. Ich genoß den Sinneswandel der Nachbarn, ohne nach seinen Gründen zu fragen.

Langsam gewöhnte ich mich an meinen Vater. Er lehrte mich reiten, Degen und Pistole gebrauchen. Die Reise nach Schweden, sagte er, würde kein Spazierritt werden, nur Männer könnten sie bestehen. Ich bewunderte ihn, wenn er von seinen Erlebnissen mit Gustav Adolf erzählte. Jetzt wollte ich nicht mehr die Welt des Geistes erobern, mich verlangte nach ruhmvollen Taten. War David nicht ein Kriegsheld gewesen, vom armen Hirten aufgestiegen zum König Israels? Der große Alexander, der Hannibalbezwinger Scipio, der alles niederstampfende Caesar, der Löwe aus Mitternacht, Gustav Adolf, sie alle bestätigten doch das Wort Heraklits, daß der Krieg der Vater aller Dinge sei. Ich überschüttete meinen Vater mit angelesenem Wissen. Er sagte nur »So so« und »Wirst schon sehen«. Seine Augen waren trübe wie die eines Blinden. Wenn er getrunken hatte, sagte er Sätze, die ich nicht verstand. »Man muß verzweifelt sein, um nicht zu verzweifeln« oder »Gott hat den Menschen geschaffen, damit sie ihn umbringen«. Auf meine Fragen lachte er nur bitter. Manchmal sprach er von der jungen Königin Christina, der Tochter Gustav Adolfs. Er habe gehört, sie sei klug wie Athene und werde Europa den Frieden bringen.

Zu Beginn des Sommers reisten wir ab. Großvater segnete mich mit den Worten: »Die Tränen, die um dich geflossen, das Blut, das für dich vergossen, mögen den Boden deines Herzens fruchtbar machen.« Als ich mich noch einmal umwandte, sah ich die beiden Alten nebeneinanderstehen, klein, zerbrechlich und verloren, dem Tode näher als dem Leben. Ich winkte zurück, voller Stolz, auf eigenem Pferd in die Welt hinauszureiten. Mein Gruß galt mehr den Schaulustigen und den Kameraden als den Großeltern. Dieser Abschied muß ihnen das Herz gebrochen haben. Nun hielt sie nichts mehr auf dieser Welt.

Je älter ich werde, um so mehr bedrängt mich das Bild der beiden, und ich werfe dem Dreizehnjährigen, der ich damals war, vor, daß er so gleichgültig ging und für die Alten kein Trostwort fand. Aber ich erreiche diesen Knaben nicht mehr und kann die Trauer der Großeltern nicht ungeschehen machen. Ein Leben lang laden wir bewußt oder unbewußt Schuld auf uns. Nur unserer Vergeßlichkeit verdanken wir, daß wir unter dieser Last nicht zusammenbrechen.

Begleitet von drei Soldaten, ritten wir nordwärts. Wohin wir auch kamen – nach Franken, an den Rhein, nach Westfalen –, überall entvölkerte Dörfer, in den Städten Krüppel und Bettler ohne Zahl. Wir übernachteten in verlassenen Gehöften, wenn wir die nächste Stadt nicht vor Einbruch der Dunkelheit erreichen konnten. Dann hielten wir reihum Wache. Eines Nachts schossen wir ins Dunkel, weil wir Geräusche hörten und niemand auf unseren Anruf antwortete. Am Morgen fanden wir ein zum Skelett abgemagertes Mädchen, kaum älter als ich. Ratten hatten sich schon über die Leiche hergemacht. Ich wollte weglaufen, aber mein Vater hielt mich fest. »Schau sie dir genau an. Was siehst du?« Mir war übel, meine Zähne schlugen aufeinander. »Wir haben ein kleines, hungriges Mädchen erschossen«, fuhr mein Vater erbarmungslos fort.

»Es war ein Irrtum!« schrie ich. »Sie hätte doch nur einen Ton zu sagen brauchen, und wir hätten ihr Brot gegeben.«

Mein Vater ersparte mir nichts. »Sie hat geschwiegen, weil sie Angst hatte – wie wir. Das nächste Mal schießen wir vielleicht nicht, aber dann ist es ein Haufen Bauern mit Dreschflegeln und Sensen, die uns die Kehlen durchschneiden. Ist dir das lieber?« Er legte mir den Arm um die Schulter und zog mich an sich. »Und schenkten wir unsere bescheidenen Vorräte her, man würde uns doch nicht am Leben lassen, weil man uns für die Ursache allen Unglücks hält. Der Krieg, mein Junge, den du den Vater aller Dinge nanntest, hat das Gesicht dieses Mädchens.«

Als wir endlich Hamburg erreichten, dachte ich wieder an Rabbi Levi. Er fehlte mir sehr, denn ich konnte mit niemandem über meine Erlebnisse sprechen. Mein Vater trank Tage und Nächte hindurch und war, wieder bei Verstand, wortkarger denn je. Ich glaube, daß ihn nur die Sorge um mich nach Schweden zurücktrieb. In Wahrheit wußte er nicht, was er dort oder irgendwo sonst auf der Welt noch sollte. Nur die Nachricht vom Friedensschluß zwischen Schweden und Dänemark hellte sein Gemüt für Stunden auf. Kaum regiere die junge Königin, schließe sie Frieden, erzählte er jedem, der es hören wollte. Der eiserne Oxenstierna habe ausgespielt.

Vater hielt den starken Mann Schwedens zu Unrecht für den eigentlich Schuldigen am Krieg. Axel Oxenstierna hatte Gustav Adolf abgeraten, sich in die deutschen Streitigkeiten einzumischen.

Im September 1645 betraten wir schwedischen Boden. Der Hof, den meines Vaters ältester Bruder bewirtschaftete, war klein und ernährte kaum die vielköpfige Familie. Mein Vater fand nicht in das bäuerliche Leben zurück, das er mir unterwegs gepriesen hatte. Mit seinen dunklen Reden konnte niemand etwas anfangen. Und wie es auf dem Kontinent zuging, wollte keiner wissen, man hatte selber Sorgen genug: immer neue Steuern und Abgaben und nun auch noch zwei zusätzliche Esser. Eines Tages warf der Onkel meinem Vater vor, daß er nicht wie andere Offiziere mit Reichtümern aus Deutschland heimgekehrt sei, sondern nur mit einem Judenbastard. Mein Vater packte unverzüglich unsere wenigen Sachen und verließ mit mir grußlos den Hof. Ich habe meine schwedischen Verwandten niemals wiedergesehen.

Es war bitterkalt, der Atem gefror in der Luft. Die Augen schmerzten vom Widerschein der Sonne auf dem Schnee. Nach den Zänkereien der letzten Wochen genoß ich die Schlittenfahrt. Ich freute mich, wieder mit Vater allein zu sein. Er schwieg die meiste Zeit. Irgendwann sagte er: »Bruder, Schwägerin und all die anderen haben recht – ich tauge nichts. Hab nichts gelernt als Krieg. Aber daß sie das Kind meiner Miriam, meinen Sohn, ihren Verwandten, getauft wie sie, einen Judenbastard nennen, werde ich ihnen nie verzeihen.« Er klammerte sich an mich und keuchte: »Nicht wahr, du wirst ihnen zeigen, daß du mehr wert bist als alle Reichtümer, die man in Deutschland zusammengeraubt hat? König sollst du werden, Kaiser ...« Er fieberte. Als wir in Stockholm einfuhren, war er nicht mehr bei Sinnen. Der Kutscher brachte uns zu General Torstenssons Haus am Norrström, wo uns dessen Schwester freundlich aufnahm.

Wenige Tage später starb mein Vater. Unter seinen Papieren fand sich ein Brief an Lennart Torstensson. Darin bat er den

Feldmarschall, für mich zu sorgen. Alles, was ihm fünfzehn Jahre Krieg in Deutschland gebracht hätten, sei dieser Sohn. Er dürfe nicht zuschanden gehen wie seine Eltern. »Lehrt ihn die Tugenden des Friedens, nicht die Künste des Krieges, im Namen des allmächtigen Gottes«, schloß der Brief.

*

Innerhalb eines Jahres hatte ich Rabbi Levi, die Großeltern, den Vater, die Heimat verloren. Ich wußte nicht, was aus mir werden sollte und wurde krank. Krankheit, pflegte Rabbi Levi zu sagen, habe ihre Ursache nicht in einer Schwäche des Körpers, sondern in der Unordnung der Seele. Zuerst erkranke die Seele, dann der Körper. Im Laufe meines Lebens konnte ich häufig die Richtigkeit dieser Erkenntnis überprüfen.

Ich lag im Hause Torstensson, aber in meinen Fieberträumen irrte ich durch die Ruinen, verfolgt von Bauern mit Dreschflegeln. Das von Ratten angefressene Mädchen stellte sich mir in den Weg. Und wenn ich endlich meinen Vater fand, stieß er mich den Verfolgern entgegen. Manchmal rissen mich meine Schreie in die noch fremdere Welt zurück, aus der ich mich eilig wieder davonstahl. Ich wollte nicht gesund sein.

Bis Anna erschien, blond, rotwangig, lächelnd. Ich beobachtete sie verstohlen. Wenn sie den Raum verließ, quälte mich die Angst, sie nie wiederzusehen. Als sie sich eines Tages über mich beugte, hielt ich sie fest. Ihre Liebkosungen erweckten meinen Lebensmut in einer mir bis dahin unbekannten und nicht zu verbergenden Weise. Die Dienstmagd Anna wurde meine erste Liebe. Sie schenkte sich mir, und ich nahm so selbstverständlich, wie sie gab. Wir waren zwei Kinder, die mit dem Feuer spielten.

Die Feldmarschallin überraschte uns. Unbewegten Gesichts schickte sie Anna aus dem Zimmer und kündigte mir den Besuch von Bischof Johan Matthiae an. Er werde mich examinieren. Fiele das Ergebnis positiv für mich aus, würde ich der Königin vorgestellt.

Anna blieb seit dieser Stunde unauffindbar. Man sagte mir, sie habe einen Soldaten geheiratet und sei mit ihm nach Deutschland gezogen, verschwieg mir freilich, daß sie durch Überredung und Geld dazu gezwungen worden war.

Vielleicht hätten Kummer und Enttäuschung mich wieder auf das Krankenlager geworfen, wäre nicht Johan Matthiae gewesen. Ich faßte sofort Zutrauen zu ihm. Der einstige Lehrer der Königin gehörte zu den Menschen, die man schon lange zu kennen glaubt, wenn man ihnen zum erstenmal begegnet. Ihm erzählte ich von meinen Erlebnissen, Träumen und Ängsten. Er hörte aufmerksam zu, und ich fühlte mich von ihm verstanden. Johan Matthiae erinnerte mich an Rabbi Levi, auch in Äußerlichkeiten: wie er die Fingerspitzen beim Sprechen aneinander legte, die Augen beim Zuhören schloß, dann wieder der forschende, hellwache Blick. Am Ende des langen Gesprächs meinte er, daß meine Sprachkenntnisse die jedes Gleichaltrigen überträfen, ich gut bewandert sei in Arithmetik, Geschichte, den alten und neuen Schriftstellern. Nicht zufrieden war er mit meinem Wissen in Geographie und Religion.

Die Feldmarschallin bestellte Lehrer, die mich in lateinischer Eloquenz, also in Grammatik, Dialektik und Rhetorik, unterrichteten. Auch Geometrie, Arithmetik, Musik, Astronomie, Logik und Philosophie trieb ich mit Vergnügen. Nur die Unterweisung in Religion langweilte mich. Ich mußte sowohl den schwedischen wie den lateinischen Text von Luthers Katechismus verbo ad verbum auswendig lernen. Wenn ich mir auch redliche Mühe gab, ein guter Schwede und Lutheraner zu werden, erwachte doch mein alter Widerspruchsgeist, der schon dem alten Rabbi in Fürth das Leben vergällt hatte. Ich wollte wissen, warum Gustav Adolf und später sein Kanzler Axel Oxenstierna ein Bündnis mit dem katholischen Kardinal Richelieu geschlossen hatten, wo doch die Papisten Höllenfürsten seien. Solche und ähnliche Fragen trugen mir Maulschellen und Beschwerden bei der Feldmarschallin ein. Niemand sprach mehr davon, daß ich der Königin vorgestellt würde, auch Johan Matthiae nicht, wenn er meine Fortschritte in den Wissenschaften lobte.

Oft stand ich an der Schloßbrücke und versuchte die Königin

zu sehen, wenn sie mit ihren Kavalieren ausritt. Aber die langen Kerle verdeckten ihre Gestalt, und ich mußte mich mit Geschichten begnügen, die mir der Stallbursche Sven über Christine erzählte. Da ihm nur wenige Worte zur Verfügung standen, erfuhr ich nicht viel mehr, als daß sie wie ein Engel regiere und wie ein Teufel reite.

Die ganze Stadt war auf den Beinen, als Feldmarschall Torstensson nach Stockholm heimkehrte. Mein Vater hatte ihn mir oft beschrieben, und ich erwartete einen Recken hoch zu Pferde. Statt dessen trug man ihn in einer Sänfte durch die Straßen.

Mit seinen dreiundvierzig Jahren glich Lennart Torstensson einem Greis am Rande des Grabes. Bleich und aufgeschwemmt, zeitweise fast bewegungsunfähig durch die Podagra, gequält von Steinleiden. Es ist mir bis heute rätselhaft, wie dieser kranke Mann es fertiggebracht hat, vier Jahre lang von einem Schlachtfeld zum nächsten zu hetzen.

Am Tag nach seiner Ankunft ließ Torstensson mich rufen. Er musterte mich lange und sagte dann: »Vom ersten Tag des Krieges war ich mit deinem Vater zusammen. Ich kannte Miriam, ein schönes und kluges Mädchen ...« Nach einer von Schmerzen erzwungenen Pause fuhr er fort, Erik sei einer seiner besten Offiziere gewesen, ein Freund. Wieder schwieg er. Er verfiel zusehends und ähnelte jetzt meinem Vater, wenn er aus einem Rausch erwachte. Nur deshalb faßte ich Mut, die Frage zu stellen, die mir mein Vater nie beantwortet hatte: »Warum, Exzellenz, hören die Schweden nicht einfach auf? Wenn die anderen keinen Feind mehr haben, ist der Krieg zu Ende.« Torstensson lächelte nicht über meine naive Frage, er sparte sich auch die Worte, die ich schon so oft gehört hatte: Kampf für den rechten Glauben, Papistengefahr, Verteidigung ... Er sagte nur: »Wenn das so einfach wäre. Der Krieg, einmal begonnen, gebiert immer wieder Krieg.« Dann wechselte er das Thema. Von Bischof Matthiae habe er Wunderdinge über meine Begabung gehört. Er werde sich bei der Königin dafür verwenden, daß ich in Uppsala studieren dürfe. Damit war ich entlassen.

Über dem Mälar lag schon die Ahnung des Sommers, als mich Feldmarschall Torstensson hieß, ihn ins Schloß zu begleiten. Wir durchschritten ein beängstigendes Labyrinth von Treppen und Gängen, ehe wir das Arbeitskabinett der Königin betraten. Bücher in den Regalen, ein Globus, Karten ... Am Tisch saß ein junges Mädchen, ein anderes stand am Fenster und blätterte in einem Buch. Vier oder fünf Männer unterbrachen bei unserem Eintritt ihr Gespräch. Ich kannte nur Johan Matthiae. Torstensson hielt mich zurück, als ich den Bischof begrüßen wollte. »Zuerst die Königin«, flüsterte er. Also mußte eines der beiden Mädchen die Königin sein, aber welche? Torstensson wich meinem fragenden Blick aus, die anderen beobachteten mich gespannt.

Das Mädchen am Tisch, blond und zart, trug ein spitzenbesetztes Gewand, an seinem Mittelfinger blitzte ein großer Rubin. Das Fräulein am Fenster, schmucklos gekleidet, ebenso blond wie die andere, aber ohne deren Liebreiz, nahm keine Notiz von mir. Schon ging ich auf das Fräulein am Tisch zu, um mein Knie zu beugen, als ich bemerkte, wie jenes am Fenster ihr Buch nahe an die Augen führte. Also war sie kurzsichtig. Mein Vater hatte erzählt, die Kurzsichtigkeit Gustav Adolfs habe dessen Tod bei Lützen verschuldet. Konnte die Tochter dieses Übel nicht geerbt haben? Entschlossen änderte ich meine Richtung und erwies dem Fräulein am Fenster meine Reverenz. Sie reichte mir die Hand und führte mich zu der anderen. Ob diese, vollkommen an Leib und Seele, mir nicht besser als Königin gefiele?

»Majestät«, bat die zarte Blonde. Ich atmete hörbar auf, und alle lachten.

»Nachdem du mich und nicht meine schöne Freundin Ebba Sparre zur Königin erwählt hast, laß hören, ob dein Verstand deinem Gefühl ebenbürtig ist. Du kannst Hebräisch?«

Ich sprach einige Verse aus dem Buch Esther. Nach den Worten »Denke nicht, daß du dein Leben errettest, weil du im Palast des Königs bist, du allein von den Juden«, unterbrach mich die Königin und fuhr auf Latein fort: »Denn wenn du zu dieser Zeit schweigen wirst, so wird Hilfe und Errettung von einem anderen Ort her den Juden erstehen, du aber und deines Vaters Haus werden umkommen.« Dann wechselte sie ins Französische. Ob ich Jude oder Christ sei?

Antwortete ich: ein Jude, verleugnete ich meinen Vater; antwortete ich: ein Christ, verleugnete ich Rabbi Levi. Ich nahm meinen ganzen Mut zusammen und erwiderte: »Mit Verlaub, Majestät, ich bin ein schwedischer Bürger.«

Die Königin trat nahe an mich heran. Ich hielt ihrem starren Blick stand, obwohl mir vor Anstrengung fast übel wurde. Erst als sie fragte, ob es zutreffe, daß meine Mutter Jüdin gewesen sei, senkte ich die Lider.

»Liebtest du sie?«

»Ich kann mich nicht an sie erinnern.«

»Glücklicher«, sagte die Königin. Ich verstand nicht, doch sie fragte schon weiter, wie es mit Latein und Griechisch bestellt sei. Sie examinierte schnell, von einer in die andere Sprache übergehend. Ich verlor meine Befangenheit. Der Eifer der nur sechs Jahre Älteren ließ mich vergessen, daß sie Königin war. Wir tollten durch den Garten der Wissenschaften, spielten Versteck in seinen Labyrinthen, bis wir uns mit glühenden Wangen wiederfanden. Christine erschien mir plötzlich wunderschön, und so antwortete ich auf ihre Frage, was mir in Schweden am besten gefiele, wahrheitsgemäß: »Sie, Majestät.«

»Und was mißfällt dir?«

»Der Religionsunterricht«, entfuhr es mir. Ich erwartete eine Zurechtweisung, aber die Königin lachte laut auf. Sie wandte sich zu den anderen: »Da hört ihr's, Narren und Kinder sagen die Wahrheit.« Das war schlimmer als eine Zurechtweisung.

Als wir das Schloß verließen, bemerkte der Feldmarschall, mein loses Mundwerk habe der Königin gefallen. Wenn ich nur wolle, stünden mir nach dem Studium in Uppsala alle Wege offen, denn mehr als den Adel der Geburt schätze Christina den Adel des Verdienstes.

Königin Christina stand im zwanzigsten, ich im vierzehnten Jahr, als wir einander begegneten. Ich hielt sie für ein Wesen aus einer anderen Welt. Doch wir sind alle Wellen im selben Meer, Blätter des selben Baumes. Wir beneiden Reiche oder Mächtige nur, solange wir um ihr Unglück nicht wissen. Erst später erfuhr ich aus Christines Aufzeichnungen, daß der Krieg Königskindern wie Soldatenkindern eine viel zu schwere Last aufgebürdet hatte.

Nach Ansicht der Jesuiten bildet sich ein Charakter in den ersten sieben Lebensjahren. Das menschliche Wesen sei dann einer noch feuchten Wachsplatte vergleichbar, in das die Umgebung unauslöschbare Zeichen einpräge. Die Patres mühen sich denn auch nach Kräften, ihre Zeichen in die Wachstafeln zu ritzen. Nur tun sie sich dabei selber zu viel Ehre an und Gott zu wenig. Unbestritten sind frühe Kindheitserlebnisse von bleibender Wirkung. Aber sie erklären nicht alles. Auch Gott ist im Menschen am Werk und durchkreuzt oft die Absichten der Erzieher zum Guten oder zum Bösen.

Christine, von deren ersten zwanzig Jahren ich nun berichten will, verlebte eine bedauernswerte Kindheit.

Am 8. Dezember 1626 strebten Venus, Merkur und Mars dem Regulus im Sternbild Löwen zu. Eine seltene und glückverheißende Konstellation. Maria Eleanora von Brandenburg, Gustav Adolfs Gemahlin, lag in den Wehen. Die Hofastrologen prophezeiten die Geburt eines Knaben, zu Großem berufen wie sein Vater. Ohne einen Blick an das Neugeborene verschwendet zu haben, meldeten sie dem König die Geburt des von allen erhofften Thronfolgers.

In Stockholm läuteten alle Glocken. Gustav Adolf dankte Gott in einem langen Gebet. Maria Eleanora weinte vor Freude.

Als die Hebamme das Kind badete, erkannte sie den Irrtum. Der Thronfolger war ein Mädchen. Keiner wollte dem König die Hiobsbotschaft überbringen. Prinzessin Katharina, Halbschwester des Königs, verheiratet mit dem Pfalzgrafen Johan Casimir und selbst Mutter von vier Kindern, faßte sich ein Herz. Sie trug das Neugeborene zum Bruder. In der Furcht, nicht die rechten Worte zu finden, wickelte sie das Kind kurzerhand aus den Windeln. Gustav Adolfs Miene blieb hell. Er sei zufrieden, sagte er, und bitte Gott nur, daß er ihm die Tochter erhalte. Man möge sie nach seiner Mutter Christina nennen.

Der Mann, den man wenige Jahre später in Europa als den Löwen aus Mitternacht, den nordischen Alexander feierte, offenbarte in dieser Stunde wirkliche Größe. Er entschied, daß Christina sein Nachfolger werden solle, und befahl, das Tedeum singen zu lassen. Prophetisch fügte er hinzu, daß dieses Kind sehr klug werden dürfte, da es alle getäuscht habe.

Maria Eleanora verzieh der Tochter die Täuschung nicht. Sie vergötterte ihren Gemahl so, wie sie Schweden haßte. Kein Wunder, daß die Früchte ihrer Liebe nicht reiften. Dreimal schon war sie schwanger gewesen – zuerst eine Fehlgeburt, dann eine Tochter, die im ersten Lebensjahr starb, schließlich eine männliche Totgeburt. Und nun sollte der Mannesstamm der Wasa in diesem Mächen enden?

Gustav Adolf liebte seine Tochter zärtlich. Maria Eleanora liebte nur ihn, um das Kind kümmerte sie sich nicht. Ein Balken fiel auf die Wiege der kleinen Christine. Wie durch ein Wunder blieb sie unverletzt. Die Kinderfrauen vernachlässigten sie. Durch ihr Ungeschick brach die linke Schulter des Kindes und wuchs schief wieder zusammen. Unerklärliche Unfälle häuften sich. Niemand außer dem König schien dieses Kind zu wollen. Nicht die Mutter, nicht die schwedischen Adligen, die von einer Wahlmonarchie träumten, sollte der König ohne Erben sterben, nicht die katholischen Verwandten Gustav Adolfs, die in Polen regierten und einem kinderlosen Schwedenkönig auf den Thron zu folgen hofften.

Gustav Adolf traf Vorsorge für seine Tochter. Er ließ die Einjährige durch Reichstagsbeschluß zur Reichserbfürstin erklären, falls ihm männliche Erben versagt blieben.

An Christines Wiege stand das Verhängnis gleich in dreierlei Gestalt Pate: Ein Mädchen. Die Tochter des großen Gustav Adolf. Zukünftige Königin. Die Krone würde sie niederlegen, mit ihrem Geschlecht auf Kriegsfuß leben. Gustav Adolfs Tochter blieb sie.

Der König verbrachte die meiste Zeit bei der Armee, die König Sigismund von Polen bekriegte. Er inspizierte Bergwerke, Waffenschmieden, Werkstätten. Unermüdlich baute er an Schwedens Größe. Dabei immer die Sorge um das Kind, das sein Werk fortführen sollte. Als die zweijährige Christine lebensgefährlich erkrankte, ritt er aus dem hohen Norden so eilends nach Stockholm, daß niemand ihm zu folgen vermochte. Die Ärzte hatten das Kind bereits aufgegeben. Gustav Adolf nahm es in die Arme, trug es durchs Zimmer und bestürmte den Himmel mit seinen Gebeten. Christine wurde gesund. Jetzt rang der König tagelang mit dem Tod. Ein weiterer Grund für Maria Eleanora, die Tochter zu hassen.

Gustav Adolf war vernarrt in das Kind. Es versprach ihm ähnlich zu werden, im Aussehen und im Temperament. Jauchzend saß es vor ihm im Sattel, Kanonenschläge erschreckten es nicht.

Bevor Gustav Adolf nach Deutschland aufbrach, wählte er sorgfältig die Lehrer für Christine aus. Sie sollten das Mädchen alles lehren, was ein junger Prinz wissen mußte, um gut regieren zu können: Wissenschaften, Sprachen, Leibesübungen. Weibliche Tugenden, außer Ehrbarkeit und Zurückhaltung, waren nicht erwünscht. Von der Mutter möge man Christine trennen, sobald sie ein verständiges Alter erreicht habe.

Mit dem dreieinhalbjährigen Kind auf dem Arm trat Gustav Adolf vor die Stände des Reiches und hielt seine Abschiedsrede. Darin verglich er sich mit einem Krug, der so lange zu Wasser geht, bis er bricht, was nun wohl auch ihm beschieden sei. Er beteuerte, daß er in den großen Krieg auf dem Kontinent nicht aus eigenem Antrieb oder aus Lust am Kämpfen eingreife, sondern nur, um die deutschen Glaubensbrüder vom papistischen Joch zu befreien.

Die Rede soll den Zuhörern, harten, unsentimentalen Männern, Tränen in die Augen getrieben haben. Aber sie enthielt nur die halbe Wahrheit. Nicht um des rechten Glaubens willen wagte der schwedische Löwe den Sprung über die Ostsee. Obwohl der Krieg auf dem Kontinent nun schon zwölf Jahre dauerte, war es den Schweden bisher nicht eingefallen, ihren bedrängten Glaubensbrüdern zu Hilfe zu eilen. 1630 aber standen die Heere Wallensteins in Pommern und bedrohten die Freiheit der schwedischen Schiffahrt. Außerdem unterstützte Kaiser Ferdinand in Wien den Anspruch der katholischen Wasa in Polen auf die Herrschaft über Schweden. Schon glaubten sich die Habsburger ihres Sieges über den Protestantismus und die katholischen Bourbonen sicher. Doch Kardinal Richelieu gab den Kampf nicht verloren. Im Namen seines allerchristlichsten Königs Ludwig XIII. ermutigte er die deutschen Protestanten zum Widerstand und versprach Gustav Adolf großzügige französische Hilfe, falls er gegen Wallenstein zu Felde ziehe.

Gustav Adolfs Lehrer, der weise Johan Skytte, riet ab, der Freund und Kanzler Axel Oxenstierna warnte. Der König schlug Rat und Warnung in den Wind, er vertraute seinem guten Stern. Im Sommer 1630 stach er mit seinem Heer in See.

Nach dem Abschied vom Vater weinte Christine drei Tage lang. Das war nicht ihre Art. Ein unheilvolles Zeichen. Prinzessin Katharina nahm das Kind in ihre Familie auf, wie Gustav Adolf es gewünscht hatte. Maria Eleanora folgte ihrem Gemahl. Christine vermißte sie nicht. Die Vierjährige schrieb dem Vater kleine Briefe in deutscher Sprache: Es geht mir gut, bleibt gesund, kommt bald zurück und bringt mir etwas Schönes mit.

Den König freuten die kindlichen Wünsche, erfüllen konnte er sie nicht. Er machte Geschichte.

Da haben wir halt noch ein Kriegl mehr, soll Kaiser Ferdinand gesagt haben, als er von Gustav Adolfs Landung auf Usedom erfuhr. Am Wiener Hof spottete man über den Schneekönig, der in der Sonne des Südens schmelzen würde. Die Höflinge und Generäle spotteten nicht lange. Als Gustav Adolf bei Breitenfeld nahe Leipzig den gefürchteten kaiserlichen Feldherrn Tilly besiegte und für die Eroberung Deutschlands nicht länger brauchte als für eine Reise, hing die Macht der Habsburger nur noch an einem seidenen Faden.

Die schwedischen Siege erregten Bewunderung, bald aber auch das Mißtrauen ihrer katholischen wie protestantischen Verbündeten. Diese argwöhnten, Gustav Adolf wolle sich zum Herrn über alle machen, und sie hatten ihn doch nur als ihren Diener gerufen. Man brach Zusagen, hielt Truppen zurück, wechselte gar die Front. Wien fast in Reichweite seiner Artillerie, hetzte Gustav Adolf sein Heer wieder gen Norden, um sich den Rücken freizuhalten und Sachsen dem Zugriff Wallensteins zu entziehen. Bei Lützen ereilte ihn sein Schicksal.

In der allgemeinen Trauer um den größten Feldherrn des Jahrhunderts fragte kaum jemand, ob der Preis für diese Größe nicht zu hoch gewesen war. Die Eroberungen verrannen wie gewonnen. Schweden war in einen Krieg verstrickt, der schon zu viele Opfer gekostet hatte, um ihn sieglos beenden zu können. Auf dem Thron ein sechsjähriges Mädchen.

Christine erfuhr vom Tode des Vaters in Nyköping. Ihr Onkel Pfalzgraf Johan Casimir sagte: »Majestät, Euer Vater gab sein Leben für Schweden, nun seid Ihr Königin.«

Das Kind wunderte sich über die feierlichen Worte und das seltsame Benehmen des Onkels und begann zu lachen. Man tadelte Christines Gefühllosigkeit, ohne zu bedenken, daß sie sich an ihren Vater gar nicht mehr erinnern konnte. Vor zwei Jahren hatte sie ihn beweint wie niemand in Schweden und war wegen ihrer Tränen gescholten worden.

Während es unter den Erwachsenen üblich ist, die Folgen eines Unglücks zu beklagen und nicht seine Ursachen, bekennt sich ein Kind noch zu der einfachen Wahrheit: Wer in den Krieg zieht, kommt darin um. Es weint, wenn der Vater zum Schwert greift und nicht erst bei der Todesnachricht.

Christine gewöhnte sich an die Ehrfurchtsbezeugungen und daran, daß sie nun durch Gottes Gnaden Königin der Schweden, Goten und Vandalen, Großfürstin von Finnland, Herzogin von Estland, Herrin von Ingermanland war. Der Regentschaftsrat beeilte sich, sie gemäß Gustav Adolfs Willen von den Ständen zur Königin erklären zu lassen, forderte doch der polnische König Sigismund, einst König von Schweden und wegen seines Übertritts zum Katholizismus entthront, mit dem Recht der älteren Linie den Thron für sich und seine Nachkommen zurück.

Als der Reichsmarschall die Stände bat, Christine als Königin zu bestätigen, fragte ein Bauer: »Wo ist diese Tochter Gustav Adolfs? Ich kenne sie nicht und habe sie nie gesehen.«

Man holte die Sechsjährige. Der Bauer musterte sie eingehend und rief dann in den Saal: »Sie ist es wirklich. Ich sehe Gustav Adolfs Nase, Augen und Stirn. Sie soll unsere Königin sein.«

Kurz darauf kamen russische Abgesandte nach Stockholm, um die Königin zu beglückwünschen und Beileidsbezeugungen des Zaren zum Hinscheiden Gustav Adolfs zu überbringen. Reichsmarschall und Reichsadmiral übten mit der Sechsjährigen tagelang das Zeremoniell und ermahnten sie, keine Furcht zu zeigen.

Wovor sie sich denn fürchten solle?

Nun, die Russen seien große Männer in fremdartiger Kleidung, vor allem trügen sie lange Bärte.

Christine lachte und konnte sich lange nicht beruhigen. Der Reichsmarschall und der Reichsadmiral trugen doch auch Bärte. Die Vorhaltungen langweilten sie. Ungeduldig fuhr sie die Männer an: »Sagt mir nur, was ich tun muß und überlaßt alles weitere mir.« Sie empfing die russischen Gesandten mit fehlerlosem Zeremoniell. Reichte ihnen die Hand zum Kuß. Zuckte nur vor dem scharfen Branntweingeruch zurück. Bedankte sich artig für die Geschenke, bestellte Grüße an den Zaren.

Die Russen waren von der kleinen Königin begeistert, der Hof applaudierte ihr. Der Reichsrat hatte Europa eine handlungsfähige schwedische Monarchie vorgeführt.

Im Juni 1633 kehrte Maria Eleanora mit dem königlichen Leichnam aus Deutschland zurück. Das Herz des Toten ruhte in einer Kapsel, von der sich Maria Eleanora keinen Augenblick trennte. Spätestens jetzt hätte jedem offenbar werden müssen, daß Gustav Adolfs Tod seiner Witwe den ohnehin schwachen Verstand verwirrt hatte. Die einst ungeliebte Tochter behandelte sie als lebendes Abbild des Verstorbenen. In ihren Memoiren schrieb Christine: »Sie ertränkte mich fast mit ihren Tränen und erstickte mich fast in ihrer Umarmung ... Ihre maßlose Liebe brachte mich zur Verzweiflung. Ich mußte bei ihr schlafen, und sie ließ mich keinen Moment aus den Augen.«

Im Schloß von Nyköping hauste Maria Eleanora mit ihrer Tochter in schwarz verhängten Räumen, die von Kerzenschein nur dürftig erhellt wurden. Über dem Bett von Mutter und Tochter hing die goldene Kapsel mit Gustav Adolfs Herz. Ein paar Treppen tiefer stand der unbestattete Sarg. Maria Eleanoras Wehklagen begleitete Christine in den Schlaf, es weckte sie. In den düsteren Räumen tummelten sich Narren und Zwerge, auf deren Unterhaltung die Königinmutter trotz der Trauer nicht verzichten wollte. Sie flößten dem Kind Widerwillen ein, geisterten durch seine Träume.

Christine verstand zeitlebens nicht, warum sich ansonsten vernünftige Menschen mit solchen Geschöpfen die Zeit vertreiben. Ich erinnere mich, wie sie einmal sagte, diese Unglückswesen würden zu Unglücksvögeln für ehrenwerte Menschen, wenn man sie an Fürstenhöfe bringe. Obwohl sie manchmal Wahrheiten aussprächen, die andere nicht zu sagen wagten, könne man sie auch reden heißen, was man wolle.

Nur Prinzessin Katharina fand den Mut, gegen Maria Eleanoras Schreckensregiment aufzubegehren. Es sei unmenschlich, ein sechsjähriges Kind lebendig zu begraben, hielt sie ihr vor. Nach erregten Auseinandersetzungen wies die Königinmutter Katharina und ihre Familie aus dem Schloß. Der Reichsrat ließ es geschehen. Ein Dutzend kampferprobter Männer handelte lieber dem Willen des verstorbenen Königs zuwider, als der trauernden Witwe entgegenzutreten. Sie opferten das Kind.

Christine spürte, daß die Umarmungen der Mutter nicht ihr galten, sondern dem Mann im Sarg. Die Kapsel über dem Bett verursachte ihr Kopfweh. Nachts meinte sie, das Herz des Toten schlagen zu hören, und weinte, weil es so eingesperrt war wie sie. Sie fieberte, litt unter Geschwüren. Die Ärzte wußten sich keinen Rat, dabei fehlten ihr nur Bewegung im Freien und frisches Wasser. Man zwang sie, Bier zu trinken, das sie nicht vertrug. Wie ein gefangenes Tier hockte sie in den lichtlosen Räumen. Es grenzt an ein Wunder, daß sie diese Hölle überlebte.

Zwischen Warschau und Paris, Rom und Stockholm haben Zeitungsschreiber Königin Christine der Vergnügungssucht und der Kälte gegenüber ihrer Mutter geziehen, doch keiner hat in seinem Urteil das Jahr von Nyköping erwähnt. Was ihr dort widerfuhr, verfolgte sie ein Leben lang. Wunden der Kindheit heilen nie. Aber das zu verstehen, übersteigt den Verstand hurtiger Schreiberlinge.

Im Sommer 1634 wurde der Leichnam Gustav Adolfs in feierlichem Zug nach Stockholm überführt. Die Witwe zeigte sich untröstlich. Weil ihr Schmerz aufrichtig war, übertraf er alles, was man in solchen Fällen aufbietet, um die Zuschauer von der eigenen Trauer zu überzeugen. Christines Verzweiflung war noch größer, denn sie litt unter den endlosen Zeremonien und den atemabschnürenden Kleidern.

Endlich fand der Sarg seinen Platz in der Riddarholmskirche. Von der Kapsel mit dem Herzen trennte sich Maria Eleanora erst zwei Jahre später, als Axel Oxenstierna ihr eindringlich vorstellte, ein unbestattetes Herz beleidige Gottes Willen.

*

Die Beisetzung des Königs rettete Christine aus höchster Not. In den letzten Lebensjahren, da sie sich oft an ihre Kindheit erinnerte, meinte sie, es habe nicht viel gefehlt, und sie wäre in Nyköping unheilbar schwermütig geworden. Als das Schloß ein

Jahr nach Christines Thronverzicht und kurz nach Maria Eleanoras Tod bis auf die Grundmauern abbrannte, nannte sie das einen Akt himmlischer Gerechtigkeit.

Maria Eleanora bezog nun das Stockholmer Schloß, um den Gebeinen des geliebten Gemahls nahe zu sein. Die Reichsräte befanden, Christine sei alt genug, sich in regelmäßigen Studien auf ihr Herrscheramt vorzubereiten. Noch immer wagten sie nicht, das Kind von der Mutter zu trennen, wie sehr Axel Oxenstierna in seinen Briefen aus Deutschland, auf Gustav Adolfs Testament verweisend, auch darauf drängte.

Christine fieberte den Unterrichtsstunden entgegen wie ein Gefangener der Freiheit. Männer waren ihre Lehrer, und wie ein Prinz wurde sie erzogen. Mit Axel Banér, Oberhofmeister und Bruder des berühmten Feldmarschalls Johan Banér, ritt sie oft aus. Er lehrte sie, das Pferd mit dem Körper zu verstehen und es so zu führen, daß sie mit dem Tier gleichsam zu einem Wesen verschmolz. Sie bevorzugte den Männersitz, worüber sich Mutter und Hofdamen empörten. Das Pferd wurde dem Mädchen zum Inbegriff der Freiheit. Mit dem Wind um die Wette jagen, alle und alles hinter sich lassen, die erste sein, vor sich nur den weiten Horizont, unbekanntes Land, Stunde um Stunde. Sie ermüdete nicht. Axel Banér soll von der Neunjährigen gesagt haben, sie besitze das unruhige Blut, das aufbrausende Gemüt und das ungestüme Herz der Wasa.

Die Jagd bedeutete ihr nicht so viel. Sie lernte nur deshalb ausgezeichnet schießen, um die Tiere nicht leiden sehen zu müssen. Der Schrei des Hirsches, den sie als Anfängerin nicht waidgerecht erlegt hatte, entsetzte sie. Axel gab dem Hirsch den Todesstoß und meinte zu Christine, Mitleid zur unrechten Zeit und am unrechten Platz sei Grausamkeit.

Eines Tages kehrten sie erst nach Einbruch der Dunkelheit zurück. Maria Eleanora empfing den Oberhofmeister mit Vorwürfen. Christine brauste auf. Nicht Axel, sie trage Schuld an der späten Heimkehr. Ob die Mutter denn überhaupt wisse, wie schön ein Sonnenuntergang über dem Mälar sei, freilich nicht vom Fenster aus. Maria Eleanora hob die Hand. Axel Banér trat dazwischen und sagte feindselig, wer Gustav Adolfs Tochter anrühre, verginge sich an Schweden. Sein Jähzorn war allgemein bekannt, es fehlte nicht viel, daß er die Königinmutter zurückgestoßen hätte. Die Hofdamen drängten sich zusammen wie verschreckte Kaninchen, Maria Eleanora rettete sich in eine Ohnmacht. Christine bewunderte Axel, Mitleid für die Mutter empfand sie nicht. Wer bedauert schon seinen Kerkermeister? Im Hinausgehen meinte Axel, daß es mit dem französischen Getue bei Hofe ein Ende haben werde, sobald Kanzler Oxenstierna aus Deutschland heimgekehrt sei.

Seinen Widerwillen gegen französische Lebensart teilte Christine nicht. Ihr zweiter Erzieher, Gustav Horn, Neffe des gleichnamigen Feldmarschalls, war ein gebildeter Diplomat, der in Leyden studiert und Schweden als Botschafter in Paris gedient hatte. Wo Axel leicht erregbar war, draufgängerisch, aufrichtig bis zum Schmerz, kehrte Gustav Horn den welterfahrenen Höfling heraus. Er spottete über die barbarischen Sitten in Schweden, verachtete alle Adligen, die keine Fremdsprache beherrschten und Schweden als das schönste Land der Welt priesen, ohne je ein anderes gesehen zu haben. Nur Axel Banér verschonte er mit seinem Spott. Vielleicht fürchtete er des Oberhofmeisters cholerisches Temperament.

Gustav Horn sprach italienisch, wenn er von Italien, Spanisch, wenn er von Spanien erzählte, und beherrschte Französisch wie seine Muttersprache. Im verdankte die Königin ihr elegantes Französisch, das man später so rühmte. Eine schnelle Auffassungsgabe und die Begierde, ihrer engen Welt zu entfliehen, erleichterten ihr das Studium von Fremdsprachen. Gustav Horn schwärmte von Rom – den majestätischen Bauten des Altertums, den Bildern des Michelangelo in der Sixtina, den Kunstwerken Raffaels und Bramantes. Wie es dort schön sein könne, wenn doch der leibhaftige Antichrist Rom in ein Sündenbabel verwandelt habe, fragte ihn Christine. Mehr als einmal hatte sie Prediger so reden hören. Sie freute sich, daß Gustav Horn ihr und damit den Predigern widersprach. Papst Urban sei kein Antichrist, auch habe er ihren Vater sehr geschätzt. Christine müsse ihn sich wie einen prächtigen König vorstellen, gegen den Prediger, die solche Dummheiten über ihn verbreiteten, armselige Geschöpfe seien.

Johan Matthiae war Prediger, aber auch ein glänzender Philologe und Professor der Poetik. Er kannte Deutschland und Holland, England und Frankreich aus eigener Anschauung. Gütig und weltoffen, unterschied er sich von vielen seiner Amtsbrüder. Gustav Adolf hatte Johan Matthiae liebgewonnen und sich keinen besseren Lehrer für Christine vorstellen können. Als der Vierzigjährige die Ausbildung der kleinen Königin übernahm, war sie ein trotziges verschlossenes Mädchen. Wem sollte sie auch ihre Ängste und Freuden mitteilen? Die Mutter erlaubte ihr keinen Umgang mit Gleichaltrigen. Den Hofdamen, die sie zu weiblichen Tätigkeiten anhalten wollten, warf sie Garn und Stickrahmen vor die Füße. Sie fluchte, wie sie es von Axel Banér und den Reitknechten hörte, warf sich auf den Boden, schrie, kratzte und tat stets das Gegenteil von dem, was die Hofdamen von ihr verlangten.

Johans Nähe besänftigte sie. Er gab dem einsamen, unglücklichen Kind ein Gefühl von Geborgenheit. Er tröstete, beruhigte und beantwortete geduldig Christines viele Fragen. Sie umarmte ihn und nannte ihn Vater.

Johan Matthiae führte Christine in die Geheimnisse der Mathematik ein, erklärte ihr das Kopernikanische System, das sowohl der Papst in Rom wie die lutherische Geistlichkeit ablehnen. Von ihm hörte sie die Namen Giordano Bruno und Galileo Galilei, der gerade zu dieser Zeit von der Inquisition zum Widerruf gezwungen wurde. Galileis Wort, daß Bibel und Natur nicht widerstreiten können, da sie denselben Autoren haben – Gott –, mag Johan Matthiae damals noch nicht gekannt haben, aber er unterrichtete Christine in diesem Sinn. Er brachte ihr die philosophischen Schulen der Griechen nahe und verschwieg auch nicht die Lehrsätze katholischer Theologie.

Der glaubensstarke Lutheraner Matthiae hatte zu viel gesehen und nachgedacht, um Blutvergießen und Verfolgungen im Namen einer christlichen Religion für vernünftig oder gar gottgewollt zu halten. Er wünschte sich eine Kirche, welche die einander befehdenden Lutheraner, Calvinisten und Reformierten in geschwisterlicher Liebe vereinigt. Auch die Katholiken achtete er als Christenmenschen. Damit schuf er sich viele Feinde, die ihn erbarmungslos verfolgten, als die Königin ihn nicht mehr schützen konnte. Vorerst beschützte er Christine.

Nur einmal trübte sich das gute Verhältnis zwischen Lehrer und Schülerin. An jedem ersten Adventsonntag wurde in der Kirche über das Jüngste Gericht gepredigt. Christine erschrak so sehr, daß sie fürchtete, noch am gleichen Tage würden Himmel und Erde einstürzen. Sie fragte Johan Matthiae, warum er ihr niemals von diesem schrecklichen Tag erzählt habe, wie es ihr ergehen würde, wenn die Trompeten zum Jüngsten Gericht bliesen und ob das noch in dieser Nacht geschehe.

Johan Matthiae erwiderte, sie komme bestimmt ins Paradies, doch zuvor müsse sie fleißig lernen, zu Gott beten und ihren Lehrern gehorchen. Die Antwort befriedigte sie nicht. Was würde mit ihren Pferden und Hunden geschehen, was mit den Kindern, die noch nicht beten konnten, was mit Axel Banér, der zwar betete, sich aber oft betrank und dann gotteslästerlich fluchte?

Bei der Predigt im nächsten Jahr weinte sie nicht mehr, doch wieder fragte sie ihren Lehrer, wann das Jüngste Gericht hereinbreche. Johan Matthiae erwiderte: »Es kommt, es kommt, mach dir keine Gedanken. Gott allein weiß den Zeitpunkt, doch man muß sich vorbereiten.« In der folgenden Nacht schlief sie gut, dafür grübelte sie am Tage umso mehr. Sie hegte den Verdacht, daß die Prediger sie und andere mit solchen Geschichten nur erschrecken wollten.

Im dritten Jahr glaubte sie von der Predigt kein Wort mehr. Einige Zeit danach lasen sie und Johan in der Bibel. Sie konnte nicht mehr an sich halten und bat: »Sagen Sie mir die Wahrheit.

Alles, was Sie von der Religion erzählen, sind nur Märchen, genau wie das Jüngste Gericht.«

Scharf wies Johan sie zurecht, es sei Sünde, so etwas auch nur zu denken, und wenn sie das noch einmal sage, würde sie die Rute zu spüren bekommen. Diese Drohung empörte Christine. Sie schrie Johan Matthiae an: »Ich verspreche, das nie wieder zu sagen, denn die Rute will ich nicht haben, weil ihr das alle bitter bereuen würdet.«

Als alternde Frau erinnerte sich die Königin an ihre Erziehung und schrieb in ihren Memoiren: »Schlechte Erzieher sind ebenso kriminell wie abartige Menschen, die Ströme und Quellen vergiften. Viele glauben, man müsse die heranwachsenden Fürsten nur töricht, dumm und unredlich machen, um sie dann beherrschen zu können. Sie verstehen nicht, daß es das größte Unglück ist, von einem unfähigen Regenten, von der Macht eines Toren abzuhängen. Ich bin überzeugt, daß eine gute Erziehung die guten Eigenschaften weiterentwickelt und eine böse Natur wenigstens zeitweise daran hindert, sich hemmungslos zu entfalten. Aber die Wahrheit hat es schwer an einem Hof. Die Lüge regiert dort. Sie ist allzu mächtig. Bereits in der Wiege fürchtet man die Fürstenkinder und schmeichelt ihnen. Wer wagt schon, ihnen die Wahrheit zu sagen? Die Menschen fürchten das Gedächtnis der Fürsten ebenso wie ihre Macht. Sie behandeln sie wie junge Löwen, die schon zerfleischen können, obwohl sie die Menschen nicht zu fressen beabsichtigen. Jedermann will sie vor den eigenen Wagen spannen. Schmeichler spenden ihnen Beifall. Aber die Schmeichelei ist nicht das gefährlichste Gift, das man sie schlucken läßt. Wenn man nur ihre Verdienste lobte, würde sie das vielleicht zu guten Handlungen anspornen. Doch zu ihrem großen Schaden verdirbt man sie damit, all ihren Dummheiten und Irrtümern zu applaudieren.

Kinder sind wie Affen, sie ahmen alles nach. Die Erziehung, die ich genoß, verstärkte meine guten Anlagen und hemmte die schlechten, wenn sie auch meine Fehler nicht auszutilgen vermochte. Mein Geist war lebhaft und gelehrig, meine Seele von unstillbarem Verlangen nach Wahrheit, Tugend und Ehre erfüllt. Aber ich war auch maßlos skeptisch, mißtrauisch, ehrgeizig, heftig und ungeduldig, herablassend und scharfzüngig. Und ich war unnachsichtig. Das alles bin ich mein Leben lang geblieben, und ich habe diese Fehler im Unglück stärker empfunden als im Glück. Immer drängte meine heiße Natur zum Ausbruch. Ehrgeiz und Stolz verboten mir, mich jemandem zu unterwerfen, doch schützte mich mein maßloser Hochmut auch so manches Mal vor Abgründen. Schon als Kind ließ ich mir nichts vorschreiben, am wenigsten von meiner Mutter und den Hofdamen. Wer mich gewinnen wollte, mußte mich überzeugen – durch seinen Charakter, seine Fähigkeiten, Kenntnisse. Wen ich schätzte, von dem nahm ich auch Lehre an. Zum Glück hatte ich Männer um mich, die Schweden mehr liebten als sich selbst und deshalb Mut zur Wahrheit besaßen.«

Mut zur Wahrheit ... Zu allen Zeiten haben ihn nur wenige, denn das Aussprechen des als wahr Erkannten verlangt immer Verzicht auf Sicherheit und Ruhe. Die Welt kommt ohne Wahrheit nicht aus, aber sie hört sie nicht gern.

Als Axel Oxenstierna 1636 aus Deutschland zurückkehrte, hatte er allen Grund, mit Christines Lehrern zufrieden zu sein. Die kleine Königin beherrschte Deutsch und Französisch wie ihre Muttersprache, wußte sich in Spanisch und Italienisch auszudrücken, sprach ein ordentliches Latein. Sie ritt und schoß vorzüglich.

Schweigend musterten sich die Königin und ihr Kanzler. Der untersetzte Mann mit dem grauen Bart und der mächtigen Stirn flößte Christine Respekt ein. Als ihr das Schweigen zu lange dauerte, sagte sie: »Sie also sind der vielgerühmte Reichskanzler. Lehren Sie mich Ihre Kunst.«

Lächelnd sagte Oxenstierna zu den Umstehenden: »Sie ist wahrhaft des großen Gustav Adolf Tochter.« Das waren die ersten Worte, die Christine von ihm hörte, achtzehn Jahre später sollten es auch seine letzten an sie sein.

Axel Oxenstierna entstammte einem alten Adelsgeschlecht.

Christines Großvater, Karl IX., hatte den damals kaum Fünfundzwanzigjährigen zum Reichsrat ernannt. Drei Jahre später wurde er Ratgeber des siebzehnjährigen Gustav Adolf, der ihn zu seinem Reichskanzler machte. Axel begleitete den König auf allen Feldzügen. Er führte ihm die schöne Maria Eleanora vom Hofe des Kurfürsten Georg Wilhelm von Brandenburg zu, was er später mehr als einmal bereut hat.

Die beiden Männer waren ihrem Temperament nach wie Feuer und Wasser. Gustav Adolf – hitzig, visionär, draufgängerisch; Axel Oxenstierna – stoisch, bedächtig, ja phlegmatisch. Eine Episode aus dem polnischen Krieg, die man sich am Stockholmer Hof erzählte, erhellt das. In einer Kampfpause hatte Gustav Adolf kühne Pläne entworfen. Axel Oxenstierna prüfte sie. Schweigend saß er dem König gegenüber, dachte nach, zweifelte. Des langen Schweigens überdrüssig, fuhr Gustav Adolf ihn an: »Wenn nicht meine Hitze in Eure Kälte Leben brächte, würde alles erstarren und stehenbleiben.«

Gelassen erwiderte der Kanzler: »Wenn nicht meine Kälte die Hitze Eurer Majestät löschen würde, wären Eure Majestät schon verbrannt.«

Gustav Adolf lachte und war versöhnt. Eher hätte er die Krone niedergelegt, als ohne den Kanzler zu regieren.

Während des Feldzuges in Deutschland schrieb Axel Oxenstierna an den König: »Was in meinem äußersten Vermögen steht, das gelobe ich ohne Falsch in Untertänigkeit und Treue zu tun, wobei ich gern mein und der Meinen Leben, Blut und alles, was Menschen dieser Welt teuer ist, hingeben will, damit ich mich nicht nur vor der Gegenwart und der Nachwelt verantworten kann, deren Urteil zuweilen trügerisch sein mag, sondern vor dem Richter über alle Welten.«

Das war der Mann, der von nun an Christines Leben bestimmen sollte. Als erstes befahl er Maria Eleanora, sich auf ihren Witwensitz nach Gripsholm zu begeben. Er hatte Gustav Adolf versprochen, für Christine besondere Sorge zu tragen, es jedoch abgelehnt, sich um Maria Eleanora zu kümmern. Diese Frau, die der König manchmal seufzend sein Hauskreuz genannt hatte, hielt Oxenstierna für ein Unglück.

Die Königinmutter wehrte sich gegen die Verbannung nach Gripsholm, doch der Kanzler widerstand ihr wie ein Fels in der Brandung. Sie versuchte es bei der Tochter mit Tränen und bat sie auf Knien, Oxenstiernas Sinn zu ändern. Die Insel im Mälarsee sei ein Gefängnis, geschaffen, sie in den Wahnsinn zu treiben wie einst König Erik, den erstgeborenen Sohn Gustav Wasas. Christine tat die Mutter leid, helfen konnte sie ihr nicht. Wenn es um Schwedens Wohl ging, kannte Axel Oxenstierna keine Rücksichten. Maria Eleanora mußte Stockholm verlassen. Christine versprach, sie so oft wie möglich zu besuchen und war froh, als die Mutter endlich mit ihrem Hofstaat von Narren, Zwergen und Affen abreiste.

Die Pfalzgrafenfamilie zog wieder ins Schloß. Johan Casimir besaß das ruhige und gutmütige Naturell des gebürtigen Pfälzers, Prinzessin Katharina war eine echte Wasa – hitzig, klug, gerecht, tatkräftig. Christine liebte und verehrte ihre Tante, während sie auf alle anderen Frauen verächtlich herabblickte.

Verheiratet mit dem calvinistischen Pfalzgrafen, dem der Krieg in Deutschland das Familienvermögen vernichtet hatte, mußte Katharina ihre Familie vor den Intrigen des alteingesessenen Adels schützen. Obwohl Johan Casimir zum lutherischen Glauben übergetreten war, verdächtigte man ihn nach wie vor als Calvinisten. Nach Gustav Adolfs Tod hatte er sofort sein Amt als Reichsschatzkanzler niedergelegt, um dem Hinauswurf zuvorzukommen. Die schwedischen Barone gaben wenig darauf, daß der Pfalzgraf seinem königlichen Schwager treu gedient hatte, und es beeindruckte sie auch nicht, daß Johan Casimir auf eine Reihe bedeutender Vorfahren verweisen konnte, unter ihnen vier deutsche Kaiser.

Den Pfalzgrafen lernte ich noch als freundlichen alten Herrn kennen. Sein Sohn Karl Gustav, der spätere König und Christines Vetter, war ihm verblüffend ähnlich. Vom lebhaften Temperament seiner Mutter, ihrer Schlagfertigkeit und Musikalität hatte er kaum etwas geerbt. Prinzessin Katharina muß eine bemerkenswerte Frau gewesen sein. Oft unterhielt sie ihre vier Kinder und Christine mit Geschichten – von der Walküre Visma; von der schönen Sigrid, die wegen ihrer stolzen Gesinnung, ihrer Klugheit und großen Macht die Großmächtige genannt wurde; von der Feuerseele Birgitta, die nach Rom zog und dort starb; vom tapferen Sten Sture; von den Heldentaten Gustav Wasas und dessen ungebärdigem Sohn Erik, der als König dem Wahnsinn verfiel. Das Schicksal der unglücklichen Cecilia beeindruckte Christine so, daß sie sich noch im Alter dieser Urgroßtante erinnerte. Während sie an ihren Memoiren schrieb, äußerte sie einmal: »Man sprach bei Hofe von Cecilia wie von einer Aussätzigen. Ich empfand Mitleid mir ihr.«

Die hochbegabte Tochter Gustav Wasas war in Liebe zu Johan von Ostfriesland entbrannt. Ihr Bruder Erik, der nachmalige König, überraschte die beiden und ließ Johan in den Kerker werfen, aus dem der Unglückliche erst Jahre später wieder freikam. Viele Freier warben vergeblich um Cecilia. Erik vermählte sie schließlich mit einem armen Markgrafen von Baden. Nach dessen Tod trat Cecilia zum katholischen Glauben über. Hing ihr schon zuvor der Ruf einer Hure an, obwohl sie ihrem Markgrafen eine gute Ehefrau gewesen war, verteufelte man sie nun in Schweden als Ausbund des Bösen. Feierlich verfluchten die lutherischen Geistlichen die Abtrünnige.

Im Alter lebte Cecilia, eine kunstliebende, großzügige Frau, in bitterer Armut. Ihrer Großnichte Katharina schrieb sie aus Trier: »Wir bitten Euer Liebden, uns nicht zu verlassen. Wir sind hier in großer Not. Wir wollen das Geld, das Ihr uns leiht, bald bezahlen. Es wäre zu viel zu schreiben, wie man gegen uns handelt. Gott weiß, wie wenig Recht man findet, wenn man Witwe und allein ist.«

Katharina unterstützte heimlich ihre Großtante. Sie billigte zwar nicht deren Konversion, meinte aber, die arme Frau hätte wenigstens im Schoß der katholischen Kirche die Ruhe gefunden, die sie ein Leben lang vergebens gesucht hatte. Cecilia war ein Jahr nach Christines Geburt im Alter von siebenundachtzig Jahren als letztes von Gustav Wasas Kindern gestorben.

Christine befand, ihre Urgroßtante Cecilia habe recht daran getan, einen anderen Glauben anzunehmen, konnte sie doch auf diese Weise sicher sein, den lutherischen Geistlichen weder in diesem noch in einem anderen Leben wiederzubegegnen. Das Kind behielt solche Gedanken für sich, denn es kannte inzwischen die Macht der Theologen und hatte gelernt, sich zu verstellen.

Lehrte Johan Matthiae Christine, geschichtliche Abläufe und ihre Protagonisten distanziert und mit kühlem Verstand zu betrachten, so verdankte sie ihrer Tante Katharina die Einsicht, daß Verbrechen und Tugenden, Haß und Liebe vergangener Geschlechter in den Lebenden weiterwirken.

Als Christine noch nicht dreizehn Jahre alt war, starben kurz hintereinander Axel Banér, Gustav Horn und Prinzessin Katharina. Eine Kindheit ging zu Ende, die nur wenige glückliche Tage gekannt hatte. Durch die kalten düsteren Räume des Stockholmer Schlosses irrte ein einsames Mädchen, dem einzig der Gedanke, eine große Königin zu werden, Trost, Schutz und Halt gewährte.

*

Von Axel Oxenstierna ist das Wort an seinen Sohn überliefert: »Weißt du nicht, mit wie wenig Verstand die Welt regiert wird?« Wenn ich den Kanzler auch nicht mochte, ihn zeitweise sogar haßte, konnte ich ihm doch nie meinen Respekt versagen. Der Alte besaß im kleinen Finger mehr Verstand als alle Potentaten und Minister Europas zusammen.

Dieser Mann widmete sich nun der politischen Erziehung Christines. Täglich drei Stunden machte er sie mit den Ereignissen auf dem Kontinent vertraut, erklärte ihr die Winkelzüge europäischer Politik, erläuterte Verträge, lehrte sie, zwischen Schein und Wirklichkeit zu unterscheiden. Christine hörte ihm gern zu, sie nahm alles verständig auf. Der Kanzler lobte ihre Wißbegier und ihren Arbeitseifer. In einem Bericht an den

Reichstag sagte er: »Ich bemerke mit Zufriedenheit, und Gott ist mein Zeuge, daß Ihre Majestät sich von anderen Frauen unterscheidet. Sie hat Herz und Verstand in solchem Maße, daß sie, wenn sie sich nicht verderben läßt, zu den höchsten Hoffnungen berechtigt.«

Verderben fürchtete Axel Oxenstierna von der pfalzgräflichen Familie. Prinzessin Katharina hatte keine Gelegenheit verstreichen lassen, Christine ihren Sohn Karl Gustav als idealen Gemahl zu empfehlen und die kindliche Liebe zwischen beiden zu fördern. Solch eine Verbindung aber paßte nicht in Axel Oxenstiernas Pläne. Wen die junge Königin einmal zum Wohle Schwedens heiraten würde, wollte er bestimmen. Für ihn war sie nicht mehr als eine Figur auf dem Schachbrett seiner Politik. Ohne Rücksicht auf ihre Gefühle trennte er sie von Johan Casimir, den Basen und Vettern.

Christine bewahrte ihrem Onkel die Treue. Heimlich wechselte sie Briefe mit ihm. So erfuhr sie manches, was der Kanzler verschwieg oder anders darstellte. Sie lernte, Intrigen zu durchschauen, sich ein eigenes Urteil zu bilden und – zu schweigen. War sie in Nyköping die Gefangene ihrer Mutter gewesen, so war sie in Stockholm die Gefangene der Oxenstierna. Die Gemahlin und die Tochter des Kanzlers gaben jetzt bei Hofe den Ton an. Harmlose Vergnügungen erregten bei den bigotten Damen Ärgernis. Kein Tanzunterricht, keine Theateraufführungen mehr wie zu jener Zeit, als Prinzessin Katharina noch lebte.

Christine beneidete Karl Gustav, der auf den Kontinent reisen durfte. Wenn Verzweiflung sie überkam, kein Mann zu sein, dem die Welt offensteht, sondern ein Mädchen, das irgendwann verheiratet werden würde, damit es dem Thron Erben schenke, vergrub sich Christine in ihre Bücher. Sie wollte eine Königin sein, deren Klugheit man in allen Ländern pries. Wenn sie schon nicht reisen durfte, dann sollte die Welt nach Stockholm kommen.

Damals muß Christine jene fast übermenschliche Selbstbeherrschung erworben haben, die nicht nur mich immer wieder verblüffte, war die Königin doch von Natur aus heißblütig und

jähzornig. Sie lernte sich so geschickt zu ve
dermann bei Hofe täuschte, selbst einen Ax
Die Familie Oxenstierna beherrschte seit
den Reichsrat, den Hof, den Reichstag,
zehnjährige begriff sehr schnell, daß sie P
wollte sie mit achtzehn unabhängig regier
bot, sie vorzeitig für mündig zu erklären, leh
de einer regierenden Königin sei ihr noch zu schwer. Sie be
zigte damit die Maxime Axel Oxenstiernas, man müsse stets trachten, Zeit zu gewinnen. Sie konnte sich zwar auf Johan Matthiae, den Pfalzgrafen, den Reichsadmiral Karl Gyllenhielm, einem Halbbruder ihres Vaters, stützen, doch ein Gegengewicht zur Sippe Oxenstierna bildeten diese vorwiegend alten Männer noch nicht.

Um diese Zeit versetzte die Königinmutter Schweden in Aufregung. Man hatte einen Brief an König Christian von Dänemark abgefangen, in dem Maria Eleanora dem Erzfeind Schwedens ankündigte, ihr Land zu verlassen. Christine bat die Mutter nach Stockholm und stellte sie zur Rede. Maria Eleanora suchte sich zu rechtfertigen, indem sie der Tochter vorwarf, diese sorge sich nicht um sie, überließe sie der Einsamkeit und Kälte dieses Landes.

Es muß sich seltsam ausgenommen haben, wie das junge, frühreife, immer überanstrengte Mädchen, fast noch ein Kind, der mehr als vierzigjährigen Frau ins Gewissen redete, ihr die Verantwortung vor Augen führte, die sie als Königinmutter und Gustav Adolfs Witwe gegenüber Schweden trage. Sie dürfe nicht mit Dänemark konspirieren oder gar das Land verlassen.

Maria Eleanora beruhigte sich, beteuerte, daß ihr nichts so kostbar sei wie das Andenken ihres Gemahls, gelobte Wohlverhalten. Schon am nächsten Tag reiste sie nach Gripsholm zurück. Das hätte Christine argwöhnisch machen müssen, aber sie war nur froh, Maria Eleanora umgestimmt zu haben.

Aus Gripsholm berichtete man, die Königinmutter unterziehe sich dem Fasten. Niemand schöpfte Verdacht, denn Maria Elea-

sich öfter mit ihrer Kammerfrau zu religiösen An-
…n. Doch diesmal nutzte sie die Gunst der Stunde zur … Sie und ihre Kammerfrau stiegen nachts aus dem Fenster, …rten über den See. Am Ufer erwartete sie ein Wagen, der sie … einem dänischen Schiff brachte.

Niemand hatte der ewig kränkelnden Maria Eleanora diese Tatkraft zugetraut. Ihre Flucht zum Landesfeind gab Schweden der Lächerlichkeit preis. Man vermutete, sie sei in Liebe zu König Christian entbrannt, oder sie reise in geheimer diplomatischer Mission, oder sie suche einen geeigneten Freier für Christine. Nichts von alledem stimmte. Der einzige Grund für diese Flucht war Maria Eleanoras krankes Gemüt.

Axel Oxenstierna nannte die Königinmutter öffentlich eine Hochverräterin. König Christian forderte er ultimativ auf, die Flüchtige nach Schweden zurückzuschicken. Der Dänenkönig, dem dieser Besuch durchaus nicht angenehm war, verbat sich nun die Einmischung und nötigte Maria Eleanora zum Bleiben. Für Axel Oxenstierna willkommener Anlaß, mitten im großen Krieg einen Waffengang gegen Dänemark zu beginnen. Der Überraschungsangriff scheiterte und führte keineswegs zu dem von Axel Oxenstierna erhofften schnellen Erfolg. Das Ganze mutete wie eine Parodie auf Helena und den Trojanischen Krieg an.

Maria Eleanora floh weiter nach Brandenburg, wo ihr Neffe, den man heute den Großen Kurfürsten nennt, eben die Regierung übernommen hatte. Auch er empfing die Verwandte nicht mit offenen Armen. Er wollte keinen Konflikt mit Schweden, dessen Truppen unweit der Grenzen Brandenburgs standen. Friedrich Wilhelm ließ die schwedische Regierung wissen, er habe seine Tante nicht ins Land gerufen, und verlangte von Schweden, für den Unterhalt Maria Eleanoras aufzukommen. Oxenstierna verweigerte jegliche Zahlung. Erst als Christine die Regentschaft übernahm, konnte sie vom Reichsrat eine Pension für ihre Mutter erwirken.

An ihrem achtzehnten Geburtstag, am 8. Dezember 1644, erklärte der Reichstag Christine für mündig, und sie bestieg den

Thron. Inzwischen hatte sie erfahren, wie lange man wachen, wie sehr man auf der Hut sein und wie hart man arbeiten muß, um die Regierungsgeschäfte führen zu können. Und sie wollte regieren, denn sie verzehrte sich vor Ehrgeiz nach persönlichem Ruhm. Nicht Gustav Adolfs Tochter, nicht Axel Oxenstiernas Werkzeug sollte Europa in ihr sehen. Vor allem aber wünschte sie keine Königin zu sein, deren Thron auf den Schultern von Generälen und den Schießbüchsen von Soldaten ruhte. Christine haßte den Krieg, der ihr den Vater genommen und die Kindheit vergiftet hatte, der das Land erschöpfte und den Adel bereicherte, während die Krone verarmte. Er verschlang das Geld für Wissenschaften und Künste, auf die sie den Ruhm ihrer Regierung zu begründen hoffte, und er zwang sie in die Abhängigkeit von beutehungrigen Generälen, die ihren eigenen Vorteil als den des Landes ausgaben.

In sehr jungen Jahren, so gestand die Königin mir einmal, habe sie davon geträumt, an der Spitze eines Heeres zu Eroberungen auszureiten wie einst ihr Vater. Erst allmählich sei ihr bewußt geworden, wieviel Mut, Selbstverleugnung, Klugheit und Weitsicht es bedürfe, ein Reich des Friedens zu errichten.

Christine war dem Pathos der Heldenverehrung ebenso zum Opfer gefallen wie ich, nur brauchte sie länger, seine Verlogenheit zu durchschauen, denn sie kannte den Krieg nicht von Angesicht.

Ihr Vetter Karl Gustav, der in Deutschland unter Torstensson diente und dem das Kriegshandwerk alles andere als zuwider war, schrieb ihr: Jede Stadt, jedes Dorf, jedes Schloß in diesem unseligen Land sei zerstört, geplündert, verbrannt. In den Ruinen lebten hohläugige, abgezehrte Menschen. Wer beim Herannahen der Truppen nicht mehr flüchten könne, verkrieche sich wie ein Tier. Die Bevölkerung ernähre sich von Gras, die Leichen hätten es oft noch im Mund. Man begnüge sich nicht mehr damit, Tote vom Galgen zu holen. In Zweibrücken hätte eine Frau gestanden, ihr Kind getötet, gekocht und verzehrt zu haben. Ein Magdeburger Bürger habe ihm gesagt, er würde den Gott der

Türken oder auch einen Besenstiel anbeten, wenn das nur den Frieden brächte.

Als Christine die Regierung übernahm, ging der Krieg ins sechsundzwanzigste Jahr. Er flackerte hier auf, erlosch dort, um anderswo erneut zu entbrennen. Eigentlich bestand er aus unzähligen kleinen Kriegen und hielt sich nur am Leben, weil die Beteiligten zu erschöpft waren, ihn zu beenden. Weder die Habsburger noch die Bourbonen konnten die Vorherrschaft über Deutschland und damit Europa mit Waffengewalt erringen. Die deutschen Fürsten, ob protestantisch oder katholisch, paktierten je nach Gunst der Stunde abwechselnd mit beiden Parteien, während die Schweden danach trachteten, ihre Eroberungen in Deutschland zu verteidigen und auszubauen, das gleichfalls protestantische Dänemark zu schwächen und den polnischen Thron zu besetzen. Weil keiner der Fürsten nachgeben wollte, siechten ihre Völker in Agonie dahin.

Karl Gustav hoffte, sich auf deutschen Schlachtfeldern die Hand seiner heimlichen Verlobten Christine verdienen zu können. Als er, mit Kriegslorbeer geschmückt, nach Stockholm zurückkehrte, erwartete ihn eine bittere Enttäuschung. Christine bat ihn, alle Worte zu vergessen, die sie je über Liebe gewechselt hatten. Er vermutete, sie wisse über Zuträger, daß er es mit Lagerhuren getrieben und beim Trinken oft das Maß vergessen hatte. Natürlich wußte sie davon, aber weder Karl Gustavs Liebesabenteuer noch Axel Oxenstiernas Einwände gegen den Ehekandidaten bewogen sie, ihrem Vetter kühl zu begegnen.

Schon die Elfjährige hatte Johan Matthiae erklärt, es gefiele ihr, daß bei den Katholiken ein Mädchen nicht unbedingt heiraten müsse, sondern auch den Schleier nehmen könne. Wenn sie erwachsen sei, wolle sie diesen Glauben annehmen. Johan Matthiae hatte sie zurechtgewiesen, sie sei noch zu jung, über diese Dinge urteilen zu können.

Inzwischen acht Jahre älter geworden, erschien ihr die Ehe widerwärtiger denn je. Sie kannte die Klagelieder der Frauen: von ihren betrunkenen Männern mit Schlägen traktiert, vergewaltigt, geschwängert, bis sie erschöpft im Kindbett starben. Niemals wollte sie sich einem Mann unterwerfen, und niemals würde sie einen Mann lieben, den sie beherrschte. Sie war nicht bereit, zum Wohle Schwedens in ein Ehebett zu steigen und Kinder zu gebären.

Aber darüber sprach sie noch nicht. Karl Gustavs hartnäckiges Werben beantwortete sie ausweichend und zugleich aufrichtig, sie werde entweder ihn oder keinen heiraten, wenn es an der Zeit sei.

Axel Oxenstierna hatte wieder einmal Grund, Christines Klugheit zu preisen. Doch auch er bekam den Widerstand der regierenden Königin zu spüren. Sofort nach der Thronbesteigung drängte Christine auf ein Ende der Kampfhandlungen zwischen Schweden und Dänemark, deren Anlaß Maria Eleanoras Flucht gewesen war. In Bromsebrö begannen Friedensgespräche. Doch Axel Oxenstierna und der Reichsrat schlugen die günstigen Angebote Dänemarks aus. In den Ratssitzungen hörte Christine die meiste Zeit schweigend zu. Erst wenn alle gesprochen hatten, faßte sie die Argumente zusammen und setzte die ihren dagegen. Sie tat es unaufdringlich und sachlich. Nach und nach beugten sich die Reichsräte ihren Gründen für einen Friedensschluß mit Dänemark.

Nicht so Axel Oxenstierna. Er war nicht bereit, sich von einer politisch noch unerfahrenen Neunzehnjährigen in seinen Entschlüssen bestimmen zu lassen. Christine griff zu den Waffen, mit denen das weibliche Geschlecht seit jeher seine Schwäche in Überlegenheit verwandelt: Sie pries Axel Oxenstiernas Staatsklugheit, hörte ihm geduldig zu, formulierte Einwände so geschickt, daß der Kanzler sie für eigene Gedanken hielt, und meinte schließlich, die Mit- und Nachwelt würde die Königin tadeln, wenn sie Axel Oxenstierna hindere, einen vernünftigen Kompromiß mit Dänemark auszuhandeln.

Neun Monate nach Christines Regierungsantritt schlossen Schweden und Dänemark Frieden. Christine hielt eine Ruhmesrede auf Axel Oxenstierna und verlieh ihm den Grafentitel von

Södramöre. Nach diesem Meisterwerk der Friedensdiplomatie erlitt sie einen Schwächeanfall, der sie tagelang ans Bett fesselte.

Ein halbes Jahr lang hatte sie unter höchster Anspannung gelebt: Ratssitzungen, Studium der Verhandlungspapiere, Inspektionsreisen durch das Land, Unterredungen mit auswärtigen Botschaftern, Depeschen, Briefe, das Ringen mit dem widerstrebenden Oxenstierna.

In Osnabrück und Münster hatten auf Christines Drängen Friedensverhandlungen begonnen. Der Diplomat Adler Salvius und Johan Oxenstierna, ein Sohn des Kanzlers, leiteten die schwedische Abordnung. Johan betrieb die Politik seines Vaters, Adler Salvius folgte den geheimen Anweisungen der Königin. Intrigen, widersprüchliche Berichte, Feindseligkeiten mußten bedacht werden. Christine wollte keine Marionette sein, in wessen Händen auch immer. So arbeitete sie bis zur Erschöpfung.

Die Staatsgeschäfte ließen ihr kaum noch Zeit für ihre Studien. So oft wie möglich reiste sie nach Uppsala. Schon Gustav Adolf hatte die Universität gefördert. Aus den eroberten deutschen Städten schickte er wertvolle Bibliotheken nach Uppsala. Aber es mangelte an Geld und tüchtigen Gelehrten. Künste und Wissenschaften gedeihen im Krieg nicht.

Christine verfolgte die Disputationen in Uppsala. Die theologischen Erörterungen langweilten sie. Aber auch die Professoren der Geschichte, Philologie, Philosophie boten ihr nichts Neues. Sie suchte Abhilfe zu schaffen. Die großzügigen Angebote der »Minerva des Nordens«, wie man Christine in Europa zu nennen begann, reizten viele Gelehrte, doch sie zauderten, die berühmten Universitäten von Straßburg, Paris, Leyden, Bologna mit der unbedeutenden und abseits der Welt liegenden Universität von Uppsala zu vertauschen. Einige kamen dennoch. Zu ihnen gehörte der Philologe Freinsheim, der mein väterlicher Freund werden sollte. Als ich mich zum Aufbruch in die Universitätsstadt rüstete, verließ er sie, um den Posten des königlichen Bibliothekars in Stockholm zu übernehmen.

An einem Septembertag ritt ich in Uppsala ein. Das Wasa-Schloß auf der Anhöhe und der Dom leuchteten in der Herbstsonne. Die Häuser verrieten bescheidenen Wohlstand. Bürger und Bauern gingen ihren Geschäften nach, Studenten standen in den Gassen beisammen. Hier sprach niemand vom Krieg, der Kontinent schien auf einem anderen Stern zu liegen. Ich quartierte mich nahe dem Dom bei Professor Halverstadt ein.

Kristian Halverstadt lehrte Theologie, aber eigentlich erzählte er von nichts anderem als von seiner Studentenzeit in Leipzig und Wittenberg, die fast ein halbes Jahrhundert zurücklag. Luther verehrte er wie einen Heiligen. Wenn man ihn hörte, so hatte das Christentum erst mit Luther begonnen. Seine Vorträge ermüdeten mich bald, doch er war ein herzensguter Mensch. Obwohl er Luther anbetete, vermied er gehässige Angriffe auf den Papst und die Calvinisten, mit denen viele seiner Kollegen brillierten. »Die Krankheiten der anderen können nicht das Heilmittel für unsere Seele sein. Das Böse zu bekämpfen erfordert, das Gute zu leben«, pflegte er zu sagen. Bengt hielt ihn für einen Trottel, aber ich mochte den immer lächelnden Alten und seine Frau, deren Küche für schwedische Verhältnisse vorzüglich war.

Bengt lernte ich eine Woche nach meiner Ankunft kennen. Halverstadt hatte mich auf einen studentischen Brauch, die Deposition, hingewiesen, aber nur beiläufig und sich gleich wieder in Jugenderinnerungen verlierend. So war ich ahnungslos, als mich auf dem Wege zur Universität, dem Gustavianum, eine Schar Vermummter umringte. Sie streiften mir eine kotige Kutte über, stülpten mir eine Kappe mit Hörnern über den Kopf und beschmierten mich mit Ruß. Ich glaubte, unter die Räuber gefallen zu sein, und schrie um Hilfe. Keiner der Passanten erbarmte sich meiner, als die Meute mich zum Wirtshaus schleppte. Dort band man mich auf einen Stuhl und schimpfte mich stinkendes Untier, Dieb, Hurenbock, fauliger Leichnam. Ich blieb meinen Peinigern nichts schuldig, was sie nur noch mehr zu erbittern schien. Jemand wollte mir gewaltsam eine stinkende Flüssigkeit einflößen. Ich wehrte mich so heftig, daß ich mitsamt meinem Stuhl umkippte, mit dem Kopf aufschlug und ohnmächtig wurde. Wieder ins Leben zurückgekehrt, hörte ich einen der Vermummten sagen: »Das Tier will nicht aus ihm weichen, also weiter.« Ich hielt mein letztes Stündlein für gekommen und verfluchte die Burschen in allen Sprachen, die mir einfielen. Einer preßte mir die Hand gegen den Mund: »Halt's Maul, Mensch, um so schneller ist's vorüber.« Das klang freundlich, und ich befolgte den Rat. Schweigend nahm ich die Beschimpfungen hin, bis die Stimme von vorhin sich vernehmen ließ: »Kameraden, der Neuling hat seine Tiergestalt verloren und begriffen, daß er nur unter Mühen und Beschwerden zu einem höheren Leben aufsteigen kann. Bitte also demütig um Aufnahme in die akademische Bürgerschaft, Neuling. Ich werde für dich bürgen.«

Man band mich los, jemand goß mir Wein über den Kopf, ein anderer schob mir Salz in den Mund. Die bekannte Stimme sagte: »Ich spreche dich frei von der abscheulichen Unsauberkeit und dem tierischen Gestank des Neulings und nehme dich auf in die Gruppe der Studenten. Im Namen des Vaters, des Sohnes und des Heiligen Geistes. Amen.«

Unter Gelächter zogen die Burschen ihre Kapuzen ab. Sie klopften mir auf die Schultern, wischten mir Schmutz und Tränen vom Gesicht, befreiten mich von der übelriechenden Kutte und schoben mich an einen mit Krügen und Schüsseln gedeckten Tisch. Einer dankte mir für die Einladung zu diesem reichen Mahl, durch das ich mich endgültig von allen Sünden der Vergangenheit befreie. Dann begann ein Gelage, das ich bis ans Ende meiner Tage nicht vergessen werde.

Ich saß blöde da und begriff nichts. Die Burschen tranken mir zu. Das Bier löste mir die Zunge, und da meine seltsamen neuen Freunde kein anderes Land als Schweden kannten, brauchte ich mich über mangelnde Aufmerksamkeit nicht zu beklagen. Meinen Großvater erhob ich zum Bürgermeister von Nürnberg, meinen Vater zur rechten Hand von Feldmarschall Torstensson. Auf der Reise durch Deutschland hatte ich unzählige Heldentaten vollbracht und viele Mädchen verführt. Aus dem kleinen David wurde der Riese Goliath. Irgendwann rutschte ich unter den Tisch.

Als ich anderntags erwachte, glaubte ich mich dem Tode nahe. Ein hochgewachsener blonder Bursche legte mir kalte Kompressen auf, hielt meine Stirn, wenn Übelkeit mich würgte. An seiner Stimme erkannte ich ihn: Er hatte bei der Deposition für mich gebürgt. Gegen Nachmittag wurde mir besser, und ich schwor bei meiner seligen Mutter, mich niemals wieder zu betrinken. Diesen Schwur habe ich gehalten.

Bengt betrachtete mich mitleidig. Ich sei ein Esel, aber tapfer wie noch nie ein Neuling. Die Deposition bliebe keinem erspart, und je stolzer einer auftrete, desto mehr müsse er leiden. Er reichte mir seine Hand. Von diesem Augenblick an waren wir Freunde.

Bengt stammte aus der angesehenen Familie der Skytte. Sein Großvater Johan, Gustav Adolfs Lehrer und von diesem geadelt und zum Reichsrat ernannt, hatte ein halbes Jahr zuvor das Zeitliche gesegnet. Er galt zu seiner Zeit als der gelehrteste Mann im Königreich. Seine Kenntnisse hatte er an den berühmtesten Universitäten Europas erworben. Viele Jahre leitete er das Gustavianum. Doch mehr als einmal mußten er und die anderen Skyttes, die sich alle durch scharfen Verstand, Beredsamkeit und einer in Schweden seltenen Toleranz auszeichneten, Demütigungen von den alteingesessenen Adligen im Reichsrat hinnehmen, vor allem nach Gustav Adolfs Tod.

Bengt und ich wurden unzertrennlich. Oft pilgerten wir nach Gamla Uppsala, zu heidnischer Zeit Residenz der Svea-Könige, jetzt ein unscheinbares Dorf zwei Meilen nordöstlich von Uppsala.

Ich wünschte, ich könnte noch einmal auf einem der tausendjährigen Königshügel stehen und über die Ebene schauen. Noch einmal durch das brandgeschwärzte Kirchlein gehen, das den Heidentempel vergessen machen soll. Die enge Wendeltreppe zum Dachboden hinaufsteigen, wo sich im Dämmerlicht die steinernen Bögen gespenstisch wölben.

Der Bau des Tempels, der sich einst an dieser Stelle erhob, war der letzte verzweifelte Versuch der Heiden gewesen, das Christentum abzuwehren. Doch wie viele Menschen und Tiere unter der riesigen Eibe auch geopfert wurden, Thor, Odin und Freya ließen sich nicht besänftigen. Grollend zogen sie sich zurück. Freiheitsliebende Götter eines freien Volkes, Herren der Luft und des Feuers, der Wälder und Seen, wollten sie nicht in Kulträumen hausen, Königen dienen und Völker unterjochen.

Aus alten Zeiten vernahmen wir Stimmen, die andere Götter oder Gott anders anbeteten als wir. Wenn uns Bauern vom Treiben der Waldgeister und von der Wiederkunft der Seelen Verstorbener während des Julfestes erzählten, lächelten wir. Aber in den Mittsommernächten, da wir, erschöpft von wilden Ritten, im Gras lagen, meinten wir im Rauschen unseres Blutes das Raunen der Geister zu hören. Auf dem Thinghügel übten wir uns in den Reden Ciceros und beschworen bei den Mora-Steinen die Tapferkeit der nordischen Könige. Niemals wieder erlebte ich die Welt so geheimnisvoll und verheißend wie in jenen Tagen. Wir knieten auf schwedischem Boden und träumten von fremden Himmeln.

Die Professoren hielten nichts von fremden Himmeln. Nirgendwo, lehrten sie uns, habe die reine Lehre des Christentums so triumphiert wie in Schweden, und es gelte, die Waffen des Geistes gegen Papisten, Calvinisten, Heiden und Ketzer zu schärfen, damit die ganze Welt des schwedischen Glücks teilhaftig werde. Wir lasen Luthers Schriften vorwärts und rückwärts. Glaubenseinheit war die Losung. Wer Zweifel äußerte oder einzelne Punkte disputieren wollte, geriet in Verdacht, nicht nur ein Feind der Kirche, sondern auch des Staates zu sein.

Ich fragte mich oft, wozu die ganze Theologie nütze sei, wenn sie haßt, statt zu lieben, trennt, statt zu binden, wenn sie sich in Spitzfindigkeiten verliert und mit Begriffen spielt, bis diese nur noch die eigene Rechthaberei beweisen. Ich kam zu der Überzeugung, Religion sei eine Erfindung zur Unterdrückung des gemeinen Volkes. In jugendlicher Selbstüberschätzung hielt ich mir viel auf meinen schnellen, scharfen Verstand zugute. Ich mußte noch einen langen Weg zurücklegen, bis ich erkannte, was die Königin in ihren Maximen so formulierte: »Alles glauben ist Schwäche, nichts glauben, Torheit.«

Die Vorlesungen begannen früh um sechs und dauerten, von einer Mittagspause unterbrochen, bis gegen fünf Uhr abends. Neben theologischen Studien trieben wir Rhetorik, Physik, Geometrie, Astrologie, Botanik, Anatomie.

Das Jahr 1647 begann mit einem Paukenschlag. In einer Predigt griff der Erzbischof von Uppsala den Bischof von Strängnäs, Johan Matthiae, ungewöhnlich scharf an. Matthiaes Schrift mit dem Titel »Idea boni ordinis in Ecclesia Christi«, die den Zorn der Geistlichkeit erregte, war auf Wunsch der Königin gedruckt worden. Der Teufel habe Johan Matthiae die Feder geführt, eiferte der Erzbischof. Dabei empfahl die Schrift nur eine Union aller protestantischen Glaubensrichtungen, damit endlich sinnloser Streit, Verfolgung und Blutvergießen im Namen des Evangeliums aufhörten. Denn Christus sei Frieden. Es stand nicht offen geschrieben, aber wir lasen es zwischen den Zeilen, daß alle Menschen ohne Ausnahme Kinder eines Gottes seien.

Seit hundert Jahren tobte in Deutschland der Kampf um die rechte Lehre. Seit der Landung Gustav Adolfs auf dem Kontinent gebärdete sich Schweden als Bastion der lutherischen Lehre und Beschützer ihrer Anhänger in Europa, verkündeten die Geistlichen Luthers Wort, daß eher die ganze Welt untergehen möge als die rechte Lehre. Und nun forderte Johan Matthiae, anders zu denken als bisher. Ausgerechnet der Vertraute der Königin wagte es, an den Fundamenten des Staates zu rütteln, indem er dem Krieg auf dem Kontinent jede Berechtigung absprach.

Axel Oxenstierna wollte die Schrift verbieten. Christine verteidigte sie. Der Kanzler trug den Streit in den Reichsrat. Er donnerte gegen Johan Matthiae, aber seine Blitze zielten auf die Königin.

Die Studenten spalteten sich in zwei Gruppen. Zu Oxenstierna hielten die Söhne der alten Adelsgeschlechter, zur Königin bürgerliche Studenten und »Emporkömmlinge« wie Bengt und ich. Die Oxenstiernianer schmähten uns als Staatsfeinde, Mindergeborene und Verräter.

Mit dem Frieden in Uppsala war es vorbei. Aus nichtigen Anlässen schlugen sich Oxenstiernianer und Königintreue die Köpfe blutig. Als ein Student seinen Verletzungen erlag, kam Axel Oxenstierna in seiner Eigenschaft als Kanzler der Universität nach Uppsala. Im Auditorium Maximum sah ich den Mann zum erstenmal, dessen Name überall in Europa mit Achtung und Furcht genannt wurde. Eine breite Stirn, ruhige Augen, die Stimme schleppend, langsam die Bewegungen. Er mahnte die Studenten, am rechten Glauben festzuhalten und ihren Studien nachzugehen. Wen es nach Kämpfen und Blut verlange, möge sich zum Heer melden und in Deutschland für Schwedens Ruhm kämpfen. Er drohte nicht, aber keiner zweifelte, daß er mit eiserner Hand Ordnung schaffen würde.

Für einige Wochen zog Ruhe in Uppsala ein. Als aber Johan Matthiae um des lieben Friedens willen seine Schrift vor dem Reichstag widerrief, flammte der Streit erneut auf. Die Oxenstiernianer hetzten gegen Matthiae. Tief getroffen durch den Widerruf, verteidigten wir den Bischof als Opfer von Intrigen. Mit Steinen und Knüppeln überfielen uns die Oxenstiernianer. Unter dem Ruf: Es lebe die Königin! schlugen wir zurück. Die Universitätsbehörden bestraften nicht die Angreifer, sondern uns. Wir saßen im Karzer, auf Schlimmeres gefaßt. Doch schon am zweiten Tag wurden wir freigelassen. Überraschend war die Königin nach Uppsala gekommen. Sie leitete selbst die Untersuchung des Vorfalls. Einzeln mußten die Studenten vor das Auditorium treten. Die Königin erkannte mich. Auf meine Verbände weisend, meinte sie: »Also sind die Philister stärker gewesen, David?«

»Ihre Stöcke, Majestät, nicht ihre Argumente«, gab ich zurück.

Die Verhandlung erwies unsere Unschuld. Zum Abschluß hielt die Königin eine Rede: Niemandem, welchen Standes er auch sei, dürfe die Ehre streitig gemacht werden. Sie habe vernommen, daß man das Wort Mindergeborene benutze, um Andersdenkende im politischen und gelehrten Streit herabzusetzen. Fortan dürfe unter diesem Wort keiner, möge er von Adel oder bürgerlichem Herkommen sein, verstanden werden als jener, der seine Geburt durch Müßiggang, Laster und böse Taten entehre. Nur dieser verdiene den Namen eines Mindergeborenen und solle nicht zu ansehnlichen Ehrenstellen gelangen, bis er sich besser aufführe. Wer hingegen aus einer rechtmäßigen Ehe stamme, sich der Tugend und Ehre befleißige, so daß er seinem Vaterland gute und nützliche Dienste leiste, möge er von Adel, aus der Geistlichkeit, dem Bürger- oder Bauernstand sein, dürfe nicht mindergeboren genannt noch von irgendeiner Ehrenstelle ausgeschlossen werden.

Sie, die Königin, verzichte auf die Bestrafung der Schuldigen, damit diese verstehen lernten, daß an einer Universität Argumente zählten, nicht hochfahrendes Benehmen und Gewalt.

»Der Geist, meine Herren«, schloß sie, »weht, wo er will. Um Sie macht er zur Zeit einen Bogen. Bedenken Sie das Wort des Hippokrates: Man muß selbst Hand anlegen, wenn man die Götter ruft. Suchen Sie die Wahrheit, nicht die Macht.«

Klein und blaß stand sie auf dem Podium, aber ihre starke Stimme füllte mühelos den Saal. Sie schien zu wachsen, während sie sprach, die blauen Augen sprühten Feuer. Begeistert spendeten alle Beifall; die Oxenstiernianer, weil sie der Strafe entgangen waren, wir, weil wir uns bestätigt fühlten.

Wenige Tage später glänzte die Königin mit einer Rede im Reichstag, in der sie religiöse Toleranz zum Grundsatz ihrer Politik erklärte. So verwandelte sie die Niederlage durch den erzwungenen Widerruf Johan Matthiaes doch noch in einen Sieg.

Den Sommer verbrachte ich mit Bengt in Stockholm. Die Stimmung bei Hof war gereizt. Torstensson wirkte mürrisch und verbrachte ganze Tage im Bett. Dann las ich ihm zuweilen aus dem »Don Quichotte« vor, was ihn von seinen Schmerzen ablenkte.

»Sollte das Kriegstheater in Deutschland nicht bald aufhören, wird die Nachwelt auch in uns solche Ritter von der traurigen Gestalt sehen«, sagte er einmal und fügte hinzu: »Wenn die Königin sich nur durchsetzen kann. Für ihre Jugend trägt sie eine viel zu schwere Last.«

Eines Tages unterbrach Bengt unsere Lesestunde mit der Nachricht, die Königin sei während des Gottesdienstes nur knapp einem Attentat entgangen. Als nach der Predigt alle im stummen Gebet verharrten, die Hüte vor dem Gesicht, drang ein Mann zur Königin vor. Der Oberhofmeister bemerkte ihn, zwei Hellebardiere stellten sich ihm in den Weg. Der Unbekannte zerbrach eine Hellebarde, die andere übersprang er. Alle starrten entsetzt auf das Messer in seiner Hand. Erst als die Königin dem Hauptmann ihrer Garde einen Stoß versetzte, warf der sich auf den Attentäter. Presbeckius sollte er heißen und Landstreicher oder Lehrer, auf jeden Fall aber ein Verrückter sein.

Der General wälzte sich fluchend aus dem Bett. Er könne sich gut vorstellen, wer ein Interesse daran habe, den Attentäter für wahnsinnig zu erklären. Vielleicht wäre der wirklich verrückt und deshalb für solch ein Geschäft besonders geeignet. Schwedische Möchtegern-Helden, Stuhlfurzer! Verlangten nach Schlachten und Ruhm, aber vor einem bewaffneten Verrückten setze ihr Verstand aus, verließe sie der Mut. Die Königin sei der einzige Mann bei Hofe. Sonst gebe es nur Blender, Aufschneider, vergreiste Trottel! Der Feldmarschall ließ anspannen und fuhr ins Schloß.

Bengt meinte, Torstensson verkürze mit solchen Tobsuchtsanfällen sein ohnehin kurz bemessenes Leben. Er mußte es wissen, denn er hatte sich der Medizin zugewandt, und man prophezeite ihm eine glänzende Laufbahn als Medicus.

Bengt brachte eine weitere Neuigkeit, deren Bedeutung für unsere Freundschaft ich nicht sogleich begriff. Sein Onkel Lars Skytte, schwedischer Resident in Portugal, war zum katholischen Glauben übergewechselt und hatte die Gelübde als Kapuziner abgelegt.

»Ob der Presbeckius verrückt ist, weiß ich nicht, aber Lars Skytte ist es bestimmt«, sagte Bengt zornig. Erst in Uppsala verstand ich die Aufregung meines Freundes. Lars Skyttes Konversion brachte Bengt in eine höchst unangenehme Lage. Die Prediger verdammten das verwerfliche Tun des abtrünnigen Skytte und ließen durchblicken, daß diese Familie schon immer Schwächen im Hinblick auf den rechten Glauben gezeigt habe.

Zu meinem Erstaunen wehrte sich Bengt nicht, sondern beteuerte sogar ungefragt seine Treue zur lutherischen Lehre. Er zeigte besonderen Eifer im Gottesdienst, verurteilte seinen Onkel in aller Öffentlichkeit und lief sanft wie ein Lamm am Strick der Professoren. Als ich ihn deshalb zur Rede stellte, fuhr er mich an, davon verstünde ein Jud nichts. Diese Worte empfand ich als unerhörten Schimpf und Vertrauensbruch. Wußte der Freund doch von meinem Fremdsein und dem Wunsch, als guter Schwede zu gelten. Wie sollte ich ahnen, daß Bengt mich um meine Ungebundenheit beneidete. Mit Jud meinte er: überall und nirgends zu Hause zu sein, keine Rücksicht auf Familie und Besitz nehmen zu müssen.

Bengt fühlte sich dem Ruf seiner Familie verpflichtet. Lars Skyttes Übertritt zum Katholizismus gefährdete seine Stellung in Uppsala und seinen Lebensplan. Medizinische Examina in Leyden oder Montpellier durften nur Studenten ablegen, deren Glaubenstreue außer Zweifel stand. Um danach einen Lehrstuhl in Uppsala oder eine andere Anstellung zu erhalten, brauchte es einen makellosen Ruf. Und über den entschieden die Theologen.

Um der Liebe zu den Wissenschaften willen demütigte sich Bengt. Weil er sich vor mir schämte, kränkte er mich. Mit wenigen Worten hätten wir die Mißverständnisse aus der Welt schaffen können, aber unser Stolz hinderte uns daran. Wir gingen uns fortan aus dem Wege.

Als Schneestürme in Uppland den Winter ankündigten und ich trübsinnig über meinen Büchern hockte, trat eines Abends Professor Halverstadt in die Kammer. Sein vortrefflicher Kollege Freinsheim habe ihn gebeten, sich unter den begabtesten Studenten nach Hilfe für ihn umzusehen. Die rasch anwachsende Bibliothek in Stockholm überfordere die Kräfte des Professors. Ob ich Freinsheim zur Hand gehen wolle? Ich besann mich nicht lange, denn seit dem Zerwürfnis mit Bengt war mir Uppsala verleidet. Schon am nächsten Tag reiste ich nach Stockholm.

*

Freinsheim bot mir an, seine Wohnung im Schmiedhofflügel des Schlosses, gleich neben der Bibliothek, mit ihm zu teilen. Meinen Dank, in dem ich wohl auch etwas von der Güte des Schicksals sagte, beantwortete er mit Montaigne: »Nur von dir hängt dein Wohl und Wehe ab, das Schicksal hat keinen Einfluß auf unseren Charakter, im Gegenteil: Der Charakter bestimmt das Schicksal und modelt es um nach seinem Bild.«

Der Gelehrte, damals um die vierzig, stammte aus Ulm. Er hatte in Straßburg bei dem großen Historiographen Matthias Bernegger studiert, der seinem Kolleg wiederum die »Politik« des Justus Lipsius zugrunde legte. Nach Berneggers Tod gab Freinsheim eine kritische Ausgabe der »Politik« heraus. Die junge Königin, die Lipsius sehr schätzte, fand Gefallen an Freinsheims Werk und lud den Gelehrten nach Schweden ein. Er folgte ihrem Ruf nach Uppsala. Geduldig mühte er sich dort mit den bleiköpfigen Studenten ab, bis ihn die Königin bat, sie im Griechischen zu unterweisen und sich ihrer Bibliothek anzunehmen.

Wenn Freinsheim, von Natur aus in sich gekehrt, über die alten Römer dozierte, offenbarte sich sein jugendliches Temperament. Dann blitzten seine Augen, glätteten sich die Grübelfalten um den Mund. Ich bin nie jemandem begegnet, der sich besser als er im Livius auskannte. Manchmal dachte ich, Freinsheim müsse Bürger der Römischen Republik gewesen und wiedergeboren sein, um uns von dieser Zeit zu künden. Er arbeitete an Ergänzungen zum Livius. Seine profunde Kenntnis und der vortreffliche Stil machten ihn in der Gelehrtenwelt berühmt. Von den Aufgeregtheiten der Zeit blieb er unberührt. Es sei alles schon einmal dagewesen, meinte er. Wer sich nur recht mit Geschichte befasse, den schaue aus ihr die Gegenwart an.

Königin Christine verehrte Freinsheim. Als sie einmal darauf drang, ihm eine Gunst zu gewähren, wollte er seine Heimatstadt Ulm von den schwedischen Kontributionen befreit sehen. Sie entsprach sofort seinem Wunsch und bemerkte dabei lachend, die Idealisten kosteten sie mehr als die Selbstsüchtigen.

Das Schloß mutete nicht mehr so düster an wie vor zwei Jahren. Zwar dräute der mächtige Turm mit den drei Kronen unverändert über den verwinkelten Gebäuden und engen Höfen, in die kaum je ein Lichtstrahl fiel. Aber in den Räumen standen jetzt elegante Möbel, hingen farbenprächtige Wandteppiche und Gemälde, auf denen sich nackte Gestalten aus der antiken Mythologie tummelten. Es entging Freinsheim nicht, daß ich länger als es sich für einen frommen Christenmenschen ziemt, dafür aber mit den angenehmsten Empfindungen, vor den Bildern verweilte. Wenn die Königin die italienischen Meister allen anderen vorziehe, müsse ich das nicht auch tun. Dem Kanzler mißfielen diese Darstellungen in höchstem Maße, und ich möge mich hüten, von ihm vor einem dieser Gemälde angetroffen zu werden. Seine eigene Meinung verriet Freinsheim nicht. Ich glaube, Bilder bedeuteten ihm wenig.

Vor den königlichen Gemächern wachten jetzt phantasievoll gekleidete Gardisten. Ich betrachtete sie ausgiebig, als ich mit Freinsheim wartete. Es war fünf Uhr morgens, eine barbarische Zeit, was die Königin, der drei bis fünf Stunden Schlaf genügten, wohl nicht so empfand. Außer uns harrten gähnend und frierend einige Ausländer einer Audienz. Mit einem italienischen Musiker namens Domenico wechselte ich ein paar Worte. Herr Magnus de la Gardie habe ihn mit mancherlei Versprechungen von

Paris nach Rom gelockt. Nun aber zweifle er, Domenico, am Verstand einer Herrscherin, die ihre Künstler mitten in der Nacht zu einer Audienz befehle.

Von Herrn Magnus, dem Favoriten der Königin, hatte ich schon viel gehört, ihn aber noch nie zu Gesicht bekommen. Just in diesem Augenblick durchquerte er im Sturmschritt das Antichambre, ohne auch nur einen Blick oder einen Gruß an uns zu verschwenden. Das Gelächter, das gleich darauf durch die Tür drang, erboste mich, vielleicht, weil der arrogante Schönling ohne Umstände eintreten durfte, während der berühmte Freinsheim warten mußte.

Der Sohn des Reichsmarschalls Jakob de la Gardie und der Ebba Brahe verdankte Christine einen beispiellosen Aufstieg. Seinen Großvater Pontus hatte es im vergangenen Jahrhundert aus Südfrankreich nach Schweden verschlagen. Französischer Charme und diplomatische Fähigkeiten gewannen ihm die Gunst König Eriks und die Hand einer illegitimen Wasa-Tochter. Der Sohn aus dieser Ehe, Jakob, überwachte die militärische Ausbildung König Gustav Adolfs und heiratete die schöne Ebba Brahe, Schwedens reichste Erbin.

Gustav Adolf hatte Ebba zur schwedischen Königin machen wollen, war aber auf den Widerstand seiner Mutter gestoßen, die meinte, daß nicht Liebe, sondern politische Klugheit Ehen stiften müsse. Erregt erklärte der Einundzwanzigjährige, er werde niemals heiraten, wenn er nicht Ebba Brahe heimführen dürfe. Die Mutter verbot ihm, Ebba je wiederzusehen, und verheiratete das Edelfräulein in seiner Abwesenheit. Nun fügte sich Gustav Adolf den mütterlichen Wünschen und führte Maria Eleanora zum Altar.

Ebba wurde mit Jakob de la Gardie glücklich, Gustav Adolf gab vor, es mit Maria Eleanora zu sein. Das eine man will, das andere man muß, so ist in den meisten Fällen der Schluß, soll die Königinmutter nach der Hochzeit ihres Sohnes gesagt haben. Ihre Weisheit nützte niemandem, und sie selbst starb, ohne den ersehnten Thronerben in den Armen gehalten zu haben, während Ebba Brahe jedes Jahr einen Sohn zur Welt brachte.

Magnus war vier Jahre älter als Christine. In der Kindheit Spielgefährten, hatten sie einander aus den Augen verloren, als Magnus zum Studium nach Uppsala, dann auf Reisen und schließlich in den Krieg ging. Als er endlich nach Stockholm zurückkehrte, muß er der achtzehnjährigen Christine wie ein Paradiesvogel in der Eiswüste erschienen sein. Vom Hauch ferner Länder umweht, nach der letzten Pariser Mode gekleidet, ein exzellenter Tänzer, immer guter Dinge wie alle Leichtlebigen. Er schwärmte vom französischen Hof, bewies Kunstverstand und guten Geschmack. Christine verliebte sich in ihn wie einst ihr Vater in Magnus' Mutter. Die Zuneigung zu Karl Gustav hatte sie sich eingeredet, die zu Magnus muß sie wie ein Fieber überfallen haben.

Bis nach Uppsala drang die Kunde. Man erzählte sich, die Königin trage neuerdings französische Kleider und Schuhe mit hohen Absätzen, um Herrn Magnus zu gefallen. Sie habe ihn zum Kommandanten ihrer Leibwache ernannt und zeichne ihn mit Aufträgen und Geschenken aus. Von einer Verlobung war die Rede, doch dann stellte sich heraus, daß nicht Christine, sondern deren Base Maria Euphrosyne die Erwählte war. Plötzlich verschwand Herr Magnus aus Stockholm und tauchte als schwedischer Botschafter in Paris wieder auf.

Freinsheim meinte, die Königin wäre nur für kurze Zeit der Faszination des schönen Scheins erlegen. Sie sei viel zu klug, sich auf Dauer so verrückt wie andere Frauen zu gebärden, wisse sie doch, was sie dem königlichen Amt schulde – eine starke Persönlichkeit, die über alle Eitelkeiten der Welt erhaben sei, ihre Leidenschaften unterdrückt und den Zustand der Seelenruhe, der Atarxia, anstrebt. Es könne keine Rede davon sein, daß die Königin Herrn Magnus liebe.

Freinsheim verstand sich auf griechische Grammatik und römische Staatskunst besser als auf Frauen. Aber in diesem Fall sagte ihm seine Menschenkenntnis, daß Christine nicht Herrn Magnus, sondern die Liebe liebte. Für solche feinen Unterschiede hatte ich damals freilich noch keinen Blick.

Bei Hofe vermutete man, die Königin wolle ihre Gefühle für Herrn Magnus durch die Fesseln politischer Notwendigkeit bändigen, als sie den Grafen nach Paris schickte. Von seinen guten Beziehungen zu Kardinal Mazarin und der Königinmutter Anna von Österreich muß sie sich Gehör für ihren Wunsch nach Frieden in Deutschland erhofft haben.

Axel Oxenstierna warnte sie, Magnus sei verschwenderisch, oberflächlich und großsprecherisch, er werde in Paris dem Ansehen Schwedens schaden. Des Kanzlers Aversion gegen Frankreich, und besonders gegen Herrn Magnus, war allgemein bekannt.

Christine nahm darauf keine Rücksicht. Natürlich verfüge Magnus nicht über die außerordentlichen Fähigkeiten eines Axel Oxenstierna, aber seine Jugend und Liebenswürdigkeit, die Vertrautheit mit den Pariser Verhältnissen würden die Franzosen dem schwedischen Friedensbegehren schneller zugänglich machen als gotische Schwerfälligkeit. Damit spielte sie auf ein Wort Kardinal Richelieus an, der den Kanzler einmal »un peu Gothique« genannt hatte und rächte sich mit diesem Nadelstich für Axel Oxenstiernas Vorhaltüngen.

Magnus entledigte sich mit Geschick seiner Aufgabe in Paris. Kardinal Mazarin versprach ihm jegliches Entgegenkommen. Frankreich werde bei den Verhandlungen in Westfalen die schwedische Sache wie die eigene vertreten.

Der Erfolg machte den eitlen Magnus größenwahnsinnig. Er trat in Paris wie ein König auf und verschuldete sich trotz reichlicher Apanage so hoch, daß Christine eine Anleihe aufnehmen mußte, um die Summe zu begleichen.

Mit diesem Geld, tadelte Axel Oxenstierna, hätten die schwedischen Truppen in Deutschland Siege erfechten können. Darauf entgegnete Christine, es gebe einen Aufwand, der verschwenderisch zu sein scheine, tatsächlich aber wahre Sparsamkeit sei, wenn man dadurch Kriege verkürzen könne.

In Paris glaubte man nun zu wissen, daß Magnus der Liebhaber der Königin war. Würde sie ihm sonst die Taschen so reichlich füllen?

Axel Oxenstierna und die Mehrheit des Reichsrates nahmen Magnus' Erfolgsberichte kühl auf. Die Königin empfing ihren Favoriten mit großen Ehren und berief ihn zum Mitglied des Reichsrates. Vergeblich hatte der Kanzler ihr Briefe seiner Agenten vorgelegt, die Magnus de la Gardie der Verschwendung und Großmannssucht, ja der Ausschweifungen bezichtigten. Christine tat das als Verleumdungen ab. Sie wollte die Schwächen ihres Favoriten nicht sehen, weil sie ihn brauchte.

Magnus brachte italienische Baumeister und Musiker, französische Gärtner und Schauspieler aus Paris mit. Christine hieß sie, sofort an die Arbeit zu gehen. Im obersten Stockwerk des Schlosses entstand ein Theater im italienischen Stil, dessen komplizierte Bühnenmaschinerie ihresgleichen suchte.

Glanzvoll wurde die Hochzeit zwischen Magnus und Christines Base Maria Euphrosyne gefeiert. Die Königin wollte die Gerüchte, Magnus sei ihr Geliebter, zum Verstummen bringen, und doch sagte sie während der Feier zur Braut: »Ich gebe dir, was mir das Liebste und dennoch versagt ist.«

Als ich mit Freinsheim das königliche Gemach betrat, wußte ich freilich noch nichts vom Seelenleben der Königin, verstand ich doch kaum mein eigenes. Christine schritt auf und ab und unterbrach ihren Gang auch nicht bei der Begrüßung. In den Stockholmer Jahren habe ich sie selten anders als in Bewegung gesehen. Herr Magnus musterte mich neugierig. Die Herablassung, die ich seiner Miene zu entnehmen glaubte, die Art, wie sich die Königin bei jeder Frage zuerst ihm und dann mir zuwandte, kränkten mich. Als die Königin bemerkte, im Schloß brauche ich nicht die Knüppel der Philister zu fürchen wie in Uppsala, erwiderte ich: »Mit Verlaub, Majestät – ad primum fürchte ich mich nicht, ad secundum gibt es in Schlössern vielleicht mehr Philister als an Universitäten und in Bauernhütten.« Dabei schaute ich Herrn Magnus feindselig an. Was ich denn von Schlössern und von Bauernhütten verstünde, fragte die Königin. Statt meine Anmaßung durch Höflichkeit vergessen zu machen, trompetete ich: »Mehr als von Büchern!« Wie eine Kampfansage klang, was bescheiden gemeint war. Freinsheim schüttelte den Kopf, Herr Magnus lachte auf, Christine aber sagte kalt, Freinsheim möge dafür sorgen, daß ich wenigstens etwas von Büchern verstehen lernte. Meine Verbeugung zum Abschied übersah sie.

Freinsheim schalt mich einen dummen Jungen. Wenn die Königin in die Bibliothek kam, trug er mir nebensächliche Besorgungen auf, damit ich ihr nicht unter die Augen geriet.

Mein Stolz litt unsäglich, hielt ich mich doch für schöner, klüger, männlicher als alle Hofschranzen zusammen. Immer wieder rief ich mir die Begegnungen mit der Königin vor zwei Jahren und in Uppsala ins Gedächtnis. Damals hatte sie mich vor allen ausgezeichnet. War die Königin jetzt mit Blindheit geschlagen? Um sie von meinen Vorzügen zu überzeugen, studierte ich wie ein Besessener, plackte mich mit den Bücherbergen der Dietrichsteinschen Bibliothek ab, die um diese Zeit aus Mähren eintrafen, trieb Leibesübungen bis zur Erschöpfung. Mich freute jedes abwertende Wort, das ich über Herrn Magnus hörte, und ich hoffte, die Königin werde bald einsehen, welch Unwürdigem sie ihre Gunst schenkte. Doch sie tat mir den Gefallen nicht. Sooft sie ausritt, war Herr Magnus an ihrer Seite.

Die Schmerzen der Jugend sind wohl deshalb so groß, weil sie in Wunschträumen lebt und jeder Zusammenstoß mit der Wirklichkeit zu einem Sturz in den Abgrund wird. Aber welch kostbare Zeit auch, da nichts unmöglich scheint.

Zum Geburtstag der Königin verfaßte ich ein langes Lobgedicht. Freinsheim las es und reichte mir dann wortlos seine Verse. Ich erkannte, auf welch schwachen und ungleichen Füßen meine Eloge daherkam, doch sie übertraf die des Meisters an Gefühl. »Gefühl«, sagte Freinsheim, »macht noch keine Kunst«. Wütend zerriß ich mein Werk.

Während sich Freinsheim bei Hofe unter die Geburtstagsgäste mischte, saß ich in meiner Kammer. Ich fühlte mich von allen verlassen. Bengt, so hatte ich gehört, war von der Königin zum Studium ins Ausland geschickt worden. Ich dagegen mußte im bitterkalten Schweden Kärrnerarbeit leisten und erntete nichts als Undank. Ich verwünschte meinen Vater, daß er mich hierhergebracht, dachte an Amsterdam, Wien, Rom, wohin ich Rabbi Levi hätte vielleicht begleiten dürfen. Schließlich beherrschte mich nur noch der Gedanke, meinem Gefängnis zu entfliehen. Als ich reisefertig die Tür öffnete, stand mir Freinsheim gegenüber, der unerwartet zeitig vom Fest der Königin zurückkehrte. Ich hatte mich davonstehlen wollen, aber nun nutzte ich die Gelegenheit, dem Gelehrten gründlich meine Meinung zu sagen. Sie gipfelte in dem Aufschrei, ich wolle dieses Land nie wiedersehen. Auch ihn nicht. Er lebe ja ohnehin nur in der Vergangenheit und verstehe mich überhaupt nicht.

Zu meiner Überraschung gab mir Freinsheim recht. In meinem Alter wäre es ihm ebenso ergangen – ständig Streit mit seinem Vater. »Es war nicht zum Aushalten mit ihm. Aber mit alten Leuten muß man Geduld haben, David, sie entwickeln sich langsamer. Zehn Jahre später war mein Vater so gereift, daß ich mich ganz vernünftig mit ihm unterhalten konnte, und gar zwanzig Jahre später hatte er so viel dazugelernt, daß ich mir Rat bei ihm holen konnte. Geduld mit uns Alten, wir ändern uns.«

Freinsheim nahm mir das Bündel ab und schob mich in sein Zimmer. Dort war ein festliches Mahl angerichtet. Neben meinem Teller lag eine Ausgabe des Boethius »Trost der Philosophie«, in feinstes Leder gebunden und mit meinen Initialen versehen. Es bildete den Grundstock zu meiner Bibliothek, ich habe es durch ganz Europa getragen, und es ist mir bis heute das liebste Buch geblieben. Dann drückte mir Freinsheim einen Beutel mit dreißig Dukaten in die Hand. So viel Geld hatte ich noch nie beieinander gesehen. Ich stammelte, der Meister sei selbst nicht mit Reichtümern gesegnet. Freinsheim lächelte mich strahlend an. Das treffe wohl zu, aber die dreißig Dukaten stammten aus dem Geschenk Christines für sein Gedicht, und er halte es nur für recht und billig, mir diesen Anteil zu gewähren. Wenn meine Eloge kritischen Ansprüchen auch noch nicht standgehalten hätte, so lasse sie doch vermuten, daß meine Dichtkunst die seine eines Tages übertreffen werde. Und nun wolle er mit mir feiern, denn der Geburtstag eines David Eriksson sei nicht minder bedeutsam als der einer Königin. Er wies auf die Schüsseln und den Weinkrug und forderte mich auf, tüchtig zuzulangen, sei ich doch in letzter Zeit sehr schmal geworden.

Betäubt von so viel Freundlichkeit, begehrte ich nur noch schwach auf: »Nein danke, es wird mir nicht schmecken, wenn Ihr mir nicht Gesellschaft leistet.« Freinsheim lachte. Dem sei leicht abzuhelfen. Er füllte sich seinen Teller randvoll. Schließlich habe er den ganzen Tag über inmitten von Köstlichkeiten gefastet, um mit mir speisen zu können.

An diesem achten Dezember gab es im christlichen Abendland keinen glücklicheren Menschen als mich.

Das Jahr 1648 begann mit unheilverkündenden Zeichen. Die Bewohner der Insel Schonen erblickten am Abend vor dem Dreikönigstag am Himmel zwei miteinander kämpfende Heere. Als die Krieger verschwanden, segelten aus dem Gewölk zwei Flotten aufeinander zu, was schrecklich anzusehen gewesen sein soll. Um die gleiche Zeit versammelten sich auf einer englischen Insel riesige Schwärme von Krähen, Dohlen und Raben. Sie gingen so heftig aufeinander los, daß bald Tausende toter Vögel die Erde bedeckten. Im Garten des Stockholmer Schlosses sollten nachts Gespenster ihr Unwesen treiben. Man vermutete, die Königin werde bald sterben, auch Gustav Adolfs Tod sei auf diese Weise angekündigt worden.

Ich gebe nichts auf Gespenstergeschichten. Im Lichte der Vernunft betrachtet, finden sie oft eine einfache Erklärung – zu schwere Mahlzeiten, fiebernde oder vom Trunk vernebelte Hirne, schlechte Träume. Aber nicht alles Rätselhafte läßt sich so leicht deuten. Immer wieder verdunkeln gleichsam dämonenschwangere Zeiten das Leben Einzelner wie ganzer Völker. Was sich rationaler Einsicht und Voraussicht entzieht, offenbart die Ungeheuer gebärende Phantasie.

Viele Menschen in Schweden und auf dem Kontinent erwarteten für 1648 apokalyptische Ereignisse, die Vorboten des ewigen Friedens und einer universalen Monarchie. Aus den dunklen Prophezeiungen der heiligen Birgitta und des Sehers Nostradamus wollten Astrologen herausgelesen haben, daß in unserer Zeit ein Homo politicus die streitenden Parteien vereinen und Europa vor der Auflösung bewahren würde. War nicht auch des Paracelsus Vorhersage von der Ankunft eines Löwen aus dem

Norden eingetroffen, der vor der Endzeit wie ein Sturm über Europa brausen werde?

Der deutsche Astrologe Wollimhaus prophezeite ein Ende des »europäischen Babel« durch Königin Christines Herrschaft und verwies dabei auf Matthäus 12,42: »Die Königin von Mittag wird auftreten am Gericht mit diesem Geschlecht und wird es verdammen, denn sie kam vom Ende der Erde, Salomos Weisheit zu hören. Und siehe, hier ist mehr denn Salomo.« Welcher Zusammenhang zwischen Christine und der »Königin von Mittag« besteht, werde ich später ausführen, denn ich will den Ereignissen nicht vorgreifen.

Sagten die einen für 1648 den Tod der Königin voraus, sahen die anderen in ihr die Friedensstifterin, die dem mörderischen Krieg Einhalt gebieten werde. Die Tatsachen sprachen sowohl für die einen wie die anderen: Christine trieb die Friedensverhandlungen in Westfalen mit einer Intensität voran, der sich die Unterhändler nicht entziehen konnten, aber auch um ihre Gesundheit war es schlecht bestellt. Freinsheim berichtete von Ohnmachten und Schmerzanfällen. Oft erfülle Christine die Staatspflichten nur unter großen Mühen. Nachts studiere, tags regiere sie. Ihr hoher Begriff von Pflicht, Tugend und Amt überfordere sie und lasse sie die Warnungen des Körpers mißachten. Er, Freinsheim, bete inständig, daß ihr nichts zustoße, ehe der Frieden in Deutschland besiegelt sei.

Ende Januar brach in den Gemächern der Königin ein Brand aus. Als Christine später als sonst zu Bett gehen wollte, schlugen ihr von der Treppe her Flammen entgegen. Durch die unerklärlicherweise geöffneten Fenster des Schlosses nährte ein steifer Wind das Feuer.

Ich reihte mich in eine Löschkolonne ein. Christines kräftige Stimme übertönte den Lärm. Sie rief mir zu, ich solle mich um die Akten kümmern.

Die Kanzlei befand sich neben Christines Gemächern. Ich holte ein paar Reitknechte. Kaum spürte ich noch meinen Körper, Schweiß und Ruß verklebten mir die Augen. »Paß doch auf, du

Idiot!« schrie ich einen an, dem ein Bündel entglitten war und der nun die Papiere vom schmutzigen Schnee aufklaubte. »Selbst ein Idiot!« klang die Stimme der Königin zurück. Erst im Morgengrauen war der Brand gelöscht.

Noch am selben Tag ließ die Königin mich rufen. Unausgeschlafen und mißmutig stapfte ich durch den Schnee. Jeder Winter, den ich in Schweden verbrachte, erschien mir länger als der vorherige. Vor dem Ostflügel lagen Haufen verkohlter Balken, Möbel, Stoffetzen, Gerätschaften. Da hatte ich mich eine Nacht lang geschunden, um mir jetzt eine Zurechtweisung für das »Idiot« abzuholen. Warum mußte es ausgerechnet mich in dieses Land der Eisbären und Betrunkenen am Ende der Welt verschlagen! Bengt studierte in Leyden und freute sich auf Pavia. Er hatte mir geschrieben, als wären wir nie in Unfrieden geschieden: »Ich fühle mich wie ein Schmetterling der, aus dem dunklen Gefängnis seiner Verpuppung geschlüpft, trunken von Licht, die Freiheit genießt«. Ich beneidete Bengt. Zu Kreuze kriechen zahlt sich doch immer aus, dachte ich mißmutig.

Ich muß recht unglücklich ausgesehen haben, als ich vor die Königin trat. Bei ihr waren nur die schöne Ebba Sparre und Johan Holm, ihr Kammerdiener.

»Heute nacht hast du dem Namen David alle Ehre gemacht, aber jetzt ähnelst du dem Ritter von der traurigen Gestalt«, sagte die Königin freundlich. Tiefe Schatten lagen um ihre Augen, die Hand, die einen Federkiel hielt, zitterte. Sie fuhr fort: »Einer, der meine Kanzlei sogar gegen mich verteidigt, hat einen Wunsch frei. Also, ich höre.«

Ebba Sparre und Johan Holm nickten mir zu. Ich nahm allen Mut zusammen. »Schicken Sie mich zum Studium in den Süden, Majestät.«

Sie sprang auf, warf den Federkiel nach mir, stampfte mit dem Fuß. »Bescheidenheit ist wohl nicht deine Stärke, wie? Hat Freinsheim dir das beigebracht? Hinaus!«

Ich stolperte zur Tür hinaus. In einer dunklen Ecke überließ ich mich meiner Verzweiflung. Schlug mir nicht alles, was ich tat, zum Unheil aus? Plötzlich stand Fräulein Ebba vor mir. Seit unserer ersten Begegnung im Arbeitskabinett der Königin hatte sie meinen Gruß immer lächelnd erwidert, doch dabei war es geblieben. Die zarte, schöne Hofdame erscheint mir auch noch heute, da ich mich ihrer erinnere, wie ein Lichtwesen aus einer anderen Welt.

Während Christine für ihren weiblichen Hofstaat sonst nur Spott und Verachtung übrig hatte, behandelte sie Ebba wie eine Schwester. Die neidischen Damen argwöhnten unerlaubte Beziehungen. Da Magnus offensichtlich glücklich verheiratet war, wollten nun Gerüchte wissen, die von ihrem Liebhaber verlassene Königin triebe lesbische Spiele mit ihrer schönen Hofdame. Gab doch Christine freimütig zu, Ebba zu lieben. Daß sie damit jene seelische Verbundenheit meinte, die den Menschen aus seiner Einsamkeit erlöst, begriffen beschränkte Geister natürlich ebensowenig wie Christines Wort, die Seele habe kein Geschlecht. Einer kranken Welt gilt das Gesunde als krank und das Kranke als Normalität.

Ich hatte keine Mühe zu verstehen, warum sich die Königin zu der früh verwaisten Ebba Sparre hingezogen fühlte. Der Liebreiz des jungen Mädchens paarte sich mit einer Natürlichkeit, die man nur selten an Höfen findet. Das Hofzeremoniell duldet keine phantasievollen, kühnen Frauen. Es zwängt sie in Kleider und Schuhe, unter Perücken und Schminke, die sie einander lächerlich ähnlich machen. Zwar müssen sich auch die Männer der Etikette unterwerfen, aber auf Reisen und im Feldlager atmet, wer will, freie Luft. Frauen werden auf die Ehe dressiert. Und wenn sie endlich verheiratet sind, rächen sie sich für ihr freudloses Dasein mit Heuchelei und Intrigen.

Ebba dachte nicht an die Ehe. Durch frühes Leid gereift, lebte sie ganz der Gegenwart. Sie war in vielem Christines Gegenteil: sanft, ausgeglichen, nicht gehetzt von Ehrgeiz, nicht besessen vom Drang nach Erkenntnissen und heroischen Tugenden. Zu ihr flüchtete die Königin vor der Sturheit Axel Oxenstiernas. Ebba kühlte ihre Stirn, wenn Fieber sie zu verbrennen drohte, unter ihren Händen lösten sich die Krämpfe, unter denen die stets überanstrengte Königin litt. Ebba konnte Herrn Magnus nicht ausstehen und half Christine, Abstand zu ihrer Leidenschaft für den Günstling zu gewinnen. Sie besänftigte Christines wildes Temperament. Wenn die Königin im Zorn die Stimme erhob, wenn sie jemanden ungerecht behandelte, brachte Ebbas Freundlichkeit sie zur Besinnung.

So geschah es auch an jenem Januartag. Geduldig hörte Fräulein Ebba meine Klagen an. Schließlich sagte sie: »Ich fühle mit dir, David, und auch die Königin ist nicht unempfindlich für deinen Kummer. Aber sie braucht dich. Es gibt viele, die ihr dienen, aber nur wenige, denen sie vertrauen kann. Noch bist du zu jung, der Königin in der Fremde zu dienen, aber doch alt genug, ihr hier unentbehrlich zu sein.«

Diese Worte waren Balsam für meinen verletzten Stolz. Ich küßte Fräulein Ebba die Hand. In diesem Augenblick kam Johan Holm und zog mich an ein Fenster. Stallburschen führten einen prächtigen braunen Hengst in den Schloßhof. »Ein Geschenk der Königin für David, nicht für den Ritter von der traurigen Gestalt«, lachte Holm.

Ich stürmte die Treppen hinunter und schwang mich in den Sattel. Übermütig gab ich dem Pferd die Sporen, daß es sich hoch aufbäumte, und sprengte davon.

An diesem Tag ritt ich mir alle Not und alle Sehnsucht aus dem Leibe. Schön waren die bereiften Wälder am Ufer des Mälar, atemberaubend der weite Himmel, der zur Dämmerung seine Farben über die Landschaft ausgoß, beruhigend das Dunkel, das Himmel und Erde miteinander verschmolz. Der Hengst, unermüdlich wie ich, wandte ab und zu den Kopf nach mir, als wollte er fragen, ob ich mit ihm zufrieden sei. Ich nannte ihn Streiff wie das Pferd, das Gustav Adolf in der Schlacht bei Lützen geritten hatte.

Die Welt erschien mir plötzlich in einem anderen Licht, obwohl sich an meiner Lage nichts geändert hatte. Jetzt war ich froh über Bengts Brief, über Freinsheims Fürsorge.

Für mich begannen glückliche Tage. Alles gelang mir. Freinsheim lobte meine Fortschritte im Griechischen und meine Kenntnis der antiken Autoren. Wenn die Königin die Bibliothek aufsuchte, richtete sie jedesmal das Wort an mich. Meist erbat sie Auskünfte über Bücher, aber hin und wieder wollte sie auch meine Ansichten über Vorgänge bei Hofe hören.

Ich freundete mich mit dem Hofmusikus Domenico an, den ich im Vorzimmer der Königin kennengelernt hatte. Er lehrte mich das Spiel auf einem neuartigen Instrument, der Violine. Wenn er und seine Freunde musizierten, glaubte ich mich im Paradies. Meine Begeisterung rührte Domenico, doch meinte er, in diesem Land klirre auch seine Musik vor Kälte, ihr fehle der Schmelz des Südens. Sobald er genug Geld beisammen habe, werde er in die Toscana heimkehren, heiraten und viele Söhne zeugen. »Ein ganzes Orchester. Dann werden wir spielen, daß der Herrgott den Himmel für alle Sünder öffnen muß.«

Um mein Glück zu vervollkommnen, bestellte mich die Königin zum Secretarius für ihre französische Korrespondenz. Sie hatte sich überzeugt, daß ich einen Vorzug besaß, den sie über alles schätzte: Verschwiegenheit. Ich habe mich nie mit fremden Geheimnissen wichtig getan. Was mir anvertraut wurde, behielt ich für mich. Allerdings eignete ich mich nicht, andere auszuhorchen. Die Königin fand sich damit ab, hatte sie doch Zuträger genug. Aber auf ein ehrliches Wort durfte sie immer rechnen, wenn ich auch unter Schmerzen lernen mußte, es nicht ungefragt zu äußern.

Das achtundvierziger Jahr sollte Christine später als Wendepunkt ihres Lebens bezeichnen. Es war ein bewegtes, an Höhen und Tiefen reiches Jahr.

Die Königin nutzte das Erschrecken der Reichsräte über den Brand, dessen Ursache nie aufgeklärt wurde, ihren Vetter Karl Gustav als Thronerben vorzuschlagen. Nach dem Presbeckius-Attentat und dem Brandanschlag rechnete sie offenbar damit, eines unnatürlichen Todes zu sterben. Für einen solchen Fall wollte sie den Thron in festen Händen wissen.

Der Protest war einhellig, die Aufregung ungeheuer. Nur widerstrebend hatten die Reichsräte im Vorjahr den Wunsch der Königin erfüllt, Karl Gustav zum Oberbefehlshaber der schwedischen Truppen in Deutschland zu ernennen. Sie werde keinen Mann in untergeordneter Stellung heiraten, hatte sie damals ihren Antrag begründet. In Wirklichkeit lag ihr nur daran, mit Karl Gustav einen Kandidaten ihrer Wahl auf den Posten zu setzen, den der kriegsbegeisterte General Wrangel für sich anstrebte. 1648 sprach Christine nicht mehr von Heirat, nur noch von Thronfolge. Um das Wohl des Reiches willen hatte sich der Reichsrat durchgerungen, Karl Gustav als Christines Gemahl zu akzeptieren. Als König lehnte er den Pfalzgrafensohn ab.

Mehrmals begegnete ich Kanzler Axel Oxenstierna im Arbeitskabinett der Königin. Der alte Mann mit dem immer mürrischen Gesicht war mir unheimlich, und ich verschwand schnell durch eine Seitentür, wenn er nahte. Manchmal ließ sich ein Zusammentreffen nicht vermeiden. Dann schaute Oxenstierna durch mich hindurch. Für ihn zählte ich zu dem ausländischen Gesindel, das sich bei der Königin eingenistet hatte.

Ich wurde Zeuge, als er der Königin sagte, niemals würden die Reichsräte einer Thronfolge Karl Gustavs zustimmen, niemals, so lange er, der Kanzler, lebe.

»Ihr Leben ist mir kostbar, Sie sollten es nicht leichtfertig aufs Spiel setzen«, erwiderte Christine mit einem Anflug von Spott. Dann hart: »Niemals werde ich heiraten, niemals, so lange ich lebe.«

Der Kanzler verzog den Mund, sein Gesicht wirkte noch grimmiger. »Sie sind jung, Majestät, und haben gegenüber meinem Alter den Vorzug, daß sich Ihre Meinungen noch ändern können.«

Die Königin entließ ihn ohne ein weiteres Wort. Auch ich wollte mich entfernen, doch Christine kam auf mich zu, faßte mich am Wams und schüttelte mich, als sei ich der Oxenstierna. Sie war totenbleich, ihre Stimme klang fremd. »Niemals werde ich heiraten, niemals, hörst du. Ich segne schon jetzt den Tag, da ich dieses Schloß und dieses Land auf Nimmerwiedersehen verlassen kann.«

Ich stand steif wie ein Stock und hielt den Atem an. Die Königin lächelte plötzlich, lockerte den Griff und sagte beinahe zärtlich: »Mut, mein kleiner Freund. Noch sind wir Zugpferde im Geschirr, aber im nächsten Leben werden wir frei sein wie die Vögel.«

Nicht einmal Freinsheim berichtete ich von diesem Vorfall. Zu ungeheuerlich war der Gedanke, daß die Tochter des großen Gustav Adolf, die nordische Minerva, die einzige Königin Europas, die aus eigener Kraft regierte, Schweden den Rücken kehren wollte.

*

In den folgenden Monaten glaubte ich, Christines Worte nur geträumt zu haben. Wir Sekretäre stöhnten unter der Last der Arbeit. Schon früh um fünf erschien die Königin in der Kanzlei und diktierte Briefe, Verordnungen, Anweisungen. Die meisten betrafen die Friedensverhandlungen in Osnabrück und Münster.

Die Verhandlungen in Westfalen gingen nun schon ins fünfte Jahr. Die Herren Fürsten, Botschafter und Gesandten hockten wie Geier auf dem Kadaver Europas und stritten sich um die besten Stücke. Wenn das Geschäft sie erschöpft hatte, erholten sie sich auf rauschenden Festen. Bei jeder Meldung von einer verlorenen oder gewonnenen Schlacht begann das Feilschen von neuem.

Wie schon berichtet, vertraten Johan Oxenstierna, der älteste Sohn des Kanzlers, und Adler Salvius als Vertrauter der Königin die schwedische Krone. Johan Oxenstierna besaß den Starrsinn seines Vaters, aber nicht dessen politisches Genie. Seine Berichte offenbarten einen kleinlichen Charakter und waren so umständlich, daß einem beim Lesen das Gähnen ankam. Vergeblich mahnte der Kanzler seinen Sohn, die Königin nicht zu langweilen und sich auf Wesentliches zu beschränken. Johan Oxenstiernas Überzeugung von der Wichtigkeit der eigenen Person war durch nichts zu erschüttern, sein Standesdünkel krankhaft. Kein Wunder, daß die Königin auf Adler Salvius setzte, in dessen

Adern zwar kein Tropfen adliges Blut floß, der aber an Geist und diplomatischem Geschick den Oxenstierna-Sohn weit übertraf. Das ärgerte den Alten in Stockholm und führte zu Spannungen innerhalb der schwedischen Delegation.

Der endlosen Streitereien in Westfalen müde, versprach die Königin Adler Salvius einen Sitz im Reichsrat, wenn er die Verhandlungen zu einem baldigen Friedensschluß brächte. Sie schrieb einen Brief an die schwedischen Emissäre in Osnabrück, dessen Drohungen unmißverständlich Johan Oxenstierna galten: »Ohne weiter herumzukrämern, habt Ihr die Verhandlungen zum erwünschten Abschluß zu bringen. Ihr sollt die Arbeiten sich nicht länger hinziehen lassen, wie es bis jetzt geschah. Geschieht das nicht, wird es an Euch liegen, vor Gott die Verantwortung zu tragen und Euch vor den Ständen des Reiches und vor mir zu rechtfertigen. Laßt Euch nicht durch Pläne von Ehrgeizlingen von diesem Ziel abbringen, falls Ihr nicht mein tiefstes Mißfallen und meine Ungnade auf Euch laden wollt. Ihr könnt versichert sein, daß dann weder Autorität noch Rückendeckung durch angesehene Familienbindungen mich daran hindern werden, vor der ganzen Welt das Mißfallen zu bezeugen, das ich für solch verantwortungsloses Handeln empfinde.«

Wäre die Kaiserliche Armee in Stockholm eingezogen, hätte die Aufregung bei Hofe nicht größer sein können. Dieser Brief war eine unverhüllte Kampfansage an Axel Oxenstierna, von dem jeder wußte, daß er den Friedensschluß hinauszögern wollte. Der Kanzler nahm den Fehdehandschuh auf. Im Reichsrat fragte er die Königin geradeheraus nach den Gründen der veränderten Einstellung ihm gegenüber. Weder er noch seine Familie hätten verdient, daß Christine seinen Sohn wie einen Lakaien behandle. Er wisse wohl, daß es in Schweden und im Ausland Menschen gebe, die nur danach trachteten, zwischen der Königin und ihrem treuesten Diener Zwietracht zu säen. Er werde das nicht länger dulden.

Während dieser Unterredung verlor der Kanzler sein gewöhnliches Phlegma. Wie ein Blitze schleudernder Zeus stand er vor

Christine. Sie muß die noch immer gewaltige Kraft des alten Mannes gespürt und sich der Worte Kardinal Mazarins erinnert haben, die man ihr jüngst hinterbracht hatte: Reichskanzler Axel Oxenstierna sei ein so vollkommener Staatsmann, daß er, auch wenn er Boden eingebüßt zu haben scheine, weiterhin eine wichtige Rolle in der Regierung Schwedens spielen werde. Wenn sich die Königin über die große Politik unterrichten wolle, könne sie nach wie vor keine lebendigere und verläßlichere Quelle des Wissens finden als ihn.

Christine hatte sich weiter vorgewagt, als es ihre Möglichkeiten erlaubten. Es kostete sie große Überwindung, einen Schritt zurückzugehen und dem Kanzler zu versichern, daß sie seinem Sohn nach wie vor vertraue. Ihr Ton sei nur deshalb so scharf ausgefallen, weil sie befürchte, der schleppende Gang der Verhandlungen könne zu deren Abbruch führen. Sie wisse wohl, was Schweden den Oxenstiernas verdanke und halte sie hoch in ihrer Gunst.

Ihre Absichten änderte Christine nicht. Sie behandelte den Kanzler vorsichtiger, stärkte aber zugleich die Friedenspartei bei Hofe, im Reichsrat und im Reichstag, indem sie ihr genehme Leute in entscheidende Positionen schob. Bei den Älteren konnte sie auf Feldmarschall Torstensson, den Pfalzgrafen Johan Casimir und Reichsadmiral Karl Gyllenhielm zählen. Magnus de la Gardie führte die Partei der jungen Adligen, lebenslustige Kavaliere, denen Vergnügungen mehr bedeuteten als Kriegsruhm und die der Diktatur des eisernen Kanzlers müde waren.

Keiner von jenen, die hinter vorgehaltener Hand über den Altersstarrsinn Axel Oxenstiernas spotteten, konnte dem Kanzler das Wasser reichen, und doch hatten sie ihm eins voraus – die Jugend. Und der Jugend gibt das Leben immer recht. Axel Oxenstierna mochte noch so klug sein, er war nicht mutig genug, dieser Wahrheit ins Auge zu schauen. Obwohl von Gicht und neuerdings auch von Schlaflosigkeit geplagt, zwang er sich, stundenlang im Sattel auszuhalten, jede öffentliche Verpflichtung wahrzunehmen, Tage und Nächte mit dem Studium von Akten zuzubringen. Seine erstarrte Greisenhand konnte und wollte die Zügel des Staatsrosses nicht loslassen.

Auf einem Empfang des französischen Botschafters Pierre-Hector Chanut überkam ihn eine Schwäche. Ich sprang als erster hinzu, ihn zu stützen. Mit dem Wort »Judenlümmel« stieß er mich beiseite und schritt bemüht aufrechten Gangs davon. Niemand sollte ihn schwach sehen. Außer mir vor Zorn, wäre ich ihm nachgestürzt, hätte der Botschafter mich nicht zurückgehalten. »Er hat sich selbst gekränkt, nicht dich. Vergiß es«, sagte Chanut.

Ich erinnere mich gern an Chanut. Charakter, Bildung, Frömmigkeit und Vornehmheit verbanden sich in ihm auf das glücklichste. Schmeichelei und Servilität, zu denen Ludwig XIV. seine Beamten später abgerichtet hat, waren Chanut fremd. Tiefgläubiger Katholik, kannte er doch keine religiösen Vorurteile. Er liebte die Schriften Montaignes und nannte den Philosophen Descartes seinen Freund, obwohl weder der eine noch der andere bei der katholischen Geistlichkeit wohlgelitten waren. Chanut besaß die seltene Gabe, Gegensätze als Teile einer größeren Einheit zu erkennen. So brachte er auch das Kunststück fertig, von Kanzler Oxenstierna geschätzt und zugleich mit der Königin befreundet zu sein. Trotz aller Geschicklichkeit gelang es Chanut aber nicht, das Zerwürfnis zwischen beiden zum Vorteil Frankreichs zu nutzen.

Frankreich wollte sich der deutschen Verwicklungen so schnell wie möglich entledigen, um für den Kampf gegen Spanien freien Rücken zu haben. Die schwedischen Forderungen in Westfalen schienen Kardinal Mazarin überzogen, und er wußte, daß sie Axel Oxenstiernas Handschrift trugen. Chanut sollte Christine zum Nachgeben bewegen und so des Kanzlers Stellung schwächen. Die Königin durchschaute Mazarins Spiel. Wie sehr sie sich auch manchmal über den Kanzler ärgerte, opferte sie die politische Vernunft doch nie ihren Gefühlen und schon gar nicht Axel Oxenstiernas französischen Interessen. Ihrer Freundschaft zu Chanut tat das keinen Abbruch. Oft bat sie ihn, sie auf ihren

Inspektionsreisen zu begleiten, und auch ins Schloß lud sie ihn öfter als jeden anderen Botschafter.

Von Chanut stammt die treffendste Charakteristik Christines, Jahrzehnte später erschienen in den »Memoires de Chanut«. Das Exemplar der Königin liegt vor mir, und in ihm schreibt der vierzigjährige Chanut über die einundzwanzigjährige Christine:

»Das Antlitz der Königin ist in Ruhe nachdenklich, aber angenehm und heiter. Nur in den seltenen Augenblicken, wenn Zorn in ihr aufsteigt, kann sie einen schrecklichen Eindruck machen. Ebenso hat ihre Stimme, obwohl sie gewöhnlich mit festem Ton spricht, eine mädchenhafte Weichheit; doch kann sie plötzlich härter klingen, als das bei ihrem Geschlecht üblich ist.

Christina ist klein, was aber nicht auffallen würde, wenn sie wie andere Frauen Schuhe mit hohen Absätzen trüge. Doch zieht sie aus Gründen der Bequemlichkeit zu Hause oder beim Reiten im offenen Land flache Schuhe aus marokkanischem Leder vor.

Sie hat ein sehr starkes Verhältnis zu Gott und hängt aufrichtig am Christentum ... Die Unterschiede zwischen protestantischem und römisch katholischem Glauben erörtert sie ohne Bitterkeit; es sieht so aus, als habe sie die strittigen Punkte weniger genau studiert, als es für gewöhnlich die Philosophen, Heiden und Juden tun. Ihre fromme Haltung gegenüber Gott zeigt sich am meisten in ihrem starken Bewußtsein, unter seinem Schutz zu stehen. Im übrigen ist sie nicht strenggläubig. Sie legt keinen großen Wert auf äußere Zeichen zeremonieller Verehrung.

Redet sie mit Bekannten, so offenbart sie ihre wahre Einstellung zu irdischen Dingen. Dann ist es aufregend zuzusehen, wie sie sich ihre Krone zu Füßen legt und ausdrücklich feststellt, daß die virtus das einzige Gut ist, dem alle unbedingt anhängen sollten – ohne Rücksicht auf die Lebensumstände. Doch bei all dem vergißt sie nicht lange, daß sie Königin ist; sie wird sich wieder ihrer Krone bewußt, prüft ihr Gewicht und erkennt, daß der erste Schritt zur Tugend darin besteht, seine Pflicht recht zu erfüllen. Für ihr Amt bringt sie große Gaben mit, da sie leicht auf den

Grund der Dinge dringt. Dazu hat sie ein blendendes Gedächtnis, auf das sie sich verlassen kann, wovon sie freilich auch manchmal schlechten Gebrauch macht. Sie spricht Latein, Französisch, Deutsch, Flämisch, Schwedisch und lernt Griechisch. In ihrer Umgebung befinden sich Gelehrte, mit denen sie in ihren Mußestunden die interessantesten Probleme der Wissenschaft erörtert; dabei fragt sie mit wißbegierigem Geist nach allem. Täglich liest sie ein Stück im Tacitus, was sie ein Schachspiel nennt ... Gerne diskutiert sie Streitfragen, wobei sie ihre eigene Meinung erst ausspricht, wenn jeder andere sich geäußert hat. Dann faßt sie mit einigen wohlgesetzten Worten die ganze Sache zusammen ... Ebenso verfährt sie in Regierungsgeschäften. Zuerst müssen alle Minister reden, während sie ihre Auffassung bis zum Schluß zurückhält, so daß man bis zuletzt nicht weiß, welcher Seite sie sich schließlich zuneigen wird. Diese Gewohnheit läßt sie mißtrauisch erscheinen. Zweifellos ist sie argwöhnisch und hält mit der Wahrheit zurück. Im Reichsrat wird von allem, was die Regierung des Staates angeht, ausführlich gesprochen, und es ist unglaublich, wieviel Macht Christina über ihren Rat besitzt.

Über Privatangelegenheiten spricht die Königin nie ... Sie besitzt eine ungewöhnliche körperliche Zähigkeit. Unabhängig von Hitze oder Kälte, kann sie es auf der Jagd zehn Stunden im Sattel aushalten; auch trifft sie einen Hasen mit dem ersten Schuß besser als jeder andere Schwede ...

Wenn ihr jemand zur Last fällt, kann sie ihm sehr schnell das Wort verbieten, doch zu ihren Bediensteten ist sie freundlich und treibt Spaß mit ihnen. Sie schläft nur fünf Stunden in der Nacht und legt wenig Wert auf Kleidung und äußere Aufmachung. Außer bei feierlichen Anlässen besteht ihre Frisur nur aus einem rasch hochgeknoteten Band. Beim Reiten setzt sie einen Federhut auf. Niemand, der Christina mit ihrem männlichen Anzug mit schmalem Kragen auf der Jagd sieht, könnte auf die Idee kommen, daß sie eine Königin ist. Da sie allein ihrer Vorstellung von Tugend und Ehre nachhängt, richtet sich ihr eigentlicher

Ehrgeiz darauf, ihren Namen mehr durch außerordentliche Verdienste als durch Eroberungen berühmt zu machen. Sie will ihren Ruhm lieber sich selbst als ihren Untertanen verdanken...«

Von Johan Matthiae abgesehen, hat damals wohl keiner deutlicher Christines Stärken und Schwächen erkannt als Chanut. Um so bedauerlicher, daß sein Nachfolger Piques ein ausgemachter Dummkopf war, der das Bild der Königin vor der Welt entstellte.

Wenn mich ein Auftrag ins Haus Chanut führte, was häufig geschah, lud mich der Botschafter jedesmal zum Essen an seinen Tisch. Ich weiß nicht, ob ich mehr die französische Küche oder die Konversation genoß. Madame Chanut hatte feurige Augen, ein ebensolches Temperament und eine Mütterlichkeit, wie ich sie nur noch bei Römerinnen gefunden habe. Sie nahm an meinem Schicksal lebhaft Anteil. Einmal sagte sie: »Armer David, wäre dein Vater doch ein Provenzale gewesen, dann lebtest du heute in Aix oder Avignon und wärest gut katholisch.« Chanut warf ein, ob sie denn meine, ich wäre als Katholik ein besserer Mensch. »Ein besserer gewiß nicht«, parierte Madame, »aber einer, der weniger friert.«

Durch Chanut lernte ich die Werke von Racine und Corneille kennen, las Scarron und Georges Scudéry, sogar den freigeistigen Philosophen Gassendi. Hin und wieder begleitete ich Domenico und seine Freunde zur Messe in das Haus des Botschafters. Chanut sah es nicht gern, wenn ich Pater Viogues Worten lauschte. Ein Erlaß des Reichsrates erlaubte nur Franzosen und anderen katholischen Ausländern den Besuch der Messe. Außerdem wollte sich der Botschafter nicht dem Verdacht aussetzen, er missioniere für seinen Glauben. Madame Chanut sprang mir zur Seite. »Lassen Sie sich nicht eng machen durch die Engherzigen, mein Gemahl. Keinem, der das Wort Christi hören will, sollen die Türen verschlossen bleiben.«

Ich hielt mich gern in dem zur Kapelle ausgebauten Kellergewölbe auf. Hier fühlte ich mich beschützt und zugleich der ganzen Welt verbunden, ein Gefühl, das mich in der prächtigen

Storkyrka nie überkam. Aber vielleicht trieb mich auch nur die Lust am Verbotenen in die Kapelle. Schwedische Bürger, die sich zum katholischen Glauben bekannten, begingen Hochverrat. Ich wollte nicht katholisch werden, mich reizte das Unbekannte. Axel Oxenstierna wußte natürlich von meinen guten Beziehungen zum französischen Botschafter und ließ mit dem »Judenlümmel« mich entgelten, was er der Königin verübelte: die Freundschaft zu Chanut und ihre dem Kanzler nicht genehme Politik.

Man hat Christine häufig der Undankbarkeit und Arroganz gegen Axel Oxenstierna geziehen. Diese Vorwürfe sind ungerecht. Wenn die Königin Axel Oxenstierna angriff, dann immer nur, um sich selbst zu verteidigen, denn Herrscherin von seinen Gnaden wollte sie nicht sein. Im Grund ihres Herzens empfand sie vor seiner Autorität Ehrfurcht.

Nach dem Streit zwischen Königin und Kanzler über die Verhandlungen in Westfalen entfesselten die Oxenstiernianer einen Verleumdungsfeldzug gegen Adler Salvius. Ein charakterloser Emporkömmling sei dieser Bauernsohn. Habe nicht Axel Oxenstierna ihn König Gustav Adolf empfohlen, verdanke er nicht dem Kanzler allein seinen Posten als Hofkanzler, Geheimrat, schwedischer Resident in Hamburg und schließlich Gesandter bei den Friedensverhandlungen? Ohne Axel Oxenstierna wäre er ein Nichts. Salvius aber verrate seinen Wohltäter und erteile der Königin schlechte Ratschläge zum eigenen Nutzen.

Es stimmte, daß Adler Salvius immer und überall seine Vorteile wahrzunehmen wußte. Er war ein reicher Mann geworden, doch hatte er sich niemals so schamlos bereichert wie die Oxenstiernas, Brahes und Wrangels. Er arbeitete hart und verdiente sich, was der alteingesessene Adel, ohne einen Finger zu rühren, als Privilegien einstrich. Auf ihn traf das Wort des Marius zu, das uns Sallust berichtet: Sie verachten mich, weil ich ein Homo novus bin; ich verachte sie, weil sie ein träges Leben führen.

Adler Salvius begegnete dem Haß der Oxenstiernianer mit Gleichgültigkeit. Er war sich seines Wertes und der königlichen

Gunst gewiß. Im März 1648 ernannte ihn die Königin zum Reichsrat und brach den Widerstand des Uradels mit den Worten: »Wenn es sich um verständige Ansichten und kluge Ratschläge handelt, fragt man nicht nach den sechzehn Ahnen, sondern nach dem, was zu leisten ist. Salvius wäre zweifellos auch ein fähiger Mann, wenn er aus einem großen Geschlecht stammte. Daß man ihm nichts anderes vorwerfen kann, ist nur ein Vorzug für ihn. Es liegt mir daran, fähige Männer zu haben. Wenn die Kinder der großen Häuser Fähigkeiten aufweisen, werden sie wie die anderen ihr Glück machen, doch binde ich mich nicht von vornherein nur an Familien und Personen adliger Geburt.«

*

In diesem Sommer, da die Königin kaum an etwas anderes dachte als an die Friedensverhandlungen in Westfalen, bescherte ihr der Krieg das größte Geschenk ihres Lebens. General Königsmarck eroberte die Kleinseite von Prag, das Schloß und mit ihm die kostbaren Kunstschätze, einst von Kaiser Rudolf in manischer Sammelleidenschaft aus ganz Europa zusammengetragen: Tafelgemälde deutscher, italienischer und niederländischer Meister, Juwelen, Medaillen, Silber und Kuriositäten aller Art. Wenn sich die Generäle auch an der Beute schadlos hielten, so gelangte doch ein großer Teil der Sammlung ins Stockholmer Schloß.

Wie einst Kaiser Rudolf konnte die Königin Stunden vor einem Tizian, Veronese, Coreggio oder Tintoretto verbringen. Auch für mich waren die Bilder Offenbarungen. Was mußte das für ein Land sein, das solche Farben auf die Paletten der Maler legte! Ich überredete Domenico, mich in die Bilderkammer zu begleiten. Die italienischen Landschaften, hoffte ich, würden ihn heiter stimmen und sein Heimweh lindern. Domenico schritt wortlos die Reihe der Gemälde ab. Sein Gesicht blieb finster. Mitten in meine Elogen auf Tizian sagte er: »Du weißt nicht, wovon du redest, bist blind wie alle hier im Norden. Santa Maria Novella in Florenz allein birgt größere Herrlichkeiten als diese schäbige Bilderkammer. Und Florenz hat viele Kirchen, von Venedig und Rom, Arezzo und Assisi ganz zu schweigen. Jedermann kann dort die Malereien betrachten, sie gehören allen. Auf sie fällt Licht durch große Fenster, der Abglanz schimmernden Marmors, der Schein Hunderter von Kerzen. Sie leuchten von den Gebeten gläubiger Seelen.

Schon die Vorstellung, daß sich ein Kaiser mit diesen Gemälden eingeschlossen hat, macht mich weinen. Und nun sollen sie in diesem barbarischen Schloß, im harten Licht des Mittsommers und im Dunkel endloser Winternächte vor sich hintrauern!«

Aber die Königin wolle doch für die Bilder eigens Galerien einrichten, widersprach ich.

Domenico winkte ab. »Die Bilder brauchen südlichen Himmel, um zu leben. Wo will die Königin den hernehmen? Außerdem: Kunst will nicht bestaunt, sondern mit dem Herzen verstanden werden. Das sind Gebete, David, keine bemalten Leinwände.« Er wies auf eine Venus von Paolo Veronese. »Was siehst du? Eine heidnische Göttin mit vollendeten Formen? Du siehst nur mit den Augen. Diese aus dem Meer Geborene ist die Mutter allen Lebens, die Erde selbst in jungfräulicher Schönheit. Nenn sie Venus, Eva, Maria, nenn sie wie du willst, die Gesegnete, deren Beistand wir jetzt und in der Stunde des Todes brauchen.«

Bisher hatte ich die Marienverehrung der Katholiken für ein Sakrileg gehalten, die endlose Litanei des Rosenkranzes für eine Verrücktheit. Bei Domenicos Worten stieg in mir die Ahnung auf, daß die Anrufung Mariens mehr bedeutet als die Anbetung einer Frau aus Nazareth, die vor anderthalbtausend Jahren gelebt hat. Domenico verdanke ich die Erkenntnis, daß das Ave Maria ein kosmischer Gesang ist, eine Huldigung an die Mutter Erde, ohne die wir nicht leben und nicht sterben könnten.

Auch die Stockholmer Bürger fanden sich in der Bilderkammer ein. Viele Gesichter erstarrten in sittlicher Entrüstung, und von den Kanzeln fiel manch hartes Wort. Fräulein Ebba warnte, ein Fanatiker könnte Feuer legen oder die Bilder beschädigen. Kurz darauf brach nahe den Räumen, in denen die Kunstwerke lagerten, ein Brand aus. Die Königin entdeckte ihn selbst, als sie wie jeden Abend vor dem Zubettgehen die Bilderkammer inspizierte. Fortan bewachten Soldaten Tag und Nacht die Gemälde. Vor dem Reichsrat empörte sich die Königin, es sei eine Schande, daß man Göttliches vor Priestern schützen müsse. Am folgenden Sonntag hielt der Bischof von Stockholm eine Predigt über die Blendwerke des Teufels, die sich als göttlich ausgäben. Johan Matthiae versuchte zu vermitteln. Er beschwichtigte seine Amtsbrüder und drang in Christine, nicht öffentlich ihren Unmut zu äußern. Das Mißtrauen auf beiden Seiten konnte er nicht ausräumen.

Etwa um jene Zeit, da General Königsmarck den Hradschin mit seinen Kunstschätzen eroberte, kehrte die Königinmutter Maria Eleanora aus ihrem freiwilligen Exil nach Schweden zurück. Ich weiß bis heute nicht, ob das Drängen ihres Neffen, des Kurfürsten Friedrich Wilhelm von Brandenburg, Christines Briefe oder eigene Neigung sie dazu bewogen haben.

Die Königin freute sich auf das Wiedersehen mit der Mutter. Sie hatte sie seit sechs Jahren nicht mehr gesehen. Ungeduld trieb sie, Maria Eleanora mit einem Boot entgegenzufahren.

Seit ihrer Flucht galt die Königinmutter als Hochverräterin. Ein Beschluß der Stände stellte fest, daß Maria Eleanora ohne Zwang, ohne jeden Grund und ohne rechtmäßige Ursache ihre einzige Tochter und das Reich verlassen und statt schuldiger Dankbarkeit das Reich, soviel sie konnte, entehrt hatte. Darauf muß Axel Oxenstierna angespielt haben, als er zur Anlegestelle kam, um die Königin zu bitten, sich nicht den Strapazen einer Fahrt durch die Schären auszusetzen. Christine antwortete so heftig, daß ich jedes Wort verstand, obwohl ich abseits stand.

Einem großen und stolzen Land wie Schweden stünde Nachsicht gegenüber einer kranken Frau wohl an, sagte sie. Es sei nicht nur königliches Vorrecht, sondern auch ihre christliche Pflicht, Maria Eleanora zu verzeihen. Außerdem begreife sie nicht, wofür ihre Mutter schuldige Dankbarkeit empfinden solle, verdanke sie Schweden doch nur ihr Unglück. Daß sie es so schlecht trage, verdiene weder Haß noch Verachtung, höchstens Mitleid.

Dieser Edelmut ehre die Königin, aber sie werde an ihm ersticken, flüsterte mir Johan Holm zu. Er kenne Maria Eleanora. Ein unberechenbares Frauenzimmer, nur auf der Welt, anderen das Leben zu vergällen. Verglichen mit ihr, sei der Kanzler ein Segen für die Menschheit. Mir fiel die Bemerkung der Königin während der ersten Audienz ein, ich möge froh sein, daß ich mich nicht an meine Mutter erinnern könne.

Auf See schwand mein Unbehagen. Ich fuhr zum erstenmal durch die Schären – Tausende von Inseln und Inselchen, manche nicht größer, als drei Bäumen Platz bieten zu können. Es wehte eine leichte Brise, das Wasser schimmerte wie reines Gold. Vor uns das Meer, hinter uns Stockholm gleich einer breiten Kogge mit den Türmen des Schlosses und der Kirchen als Masten. Im Rückblick auf jene Julitage des Jahres 1648 steht die junge Christine wieder vor mir. Die Landschaft um Stockholm hatte sie bis in die äußere Erscheinung geprägt. Ihr Gesicht, das der große Bernini nicht in Marmor bilden konnte, weil es ständig den Ausdruck veränderte, glich dem Meer, dessen einzige Beständigkeit die Bewegung ist. Die Schwermut der Wälder lag ebenso in ihrem Wesen wie die Schroffheit der Granitklippen von Södermalm.

Die heilige Birgitta soll einmal von sich gesagt haben: Wie ein ungezähmtes Fohlen ist mein Körper und wie ein wilder Waldvogel mein Gefühl. So war auch Christine: übermütig, unbedacht, selbstvergessen, scheu, tapfer, zutraulich, argwöhnisch, gutherzig. Jedem begegnete sie anders, jeder sah sie anders.

Während der Fahrt blieb sie ungewöhnlich schweigsam. Als Begleiter hatte sie nur Johan Holm und mich gewählt. Wir trafen das Schiff mit der Königinmutter nicht wie erhofft bei der Festung Vaxholm. Die Königin befahl weiterzusegeln. Der Schiffer wies auf die sich auftürmenden Wolken und meinte, ein Unwetter stehe bevor. »Ganz bestimmt, wenn du weiter solche Reden führst«, fuhr Christine ihn an. Schulterzuckend ließ der Mann die Segel wieder lichten. Wir jagten in die Dämmerung. Johan Holm, weder von Charakter noch Statur ein Held, hockte bleich auf den Planken. Auch mir wurde bange. Der Wind riß in den Segeln, der Himmel verfinsterte sich plötzlich, Wasser schlug über die Reling, näßte die Kleider, brannte in den Augen. Ich mußte mich übergeben. Die Königin lachte. »Ich liebe den Sturm!« rief sie in das Brausen. Je wilder das Boot auf den Wellen tanzte, desto fröhlicher wurde sie. Der Schiffer rief ihr zu, wir liefen Gefahr, im Unwetter vom Kurs abzukommen und das Schiff der Königinmutter zu verfehlen. Das überzeugte sie und rettete uns.

Wir verbrachten die Nacht, den folgenden Tag und noch einmal eine Nacht auf einer Insel. Die Königin wollte nicht ohne ihre Mutter nach Stockholm zurückkehren. Johan Holm meinte, das täte sie nur, um Axel Oxenstierna zu ärgern. Es verdroß ihn, hungrig auf bloßer Erde nächtigen zu müssen, während Maria Eleanora auf nichts und niemanden Rücksicht nehme als auf ihre eigene Bequemlichkeit. Die Königin zog ihn wegen seines mürrischen Gesichts auf. Sie vertrieb sich die Zeit mit Büchern, die sie überallhin mitnahm.

Am dritten Tag sichteten wir das Schiff. Wir fuhren ihm entgegen und gingen an Bord. Ich erwartete, daß sich Mutter und Tochter in die Arme fallen würden. Im ersten Impuls lief Christine auch auf Maria Eleanora zu. Mitten im Lauf besann sie sich, verhielt den Schritt und erwartete die Mutter in würdevoller Haltung. Maria Eleanora überragte sie um Haupteslänge. Ihr Haar war sorgfältig frisiert, die Haut weiß von Puder, die Garderobe nach französischem Schnitt, an Händen und Armen funkelte Schmuck.

Christine stand vor ihr mit zerzaustem Haar, in Männerkleidung, gebräunt von Sonne und Wind. Es war kein größerer Gegensatz denkbar.

Die beiden sprachen nicht lange miteinander. Auf einen Ruf der Königin eilte ich zu ihnen. Mit einer Kälte, die ihre Worte Lügen strafte, sagte Christine: »Madame, dieser Jüngling hat seine Mutter nie kennengelernt. Ich möchte, daß er an unserem Glück teilhat.«

In der Kajüte war eine Mahlzeit angerichtet. Obwohl hungrig wie ein Wolf im Winter, würgte ich an meinen Bissen. Das Gespräch zwischen Mutter und Tochter verdarb mir den Appetit.

Christine lachte laut und an unpassenden Stellen. Dann zuckte Maria Eleanora zusammen, und ihr noch immer schönes Gesicht verzerrte sich zu einer Grimasse. Sie klagte, die geringen Zuwendungen aus Schweden hätten sie kaum vor dem Hungertod bewahrt.

»Für dreißigtausend Taler im Jahr kann man eine Menge Brot und Fleisch essen«, bemerkte Christine spitz.

»Und mein Hofstaat?« entrüstete sich Maria Eleanora. »Die Hunde, Papageien, Zwerge, Affen, Damen, Zofen, Stallmeister, Diener, Köche, Schneider, Coiffeure...?« Schließlich sei sie Gustav Adolf ein standesgemäßes Leben schuldig, fügte Maria Eleanora hinzu.

Ich erwartete, Christine würde antworten, sie komme mit weit weniger Bediensteten aus. Aber sie fragte nur, ob Madame wisse, was der Krieg in Deutschland und der dänische Feldzug gekostet hätten.

Maria Eleanora zuckte mit den Schultern. Diese Kriege interessierten sie nicht. Viel schlimmer sei, daß sie seit Gustav Adolfs Tod von aller Welt verfolgt werde und elender lebe als der letzte Bauer. Selbst ihre Tochter, die Königin, verstehe sie nicht und erweise ihr kaum die schuldige Kindesliebe.

Christine verfärbte sich. Doch sie beherrschte sich. Madame möge sich erinnern, erwiderte sie, daß Gustav Adolf Schweden in den Krieg geführt habe und daß sie, seine Tochter, nun den angerichteten Schaden beheben müsse. Dafür arbeite sie Tag und Nacht.

Erregt warf Maria Eleanora Christine vor, sie setze das Andenken ihres Vaters herab, dem sie doch den Thron verdanke.

Da erhob sich die Königin. »Madame, Sie werden nach der anstrengenden Reise noch etwas ruhen wollen, ehe Sie meine Residenz mit heiterem Gesicht betreten.« Beim Hinausgehen taumelte sie. Ich mußte sie stützen. Bis das Schiff vor dem Schloß anlegte, stand sie schweigend an der Reling, und niemand wagte, sie anzusprechen.

Ich dachte an ihre freudige Ungeduld, die Mutter wiederzusehen. Hatte sie gehofft, in Maria Eleanora eine mütterliche Freundin zu finden, die ihr die Last des Regierens erleichterte? Wenn das so war, und alles spricht dafür, muß sie die Enttäuschung ins Herz getroffen haben.

Frostig war der Empfang durch die Reichsräte. Axel Oxenstierna, Unwohlsein vorschützend, ließ sich am Pier nicht sehen. Christine tat, als bemerke sie die Feindseligkeit nicht, und geleitete wie ein ritterlicher junger Kavalier die Mutter ins Schloß. Bei Tisch brach sie zusammen.

Jedermann machte die beiden im Freien verbrachten Nächte für die Krankheit der Königin verantwortlich, obwohl Johan Holm und ich uns bester Gesundheit erfreuten und die Königin nicht zum erstenmal auf bloßer Erde genächtigt hatte. Die Königin fieberte und sprach wirr. Fräulein Ebba wich nicht von ihrer Seite. Die Ärzte wußten keinen Rat. Man fürchtete um das Leben der Kranken.

Maria Eleanora führte sich wie eine Wahnsinnige auf, da man ihr den Zugang zu ihrer geliebten Tochter verwehrte. Doch Johan Holm, dem die Angst um seine Königin Löwenmut verlieh, erklärte, nur über seine Leiche könnte Maria Eleanora das Krankengemach betreten. Alle atmeten auf, als Herr Magnus der Königinmutter eine großzügige Apanage zusicherte und sie dazu überredete, sich auf ihren Witwensitz nach Nyköping zu begeben.

Zwei Wochen später war die Königin außer Lebensgefahr. Sie ging sofort wieder an die Arbeit. Ihr Aussehen erschreckte mich: das Gesicht durchscheinend bleich, die Gestalt mager und eckig. Wie gewöhnlich schritt sie während des Diktierens auf und ab, doch sie ermüdete schnell. Dann warf sie sich in einen Stuhl, zog die Knie hoch bis unter das Kinn und schloß die Augen. Unvermittelt fragte sie , was mich in Schweden hielte. »Nur Eure Majestät«, erwiderte ich.

Sie lachte. »Und wo möchtest du leben, wärest du frei?«

Ich überlegte nicht lange. »In Italien.«

»Warum nicht in Frankreich, von dem Monsieur Chanut so fesselnd zu berichten weiß, oder in Deutschland, wo du geboren bist?«

Ich hätte von Domenico erzählen können, den Gemälden, der Musik, aber ich wollte die Königin nicht mit Schwärmereien langweilen, sie liebte präzise Antworten. So sagte ich: »Italien ist die Mutter des Abendlandes. Ohne Mutter kann man nicht leben, ohne Mutter nicht sterben.« Kaum ausgesprochen, hätte ich meine Worte gern zurückgenommen.

Christine lächelte spöttisch. »Diese Mutter ist eine Papistin, sie mag ihre lutherischen Töchter und Söhne nicht.«

»Tochter Griechenlands und Israels, bleibt sie doch die Mutter aller Christen«, widersprach ich.

Die Königin nickte gedankenvoll. Nach einer Weile hob sie den Kopf und schaute mich lauernd an. »Was würdest du denken, wenn ich das Gelübde abgelegt hätte, den römisch-katholischen Glauben anzunehmen, sollte ich diese Krankheit überleben?«

Sie sprach das Ungeheuerliche so gelassen aus, als erkundigte sie sich nach meiner Gesundheit. Ich antwortete, Reichsrat und Stände würden niemals zulassen, daß Schweden von einer katholischen Königin regiert werde.

»So ist es«, sagte sie und nahm ihren Gang durchs Zimmer wieder auf. Als sie das Diktat beendet hatte und ich meine Schreibutensilien zusammenraffte, fragte sie, ob ich mich in Stockholm einsam fühle.

Es gebe viele freundliche Menschen hier, erwiderte ich ausweichend. Nicht das meine sie, wehrte die Königin ab. Ob ich jene Einsamkeit kenne, in die kein Mensch reiche, auch der liebste und nächste nicht, wo ewige Dunkelheit herrsche und brennender Schmerz?

Während ich noch nach einer Antwort suchte, machte sie eine wegwerfende Handbewegung, lachte kurz auf und schickte mich fort.

Unter den Papieren der Königin habe ich ein von ihr beschriebenes Blatt aus dem Jahre 1648 gefunden. Es bezeugt ihre damalige seelische Verfassung. »Alle Ehrfurcht und Verehrung, die ich lebenslang für Dich, Herrgott, empfand, konnte mich nicht daran hindern, sehr ungläubig und wenig fromm zu sein. Ich konnte an die Religion nicht glauben, in der ich erzogen wurde. Alles, was man mich lehrte, schien mir Deiner nicht würdig zu sein. Ich kam zu der Überzeugung, daß sie Dich nach ihrer Weise reden ließen und daß sie mich betrügen wollten, daß ich ihnen glauben solle, damit sie über mich herrschen könnten. Ich haßte die langen und häufigen Predigten der Lutheraner tödlich. Doch wußte ich, daß ich geduldig sein und sie gewähren lassen müsse. Ich mußte meine Gedanken verbergen. Als ich etwas älter war, bildete ich mir meine eigene Religion und wartete, daß Du mich erleuchten mögest, wozu ich von Natur aus so sehr neige. Du weißt, wie oft ich in meiner eigenen verborgenen Sprache um die Gnade bete, diese Erleuchtung zu erfahren, und ich gelobe, Dir zu gehorchen, und wenn es mein Gut und mein Leben kostet.«

In einer Umgebung, die schon den leisesten Zweifel als Häresie brandmarkte, gehörte Mut zu solchen Gedanken. Christine war über alle Maßen einsam. Sie hatte auf ihre Mutter gehofft und litt nun mehr denn je. Wie in ihrer Kindheit tat sie alles, um nur nicht Maria Eleanora ähnlich zu werden. Die Königinmutter schlief lange, putzte sich gern, liebte Schmuck und Spielereien und wurde mit den Jahren bigott. Christine begann den Tag um vier Uhr morgens, verwandte für ihre Toilette nie mehr als eine Viertelstunde, schonte die kurzsichtigen Augen weder bei Studien noch beim Lesen von Staatsdokumenten. Sie setzte sich jeder Witterung aus, aß hastig, ohne darauf zu achten, was, fluchte wie ein Stallknecht, ging niemals gemessenen Schritts. Nur wenn sie die Königin herauskehren wollte oder die Etikette es verlangte, konnte sie hoheitsvoll und unnahbar erscheinen. Weniger die männliche Erziehung durch Axel Banér und Gustav Horn als die immer wieder enttäuschte Kindesliebe prägte ihr oft heftiges Verhalten. Die Ärzte hingegen erklärten es aus einem

Übermaß an bitterer und gelber Galle mit einer Beifügung von schwarzer Galle.

Kaum genesen, begab sich die Königin in Begleitung Monsieurs Chanut zu einer Inspektion der Kupfergruben. Ich glaube, daß sie sich auch räumlich so weit wie möglich von ihrer Mutter entfernen wollte, und Monsieur Chanut war der rechte Mann, sie von ihren Schmerzen abzulenken.

Im Herbst 1648 fiel in Stockholm ungewöhnlich starker Regen. Hütten stürzten in sich zusammen und wurden weggeschwemmt. Die Barone eigneten sich den Boden an, um Paläste darauf zu bauen. Wer arm war, mochte sehen, wo er blieb.

In der Kanzlei häuften sich Klagen und Bittschriften. Geplagt von Steuern, Frondiensten, Truppendurchmärschen, Einquartierungen, Mißernten und Seuchen, lebten die Bauern in äußerster Armut, während der Adel Zollfreiheit genoß, von den Bauern unentgeltliche Gespanndienste forderte, in den Städten von allen Abgaben befreit war und sich Schlösser baute.

Mittellos waren auch die Städte. Der Seehandel lag darnieder. Die Krone litt unter verzweifelter Geldnot. Die Vormundschaftsregierung hatte Krongüter teils verpfändet, teils verkauft, um Mittel für den Krieg aufzubringen. Auch die Königin mußte auf diese Weise die Staatsausgaben bestreiten. Sie hätte die Güter einziehen können, damit jedoch eine Rebellion des Adels riskiert. Die Wrangel und Brahe, de la Gardie und Oxenstierna redeten zwar gern vom Allgemeinwohl, meinten damit aber nur den eigenen Vorteil. Kanzler Axel Oxenstierna galt als der schlimmste Bauernschinder Schwedens.

Christine las alle Bittschriften und lieh den Abordnungen der Bauern willig Gehör. Da und dort linderte sie aus der königlichen Schatulle die ärgste Not, wirklich helfen konnte sie nicht. Sie ermutigte die Bauern, ihre Klagen vor den Reichsrat und den Reichstag zu bringen, und versicherte sie ihres Schutzes.

Mit wachsender Ungeduld verfolgte die Königin die Verhandlungen in Münster und Osnabrück. »Wenn nicht bald Frieden wird, sind wir alle verloren«, prophezeite sie.

Die Hiobsbotschaften vom Kontinent mehrten sich. In Polen meuterten die Kosaken; in Frankreich kündigte der Adel dem Königshaus den Gehorsam auf; in England kämpften die Eisenseiten Cromwells gegen König Jakob; in Neapel bekriegte das Volk, angeführt von dem Fischer Masaniello, den spanischen Vizekönig; in Portugal wankte die spanische Herrschaft. Bauernaufstände überall. Die Türken nutzten die Gunst der Stunde und stießen nach Ungarn vor.

Europa war ein Vulkan, auf dem seelenruhig die Unterhändler von Westfalen thronten. Mehr als hundertfünfzig Gesandte mit Sekretären, Wachleuten, Kurieren, Köchen, Schuhmachern, Schneidern, weiblichem Gefolge, insgesamt etwa zehntausend Menschen, betrieben das Friedenswerk wie eine Unterhaltung bei Hofe. Verträge wurden entworfen und wieder verworfen, man stritt wochenlang um eine Kleinigkeit des Protokolls.

Als im Frühherbst 1648 Prinz Condé den Bruder des Kaisers bei Lens, die Generäle Wrangel und Turenne die Kaiserlichen bei Zusmarshausen vernichtend schlugen, lenkte der Kaiser in Wien endlich ein. Er konnte sich nicht gleichzeitig französischer, schwedischer und türkischer Heere erwehren. In einer verschlüsselten Depesche ließ er wissen, daß er zum Friedensschluß bereit sei. Doch das heißersehnte Papier nützte vorerst niemandem, da ein Diener, Bote oder Pferdeknecht das Schriftstück mit dem Schlüssel vertan hatte. Ich erwähne dieses Ereignis, weil es die Sorglosigkeit und Schlamperei in Münster erhellt. Während man in aller Gemütlichkeit nach dem Schlüssel suchte, kämpften die Heere weiter, starben unzählige Menschen.

Am 24. Oktober 1648, genau dreißig Jahre, fünf Monate und einen Tag nach dem verhängnisvollen Fenstersturz von Prag, wurde in Münster endlich der Frieden beschlossen und besiegelt. Nur der Apostolische Nuntius Fabio Chigi protestierte im Namen des Papstes gegen die Säkularisierung der Kirchengüter. Aber das war nicht mehr als eine Formalität.

Eine Woche später traf der Kurier mit der Friedensbotschaft in Stockholm ein. Die Königin belohnte ihn mit der märchenhaften

Summe von sechshundert Dukaten. An ihre Diener verteilte sie Geschenke. Sie ordnete ein Tedeum und eine festliche Reichstagssitzung an.

Durch das Dickicht widerstreitender Interessen, militärischen Eigennutzes und einer entarteten Diplomatie hatte die jetzt zweiundzwanzigjährige Christine einen Pfad zum Frieden gebahnt. Die Oxenstiernianer teilten ihre Hochstimmung nicht. Von General Wrangel erzählte man, er habe bei der Nachricht vom Friedensschluß einen Tobsuchtsanfall bekommen und geschrien: Welch ein Wahnsinn, all die fette Beute fahren zu lassen! Andere murrten, man hätte bessere Bedingungen aushandeln können, von Gustav Adolfs Eroberungen seien den Schweden nur ein paar armselige Provinzen im Norden Deutschlands geblieben. Sie verübelten der Königin, was eigentlich ihr größtes Verdienst war: inmitten aller Unvernunft vernünftig, inmitten aller Maßlosigkeiten mäßig geblieben zu sein – zum Wohle Deutschlands und Europas.

Auch die Historienschreiber lassen Christine keine Gerechtigkeit angedeihen. Sie überbieten einander an Lobgesängen auf Gustav Adolf und auf Christines Nachfolger Karl Gustav. Jede Schlacht der beiden Heroen schildern sie en detail, jede banale Äußerung aus königlichem Munde erheben sie zur Weisheit letztem Schluß. Die Königin hingegen beschreiben sie als pflichtvergessene Monarchin und kapriziöses Frauenzimmer. Daß sie ein Heer von kriegslüsternen Männern zum Frieden gezwungen hat, ist ihnen kaum eine Erwähnung wert.

Während der festlichen Reichstagssitzung äußerte jemand, dieser Frieden werde nicht lange dauern. Die Königin erwiderte: » Ich weiß wohl, daß es in dieser Welt keinen dauernden Frieden gibt. Aber die Vorsehung, die durch die Waffen der Nachbarn die Glaubensfreiheit in Deutschland wiederhergestellt hat, wird auch helfen, sie zu bewahren.« Sie trug sich damals mit dem Plan, in Deutschland eine theologische Akademie zur Vereinigung aller christlichen Konfessionen zu gründen. Wo die Glaubensspaltung begonnen hatte, sollte der Bruch geheilt werden.

Doch kein deutscher Fürst fand sich bereit, einer solchen Akademie Gastrecht auf seinem Territorium zu gewähren.

Der Krieg hatte nicht nur Städte, Dörfer und Fluren verbrannt, sondern auch die Herzen der Menschen. Viel eher grünt Saat auf verwüsteten Feldern, als daß ein verrohtes Geschlecht wieder zu Gottvertrauen findet. Fürchtet der Sieger doch um seine Beute, sinnt der Verlierer auf Rache und denkt das verzweifelte Volk nur daran, seinen Bauch zu füllen, ehe neues Unheil hereinbricht. Der Krieg hatte eine ungeheure, gespenstische Leere hinterlassen. Jedermann suchte sie auszufüllen, zu betäuben, zu verdrängen.

Der Frieden brachte mir ein Geschenk besonderer Art. Die Königin sandte mich als Kurier nach Osnabrück. »Freinsheim hat mir von deiner Freundschaft zu Bengt erzählt. Besuch ihn, wenn du deine Geschäfte in Osnabrück erledigt hast«, sagte sie.

Der gütige Freinsheim! Natürlich steckte er hinter diesem Auftrag. Hatte ich nicht oft von ihm gehört, man müsse reisen, die Welt be-greifen, solange die Hände noch zupacken können, die Augen scharf, die Ohren hellhörig sind? Der Gelehrte freute sich mit mir und ermunterte mich, auch den Philosophen Cartesius aufzusuchen. Die Königin habe ihn eingeladen, aber er zögere noch. »Vielleicht kannst du ihm Appetit auf Stockholm machen«, meinte Freinsheim.

Als ich mich zur festgesetzten Stunde zur Königin begab, um Briefschaften und Ordres entgegenzunehmen, traf ich bei ihr Fräulein Ebba, Monsieur Chanut und Lennart Torstensson an. Die Königin befand, ich sei im letzten Jahr ein stattlicher junger Mann geworden, und fragte, ob ich mir zutraue, allen Eventualitäten begegnen zu können. Ich wies auf den Degen an meiner Seite. Eher würde ich sterben, als das Vertrauen Ihrer Majestät zu enttäuschen, sagte ich pathetisch. Die Königin lächelte. Sie zweifle nicht daran, doch bedeute ihr mein Leben mehr als mein Tod.

Torstensson überreichte mir ein Offizierspatent. Sechs berittene Soldaten sollten mich eskortieren. Monsieur Chanut trug mir Grüße für Cartesius auf, Fräulen Ebba schenkte mir ein silbernes Kreuz zum Schutz vor bösen Geistern. Die Königin händigte mir Briefschaften und einen gut gefüllten Geldbeutel aus.

Stolz nahm ich Abschied von Stockholm wie einst von Fürth. Zwar drehte ich mich noch einmal um, Freinsheim zu grüßen, aber mein Herz genoß nur das Gefühl der eigenen Wichtigkeit als Sekretär Ihrer Majestät und Offizier der schwedischen Armee. Meine Begleiter, handfeste Burschen aus Uppland, freuten sich ebenso wie ich, ein Stück von der Welt zu sehen. Es lag noch kein Schnee, und wir kamen gut voran. Schon nach fünf Tagen sichteten wir die mächtigen Wallanlagen von Hamburg. Ich widerstand dem Verlangen, in der Stadt zu nächtigen. Hätte ich doch auf meine innere Stimme gehört!

Einige Meilen südlich von Hamburg gerieten wir in den Hinterhalt eines Trupps herrenloser Landsknechte, die nur dem Befehl ihrer hungrigen Mägen folgten. Sie waren in der Überzahl. Meine braven Uppländer kämpften wie die Teufel, auch ich hieb tüchtig drein, und es machte mir sogar Spaß. Wir lehrten die Angreifer das Laufen. Im Fliehen legte einer auf mich an. Streiff bäumte sich auf. Die Kugel traf ihn. Während meine Gefährten mich unter dem Pferdeleib hervorzogen, entkamen die Banditen. Streiff blickte mich unverwandt an, wieherte leise und zog die Oberlippe hoch, wie immer, wenn er nach einer Liebkosung verlangte. Ich kraulte seine Mähne. Mit letzter Kraft suchte er sich auf die Vorderhufe zu stellen, dann brach er zusammen. So starb Streiff, der mir einst die Freiheit wiedergegeben und nun das Leben gerettet hatte. In Stockholm noch ein Held, klagte ich bei Hamburg wie ein Kind.

Wir mußten vor Einbruch der Dunkelheit die nächste Stadt erreichen. Im Weiterreiten sah ich, wie zerlumpte Kerle meinen Streiff mit Händen und Zähnen auseinanderrissen. Die Menschen kamen den Wölfen und Geiern zuvor.

Trübsinnig und voll düsterer Vorahnungen langte ich in Osnabrück an. Adler Salvius war am Morgen des nämlichen Tages abgereist, auch Johan Oxenstierna traf ich nicht mehr. So übergab ich die Briefschaften Schering Rosenhane. Der korpulente Herr, dritter schwedischer Gesandter in Osnabrück, bewirtete mich freundlich und verhalf mir zu einem Pferd aus dem Stall des französischen Gesandten. Als ich es recht lustlos in Empfang nahm, schalt er mich einen undankbaren Tropf. Leben, Geld und Papiere hätte ich gerettet, und Pferde wären zu ersetzen. Woher sollte er auch wissen, was mir Streiff bedeutet hatte.

Die Bischofsstadt Osnabrück am Fuße des Teutoburger Walds ist ein reizvolles Städtchen. Ich schlenderte durch die engen Gassen, über den Marktplatz mit der Marienkirche und dem zierlichen Rathaus. Kaum zu glauben, daß erst vor vier Wochen der Bürgermeister, durch das Heger Tor von Münster her kommend, jedermann zugerufen hatte, der Friede sei endgültig beschlossen. Die Bürger hielten ihn für betrunken. Als die Nachricht von der Rathaustreppe verkündet wurde, kannte der Jubel keine Grenzen. Es hatte sich auch gleich ein Dichter gefunden, der freudetrunken deklamierte: »So freue dich denn, Osnabrück, und feire Gott zum Ruhm Europens großes Friedensfest in deinem Heiligtum. Laß Pauken und Trompetenspiel bei deinen Liedern schallen und deiner Stücke Freudenblitz von deinen Wällen knallen.«

In der Stadt hielten sich nur noch wenige Gesandte auf. Ihre Dienstboten waren emsig beschäftigt, Hausrat in Kisten und Kästen zu verstauen, Überflüssiges zu verkaufen oder günstig einzutauschen. Kinder und Bettler suchten unter Weggeworfenem nach Brauchbarem. Die Freude vom Oktober schien in allgemeinen Mißmut umgeschlagen.

Auch nach Münster ritt ich hinüber, größer als Osnabrück und wie dieses während der fünfjährigen Friedensverhandlungen zu bescheidenem Wohlstand gelangt. Nahe dem südlichen Stadttor erlebte ich den Auszug des Apostolischen Nuntius' Fabio Chigi. Er segnete die Schaulustigen, und sie sanken auf die Knie. Als Lutheraner blieb ich stehen. Der schmächtige, blasse Mann machte auf mich keinen sonderlichen Eindruck. Wie konnte ich ahnen, daß ich dem künftigen Papst begegnet war!

Das Spektakel ließ mich gleichgültig. Mehr als der päpstliche Gesandte beschäftigte mich der Zeitunterschied zwischen Münster und Osnabrück. Die Entfernung zwischen beiden Städten beträgt drei Stunden zu Pferd. Nach Julianischem Kalender, gültig in Schweden und in allen protestantisch regierten Ländern Deutschlands, also auch in Osnabrück, war ich am 19. November losgeritten und in Münster am 29. November angekommen. Hier gilt wie überall in der katholischen Welt seit 1582 der genauer berechnete Gregorianische Kalender. Bis zum heutigen Tag betrachten die Protestanten Papst Gregors Kalenderreform als ein Machwerk des Teufels und leugnen eher den Lauf der Sterne, als auf liebgewordene Vorurteile zu verzichten. Recht besehen müßten sie auch die Existenz Amerikas leugnen, da ein Katholik es entdeckt hat.

Ich fragte mich, worin die von Christine so gepriesene Freiheit der Deutschen, durch die Waffen der Nachbarn wiederhergestellt, eigentlich bestand. Gewiß sicherte das Friedensinstrument den Deutschen Glaubens- und Gewissensfreiheit zu. Das bedeutete aber doch nur, daß jeder Potentat seinen Untertanen die Freiheit zugestand, so zu glauben und zu denken wie er selbst. Eine seltsame Freiheit!

Und um welchen Preis war der Frieden gewonnen worden! Deutschland in protestantische und katholische Bistümer, Reichsstädte, Fürstentümer zerstückelt, mit einem Gewirr von Gesetzen, Verordnungen und sogar Zeitrechnungen, in dem sich nicht einmal die Deutschen zurechtfanden. In der Folge des Krieges, den deutsche Fürsten heraufbeschworen und in dem die europäischen Mächte bereitwillig mitgespielt hatten, ist das Reich zur Freude seiner Nachbarn und zur eigenen Schande ein Niemandsland geworden, ein Spielball der großen Mächte im Norden, Osten und Westen.

In meinem Mißmut bedachte ich nicht, daß ja auch der Alltag in die Städte und Dörfer des Kontinents zurückgekehrt war, der kostbare Alltag, den nur jene zu würdigen wissen, die ihn lange haben entbehren müssen: ein Dach über dem Kopf, harte Arbeit, ruhiger Schlaf, Essen auf dem Tisch. Pax optima rerum, der Friede ist das beste. Doch es war für die Deutschen auch schwer, sich in einen Frieden zu schicken, der das Elend erst so recht offenbarte. Der im Kampf ums Überleben Ermüdete sieht in Gleichmaß und Normalität oft nur Agonie, das verhärtete Herz sucht Schuldige für die eigene Misere, die Phantasie der Jungen träumt von Heldentaten. Während die Seele noch nach Frieden sucht, verlangen die Sinne schon wieder nach Krieg. Vielleicht ruht diese Welt auf den Pfeilern des Guten und des Bösen, des Aufbaus und der Zerstörung, und ein Gott darüber hält beide Kräfte, die den Menschen zu zerreißen drohen, im schwebenden Gleichgewicht.

Bei meiner Rückkehr glich Osnabrück einem wimmelnden Ameisenhaufen. Aus allen Himmelsrichtungen eilte lärmendes Volk zum Rathaus. Eine Hexe sollte verbrannt werden. Zwischen Marienkirche und Rathaus war der Scheiterhaufen aufgeschichtet. Die Leute überboten einander mit schaurigen Geschichten. Der Satan habe einen Wechselbalg mit der Hexe gezeugt und das Vieh verzaubert... »Wenn sie endlich brennt, wird es uns allen besser gehen«, schrie ein Bäckergeselle über den Platz. »Höchste Zeit, daß sie verbrannt wird«, tuschelten die Weiber.

In Uppsala hatte ich oft von Hexen gehört, aber nie eine zu Gesicht bekommen. Neugier und Grauen stritten in mir, während ich in der Menge wartete.

Endlich rumpelte das Fuhrwerk heran. Manch einer verhüllte das Gesicht, um nicht vom bösen Blick getroffen zu werden. Das arme Geschöpf war kaum älter als ich, im Arm hielt es ein lebloses Kind. Der altersschwache Klepper vor dem Karren blieb plötzlich stehen. Das Mädchen wiegte das Kind im Arm und sang: »Kleins Männele, was kannst du machen. Ich kann wohl spielen auf meiner Trumm. Rum rum bidi bum, so macht meine Trumm, rum rum bidi bum.«

Mir gerann das Blut in den Adern. Ich kannte das Lied, ich kannte die Stimme: Lennart Torstenssons Haus, Fiebernebel, die Lust unserer Leiber, übermütige Scherze – Kleins Männele, was kannst du machen...

Mit Schlägen und Püffen drängte ich mich zum Fuhrwerk

durch. Das Mädchen hob den Kopf. Ein fremdes Gesicht. Mit Peitschenknall trieb der Pferdeknecht den müden Klepper weiter, der Gesang brach ab. Als der Karren vor dem Holzstoß hielt, überfiel mich heillose Angst, es könnte doch Anna sein, die da brennen müsse.

»Im Namen Ihrer Majestät, der Königin von Schweden, haltet ein!« rief ich über den Platz.

Meine Uppländer bahnten mir eine Gasse zum Holzstoß. Ich wies dem Richter das Offizierspatent vor und log, die Delinquentin sei Untertanin Ihrer Schwedischen Majestät und mein Weib. Ohne auf eine Antwort zu warten, hob ich das Mädchen mit dem Kind vom Karren und brachte sie in mein Quartier.

Schering Rosenhane meinte, nur die allgemeine Verblüffung habe die erregten Menschen abgehalten, sich voller Wut auf mich zu stürzen. Ich denke, es waren eher die in die Menge gerichteten Musketen meiner braven Uppländer. Wer nach dem Blut Unschuldiger lechzt, ist feige. Der sich als Löwe gebärdende Pöbel wird vor einer Gewehrmündung zum Wurm.

Das Mädchen hatte den Verstand verloren. Als ich ihm den toten Knaben abnahm, wimmerte es herzzerreißend. Die Wirtin weigerte sich, das arme Geschöpf zu waschen. So tat ich es selbst. Beim Anblick der Foltermale wurde mir übel. Der Medicus, den die Uppländer herbeischafften, zuckte nur hilflos mit den Schultern. Was Menschen so zerstört hätten, vermöge die Natur nicht mehr zu heilen. Vermutlich seien der tote Knabe und das Mädchen Geschwister, man habe sie im Wald aufgegriffen. Waisen, und nun zum zweitenmal Opfer dieses schrecklichen Krieges. Ohne mein Dazwischentreten könnte schon alles vorbei und das Mädchen erlöst sein.

Über seine vermeintliche Gleichgültigkeit empört, zog ich den Degen. Der Arzt wich nicht zurück, noch hob er den Arm zur Abwehr. Ich solle nur zuschlagen, schon lange beneide er die Toten...

Das Mädchen lebte nur noch wenige Stunden. Kurz vor dem Ende gewann es die Sinne wieder. Es fragte mich nach meinem

Namen, sprach ihn langsam nach und sagte: »Gott vergelt's.« Im Tode wirkte das Mädchengesicht heiter, als sei es froh, den Schrecknissen dieser Welt endlich entronnen zu sein.

Die Uppländer begruben die Leichen und machten die Stelle unkenntlich, um die Toten vor der Unvernunft des Pöbels zu schützen. Schering Rosenhane drängte mich, Osnabrück noch vor Tagesanbruch zu verlassen, wenn mir mein Leben lieb sei.

*

An den Weg nach Leyden erinnere ich mich nicht mehr. Ich kam übermüdet und fiebernd bei Bengt an. Er brachte mich sofort zu Bett und erprobte seine ärztliche Kunst an mir. Erst nach Weihnachten konnte ich am Arm des Freundes einen Spaziergang unternehmen.

Eben noch im verwahrlosten Deutschland, glaubte ich mich in einer anderen Welt: saubere Gassen, Brücken aus Stein, prächtige Gebäude. Die uns begegneten, grüßten gemessen, ihre Kleider verrieten Wohlstand. Bengt war größer und breitschultriger geworden, aber der geblieben, als den ich ihn aus unseren besten Zeiten in Uppsala kannte – ein älterer Bruder, der mich bei der Hand nahm. Auf meine Frage, ob er manchmal Heimweh empfände, lachte er nur. Er tat, als hätte es nie ein Zerwürfnis zwischen uns gegeben, und mir erschien der Streit in Uppsala nun bedeutungslos. Wir sprachen über Bengts Studien, er zeigte mir das Teatrum anatomicum, den vortrefflichen Hortum medicum, die Auditoria und die Bibliothek.

Als ich mich kräftig genug fühlte, ritten wir nach Amsterdam, in der Hoffnung, der Philosoph Descartes halte sich um diese Jahreszeit in seiner Wohnung in der Kalverstraat auf und nicht in der Einsiedelei Egmond. Wir hatten Glück und Pech zugleich. Die Magd hieß uns, am nächsten Tag wiederzukommen, Monsieur Descartes empfange heute nicht.

Amsterdam überwältigte mich. In den Straßen tummelten sich Menschen aus aller Herren Länder. Auf den Kanälen und Grachten, über die zahllose Brücken führten, lag Schiff neben Schiff. Ganz Amsterdam mutete wie ein Warenlager an. Überall stapelten sich Kisten, Säcke, Fässer, Ballen. Jedermann eilte irgendwelchen Geschäften nach. Mehrmals lief ich Gefahr, unter die Räder einer Kutsche zu geraten, weil ich selbstvergessen die vielen Schiffe bestaunte oder fremdartig gekleideten Männern nachblickte, die außer mir niemand zu beachten schien.

»Das ist das neue Tyrus«, sagte Bengt stolz, »die Perle aller See- und Handelsstädte. Hier kümmert es niemanden, woher du kommst, welche Sprache du sprichst, welcher Religion du angehörst; hier zählen nur Geld und Glück, Glück und Geld. Hier findest du alle Waren, alle Nationen, alle Sprachen. Allein der Tabakhandel soll an die zweihunderttausend Gulden einbringen, ganz zu schweigen vom Handel mit Gewürzen und anderen Gütern, deren Umschlag Tonnen von Gold beträgt.«

Das Tuchhaus quoll über von Stoffen, an der Kornbörse schien alles Getreide der Welt zum Kaufe feil, im Ost-Indischen Haus duftete es nach Muskatnüssen, Pfeffer, Gewürznelken, im West-Indischen Haus sah ich japanische und chinesische Malereien, eigentümliche Waffen, Elfenbein, riesige Schilde von Schildkröten.

Nach der Armut in Schweden, dem Elend in Deutschland begeisterte mich der Überfluß und ermüdete mich zugleich. Am Abend meinte ich zu verstehen, warum Rabbi Levi die unsicheren Wege in Deutschland den backsteingepflasterten Straßen Amsterdams vorgezogen hatte. Hier gab es nur Waren, aber keine Menschen. Bengt nickte verständnisvoll. Er kenne diese Gereiztheit, ihm sei es anfangs ebenso ergangen. Wer aus dem Dunkel ins Licht trete, den schmerze die Helle. Er prophezeite ein Zeitalter der Vernunft, in dem sich das Licht dieses Landes über ganz Europa ausbreiten würde. Der Reichtum der niederländischen Provinzen sei nicht Ursache, sondern Folge vorurteilslosen Denkens und Forschens. Hier zählten nur Fähigkeit und Tatkraft, nicht Herkunft und Religion.

Ob er etwa die Herrschaft von Kaufleuten für die beste Regierungsform halte, wollte ich wissen.

»Warum nicht? Kaufleute sind kluge Rechner, denen das Gemeinwohl auch zum eigenen Vorteil gereicht. Sie zwingen niemandem ihre Überzeugung auf, sie wissen zu unterscheiden zwischen Gott und den Bedürfnissen dieser Welt. Mag jeder denken und glauben, was er will, solange er nur dem allgemeinen Vorteil dient.«

Ich bezweifelte, daß Bengt mit solchen Ansichten in Schweden ein Fortkommen fände. Lakonisch antwortete er, Kranke interessierten nicht die Meinungen des Arztes, sondern dessen Heilkünste. Ich glaube, er hatte schon damals beschlossen, Schweden für immer den Rücken zu kehren.

Monsieur Descartes empfing uns in schlichtem bürgerlichen Gewand und mit der Liebenswürdigkeit eines französischen Edelmannes. Während er mit Bengt sprach, konnte ich ihn ungestört betrachten. Ein breites Gesicht, kräftige Nase, tiefe Kerben zu den Mundwinkeln hin, dunkle Augenbrauen, die von einer senkrechten Stirnfalte wie Flügel aufschwangen. Er wirkte sicher, doch nicht selbstgefällig.

Eingehend erkundigte er sich nach der Königin, nach Chanut und Freinsheim und fragte schließlich auch nach meinen Studien. Als ich ihm meine Vorliebe für Geschichte gestand, schüttelte er mißbilligend den Kopf. Ich solle mir ein Beispiel an meinem Freund nehmen und die exakten Wissenschaften betreiben, statt meine Zeit sinnlos zu vergeuden. Er sagte etwa Folgendes: »Worin besteht seit altersher das Ziel der Menschheit? Sich zum Herrn und Meister der Natur zu erheben. Bisher suchte sie das auf den abenteuerlichen Wegen der Geschichte zu erreichen. Seit Jahrhunderten schreibt ein Autor von dem anderen ab, fragt nicht, was wahr, was falsch ist. Auch ich habe in meiner Jugend den ganzen Ballast ererbter Gelehrsamkeit schleppen müssen, Kopf und Seele gemartert mit Bücherwissen, dessen Argumente ohne jegliche Beweise und nur allmählich aus den Meinungen mehrerer unterschiedlicher Personen zusammengewachsen und angeschwollen sind. Philologie und Historie sind unnütze Wissenschaften. Es brauchte eine Weile, bis ich merkte, daß die Wahrheit nicht in Lehrbüchern zu finden ist, sondern im Buch der Welt und in mir selbst kraft des Verstandes, den die Natur dem Menschen geschenkt hat. Sagte nicht schon der Kirchenlehrer Augustin: Geh nicht hinaus; betrachte dich selbst, in dir ist Wahrheit? Und so fand ich als erste methodische Regel, die Welt zu verstehen: Zweifle an allem, was nicht klar und deutlich erkannt wird. Und als letzte Gewißheit: Ich denke, also bin ich.

Bei der Erkenntnis der Welt muß man durch Zweifel von Verstehensschritt zu Verstehensschritt zum Verständnis des Ganzen und zu einer von allen anerkannten Wahrheit gelangen – in den Erscheinungen der Natur wie im menschlichen Zusammenleben. Eine solche Methode läßt keinen Streit mehr zu. Sie führt über Zweifel und Fragen zum Consensus omnium und entzieht damit allen konfessionellen Bürgerkriegen die Grundlage.

Die Schulwissenschaft hingegen ist nicht nur unnütz, sondern schadet sogar, weil sie die, welche sie betreiben, schlechter macht, wissen sie doch auf alles eine Antwort, sind eitel, pedantisch und können nicht zuhören. Es kommt aber darauf an, die Fragwürdigkeit der scheinbar so gewissen, überlieferten Ideologien aufzudecken und die Menschen von ihren Irrtümern zu befreien, damit ihnen die Wahrheit einen unbestrittenen Frieden schenken kann. Frieden entsteht durch Eintracht, Eintracht durch Klarheit.«

Monsieur Descartes sprach bescheiden, und selbst da, wo seine Worte hart klangen, kränkten sie nicht. Ich wandte sogleich seine Methode an und bezweifelte, daß alle Menschen kraft ihrer Vernunft zu gleichen Schlußfolgerungen in einer Sache gelangen könnten. Die Erfahrungen unter Gelehrten sprächen dagegen.

Dem Philosophen schien mein Einwand zu gefallen. Die Vernunft, erklärte er, sei an sich bei allen Menschen gleich. Die Verschiedenheit unserer Ansichten rührten nicht daher, daß die einen vernünftiger als die anderen seien, sondern allein daher, daß wir unsere Gedanken über verschiedene Wege führten und nicht dasselbe bedächten. Es reiche nicht aus, einen guten Verstand zu haben, man müsse ihn auch gut benutzen.

Aber wer verbürge sich dafür, fragte ich weiter, daß vom Gelehrten bis zum Bauern, vom Junker bis zum Handwerker, alle ihren Verstand gut nutzten, denn dies sei ja für einen allgemeinen Frieden notwendig.

Monsieur Descartes, dem man nachsagte, er liebe nicht zu disputieren, erwiderte freundlich, freilich könne seine Philosophie immer nur bei den wenigen Leuten, die sich auf Metaphysik verstünden, den zum Frieden führenden Consensus bewirken; zur Befriedung der Allgemeinheit bedürfe es einer Autorität, die feststelle, was richtig sei.

Ich hielt ihm entgegen, solch eine Autorität könne auch etwas Falsches zur verbindlichen Wahrheit erklären. Hatte nicht das Pariser Parlament den Beschluß gefaßt, es sei jedermann bei Strafe des Todes verboten, irgendwelche Grundsätze gegen die alten anerkannten Autoren zu vertreten oder zu lehren oder andere Disputationen zu veranstalten als solche, die durch die Doctores der Sorbonne gebilligt werden? Ich erinnerte auch an die Verurteilung des Galilei durch die Inquisition. Hatten nicht vernunftbegabte Männer beschlossen, daß sich die Sonne um die Erde zu drehen habe?

Bei dem Namen Galilei verfinsterte sich Descartes' Gesicht. »Der Konflikt um Galilei reicht tiefer, als es dir erscheinen will, mein junger Freund. Galilei hatte recht und das Heilige Offizium ebenfalls.« Außerdem spreche er nicht über Vergangenes, sondern über die Zukunft. Wenn er auch der Wirkung seiner Philosophie vertraue, wisse er doch, daß sie Zeit brauche, sich durchzusetzen und vor allem: den Zugang zu den Mächtigen zu finden, die die Geschicke der Völker lenkten. Deshalb erwäge er auch, Königin Christinas Ruf zu folgen. Seine Stimme klang gereizt, und so drang ich nicht weiter in ihn.

Als wir Descartes verließen, hatte ich das Gefühl, einen ungewöhnlichen Menschen kennengelernt zu haben. Ich freute mich auf seinen Besuch in Stockholm. Bengt spottete, ich sei zwar nicht so klug wie Descartes, aber genauso weltfremd wie dieser. Wenn die Königin den Philosophen vielleicht auch verstünde, die Theologen würden ihn erbittert bekämpfen. »Sie sind wie

Schweine: Zieht man eins dieser Viecher am Schwanz, quieken alle.«

Bengt riet mir von einer Rückkehr nach Schweden ab. Holland öffne mir das Tor zu den Wissenschaften und zur Welt. Hier könne ich reich werden wie die Kaufleute von Amsterdam, unabhängig wie der Philosoph Descartes oder arm wie Rabbi Levi. Alles hinge nur von meinem Wollen und meinen Fähigkeiten ab. In Stockholm dagegen sei ich königlicher Gnade oder Ungnade ausgeliefert, und jeder adlige Dummkopf dürfe mich ungestraft kränken. Nächtelang bedachte ich Bengts Worte, hin- und hergerissen zwischen dem Wunsch zu bleiben und der Pflicht zur Heimkehr. Schließlich entschied ich mich schweren Herzens gegen Holland. Bengt hatte Schweden mit Erlaubnis der Königin verlassen, auch ich wollte nicht einfach davonlaufen.

Bengt schalt mich feige und dumm. Immer habe er mich ob meines Freiheitsdranges bewundert, und nun sei er der freie Mann und ich ein Vogel im Käfig der Königin. Sein Spott traf mich, aber ich hielt meine Zunge im Zaum, um nicht wieder ein Zerwürfnis heraufzubeschwören. So schieden wir als Freunde.

*

Ich verweilte noch einige Tage in Amsterdam, stöberte in Bibliotheken, besuchte Kirchen. In den Synagogen der portugiesischen und deutschen Juden fragte ich nach Rabbi Levi, doch niemand konnte mir sagen, wo er sich gerade aufhielt. Die hebräischen Gesänge am Sabbat klangen wie Rufe aus der Kindheit und doch fremd. Mir war, als hörte ich wieder Großvaters Stimme: Getauft bist du, aber kein Christ, von jüdischem Blut, aber kein Jude... Nirgendwo fühlte ich mich zu Hause, nicht in Deutschland, nicht in Schweden. Holland faszinierte mich ebenso, wie es mich abstieß. Die satten Bürger widerten mich an. Sie durften denken, was sie wollten, und dachten an nichts anderes als an ihren Vorteil. Nicht Gott beteten sie an, wie sie vorgaben, nicht den leidenden Christus, der gesagt hatte, eher ginge ein Kamel durch ein Nadelöhr, als daß ein Reicher in den Himmel käme, sondern den seelenlosen Götzen Mammon.

Die Reise, auf die ich mich so gefreut hatte, endete mit einem überstürzten Aufbruch. Da ich unter keinen Umständen über Deutschland nach Schweden heimkehren wollte, überwand ich die Furcht vor dem Meer und schiffte mich in Amsterdam ein. Auf dem Schiff traf ich den Reichsantiquar Georg Stiernhielm. Bisher hatte ich den achtunggebietenden Mann, den die Königin als Leuchte Schwedens in der Wissenschaft wie in der Dichtkunst bezeichnete, nur von fern gesehen. In seiner Begleitung befand sich Isaac Vossius, Philologe wie sein berühmter Vater, zwanzig Jahre jünger als Stiernhielm. Er war der erste aus einer Reihe von Gelehrten, die sich in den folgenden Jahren an den Hof der Königin begaben. Seine Arroganz mißfiel mir ebenso wie seine wiederholte Frage, ob Christina die Gelehrten wirklich so großzügig entlohne, wie man sich überall erzählte. Er hoffe, daß sie ihm, wenn schon nicht seine Fähigkeiten, die unbezahlbar seien, seine Nase vergolde. Stiernhielm quittierte solche Bemerkungen mit nachsichtigem Lächeln, während ich Vossius riet, sein Glück doch lieber an der Börse zu versuchen.

Die Stürme über dem Ärmelkanal enthoben mich aller unerquicklichen Gespräche. Ich lag in der Hängematte und konnte nicht leben und nicht sterben. Als mein Magen nichts mehr hergab, spie ich meinen Weltschmerz aus, bis ich nichts mehr wollte als nur noch festen Boden unter die Füße.

Die Königin, stets gut unterrichtet über die einlaufenden Schiffe und ihre Passagiere, ließ mich sofort rufen. Sie empfing mich ungnädig. Was ich in Osnabrück getrieben und warum ich ihr nicht geschrieben habe...

Erschöpft von der Seefahrt, bewahrte ich nur mühsam Haltung. Ich hätte meine Aufträge erfüllt, von Briefen sei nicht die Rede gewesen. Meine Antwort erzürnte sie noch mehr. Sie warf ein Schreiben von Schering Rosenhane auf den Tisch und befahl mir, es zu lesen. Der Diplomat hatte ausführlich die Ereignisse von Osnabrück geschildert, meine Eigenmächtigkeit wie meine Tapferkeit. Ich wagte nicht, die Königin anzusehen, und erwartete weitere Vorwürfe. Statt dessen reichte sie mir ein Schriftstück, das ich mit wachsender Erregung las: »Wir, Christina, Königin von Schweden, usw. usf., verfügen, daß alle fernere Inquisition und Prozeß in dem Hexenwesen aufzuhören hat, die diesfalls bereits Gefangenen wieder freigelassen und als unschuldig anzusehen sind, weil diese und ähnliche Prozesse allerlei Gefährlichkeiten und schändliche Folgen mit sich führen, und aus denen an anderen Orten sichtbaren Exempeln kundbar und am Tage ist, daß man sich in dergleichen Sachen je länger je mehr vertieft und in ein auswegloses Labyrinth gerät.« Das gelte ab sofort.

Christines Zorn war verflogen oder nur vorgetäuscht gewesen. Ich müsse in Deutschland die Sprache verloren haben, spottete sie, weil ich wie ein tumber Tor vor ihr stand, unfähig, meine Empfindungen auszudrücken.

Freinsheim meinte zu meinem Bericht über die Widrigkeiten und die Versuchungen der Reise und ihrem überraschenden Ausgang, daß oftmals Böses Gutes bewirke und umgekehrt. Deshalb zieme es sich, im Glück wie im Unglück gleichermaßen gelassen zu bleiben. Königin Christine aber könne man nicht genug für ihre Weisheit preisen, zur rechten Zeit das Rechte zu tun.

Ich schrieb Bengt, er möge mich getrost weiterhin als Vogel im Käfig der Königin bedauern, aber darüber nicht vergessen, daß ich in Schweden mehr Gutes tun könne als der freieste Mann in Amsterdam.

Königin Christine war die erste und einzige Herrscherin Europas, die das Unwesen der Hexenprozesse ad explicitum verbot. Keiner der Skribenten hat das je für erwähnenswert gehalten, schützt Christines Gesetz doch vor allem jene, die nicht lesen und schreiben können und deshalb keine Stimme besitzen.

*

1649 war nicht mehr Krieg und noch nicht Frieden. Im Frühjahr verhandelte in Nürnberg ein Kongreß über die Exekution der Friedensbedingungen. Landsknechte raubten und brandschatzten in Deutschland wie all die Jahre zuvor. Kinder der Gewalt, verachteten sie den Pflug und vertrauten allein ihrer Waffe. Ein

Krieg ist leicht begonnen, aber schwer zu beenden. Der Dichter Friedrich Logau, den ich sehr schätze, schrieb damals: »Der Fried ist ungewiß, Ruchlosigkeit gewisser. Viel Frevler hat es noch und wenig rechte Büßer.«

Die Königin beförderte den Frieden auf vielfältige Weise. Sie ließ Leineweber, Schmiede und Metallarbeiter aus Deutschland kommen, senkte die Steuern für das Handwerk, kümmerte sich um das Schulwesen, gründete Büchereien, Findelhäuser und Waisenanstalten. Wälder durften nicht mehr ohne ausdrückliche Genehmigung abgeholzt werden. Verbesserte Straßen ermöglichten schnellere Postverbindungen.

Stockholm reckte und streckte sich. Immer mehr Häuser aus Stein wuchsen empor. General Wrangels Palast auf Riddarholm erregte allgemeine Bewunderung. Christine fehlte zum Bauen das Geld und wohl auch der Sinn. Sie gab den Wissenschaften, der Literatur, Malerei und Musik den Vorzug. Französische Sitten, Gerichte und Tänze hielten Einzug im Schloß. Christine liebte Eleganz und Esprit. Allem Neuen aufgeschlossen, machte sie sich doch nicht zu seiner Sklavin. Es konnte geschehen, daß sie in Männerstiefeln, mit Tintenflecken an den Ärmeln und unfrisiertem Haar bei Tische erschien. Aber in Staatsangelegenheiten duldete sie keine Nachlässigkeit. In ihrer Kanzlei herrschte mustergültige Ordnung. Während der Audienzen beeindruckte sie hohe Besucher vom Kontinent durch majestätisches Auftreten und scharfen Verstand. Botschafter Chanut sprach oft von der vielgesichtigen Königin.

Schweden und Europa schauten erstaunt auf die Tochter des großen Gustav Adolf, die den Frieden so liebte wie ihr Vater den Krieg. Wann läßt sich die Königin endlich krönen? fragten alle. Andere Herrscher konnten es kaum erwarten, sich die Krone aufs Haupt zu setzen. Doch Christine zögerte, stellte immer neue Bedingungen. Erst nach Abschluß der Nürnberger Verhandlungen werde sie ihre Krönung feiern, teilte sie den ungeduldigen Reichsräten mit. Insgeheim dachte sie an Abdankung.

Mars gravior sub pace latet, unter dem Frieden lauert oft ärgerer Krieg. Deutlicher als andere erkannte die Königin, daß die Polen und Dänen nur auf eine günstige Gelegenheit warteten, die an Schweden verlorenen Gebiete zurückzuerobern. Im Widerspruch zu ihren Generälen hielt sie es für sinnlos, für ein paar Quadratmeilen zumeist unbewohnten Landes in Pommern oder anderswo Ströme von Blut zu vergießen. Axel Oxenstierna und die Reichsräte sahen das anders. Deshalb suchte Christine Zeit zu gewinnen, die immer Rat bringt. Es fiel ihr schwer, denn niemand lebt lange ungestraft im Widerstreit zwischen innerer Überzeugung und öffentlichem Auftreten. Christines häufige und schwere Krankheiten, durch die Kuren der Ärzte noch verschlimmert, waren Hilferufe einer überanstrengten Natur.

Von Descartes, den Chanut als den klügsten Mann Europas pries, erhoffte die Königin, er könne sie lehren, Unvereinbares zu vereinen. Seit zwei Jahren wechselte sie Briefe mit ihm. Sie umwarb ihn, als gelte es, ein Königreich zu erlangen.

Nach meiner Rückkehr beorderte sie Admiral Fleming nach Holland, Descartes nach Schweden zu holen. Sie riet dem Philosophen, für seinen Besuch die Sommermonate zu wählen, weil der scharfe schwedische Winter vielleicht seiner zarten Natur schaden könnte. Zu seinem Verhängnis schickte Descartes Admiral Fleming mit dem Bescheid zurück, er brauche noch einige Zeit, sich auf die Reise vorzubereiten.

Mit den ersten Herbststürmen traf der Philosoph in Stockholm ein. Ich hatte ihn als schlicht gekleideten Bürger in Erinnerung, jetzt aber präsentierte er sich als Höfling mit gelockter Perücke, modischen Schuhen, Spitzenmanschetten und vollendeten höfischen Manieren. Die Königin empfing ihn ehrerbietig und mit einer Liebenswürdigkeit, die sie nur Gelehrten und Künstlern erwies. Bei Tische berichtete der Kapitän über den Verlauf der Fahrt. »Wen, meint Ihr, habt Ihr an Bord gehabt?« fragte Christine. Ohne Zögern erwiderte der Kapitän: »Einen Halbgott.« Alle lachten, denn er sprach im Ernst. Er verteidigte sich: »Innerhalb von drei Wochen hat mich dieser Herr«, er verneigte sich gegen Descartes, »mehr an See- und Wetterkunde gelehrt und an der Kunst der Schiffahrt, als ich in sechzig Jahren gelernt habe.«

Schon am nächsten Tag lud Christine den Philosophen wieder zu sich. Sie bot ihm einen Adelstitel, ehrenvolle Stellungen, Güter, wenn er sich entschließen könne, länger als nur ein paar Wochen in Schweden zu bleiben.

Descartes wich aus. Er wolle nur seine Reverenz erweisen. Und er beging einen folgenschweren Fehler. Er fragte die Königin, ob sie keine Scham darüber empfinde, in ihrem Alter noch Griechisch zu lernen. Er habe es in der Schule gelernt, doch dergleichen Bagatellen bald vergessen.

Christine amüsierte diese Bemerkung, aber die Philologen bei Hofe, allen voran Vossius, empörten sich. Sie argwöhnten, Descartes wolle sie aus der Gunst der Königin verdrängen, und begannen, gegen ihn zu intrigieren. Die Streitsüchtigen nannten den Philosophen streitsüchtig, die Arroganten arrogant, die Verschlagenen verschlagen.

Bisher hatte ich nicht geahnt, wie bösartig Gelehrte werden können, wenn sie ihre Stellung bedroht fühlen. Ich hatte geglaubt, die Wissenschaft bedeute ihnen mehr als die vermeintliche oder wirkliche Gunst der Mächtigen. Nun konnte ich studieren, daß Gelehrte wie andere Sterbliche um den besten Platz an der Futterkrippe kämpfen und ihnen dabei jedes Mittel recht ist.

Die Königin schien das Kesseltreiben gegen Descartes nicht wahrzunehmen. Die Verhandlungen in Nürnberg und die täglichen Regierungsgeschäfte ließen ihr keine Zeit für Descartes. Sie meinte, er möge sich erst einmal einleben, und befreite ihn sogar von den Pflichten bei Hof. Damit erwies sie ihm keinen Gefallen. Seine Gegner triumphierten, und er, der gekommen war, die Königin seine Philosophie zu lehren, fühlte sich überflüssig. Sein Unglück wollte es, daß Monsieur Chanut und Madame gerade in Frankreich weilten und er allein im Haus des Botschafters wohnte.

Descartes dauerte mich, aber eher hätte ich mir die Zunge abgebissen, als der Königin den Klatsch bei Hofe zu hinterbringen.

Wahrscheinlich kannte sie ihn sogar und glaubte, einem Fels wie Descartes könnten die geschwätzigen Wellen des Mälar nichts anhaben. Sie war so an Einsamkeit gewöhnt, daß sie die des Philosophen nicht bemerkte. Nur Freinsheim pflegte Umgang mit Descartes. Oft begleitete ich ihn und lauschte den Gesprächen der beiden Männer.

Mit Vorliebe wandte sich Descartes der Anatomie zu. Nach seiner Ansicht waren die Natur, und der Mensch als ihr Teil, durch und durch rational konstruiert und enthielten nichts dem menschlichen Geist prinzipiell Verborgenes. Der Körper müsse als Maschine betrachtet werden. Die Seele existiere unabhängig von ihm. Ihre Grundelemente seien die Gedanken. Tiere hätten keine Seele und seien deshalb bar jeglicher Empfindung. Wie Körper und Seele, meinte Descartes, sei auch die Welt ein Dualismus von Materie und Geist, beide selbständig und einander entgegengesetzt. Den Zusammenhang zwischen ihnen stelle Gott her. Die Frage, was geschähe, wenn Gott aus diesem Denkmodell verschwände, schien den frommen Katholiken Descartes nicht zu bedrängen. Er behauptete allen Ernstes, es werde eine Zeit anbrechen, da der Mensch beliebig lange leben könne, habe er nur erst den Mechanismus seines Körpers entschlüsselt. Die einzelnen Organe seien ineinandergreifende Teile einer Maschine, die man im Falle einer Erkrankung eines Tages reparieren oder auswechseln würde.

Descartes Gedanken haben etwas Bestechendes. Verlieren die Krankheiten doch ihre Schrecken, und den Forschern eröffnen sich unbegrenzte Möglichkeiten. Aber ich bezweifle, daß die Menschen dadurch glücklicher werden.

Der Philosoph war überzeugt, eine Methode gefunden zu haben, die alle Mysterien des menschlichen Seins enträtselt und den Menschen ein langes gesundes Leben in Frieden unter der Regierung aufgeklärter Fürsten bringt. Descartes war ein Menschenfreund, und wie alle Menschenfreunde kümmerte es ihn nicht, ob die Wirklichkeit seinen Vorstellungen entsprach. Was würden die Menschen mit dem langen Leben, dem Frieden und dem Wohlstand anfangen? Und was, wenn die Fürsten keine Lust verspürten, nach der Methode des Philosophen zu denken und zu handeln? Monsieur Descartes legte das Schicksal der Welt in die Hände der Forscher und vertraute darauf, daß sie ihre Vernunft gut gebrauchten. Er, der an allem zu zweifeln riet, hoffte genau an jenem Punkt, wo ich damals und erst recht heute zweifle, nämlich daß die Vernunft die Leidenschaften und jegliches Laster überwinden kann. Was bei seiner Methode letztlich herauskommen wird, ist, daß der Verstand in den Dienst der Laster tritt – wie die Freiheit in Holland in den Dienst des Geldes. Das mag pessimistisch klingen, aber es ist die Erkenntnis eines Mannes, der im Buch der Welt gelesen hat und niemals so vermessen war, es wie Descartes in der Mitte zuzuschlagen, weil er den Schluß zu kennen glaubt.

Ich wollte niemals auf Tradition und Geschichte verzichten, jenen lebendigen Strom durch die Zeiten, die Stimmen aus der Tiefe; nicht auf die geheimnisvolle Verbindung menschlicher Existenz mit Steinen, Pflanzen, Tieren, Sternen. Ich wollte die Welt nicht, wie Descartes, auf Gestalt, Ausdehnung und Bewegung reduzieren, sondern in der Vielfalt die Einheit erkennen. Ich kann einer Methode nichts abgewinnen, die im Menschen eine Maschine sieht. Eher finde ich mich mit menschlicher Unvollkommenheit ab als mit einem Wesen von der Präzision und dem Charme eines Uhrwerks. Monsieur Descartes war gewiß der größte Denker dieses Jahrhunderts, vermutlich aber auch der gefährlichste. Er befreite den Geist von den Fesseln der Scholastik und zwang ihn unter die Knechtschaft des mechanischen Denkens.

Auf die Bitten Freinsheims, sich doch geschmeidiger zu verhalten und seine Antipathie gegen das Griechische nicht so offen zu zeigen, erwiderte Descartes schroff: »Der Königin große Leidenschaft, die Wissenschaften zu beherrschen, treibt sie zu solch unnützen Beschäftigungen. Die Tugend, die ich in dieser Fürstin gewahre, wird mich immer dazu zwingen, ihrem wahren Besten zu dienen und nicht dem Wunsch, ihr zu gefallen. Niemand wird mich hindern, ihr freimütig meine Meinung zu sagen.«

Ich bewunderte Freinsheims Selbstverleugnung, als er darauf nur freundlich meinte, nichts schätze die Königin mehr als Aufrichtigkeit, doch möge Descartes bedenken, daß auch sie sein wahres Bestes wolle.

Davon konnte sich Descartes alsbald überzeugen. Mit einem an Verwegenheit grenzenden Mut bot die Königin ihm, dem Katholiken, dem von Theologen aller Konfessionen als gottlos Beargwöhnten, die Präsidentschaft der künftigen Königlich Schwedischen Akademie an. Freinsheim freute sich mit Descartes, warnte ihn aber, den Widerstand der lutherischen Geistlichkeit zu unterschätzen.

»Was vermag sie schon gegen meine Philosophie auf dem Königsthron!« erwiderte der Philosoph. An Selbstbewußtsein fehlte es ihm nicht. Er entwarf die Statuten für die Akademie und begann dann im Auftrag der Königin Verse für ein Ballett mit dem Titel »Geburt des Friedens« zu verfassen. Dem erstaunten und insgeheim belustigten Freinsheim versicherte er, diese Arbeit gereiche ihm zur Ehre und verschaffe ihm großes Vergnügen.

Nach Descartes' Tod erfuhr ich, daß er einmal geäußert hatte, Sokrates habe niemals Verse gemacht, außer als sein Tod nahte. Aus diesem Grunde habe auch er sich dessen immer enthalten, um sein Schicksal nicht herauszufordern. Mochte er diese Worte vergessen oder als Aberglauben verworfen haben – jedenfalls dichtete er, und nicht einmal schlecht.

Das Ballett wurde zum Geburtstag der Königin aufgeführt. Christine tanzte die Rolle der Diana – anmutig, mit sinnlichem Feuer und hinreißendem Schwung. Selbst Axel Oxenstierna, der das »französische Gehüpfe« nicht ausstehen konnte, verzog sein grämliches Gesicht zu einem Lächeln. Domenicos Musik, die Worte des Philosophen und der selbstvergessene Tanz der Königin verzauberten alle. Für Stunden vergaß Oxenstierna seinen Groll gegen Adler Salvius, hielten die Gelehrten ihre Zungen im Zaum, fanden die Generäle den Frieden annehmbar, witterten die Geistlichen einmal keine Häresie. Ein Friedensfest, wie es die Königin gewünscht hatte.

Zu Weihnachten kehrte Chanut nach Stockholm zurück, was Freinsheim sehr erleichterte, denn der Botschafter besaß gleichermaßen Zugang zum Herzen der Königin wie zu dem des Philosophen. Descartes verbarg nicht länger seine Enttäuschung, daß er die Königin noch immer nicht in seiner Lehre unterweisen durfte. Christines Einladung, sie nach Uppsala zu begleiten, lehnte er, sein Alter vorschützend, ab. In Wirklichkeit hatte er wohl keine Lust, mit den Krittelgeistern, Wortklaubern und Nichtwissern von Gelehrten, so seine Worte, zu disputieren. Er sprach davon, bald nach Holland zurückzukehren. In Schweden frören die Gedanken der Menschen ein wie die Gewässer. »Ich bin hier nicht in meinem Element«, klagte er während eines Essens bei Chanut. »Ich begehre nichts als Frieden und Ruhe, und das sind Güter, die auch von den mächtigsten Erdenkönigen keinem gespendet werden können, der sie nicht aus sich selber zu gewinnen weiß.« Seine Trauer ging uns allen zu Herzen.

Mitte Januar endlich forderte die Königin ihn auf, sie täglich von fünf bis sechs Uhr in der Frühe zu unterrichten. Eine Tortur für den Philosophen, der es liebte, in den Tag hinein zu schlafen. Aber die Königin fand keine andre Zeit. Sie wollte für die Unterweisung ausgeruht sein und setzte sie deshalb vor den Staatsgeschäften an. Allmorgendlich fuhr Descartes in Chanuts Kutsche durch die eisige Winterkälte ins Schloß. Ein Unstern stand über ihm. Botschafter Chanut erkrankte. Die leichte Erkältung wurde zur Lungenentzündung. Tag und Nacht wachten Madame Chanut und Descartes abwechselnd am Lager des Kranken. Übermüdet eilte der Philosoph in der Frühe zur Königin. Ihr Angebot, den Unterricht ruhen zu lassen, lehnte er ab. Zu lange hatte er darauf gewartet, die Königin in seine Philosophie einzuführen.

Als Chanut Anfang Februar zum erstenmal das Krankenzimmer verließ, legte sich Descartes mit hohem Fieber zu Bett. Hatte er sich bei Chanut angesteckt, sich auf dem Weg ins Schloß erkältet, war seine zarte Konstitution den Anstrengungen nicht gewachsen gewesen? Auf Geheiß der Königin erkundigte ich mich mehrmals am Tage nach dem Befinden des Kranken. Im Vorzimmer traf ich die Ärzte zwischen Ratlosigkeit und Ärger an. Descartes beharrte darauf, sein eigener Arzt zu sein, und lehnte jegliche Behandlung ab. Besonders erbost war Mijnheer Wullen, Christines Leibarzt. Der Kranke habe sich gegen den Aderlaß mit den Worten »Schonen Sie französisches Blut« gewehrt und auf Vorhaltungen geantwortet, wenn er schon sterben müsse, sterbe er zufriedener, wenn er den Arzt nicht mehr sehe. So ließen sich die Ärzte nun von Madame und Monsieur Chanut über seinen Zustand berichten und empfahlen, was zu tun sei. Am sechsten Tag der Krankheit gaben sie Descartes auf. Am achten willigte er endlich in den Aderlaß ein und verlangte Wein, mit Tabak vermischt, damit sich der Auswurf löse. Ein Mittel, Gesunde zu töten. Chanut versuchte, es ihm auszureden. Vergeblich. Der Königliche Leibarzt meinte, man möge dem Kranken alles geben, was er wolle, ihm sei ohnehin nicht mehr zu helfen. Am nächsten Tag starb Descartes.

Bei Hofe wurde sein Tod eher erleichtert als bestürzt aufgenommen. Johan Holm spottete, es ginge selten gut aus, wenn ein Arzt, und für einen solchen habe Monsieur Descartes sich gehalten, an seine eigene Kunst glaube. Die Königin, erzählte man, sei bei der Todesnachricht in Tränen ausgebrochen.

Ich teilte weder die Erleichterung der Gelehrten noch den Schmerz der Königin. Damals hielt ich Descartes noch für einen klugen Sonderling und verstand nicht, warum man um seine Lehre im guten wie im bösen so viel Aufhebens machte. Die Königin sprach mir aus dem Herzen, als sie einige Zeit später bemerkte, sie habe die mathematischen Fähigkeiten des Descartes immer höher geschätzt als seine philosophischen.

Dreizehn Jahre später setzte die römische Inquisition die Schriften des Philosophen auf den Index. Christine verteidigte Descartes. Schriftlich erklärte sie, daß sie Descartes ihren Übertritt zum katholischen Glauben verdanke. Niemand weiß, was die Königin und der Philosoph in den Morgenstunden miteinander besprochen haben, aber ich bezweifle, daß sie über den rechten Glauben disputierten. Christine mag vielmehr die Persönlichkeit des Gelehrten fasziniert haben, seine freundlich väterliche Art, die Stärke und Selbständigkeit seines Denkens. Wenn ihr die cartesianische Philosophie auch nicht half, ihre Konflikte zu lösen, wie sie vielleicht erhofft hatte, so hielt sie sich doch nicht für berechtigt, ein Urteil oder gar ein Verdikt über seine Lehre zu fällen.

Die Königin wollte dem Philosophen ein Staatsbegräbnis ausrichten. Chanut überredete sie, daß ein bescheidenes Begräbnis nach römischem Ritus angemessener sei. Für das Grabmal verfaßte er folgende Inschrift, die den Beifall der Königin erhielt: »Die Kommenden sollen wissen, wie René Descartes gelebt hat, um die Lebensart des Mannes nachzuahmen, dessen Lehre sie einmal verehren. Er hat die Philosophie von Grund erneuert und den Sterblichen einen Weg ins Innerste der Natur gewiesen, der neu, gewiß und sicher ist, und hat nur eins ungewiß gelassen, ob sein Wissen oder seine Bescheidenheit größer war. Was er an Wahrem wußte, vertrat er in Ehrfurcht; er widerlegte Falsches nicht mit Streit, sondern wies auf das Wahre; er schmähte keinen Alten und war keinem Lebenden zur Last. Er sühnte die Bezichtigungen Neidender mit der Unschuld seines Lebens. Er kannte kein Unrecht, stand fest in der Freundschaft. So strebte er auf den Stufen der Geschöpfe zum Schöpfer hin, um Christus, dem Urheber der Gnade, genehm, in der Religion seiner Väter zu ruhen. Gehe nun, Wanderer, und bedenke, wie groß Christina war und wie der Hof, dem diese Tugenden gefielen.«

Sechzehn Jahre ruhten die sterblichen Überreste des Philosophen in der schwedischen Erde, dann holte Frankreich seinen inzwischen kirchlich verurteilten Sohn nach Paris, wo er in Saint Geneviève seine letzte Ruhestätte fand. Zu dieser Zeit lebte die Königin in Hamburg. Als ein Kavalier die witzige Bemerkung machte, der Tod von Descartes sei der einzige Beitrag Schwedens zur europäischen Philosophie, erwiderte Christine streng, die Erde, in die der Sarg gesenkt worden sei, enthalte mehr Philosophie als die Bücher aller deutschen Schönredner.

Im Jahr 1650, das mit einem bitterkalten Winter, einer Teuerung und dem Tod des Descartes so unglücklich begonnen hatte, sprach man bei Hofe von nichts anderem als der bevorstehenden Krönung. In Scharen kamen Handwerker aus Deutschland, in den Häfen legten Schiffe mit Feuerwerkskörpern, kostbaren Tuchen und all den Dingen an, die man zu brauchen glaubt, um die Welt zu beeindrucken. Herr Magnus ließ in Augsburg einen Thronsessel aus reinem Silber arbeiten. Im Reichsrat stritt man über Ort und Ablauf der Feierlichkeiten. Die Oxenstierna-Partei wollte die Krönung am Grabe des Ahnherrn der Wasa-Dynastie in Uppsala vollzogen wissen. Schließlich werde kein französisches Ballett aufgeführt, sondern die Herrscherin einer Großmacht gekrönt. Herr Magnus und Adler Salvius hielten dagegen, nur Stockholm biete genügend Platz, die vielen Gäste standesgemäß unterzubringen.

Die Königin blieb auffallend gleichgültig in allem, was die Krönung betraf. Sie schützte Staatsgeschäfte vor. Sie wirkte angespannt und in sich gekehrt, selbst an den Konzerten im Schloß schien sie keine rechte Freude zu haben. Domenico bat um Entlassung aus ihren Diensten, sobald die Krönung vorüber sei. Er hatte Christines Widerspruch erwartet, aber sie lächelte nur wehmütig und sagte den Musikern eine gute Abfindung zu.

Freinsheim ließ sich nur noch selten in Stockholm sehen. Die allzu weltkluge Art des Isaac Vossius behagte ihm nicht, die Intrigen gegen Descartes hatten ihn abgestoßen, und so lehrte er seit Anfang des Jahres mit Erlaubnis der Königin wieder in Uppsala. Er trug sich mit dem Gedanken, bald an die Straßburger Universität zu wechseln, und wollte mich gern mit sich nehmen.

Doch die Königin schlug ihm die Bitte ab. Er könne als Deutscher gehen, wohin es ihm beliebe, ich aber sei schwedischer Bürger, und sie brauche meine Dienste.

Es war mein sehnlichster Wunsch gewesen, Freinsheim begleiten zu dürfen. Christine behandle mich wie einen Leibeigenen, beklagte ich mich bei ihm. Er erinnerte mich an Senecas Wort, daß wir alle in gleicher Weise Gefangene des Schicksals seien, ob es uns nun mit lockerer goldener oder mit straffer rostiger Kette binde. »Das ganze Leben ist Knechtsdienst. Darum muß man sich an seine Lage gewöhnen, nicht sie bejammern.«

Ich erwiderte mit Montaigne, daß ich Bissen nicht möge, die mir die Notwendigkeit vorlege. Darauf zitierte Freinsheim den Epikur: »Der Philosophie mußt du Sklavendienste leisten, dann wird dir die wahre Freiheit zuteil werden.«

»Der Philosophie ja, aber nicht der Königin«, begehrte ich auf.

»Ist ein freier Mann jener, der die Hilferufe eines Ertrinkenden überhört, damit er ungestört seinen Weg fortsetzen kann?« fragte Freinsheim.

Seufzend schickte ich mich ins Unvermeidliche.

Seit Descartes' Tod litt die Königin an Schüttelfrost, hohem Fieber, Ohnmachten. Im Frühjahr verschlimmerte sich ihr Zustand. Sie verweigerte die Nahrung und wollte niemanden sehen. Wochenlang verharrte sie in völliger Apathie. In den ersten Maitagen erhob sie sich vom Krankenlager und fuhr zu ihrer Mutter nach Nyköping. Wider Erwarten kehrte sie erholt nach Stockholm zurück. Die Krönung wurde nun für August festgesetzt. Im Juli überfiel die Krankheit Christine mit doppelter Heftigkeit. Die Ärzte waren ratlos wie immer. Bei Hofe herrschte große Aufregung. Erneut mußte die Krönung verschoben werden.

Es war schon September, als Fräulein Ebba mich ans Krankenlager der Königin bat. Ich sei ihre letzte Hoffnung, sagte die Hofdame. Sie sah bleich und übernächtig aus, und mir schien, sie brauche nicht minder dringend Hilfe als die Königin.

An welcher Krankheit Christine denn leide, fragte ich.

»An Schweden«, erwiderte Fräulein Ebba lakonisch und fuhr dann fort: »Jedermann liegt ihr in den Ohren, sie müsse sich bald krönen lassen, aber sie wehrt sich innerlich dagegen. Am schlimmsten treibt es Herr Magnus. Sein selbstgefälliges Geschwätz ermüdet die Königin über alle Maßen, doch sie will nicht wahrhaben, daß er die Ursache dieser Ermüdung ist.«

Noch nie hatte Fräulein Ebba ihre Abneigung gegen Herrn Magnus so unverhohlen kundgetan. Was sie von mir erwarte, fragte ich.

»Schmeichle der Königin nicht wie die anderen, sage, was dir der Augenblick eingibt, auch wenn die Königin vor Zorn über deine Worte aus dem Bett fällt.«

Mir war nicht wohl in meiner Haut, als ich das Krankenzimmer betrat. Christine sprach so leise, daß ich mich zu ihr hinabbeugen mußte, um sie verstehen zu können. Sie wollte dies und jenes aus der Kanzlei wissen, sagte dann unvermittelt: »Wenn ich sterbe, bleibt mir die Krönung erspart, und du kannst mit Freinsheim ziehen.« Ich nickte nur stumm. Sie hatte wohl Widerspruch erwartet, denn ihre Stimme wurde lauter und klang gereizt. Ob mir das Schicksal Schwedens gleichgültig sei?

»Schweden kommt auch ohne Sie und mich aus«, antwortete ich. Das war unverschämt und nur der Verbitterung geschuldet, die ich noch immer über die Ablehnung empfand, Freinsheim begleiten zu dürfen.

»Du wagst es«, keuchte sie, »dich mit mir auf eine Stufe zu stellen?«

»Nicht auf Erden, Majestät. Aber Sie sprachen vom Tod. In der Ewigkeit und vor Gott sind wir alle gleich.«

»Hör sofort auf mit deinen Totengesängen!« schrie Christine mich an. Ihre Stimme füllte den Raum. Dann warf sie sich in die Kissen zurück und klagte, jedermann trachte ihr mit seinen Ansprüchen nach dem Leben. Die Generäle verlangten neue Kriege, die Geistlichen mehr Macht, die Barone noch mehr Rechte und die Bauern Gerechtigkeit. Was sie dem einen gebe, müsse sie dem anderen entziehen und riskiere in jedem Fall Aufruhr und

Blutvergießen. Zum Regieren brauche es nicht Vernunft, sondern die Geschicklichkeit eines Seiltänzers.

Ob ich nicht ihre Krone wolle, scherzte sie plötzlich. Ich konnte mich des Eindrucks nicht erwehren, sie täusche die Krankheit nur vor.

»Um nichts in der Welt«, erwiderte ich.

Die Königin lachte und knuffte mich am Arm. »Du hast recht, und ich werde mich krönen lassen müssen, wenn du die Krone nicht willst.«

Sie entließ mich gnädig. Vor der Tür küßte mich Fräulein Ebba und nannte mich einen Ritter ohne Furcht und Tadel. Mir zitterten die Knie.

Noch am selben Tag erhob sich die Königin zur Freude aller von ihrem Krankenlager.

*

In den Wochen vor der Krönung, die nun im Oktober gefeiert werden sollte, entfaltete Christine einen undurchschaubaren Tatendrang. Sie ermutigte den Protest der drei nichtadligen Stände gegen die hohen Steuern und versprach, die Macht des Adels zu beschneiden. Als sie Bauern, Bürger und selbst die Geistlichkeit auf ihre Seite gebracht hatte, forderte sie vom Reichstag, Karl Gustav solle nicht nur ihr Nachfolger, sondern auch Thronerbe werden. Den Einwänden des Adels, dies sei nicht notwendig, da sie ja ohnehin Karl Gustav zu ehelichen beabsichtige, begegnete sie mit der Bemerkung, sie werde nicht über Heirat sprechen, solange ihr Wunsch nicht erfüllt sei. Jede Rede schloß sie mit den Worten: »Ich wünsche Karl Gustav als Thronfolger.« Um die Krönung nicht abermals verschieben zu müssen, erkannte der Reichstag Karl Gustav schließlich als Thronerben an und verlieh ihm den Titel »Seine Königliche Hoheit, der Prinz von Schweden«.

Nun bestimmte Christine Stockholm als Ort der Krönung. Innerhalb kurzer Zeit hatte sie in allem ihren Willen durchgesetzt und war ihrem Ziel der Abdankung näher gekommen.

Während der Krönungszeremonie im Oktober dachte niemand an Abdankung, wahrscheinlich nicht einmal die Königin. Das vornehme Europa gab sich in Stockholm ein Stelldichein. Überschwenglich wurde die nordische Minerva gefeiert. Ich genoß die Aufzüge, Turniere, Feuerwerke und Bälle und schwamm in einem Meer der Seligkeit, als ich bei einem Ringelstechen den Sieg davontrug.

Auf das Fest fielen auch Schatten, die ich nicht wahrgenommen hätte, wäre ich nicht ungewollt Zeuge eines Gespräches zwischen Freinsheim und Stiernhielm geworden. Ich stand hinter einem Bücherregal, als beide die Bibliothek betraten.

»Du tust recht daran, bald in die Heimat zurückzukehren, denn hier kündigt sich Sturm an«, sagte Stiernhielm. Freinsheim bat ihn, sich zu erklären. Darauf Stiernhielm, dem Freund könne doch nicht entgangen sein, daß der Kanzler sofort nach der Krönungszeremonie Stockholm verlassen habe, Adler Salvius im Begriff sei, sein Nachfolger zu werden und Herr Magnus der mächtigste Mann im Reich. Freinsheim sah darin keinen Grund zur Unruhe. Adler Salvius sei ein fähiger Diplomat, erklärte er, Herr Magnus liebe die Wissenschaften und Künste, und des Kanzlers Zeit sei ohnehin abgelaufen. Die Königin werde Karl Gustav heiraten und weiterhin mit fester Hand regieren.

Stiernhielm lachte. Freinsheim verstünde weit mehr von Toten als von Lebenden. Warum, meine er, habe sich der hoffnungsvolle Bräutigam und Thronerbe zweimal maßlos betrunken und dann so getobt, daß man ihn gewaltsam vom Fest entfernen mußte? Etwa aus jugendlichem Übermut, Freude gar? »Der verliebte Prinz von Schweden ist nicht so blind wie du, mein Freund. Er weiß, daß die Königin ihn niemals heiraten wird. Abdanken wird sie, glaub mir. Warum sonst hätte sie wohl so auf die Ernennung Karl Gustavs zum Thronerben gedrungen?«

Das sei unmöglich, stammelte Freinsheim, warum denn...

»Das sollten wir beide doch am besten wissen«, ließ sich der Reichsantiquar vernehmen. »Die wirklich Klugen durchschauen die Macht nur allzubald als Ohnmacht. Besser, als die ganze Welt zu regieren, ist, niemandem zu gehorchen.«

Nach den Krönungsfeierlichkeiten reiste Freinsheim ab. Ich begleitete ihn bis zum Schiff nach Dalarö. Seine Segenswünsche nahm ich schweigend hin. Kummer verbrannte mir die Stimme. Überall stand geschrieben, daß Schüler ihre Lehrer verließen, wenn sie genug von ihnen gelernt hatten, und in die Welt hinauszogen. Rabbi Levi war vor der Zeit gegangen und nun auch Freinsheim.

Bei meiner Rückkehr glich Stockholm einer Geisterstadt. Das Spiel war zu Ende, der Vorhang gefallen. Keine Gäste mehr. Die Edelleute hatten sich erschöpft auf ihre Landsitze begeben. Von Domenico fand ich nur noch ein Billett. »Caro amico, a rivederci in Italia...«

Stockholm versank im Winterschlaf. Ehe es richtig hell wurde, brach schon wieder die Dämmerung herein. Die Königin schaute drein, als sei sie mit schmerzendem Kopf aus einem Rausch erwacht. Ich vergrub mich in meine Bücher und suchte Isaac Vossius aus dem Wege zu gehen, der Freinsheims Nachfolge als Königlicher Bibliothekar angetreten hatte und mich wie einen Dienstboten behandelte. Besser vertrug ich mich mit Nicolaas Heinsius, einem niederländischen Philologen und seit kurzem Sekretär der Königin für die lateinische Korrespondenz. Mit seinen dreißig Jahren schon ein vielgereister Mann, war er in Neapel Zeuge der Rebellion des Fischers Masaniello gegen die spanische Herrschaft gewesen. Immer wieder mußte er der Königin die neapolitanischen Zustände schildern, und sie hörte ihm ungewöhnlich aufmerksam zu. Als Heinsius bemerkte, die besiegten neapolitanischen Rebellen hielten unbeirrt an der Hoffnung fest, ein König oder eine Königin werde sie von den Spaniern befreien und ihnen den Frieden bringen, rötete sich ihr Gesicht. Sie starrte Heinsius an, als habe er ein Geheimnis ausgeplaudert und brach das Gespräch ab.

Ich fragte mich, warum sie dem Fischer Masaniello so großes Gewicht beimaß. Der Rebell war seit zwei Jahren tot und Neapel weit entfernt von Schweden. Ich wußte damals noch nicht, daß Christines Interesse etwas mit den Prophezeiungen vom Ende des »europäischen Babel« zu tun hatte und mit der schon von mir erwähnten Bibelstelle aus dem Matthäus-Evangelium: »Die Königin vom Mittag wird auftreten am Jüngsten Gericht mit diesem Geschlecht und wird es verdammen, denn sie kam vom Ende der Erde, Salomos Weisheit zu hören. Und siehe, hier ist mehr denn Salomo.«

Mir war zwar bekannt, daß die Wasa ihren Stammbaum von den Ostgoten herleiteten, die Rom und Neapel erobert hatten, und daß zwischen den Wasa und den Normannen, einst Könige über Sizilien und Neapel, verwandtschaftliche Beziehungen bestanden. Aber nie wäre ich auf den Gedanken verfallen, Christine könne daraus einen Anspruch auf die neapolitanische Krone geltend machen. Die Prophezeiungen von einem europäischen Friedensstifter, die der Astrologe Wollimhaus und andere auf Christina bezogen, müssen die Königin schon 1651 oder noch früher in dem Glauben bestärkt haben, sie sei von Gott berufen, vom protestantischen Norden über das zerrissene Deutschland zum katholischen Süden eine Brücke zu schlagen und in Frieden zu einen, was Kriege getrennt hatten. Freilich nicht als protestantische Königin von Schweden. Von dieser Friedensvision Christines ahnte ich damals nichts, und nur wenige mögen davon gewußt haben, wie jener mir unbekannte Holländer, dessen Brief an einen deutschen Fürsten aus dem Jahre 1653 ich unter den Papieren der Königin fand, und in dem er schrieb: »Die Schwedin ist der einzige politische Fürst, der sich vorausschauend auf den Tag der Veränderung vorbereitet.«

Auch Nicolaas Heinsius ahnte nicht, welche Rolle er in Christines Plänen spielte, als er von Neapel berichtete, an seine Freunde dort schrieb, die Königin wünsche neapolitanische Musiker an ihrem Hof zu beschäftigen, und schließlich in ihrem Auftrag wieder nach Italien reiste. Im Frühjahr 1651 gaben uns die Vorgänge in Stockholm viel mehr zu denken. Von Heinsius erfuhr ich zuerst, daß die Königin Adler Salvius zu ihrem ersten Berater ernennen wollte. Das bedeutete Krieg mit Axel Oxenstierna. Der Kanzler kehrte auch sofort nach Stockholm zurück und nahm den Kampf auf. Im Reichsrat griff er die Regierung der Königin an. Sie wiegle Bürger und Bauern gegen den Adel auf und gefährde damit den Landesfrieden. Alle erwarteten den Gegenschlag, doch überraschend lenkte die Königin ein. Sie schickte Adler Salvius nach Lübeck, mit den Polen zu verhandeln, ein langwieriges und undankbares Geschäft, das Adler jeden Einfluß auf die Reichspolitik verwehrte. Außerdem gestand sie Axel Oxenstierna freie Hand in der Kirchenpolitik zu.

Nun war auch Monsieur Chanut der Meinung, die Königin werde bald abdanken. Er wollte wissen, Herr Magnus sei im Auftrag Christines zu Karl Gustav gereist.

Karl Gustav lebte seit der Krönung fern vom Hofe auf der Insel Öland. Parlieren, intrigieren, hofieren, gar tanzen war seine Sache nicht. Auf deutschen Schlachtfeldern, inmitten von Soldaten und Lagerhuren, hatte er sich wohler gefühlt. Christine behandelte ihn zwar achtungsvoll und sah darauf, daß das auch die anderen taten, aber was er wirklich wollte, verweigerte sie ihm – ihre Hand. Er merkte, daß sich seine Feinde insgeheim über ihn lustig machten. Dann trank er zuviel und wurde zum Gespött aller. Aber nicht wenige suchten in ihm auch einen Verbündeten gegen die Königin. Nirgendwo fühlte er sich so unglücklich wie in Stockholm. Auf Öland tröstete ihn die Natur. Aus dieser weltabgeschiedenen Idylle riß ihn nun Herr Magnus mit Christines Aufforderung, der Prinz von Schweden möge sich für die Krone bereithalten. Karl Gustav ließ Christine antworten, er begehre nicht ihren Thron, sondern ihre Hand. Wenn ihm diese nicht beschieden sei, zöge er es vor, auch in Zukunft auf Öland als Bauer unter Bauern zu leben. Und wenn er schon König werden müsse, werde er niemals eine andere heiraten. Darauf soll Christine gesagt haben: »Ja, er liebt mich, aber Liebe brennt nicht ausschließlich für einen Menschen, und die Krone ist ein sehr hübsches Mädchen.«

Zu dieser Zeit führte sie mit dem portugiesischen Gesandten Gespräche über einen Handelsvertrag. Der Portugiese beherrschte nur seine Muttersprache. Als der Dolmetscher erkrankte, sprang der portugiesische Edelmann Macedo für ihn ein. Sein vorzügliches Latein und seine literarischen Kenntnisse erstaunten die Königin. Edelleute zeichnen sich selten durch gediegene Bildung aus.

Antonio Macedo war Jesuit und Kaplan des portugiesischen Gesandten, was natürlich geheimgehalten wurde, da Jesuiten schwedisches Gebiet unter Androhung der Todesstrafe nicht betreten durften. Christine sagte Macedo auf den Kopf zu, daß er Jesuit sei, und er leugnete nicht. Der kluge und mutige Mann gefiel der Königin.

Macedos Anwesenheit in Stockholm kann nicht zufällig gewesen sein. Er muß den portugiesischen Jesuiten Antonio Vieira gekannt haben. Vieira war 1647 Sekretär eines portugiesischen Gesandten in den Niederlanden gewesen. Er hatte schon damals eine bevorstehende Veränderung des europäischen Gleichgewichts vorausgesagt und in Königin Christine die entscheidende Kraft bei einer allgemeinen politischen Erneuerung gesehen. Davon zeugen Dokumente. Ich vermute, Vieira hat Macedo in die Stellung beim portugiesischen Gesandten in Stockholm gebracht und ihm den Auftrag erteilt, mit der Königin in Verbindung zu treten.

Antonio Macedo beschrieb später seine Begegnungen mit der Königin. Um ihre Wißbegier in Fragen des katholischen Glaubens zu befriedigen, fielen die »Übersetzungen« auffallend lang aus. Zuerst wunderte sich der portugiesische Gesandte, dann fragte er, was sein Dolmetscher mit der Königin zu besprechen habe. Macedo erwiderte, Christine interessiere sich sehr für portugiesische Literatur und verlange immer neue Auskünfte. Doch der Gesandte mißtraute nun seinem doppelzüngigen Jesuiten, so daß die Königin und Macedo die theologischen Erörterungen auf Stichworte beschränken mußten.

Während der Verhandlungen mit dem portugiesischen Gesandten beorderte Christine Karl Gustav und dessen Bruder Adolf Johan nach Stockholm und eröffnete ihnen, sie werde in wenigen Monaten abdanken. Vergeblich beschwor Karl Gustav sie, von ihrem Plan abzulassen. In seiner Not bat er seinen Vater, den Pfalzgrafen, um Hilfe. Der greise Johan Casimir schrieb seiner Nichte, er könne kaum noch atmen vor Entsetzen, und er lehne es rundweg ab, ihr beizustehen. Er flehte sie an, die Katastrophe einer Abdankung von der Dynastie abzuwenden, vor Gott und den Menschen sei sie verpflichtet, die Krone zu tragen, wie schwer sie auch sei.

Wie schwer sie auch sei... Auf der Rückreise von Nyköping, wo sie ihre Mutter besucht hatte, brach Christine beim Abendessen zusammen. Bevor ihr die Sinne schwanden, klammerte sie sich in Todesangst an Herrn Magnus, der ihr zunächst saß, und sagte: »Lebt wohl, mein Graf.« Ihr Puls ging nur noch schwach, kein Mittel belebte sie. Reiter jagten durch die helle Mittsommernacht, den Leibarzt aus Stockholm zu holen. Als er endlich kam, hatte Christine das Bewußtsein wiedererlangt, aber sie litt furchtbare Schmerzen. Der Arzt konnte keine akute Krankheit feststellen. Er ließ die Königin zur Ader, verordnete Umschläge, Bettruhe.

Schon am nächsten Morgen setzte Christine die Reise fort. Ihr Wille zu leben trieb sie vorwärts. Die Krone tötete sie. Sie wollte sich selbst den Rückzug abschneiden, Tatsachen schaffen, die sie zwangen, bis zum bitteren Ende zu gehen, in dem allein sie ihre Rettung sah.

Die Königin bestellte Macedo ins Schloß und zog sich mit ihm in die hintersten Räume ihrer Privatwohnung zurück. Dort flüsterte sie ihm ins Ohr, als fühle sie sich auch hier belauscht: »Pater Macedo, der glückliche Zufall hat Euch mir gesandt. Ihr seid der erste Jesuit, den ich kennengelernt habe, und so wie ich Eure Güte schätze, glaube ich, auf Eure Treue und Klugheit bauen zu können. Da Ihr nun abreisen wollt, bitte ich Euch zu veranlassen, daß zwei Italiener von der Gesellschaft Jesu zu mir kommen, die unter dem Vorwand, sich in der Welt umzusehen, an meinem Hofe weilen können, so daß ich mich ohne Verdacht ihrer bedienen kann. Ich werde Euch zu diesem Zweck einen Brief an Euren General mitgeben.«

Überglücklich, daß ihn Gott schon auf Erden so belohnte, gelobte Macedo Treue, Verschwiegenheit und Hilfe. Zwar hatte die Königin nicht versprochen, den katholischen Glauben anzunehmen, aber daß sie einen Jesuiten zu ihrem Vertrauten machte, ließ auf die Zukunft hoffen.

Aus welchen Gründen auch immer verweigerte der portugiesische Gesandte Macedo den Urlaub. Die Königin riet dem Jesuiten, mit dem nächsten Schiff nach Lübeck zu fliehen.

An dem Tag, da Macedo aus Stockholm verschwand, rief mich die Königin zu sich. In ihrer Gesellschaft traf ich den über die Flucht seines Dolmetschers aufgebrachten Gesandten an. Christine stellte mich ihm vor und versicherte, ich würde Senhor Macedo aufspüren und nach Stockholm zurückbringen. Dem Gesandten werde jegliche Genugtuung verschafft. Dann hieß sie mich, in der Kanzlei auf sie zu warten. Es dunkelte schon, und die Schreiber waren längst gegangen, als sie die Kanzlei betrat. Sie trug mir auf, nach Dalarö zu reiten, von wo aus Macedo am nächsten Morgen in See stechen werde. Nicht festnehmen solle ich ihn, sondern vor Verfolgern warnen und darauf achten, daß er unbehelligt Schweden verlassen könne. Ihr Schicksal liege in seiner und meiner Hand.

Nun erfuhr ich, wer Macedo wirklich war und in welchem Auftrag er reiste. Noch heute rätsele ich, warum die Königin gerade mich ins Vertrauen zog. Ich finde immer nur eine Antwort: Vorsicht gebot ihr, niemandem ihr Geheimnis mitzuteilen – das Geheimnis des Hochverrats. Aber die Königin brauchte jemanden, der ihr diese Last zu tragen half, und sie wählte mich, weil ihre Sehnsucht nach Freiheit auch die meine war.

Macedo hatte auf einer Schäre genächtigt. Unterwegs hatte er seine Kleider gegen bürgerliche Gewänder eingetauscht. Ich fand ihn in einer Hafenschenke. Zuerst leugnete er, Antonio Macedo zu sein. Als ich ihm das Billett der Königin zusteckte, sagte er: »Ich werde eher sterben, als Ihre Majestät in Ungelegenheiten zu bringen.« Ich glaubte ihm. Dieser Mann sah ganz so aus, als verstünde er mit dem Degen ebenso gut umzugehen wie mit Worten.

Auf dem Rückweg nach Stockholm stieß ich auf einen Trupp Soldaten, die im Auftrag Axel Oxenstiernas nach Macedo fahndeten. Ich schickte sie zum Kriegshafen Kalmar, da der Portugiese meines Wissens unmöglich in Dalarö sein könne.

Christine zeigte sich sehr erleichtert, als ich ihr von der glücklichen Abreise Macedos berichtete. Noch am gleichen Tag, es war der 7. August 1651 nach dem Julianischen Kalender, trat sie vor den Reichsrat und erklärte feierlich, sie werde die Krone niederlegen. Es bedürfe eines Mannes, der regiere und zugleich das Heer führe. Der Prinz von Schweden sei dafür bestens geeignet. Sie sehne sich nur noch nach Frieden und Ruhe. Außerdem gebe es noch Gründe für die Abdankung, die sie nicht nennen könne.

Axel Oxenstierna muß gespürt haben, wie ernst Christine ihre Worte meinte. Sie wünschte keinen Rat, sie forderte Zustimmung. Der Kanzler bewies wieder einmal politisches Genie. Inmitten des allgemeinen Entsetzens blieb er gelassen und bat die Königin nur, diese Angelegenheit im Rat erörtern zu dürfen, sei sie doch zu bedeutungsschwer, um sofort entschieden werden zu können.

Ich war gewiß der einzige bei Hofe, der über Christines Absicht frohlockte. Selbst die erbittertsten Gegner des Kanzlers stimmten mit ihm überein, die Abdankung keinesfalls hinzunehmen. Die Ratsmitglieder richteten einen Brief an die Königin: Wie alle Herrscher von Geburt dürfe sie sich der hohen Verantwortung nicht entziehen. Es sei ihre Pflicht, der Krone notfalls eigene Wünsche zu opfern. Der Brief endete mit der inständigen Bitte, nicht abzudanken. Man werde ihr helfen, die schwere Bürde zu tragen.

In der Hoffnung, daß die Zeit ihren Sinn ändern würde, schickte Christine die Räte in die Sommerpause. Im September begann das Ringen zwischen dem Rat und der Königin von neuem. Karl Gustav weigerte sich, nach Stockholm zu kommen und der Königin beizustehen. Mit gewohntem Freimut erklärte Botschafter Chanut der Königin, daß der Allerchristlichste König und sein Erster Minister Kardinal Mazarin das Bündnis Frankreichs mit Schweden höher bewerteten als einen eventuellen Übertritt Christines zum katholischen Glauben. Er bat sie, die Krone zu behalten und Karl Gustav an der Regierung zu beteiligen. Doch das Feuer des Widerspruchs härtete nur Christines Willen.

Der Rat setzte neue Bittschriften auf, erbat und erhielt Audienzen. Die Königin verwies auf ihre schlechte Gesundheit und darauf, daß sie niemals heiraten, Karl Gustav aber dem Thron Erben schenken werde. Schließlich: Sie wolle die Verantwortung für ihre Abdankung selbst tragen und den Reichsrat davon entbinden. Die Ratsmitglieder lenkten nicht ein. Mehr als den Zorn der Königin fürchteten sie um den Bestand der Monarchie. Ihr anhaltender Widerstand muß Christine überzeugt haben, daß weiteres Beharren zu diesem Zeitpunkt politisch unklug war. »Es wird wohl nichts werden, David«, sagte sie eines Abends, als ich ihr Briefe zur Unterschrift vorlegte. »Auch im kommenden Winter werden wir, in die Grabtücher Schwedens eingehüllt, vom Süden nur träumen können.«

Ihre Trauer und meine Verzweiflung machten mich kühn. Auf Knien beschwor ich die Königin, heimlich außer Landes zu gehen. Ohne eine Miene zu verziehen, hörte sie sich meine Fluchtpläne an, die ich in langen Nächten ersonnen hatte: sie als Mann verkleidet, ich als Frau, wilder Ritt durch Schweden und Dänemark, untertauchen in Deutschland...

Als ich geendet hatte, schalt sie mich lachend einen Kindskopf. »Ich liebe Abenteuer, aber ich bin Königin und kein Dieb, der sich bei Nacht und Nebel davonstiehlt.« Dann setzte sie, wieder ernst, hinzu: »Die Zeit wird kommen, hab Geduld.«

Ich war zugegen, als Axel Oxenstierna an der Spitze des Reichsrates vor die Königin trat. Mit eindringlichen Worten erinnerte er an das heilige Gelöbnis, das er ihrem Vater gegeben hatte: der Tochter das Reich zu erhalten. Er dankte für ihre immerwährende Sorge um das Reich, das sie zum blühendsten Europas gemacht habe. »Ihr Rücktritt, Majestät, wird den Zerfall des Reiches verursachen. Bedenken Sie den Kummer, den Sie empfinden würden, wenn Sie die Frucht so vieler Mühe und Arbeit verderben sehen. Ruhm besteht nicht so sehr im Gewinnen wie im Erhalten. Es wäre besser gewesen, wenn Schweden durch Sie minderen Glanz erhalten hätte, als daß Sie es, nachdem Sie es zu solcher Höhe geführt, verlassen. Wenn Sie die Krone niederlegen, werde ich, werden wir alle zurücktreten, um so dem Vorwurf zu entgehen, dem Verderben des Vaterlandes die Hand geliehen zu haben. Sind Sie mit Ihren Untertanen nicht zufrieden? Wir wollen Ihnen jede Genugtuung leisten, wollen alles aufbieten, Ihre Rechte und Ihr Ansehen erhalten und gern Gut und Blut dafür hingeben. Unsere Ehrfurcht, unsere Liebe für Sie wird wachsen, wenn Sie auf dem Thron bleiben. Im Namen des gesamten Adels verspreche ich Ihnen, daß wir alle Schulden der Krone aus unserem Vermögen begleichen und so für den Hof sorgen werden, daß Sie glänzender als irgendein König des Nordens leben können.«

Der legendäre Axel Oxenstierna, geachtet und gefürchtet von den Mächtigen Europas, Christines Lehrer und Gegner, bot die ganze Kraft seiner Persönlichkeit auf, die Vierundzwanzigjährige zum Bleiben zu bewegen. Er hatte manchen Streit mit ihr ausgefochten, sie handelte oft gegen seinen Willen, aber all das zählte in diesem Augenblick nicht mehr. Axel Oxenstierna erwies einer Herrscherin Reverenz, die sich als einzige unter Europas Königen persönlichen Ruhms erfreute.

Seinem Zorn hätte Christine widerstanden, seine Demut überwand sie: »Ich behalte die Regierung, aber nur unter der Bedingung, daß mir niemals mehr von Heirat gesprochen wird.«

Freudig und erleichtert stimmten die Reichsräte zu.

Jetzt weinte ich.

Wieder war Oktober. Ein Jahr nach der Krönung schien die Wasa-Herrschaft in Schweden gesichert. Karl Gustav kehrte nach Öland zurück. Er mochte sich in der Hoffnung wiegen, eines Tages werde ihn Christine erhören, wie sie Axel Oxenstiernas Flehen nachgegeben hatte. Ende November erhielt er ein anonymes Schreiben »Von einem, der Eurer Hoheit in den

Kampf gefolgt ist«. Es strotzte von Anklagen gegen die Königin, »die Verschwenderin öffentlicher Gelder«, »die Verrückte, die keine Ahnung vom Regieren hat und nur an Vergnügungen denkt«. Die Oxenstierna, Torstensson, Johan Matthiae, Adler Salvius, hieß es, zerstörten das Vaterland. Karl Gustav sollte seine Soldaten, die in Deutschland mit ihm gekämpft hatten, um sich scharen, auf Stockholm marschieren, die Adligen köpfen und die Königin durch ein Gericht zum Tode verurteilen lassen.

Karl Gustav schickte den Brief sofort an Christine und schwor hoch und heilig, daß er weder den Absender kenne, noch dessen Ansichten gutheiße.

Die Königin zeigte mir den Umschlag. Ich erkannte die Schriftzüge meines Schreibers Nils. Unbefangen gab er zu, auf Bitte eines Freundes die Adresse auf das versiegelte Päckchen geschrieben zu haben. Der Name des Freundes: Arnold Messenius, Sohn des Geschichtsschreibers Ihrer Majestät, Johan Arnold Messenius.

Noch ahnte ich nicht, worum es sich handelte, als ich über Arnold Auskunft gab. Ich war mit dem Jüngling und seinen Kameraden, die wie er in Deutschland unter Karl Gustav gedient hatten, hin und wieder ausgeritten. Sie schwärmten von der Freiheit des Soldatenlebens, wo Mannestugenden noch etwas gälten, träumten von einem Großschwedischen Reich, zu dem alle nordischen Länder, Teile Rußlands, Polen bis zur Weichsel und Deutschland bis zu den Mittelgebirgen gehören sollten. Ich hielt sie für Wirrköpfe.

Die Familie Messenius war Christine nicht unbekannt. Großvater und Vater von Arnold hatten schon während der Regierung Gustav Adolfs wegen Anstiftung zum Aufruhr im Gefängnis gesessen. Großvater Messenius starb in der Haft, Vater Messenius wurde bei Regierungsantritt der Königin freigelassen. Christine beschäftigte ihn als Hofhistoriographen, weil sie seine Intelligenz schätzte.

Christine wollte abwarten, ob es wirklich zu dem im Brief angekündigten Aufstand käme, um die Schuldigen eindeutig zu überführen. Axel Oxenstierna und Herr Magnus scheuten das Risiko. Sie neigten dazu, die Sache in aller Stille aus der Welt zu schaffen. Christine beugte sich ihren Gründen.

Arnold Messenius und sein Vater wurden verhaftet. Zuerst leugnete Arnold. Als man ihm die Folter androhte, gestand er ein, das Pamphlet geschrieben zu haben, doch beruhe es auf Ansichten seines Vaters. Johan Arnold Messenius gab zu, von der Schrift gewußt und nichts dagegen unternommen zu haben. Als Mitverfasser des Schreibens nannte er den Dompropst von Västeras, den Bürgermeister von Stockholm und einen Berater der Königin, einen Verwandten meines Freundes Bengt.

Aber da wären noch andere, und man möge sich hüten, ihm die Namen durch die Folter entreißen zu wollen, denn die Königin würde sie nicht gern hören.

Die drei Mitverschworenen begnadigte die Königin nach kurzer Haft, weil ihr deren Schuld nicht ausreichend bewiesen schien. Vielleicht fürchtete sie auch, schlafende Hunde zu wecken.

Während des Prozesses hielt Arnold, der Todesstrafe gewiß, eine feurige Rede: Die heiligen Gefühle der Schweden, ohnehin verletzt durch einen schändlichen Friedensvertrag, würden durch die Anwesenheit so vieler Ausländer in Stockholm ständig gedemütigt. Der Hof, ohne Sitte, ohne Glauben, sei moralisch verkommen. Unzufriedenheit herrsche nicht nur in Palästen und Amtsstuben, sondern auch auf Straßen und Plätzen, in den Häfen und sogar in einigen Dörfern. Der Hof aber verprasse Geld für unnütze Dinge, statt Schweden gegen seine Feinde zu rüsten. Arnold verwies auf Oliver Cromwell, der sich nicht gescheut habe, um das Wohl seines Landes willen einen König auf das Schafott zu schicken.

Mutig war er, der Arnold, und dumm. Sein Vater sagte kein Wort. Er saß mit niedergeschlagenen Augen da und blickte auch bei der Verkündung des Todesurteils nicht auf. Als letzte Gnade erbat er sich, der Königin noch einmal die Hand küssen zu dürfen. Da er sich weinend niederbeugte, fragte sie ihn: »Warum, Messenius, warum wolltet Ihr meinen Tod? Verdanktet Ihr mir nicht die Befreiung aus dem Gefängnis und eine einträgliche Stellung? Konntet Ihr nicht jederzeit mein Ohr erreichen?«

Der alte Messenius verteidigte sich nicht und klagte auch nicht an. »Das Schicksal will, daß mein Sohn und ich an Leidenschaften zugrunde gehen, die der Verstand nicht zu zügeln vermochte. Vor Jahren verlor ich ein Gerichtsverfahren, zu Unrecht, wie ich glaube. Ich gab Eurer Majestät die Schuld. Von Verbitterung zerstört, wollte ich nur noch zerstören. Nun erlange ich endlich den Frieden.«

Die Messenius-Verschwörung offenbarte eine gefährliche Stimmung im Lande. Das Volk machte die Regierung der Königin für die Folgen des Krieges verantwortlich, und der Adel rief nach neuen Waffengängen, um die Unruhen zu unterdrücken. Trotz Christines Anstrengungen gediehen Wissenschaften und Künste in Schweden nicht recht. Wer sie betrieb oder förderte, galt als Parasit und Geldverschwender. Den Krieg nicht zu wollen, den inneren Frieden nicht herstellen zu können bedeutete Versagen in jedermanns Augen. Des jungen Messenius' Worte waren das Feuerzeichen an der Wand, und die Königin wußte es zu deuten.

Mir gegenüber äußerte sie, ihr liege nichts am Tod der Verschwörer. Sie hätte sie gern begnadigt. Aber das Pamphlet richtete sich nicht gegen sie allein. So mußten Vater und Sohn Messenius auf das Schaffott, wie die Königin weiter an den Thron gekettet blieb.

*

Endlos streckte sich der harte, dunkle Winter. Adler Salvius, der zuverlässige Ratgeber, starb plötzlich. Chanut war nach Frankreich zurückberufen worden. An seiner Stelle schickte Kardinal Mazarin den widerwärtigen Gesandten Piques, der die Königin verleumdete und später Chanuts Memoiren fälschte.

Christine war oft krank. Sie litt unter Schmerzen, Schlaflosigkeit, Ohnmachten, Krämpfen. Immer wieder klagte sie, daß die Schnee- und Nebelfelder sie an Grabtücher denken ließen, in die man sie einhüllen würde, wenn ihr nicht die Flucht in südliche

Gefilde gelänge. Sie gab mir Briefe aus Italien zu lesen. Besonders beglückte sie die Korrespondenz mit Paolo Giordano Orsini, dem Herzog von Bracciano. Zwar bediente sich der Herzog eines geschraubten, von Höflichkeitsfloskeln überquellenden Ausdrucks, aber er verstand viel von Kunst und Musik. Von ihm erfuhr sie, welche Kunstwerke der große Bernini gerade vollendet oder in Arbeit genommen hatte, wie die Arbeiten des Malers Pietro da Cortona am Deckengemälde der Chiesa Nuova gediehen. Sie fragte ihn nach den besten Dichtern, wollte wissen, ob es einen bedeutenderen Komponisten als Carissimo gab, erkundigte sich nach der Meinung italienischer Akademien über die Werke des Dichters Grazini. Einen ihrer Briefe schloß sie mit der Bitte um Verzeihung für ihre Neugier, aber, schrieb sie: »es ist mein einziges Vergnügen, meinen Geist mit all diesem Wunderbaren zu nähren in den Stunden, da meine anderen Beschäftigungen mir eine Ruhepause gönnen. Lieber verlöre ich mein Leben, als daß ich diese unschuldigen Freuden aufgäbe.«

Der geschmeichelte Herzog, der in allen Künsten dilettierte und ein gutes Stück von Europa kannte, beeilte sich, den Wissensdurst der Königin zu stillen. Seine Briefe weiteten für Stunden und Tage das Gefängnis, an dessen Mauern Christine sich wundstieß. Auch ich lebte von den Briefen aus der Fremde. Bengt schrieb aus Holland, Freinsheim aus Straßburg, Domenico aus Venedig. Überall schien die Welt interessanter und aufregender als in Stockholm, aber ich beklagte mich nicht mehr, seit ich den Jammer der Königin aus der Nähe erlebte.

Ende Februar äußerte sich während des Abendessens im Schloß einer der Gäste mißmutig über die Kälte, worauf ein General, soeben aus Deutschland heimgekehrt, erzählte, er sei mit zwei Italienern gereist, denen die Kälte überhaupt nichts auszumachen schien.

»Musikanten?« fragte die Königin.

»Nein, vornehme Reisende.«

Die Königin stutzte, sagte dann beiläufig zu Herrn Magnus, sie wünsche die beiden Reisenden zu sehen.

Schon am nächsten Tag wurden die Italiener ins Schloß geladen. Der ältere der beiden, ein adliger Piemontese, machte der Königin nach dem Handkuß ein Kompliment auf italienisch, das sie in französisch beantwortete. Als man sich zu Tisch begab, richtete es die Königin so ein, daß sie als letzte hinter dem Piemontesen ging. Ob er vielleicht Briefe für sie habe? Ohne sich umzuwenden, nickte der Piemontese. Er möge sie keinem zeigen, flüsterte sie.

Während des Essens war sie bester Laune, obwohl sie eben erst zur Ader gelassen worden war. Sie winkte mich zu sich, gab mir den Wortwechsel mit dem Piemontesen wieder und wies mich an, ihr die Briefe zu bringen.

Ich folgte den Italienern. Nachdem ich mich vergewissert hatte, daß mich niemand beobachtete, sprach ich die Kavaliere an und bat im Namen der Königin um die Briefe. Der Piemontese stellte sich unwissend. Erst als ich wörtlich wiederholte, was er mit der Königin gesprochen, händigte er sie mir widerwillig aus. Ins Schloß zurückreitend, war mir, als trüge ich statt des Schreibens des Jesuitengenerals ein Stück glühendes Holz auf der Brust.

Am nächsten Morgen führte ich die Italiener zu sehr früher Stunde in einen, mir von der Königin bezeichneten, abgelegenen Raum im Schloß. Wie zufällig schaute die Königin herein, wunderte sich laut über den Besuch, um die Wache zu täuschen, und begann eine höfliche Konversation. Nach einer Weile schickte sie den Soldaten unter einem Vorwand fort. Sie warnte die Jesuiten vor den Gefahren bei Hofe und versicherte sie ihres Schutzes. Offiziell werde sie bei ihnen Unterricht in den Naturwissenschaften nehmen.

Der Jesuitengeneral Pater Goswin Nickel hatte mit deutscher Gründlichkeit alles bedacht, ehe er seine Gottesstreiter auf den Weg schickte. Zunächst holte er die Zustimmung des Staatssekretärs Fabio Chigi ein, des Mannes, dem ich vor einem Jahr als Apostolischem Nuntius in Münster begegnet war. Dann bereitete Goswin Nickel die Mission der beiden Jesuiten vor. Er wählte den auf höfischem Parkett erfahrenen Piemontesen Francesco Malines, Professor der Theologie, sprachenkundig und mathematisch begabt. Sein jüngerer Begleiter, Paolo Casati, lehrte als Mathematikprofessor am römischen Jesuitenkolleg, war bewandert in Physik, Geometrie, Mechanik, Hydrostatik, Vulkanismus, Meteorologie, Astrologie. Er gehörte zu jenen Jesuiten, die nach Galileis Tod dessen Lehre ohne Aufhebens verkündeten und verbreiteten. Von diesen beiden Männern erhoffte sich der Jesuitengeneral, daß sie die »Minerva des Nordens« und mit ihr Schweden in den Schoß der katholischen Kirche zurückführen würden.

Gott hatte der jungen Christine mehr Weisheit verliehen als dem Ordensgeneral. Nichts lag der Königin ferner, als ihrem Volk einen anderen Glauben aufzuzwingen. Sie wußte wohl zu unterscheiden zwischen der Wohlfahrt des Staates und ihren eigenen Wünschen. Nicht als katholische Königin wollte sie Schweden regieren, sondern abdanken. Doch darüber sprach sie mit den beiden Jesuiten nicht. Meist stellte sie ihnen Fragen. Ich wiederhole sie hier, wie sie mir in Erinnerung geblieben sind: Gibt es das Gute und das Böse an sich, oder soll man eine Handlung nach dem Schaden oder Nutzen bemessen, die sie nach sich zieht? Gibt es die Unsterblichkeit? Glaubt die Kirche ernsthaft, daß die menschliche Seele bei Gott weiterlebt? Wenn sich alle Religionen bekämpfen, wie kann man da sicher sein, daß eine die richtige ist? Sollte man nicht einfach die Konventionen seines Landes befolgen und sich ansonsten nach seinem Verstand richten? Wie lassen sich die Naturwissenschaften mit der Vorstellungswelt der Bibel vereinbaren? Bis zu welchem Grade sollte man die Bibel symbolisch auffassen?

Die Jesuiten schlugen sich wacker. Sie verteidigten die scholastisch spekulative Methode und erkannten zugleich den Wert experimenteller Methoden an. Sie warnten davor, die Wahrheit des Glaubens mit der Neugier der Philosophen suchen zu wollen und die Wahrheit der Philosophie mit der Sicherheit des Glaubens. Die Lehren der katholischen Kirche könnten zwar über der Vernunft stehen, aber nicht gegen sie, da die Vernunft niemals alle Geheimnisse des Seins aufklären könne. Der Mensch sei weder hilflos seinen Sünden ausgeliefert, noch unfähig, selbst sein Heil zu erlangen. Gottes Gnade begleite jeden Menschen und ermögliche ihm, durch Kampf und Selbstüberwindung der Sünde zu begegnen. Hier verbinde sich die antike Moralphilosophie mit dem Christentum.

Diese Gedanken gefielen der tatenfrohen Christine. Als man ihr hingegen von der Auferstehung und vom Jüngsten Gericht sprach, meinte sie: »Das Dogma Platos von der Weltseele, zu der wir als ein Teil zurückkehren sollen, ist doch die schönste Formulierung von der Unsterblichkeit der Seele.« Die Heiligenverehrung lehnte sie ebenso ab wie den Anspruch der Beichtväter, die Seelen der Gläubigen zu führen.

Während der langen Gespräche suchte Christine mit dem Verstand zu ergründen, was sich stets dem Verstand entziehen wird: die Gewißheit der Existenz Gottes. Der klügste Theologe kann nicht lehren, der begierigste Geist nicht lernen, was nur durch das Herz erfahrbar ist.

Christine, den Wissenschaften zugetan, war eine tiefreligiöse Natur. Aber der engherzige, nüchterne Protestantismus stieß sie ebenso ab wie mich, die Gottesdienste langweilten sie. »Die Menschen«, bemerkte sie einmal, »werden selten durch Predigten überzeugt. Die meisten gehen aus der Kirche, wie sie hineingekommen sind. Die einzige Pflicht des Predigers besteht darin, daß er die Menschen zur Gottesliebe entzündet; allein die wenigsten bringen es dahin.«

Die römische Kirche, so verhießen die beiden Jesuiten, umspanne dagegen eine Weite, die allen Kräften Spielraum lasse und allen Schwächen Rechnung trage. Sie beherberge die Heiligen ebenso wie die sinnenfrohen Sünder. Die Ehelosigkeit sei ebenso geheiligt wie die Ehe. Einheit werde in der Person des Papstes repräsentiert und verwirkliche sich in der Vielfalt.

Christine mußte eine Kirche faszinieren, zu der sich seit eintausendsechshundert Jahren so viele große Geister bekannt haben; eine Kirche, in deren Gotteshäusern die Musik eines Palestrina erklingt, und in denen Kunstwerke von Giotto, Fra Angelico, Raffael und Michelangelo Gott verherrlichen.

Einmal fragte mich Christine, was ich von den Lehren der Jesuiten halte. Ich antwortete, die Patres verstünden ihr Geschäft und wüßten ihre Ware gut zu verkaufen, nur interessierten mich die Unterschiede zwischen den Konfessionen herzlich wenig. Wenn es wirklich einen Gott gebe, müsse es ihm gleichgültig sein, in welcher Form ich ihm meine Ehrfurcht erweise. Die Königin schalt mich einen Libertin, einen Freidenker, doch schienen ihr meine Worte nicht mißfallen zu haben. Zu den Patres sagte sie, nie werde sie eine gehorsame Tochter der Kirche werden, weil sie immer gegen die Dummheit, auch die von Gottesdienern, rebellieren würde. Die Patres schauten betreten und gaben ihre Sache verloren. Christine lächelte. »Aber vielleicht stehe ich dem Katholizismus näher, als Sie ahnen.« Da hellten sich ihre Mienen wieder auf.

Nach einem Vierteljahr reiste Pater Casati ab, im Gepäck einen Brief der Königin an den Ordensgeneral. Darin kündigte sie ihren Übertritt zur katholischen Kirche an. Pater Malines blieb in Stockholm.

Im Frühjahr 1652 begann der vorletzte Akt des Königsdramas auf schwedischer Bühne. Christine wollte die Abdankung erzwingen. Insgeheim bereitete sie die Konversion vor, nach außen bot sie das Bild einer vergnügungssüchtigen Herrscherin. Niemand konnte sich die Verwandlung der einst so pflichtbewußten Königin erklären, und so suchte man, wie immer in solchen Fällen, nach einem Schuldigen. Man fand ihn in Pierre Bourdelot. Ein französischer Gelehrter hatte ihn der immer leidenden Königin als Leibarzt empfohlen. Der Zufall oder, wenn man will, die Vorsehung führte den Medicus zur selben Zeit nach Stockholm wie die beiden Jesuiten.

Schon in jungen Jahren durch Glück und Geschick zum Leibarzt Ludwigs XIII. aufgestiegen, hatte sich Bourdelot auch der Protektion des berühmten Feldherrn Prinz Condé erfreut. Da aber der Adelsaufstand der Fronde gegen Kardinal Mazarin und den noch unmündigen König Ludwig XIV. das Leben in Frankreich gefährlich und, für Bourdelot noch schlimmer, trist machte, folgte er mit Freuden dem Ruf nach Schweden.

Allen Genüssen zugetan, voller überraschender Einfälle, fröhlich und frech, nannten ihn bald viele den bösen Geist der Königin. Es konnte, meinten sie, nicht mit rechten Dingen zugegangen sein, daß er sich nach nur einem Monat höchster königlicher Gunst erfreute und sogar Herrn Magnus von seinem Platz verdrängte.

Ich mochte Bourdelot von dem Tage an, da er auf die Frage der Königin: »Nun haben Sie mich untersucht und einige Tage beobachtet. Woran leide ich, Bourdelot?« in Anwesenheit des Hofstaates antwortete: »An ihren Köchen, Ärzten, Bibliothekaren und Ministern, Majestät. Aber ich mache Sie gesund.«

Da röteten sich viele Gesichter, und das Murmeln schwoll bedrohlich an. Herrn Magnus und Isaac Vossius gönnte ich den Schimpf am meisten. Wie einst Descartes hatte Bourdelot in ein Wespennest gestochen, aber im Gegensatz zu Descartes genoß er die Aufregung.

Christine gebot Ruhe. Nach einem langen Blick über die Höflinge sagte sie doppeldeutig zu Bourdelot: »Versucht es nur, mich von meinem Leiden zu befreien.«

Bourdelots Behandlung erstaunte sie und gefiel ihr. Keine fetten, geräucherten und scharf gewürzten Speisen mehr. Der Arzt ging selbst in die Küche und legte mit Hand an. Auf den Tisch kamen nun Hühnersuppen, Kalbfleischgerichte, viel Gemüse, Obst und kühlende Getränke, Extrakte aus Orangen und Zitronen. Beim Essen unterhielt Bourdelot die Königin mit pikanten Geschichten vom französischen Hof. Bereitwillig nahm sie das eisenhaltige Tonikum, das schon dem von ihr bewunderten Prinzen Condé geholfen hatte, täglich ein warmes Bad, Umschläge. Von Aderlässen hielt Bourdelot nichts.

Scharlatan nannten ihn die Kollegen. Der Mensch sei keine Ente, so viel Wasser, innerlich und äußerlich, könne nur schaden. Sie prophezeiten, die Königin würde die letzte Kraft verlieren. Aber vielleicht sei das sogar seine Absicht, da er sie ja bereits jetzt von den Staatsgeschäften abhalte.

Bourdelot wachte über die Ruhestunden seiner Patientin und schickte die Minister mit den Worten weg, im Schlaf diene die Königin ihrem Land mehr als auf endlosen Sitzungen. Er wußte dem Leben die angenehmsten Seiten abzugewinnen. »Sie sind jung, Majestät, lernen Sie leben. Kennen Sie das Lied des Lorenzo de Medici? ›Schön ist die Jugend, schnell geht sie vorbei... Quant' e bella giovinezza.‹« Bourdelot griff zur Laute, er spielte gut, seine Stimme klang angenehm. Er komponierte Kanzonen, studierte mit der Königin und den Höflingen Ballette ein. »Singen Sie, tanzen Sie, Majestät, das macht Sie gesund.«

Die Gelehrten fühlten sich aus Christines Gunst verdrängt. In den sonst stillen Bibliotheken wurde gehechelt und getratscht:

Dieser halbgebildete Hanswurst spreche ein schauderhaftes Latein, rede über alles und verstünde nichts.

Anders als Descartes, blieb Bourdelot die Antwort nicht schuldig: Das Schicksal der Welt hinge nicht davon ab, wie man Tacitus kommentiere, interpretiere, definiere. Diese schwerblütigen Deutschen und Holländer erforschten, wüßten, verstünden alles, nur nicht zu lachen und zu leben.

Christine verübelte ihm seine frechen Bemerkungen nicht. Seine Behandlung schlug gut an. Ihre Haare bekamen Glanz, die spröde Haut wurde weich, das Kopfweh verschwand. Keine Krämpfe und Ohnmachten mehr. Überschwenglich pries Christine Bourdelot als Lebensretter. Sie genoß die Amüsements, die er für sie erdachte. Wochenlang berief sie keine Ratssitzungen ein. Herrn Magnus schickte sie fort, wenn er mit ihr über Staatsgeschäfte sprechen wollte. Axel Oxenstierna empfing sie nicht. Musik und Theater waren ihr wichtiger. In der Bibliothek verstaubten die Bücher. Christine, umgeben von Höflingen, lachte. Lachte über alles und viel zu laut.

Auf Vermittlung Bourdelots trat Clairet Poissonet in ihre Dienste. Aus einem französischen Dorf gebürtig, hatten ihn Fernweh und Abenteuerlust nach Italien, Deutschland, Polen und nun nach Schweden verschlagen. Er verstand alle Sprachen, aber konnte sich in keiner außer seiner eigenen richtig ausdrücken. Er war Analphabet, hatte ein hübsches Gesicht und kochte vorzügliche Konfitüren. Der Königin fiel er erstmals auf, als er während einer Maskerade, als Frau verkleidet, die Herzen der Männer eroberte. Fortan bediente sie sich seiner gern in dieser Verkleidung, um Geheimnisse auszuforschen. Clairet stellte sich so geschickt an, daß Botschafter Chanut seinen Leuten den Umgang mit ihm verbot. Bier und Wein, die gemeinhin die Zunge lösen, versiegelten seinen Mund und schärften geradezu sein phänomenales Gedächtnis. Christine würdigte seine Talente, und er diente ihr mit seltener Treue und Verschwiegenheit.

Unsere Freundschaft begann, als er eines Nachts von Kreaturen des Herrn Magnus nahe der Gertraudenkirche überfallen wurde und ich ihm mit meinem Degen zu Hilfe eilte. Am nächsten Tag überreichte er mir einen Korb mit Backwerk und Konfitüren und sagte in einer unnachahmlichen Mischung von Ironie und Ernst: »Ein französischer Bauer dankt einem deutschen Edelmann im Namen der schwedischen Königin.« Meiner Bemerkung, ich sei nicht von Adel, widersprach er: »Wer einem Geschlagenen zu Hilfe eilt, ist ein edler Mann.«

Clairet war immer zu Späßen aufgelegt. Die Königin liebte seine Heiterkeit und Bauernschläue und meinte, mit Clairet habe ihr Bourdelot die beste Medizin verordnet.

Im Schloß verkehrten zeitweilig mehr Franzosen und Italiener als Schweden. Die Stockholmer Residenz galt nicht länger als Heimstatt der Wissenschaften, sondern als der lustigste und gewagteste Hof Europas. Verbreiteten doch jene, die sich in der Gunst der Königin zurückgesetzt fühlten – Isaak Vossius war gewiß einer von ihnen –, Christine veranstalte Orgien, bei denen sich die Männer entkleiden müßten, lästere in aller Öffentlichkeit Gott, betrinke sich maßlos und sei ihrem bösen Geist Bourdelot gänzlich verfallen. Nichts sei so dumm, als daß die Menschen ihm nicht Glauben schenkten. Freinsheim, der die Gottesfürchtigkeit der Königin kannte und wußte, daß sie niemals Alkohol trank, fragte in seinen Briefen, was es mit dem Gerede auf sich habe. Es schmerzte mich, den Ruf der Königin so beschmutzt zu sehen, und ich sprach ihr einmal in Andeutungen davon. Sie lachte nur. »Laß sie, David. Ich kann sie nicht hindern. Mögen sie Lügen über mich verbreiten, wenn nur die Wahrheit im Verborgenen bleibt.«

Erst da begriff ich, daß die Gerüchte, der Unmut des Adels über die Ausländer und die Feste im Schloß der Königin dazu dienten, die allgemeine Neugier von ihren wahren Plänen abzulenken. Nur wenn Christine die Absicht, zum Katholizismus zu konvertieren, geheimhielt und wenn sie in aller Form abdankte, konnte sie eine Rente aushandeln, die ihr erlaubte, im Ausland zu leben. Als Hochverräterin drohte ihr Kerker, als mittelloser Flüchtigen blieb ihr in Rom nur das Kloster. Da ich von ihren weitreichenden politischen Plänen für die Zeit nach ihrer Abdankung nichts wußte, schien es mir nur recht und billig, daß sie nicht ein Gefängnis für ein anderes eintauschen wollte.

Die Lustbarkeiten bei Hofe verschlangen viel Geld. Wenn es nicht mehr ausreichte, ihre Diener zu entlohnen, vergab Christine Adelsbriefe. Auf diese Weise wurde aus dem einstigen Schneider und Kammerdiener Johan Holm der Intendant der königlichen Hofhaltung Graf Leijoncrona. Als mir eine ähnliche Ehrung bevorstand, bat ich die Königin, davon abzusehen. Ich hätte mich vor Freinsheim und Rabbi Levi geschämt, als Graf herumzustolzieren. Meriten auf dem Acker des Geistes wollte ich gern erwerben, auf dem Jahrmarkt der Eitelkeiten nicht. Ich behauptete, das Gelübde abgelegt zu haben, niemals Titel oder Orden anzunehmen. Wann und aus welchem Grunde, fragte die Königin. Auf meine Ausflüchte meinte sie:»Du magst recht haben, David. Ein freier und kluger Mann braucht keine solche Bestätigung seiner Verdienste. Leider ist die Welt so beschaffen, daß die Menschen nach dem Schein, nicht nach dem Sein beurteilt werden. Ich kann dir deine Dienste nicht anders entgelten.«

Ich erwiderte, meine Bedürfnisse seien gering, und zitierte den Bibelspruch von den Vögeln unter dem Himmel und den Lilien auf dem Felde. Aber sie sei kein göttlicher Vater, der dennoch für mich sorgen könne, entgegnete die Königin. Aber sie entließ mich gnädig und berührte niemals mehr dieses Thema.

Herr Magnus, Reichsschatzmeister und selbst ein Verschwender, erlaubte sich, der Königin vorzuhalten, sie erhöbe Hinz und Kunz in den Adelsstand. Christine fertigte ihn mit den Worten ab:»Es gibt Bauern, die geborene Fürsten sind, und Fürsten, die immer Bauern bleiben.«

Magnus verfügte nicht über den Gleichmut Axel Oxenstiernas, der Christines Liebe zu den Wissenschaften und ihre politische Begabung zu hoch schätzte, als daß der glauben konnte, sie werde dieses Leben auf Dauer fortführen. Er war tief gekränkt. Seit sechs Jahren durch Christines Gunst verwöhnt, in hohe Staatsstellungen aufgestiegen, die er mehr seiner Eleganz als seinen politischen Talenten verdankte, zerfraß ihn jetzt die Eifersucht. Er tadelte Bourdelots Leichtlebigkeit und machte sich dadurch lächerlich, bot er doch ein treffliches Beispiel dafür, daß uns an anderen die eigenen Fehler am meisten stören.

Der unglückliche Graf sah sich bald einem zweiten Rivalen gegenüber. In Stockholm traf der Gesandte des spanischen Königs ein, der Grande Don Antonio Pimentel – schlank, hochgewachsen, stolz. Der Abschluß eines Handelsvertrages mit Schweden war der erste diplomatische Auftrag des Berufssoldaten. Als er der Königin sein Beglaubigungsschreiben überreichte, erbleichte er und brachte kein Wort heraus. Bei der nächsten Audienz entschuldigte er sich bei der Königin, ihr majestätischer Anblick habe ihn überwältigt. Eine mir unerträglich scheinende Schmeichelei, aber die Königin fand Gefallen an Don Antonio. Sie begann ein gewagtes diplomatisches Spiel. In der Hoffnung, beim spanischen König Unterstützung für ihre Konversion zu finden, suchte sie die Beziehungen Schwedens zu Spanien zu verbessern, ohne das verbündete Frankreich zu verärgern, befanden sich doch Frankreich und Spanien im Kriegszustand. Ein Spiel, das Axel Oxenstierna aus anderen Gründen zusagte. Der Kanzler wollte Spanien als Gegengewicht zum wachsenden französischen Einfluß in Europa stärken.

Don Antonio wurde zu allen Festen und Empfängen geladen, begleitete die Königin auf Ausritten und Reisen wie einst Chanut. Christine überhäufte ihn mit Gunstbeweisen. Ein neues Gerücht machte die Runde: Don Antonio sei der Geliebte der Königin. Die Königin kümmerte sich nicht um das Geschwätz. Immer öfter zog sie sich mit Don Antonio zurück, um unter vier Augen über die Modalitäten nach ihrer Abdankung zu verhandeln.

Herrn Magnus peinigte die Eifersucht. Selbst bei mir beklagte er sich, daß ihm die Königin kein Vertrauen mehr schenke. Er versuchte mich auszuhorchen, doch ich stellte mich unwissend. Fast empfand ich Mitleid mit dem einst so arroganten Schönling.

Die Lage bei Hofe wurde immer undurchsichtiger. Christine verbrachte die meiste Zeit im Lustschlößchen Jakobsdal. Vom

Schloß ließ sie die Wappen der Wasa entfernen. Man munkelte von Geheimverhandlungen mit Spanien. Der französische Gesandte Piques, seinem Vorgänger Chanut weder an Geist noch Charakter ebenbürtig, beschwerte sich bei Herrn Magnus, bei Kanzler Oxenstierna und schrieb alarmierende Briefe an Kardinal Mazarin. Der schickte Chanut, in Stockholm nach dem Rechten zu sehen.

Christine empfing Chanut mit offenen Armen, auch ich freute mich, ihn wiederzusehen. Da er das Geheimnis der Königin inzwischen kannte, enträtselte er schnell das Verwirrspiel. Ich hörte, wie Christine zu ihm sagte: »Auf die Dauer sind die Feste mit diesen ungebildeten und leeren Kavalieren wirklich langweilig. Ich höre und sehe ja eigentlich immer nur dasselbe. Es wird Zeit, meine Studien wieder aufzunehmen, mit Männern der Wissenschaft zu verkehren und zu disputieren. Ich werde schon Zeit dafür finden. Wenn es nicht auf die eine Weise geht, neben den Regierungsgeschäften, so muß ich es eben auf eine andere Weise versuchen.« Auf andere Weise... Die Königin war so vorsichtig, daß sie selbst vor Eingeweihten ihre Absichten umschrieb.

Monsieur Chanut überzeugte sich, wie er später in seinen Memoiren schrieb, daß die Königin die schwedische Außenpolitik nicht ändern und ihren Nachfolger Karl Gustav in Schwierigkeiten bringen werde. Die Furcht des französischen Gesandten Piques war ebenso unbegründet wie die Eifersucht von Herrn Magnus. Selbst wenn Don Antonio die Königin für Spanien einnahm, konnte das die französisch-schwedische Allianz nicht gefährden, da Christine abdanken wollte. In diesem Sinne berichtete Chanut an Kardinal Mazarin. Und er erwies Christine, Herrn Magnus und vielen anderen noch einen großen Dienst. Er überredete den Leibarzt Bourdelot zur Abreise. Die Königin entlohnte ihren »Lebensretter« fürstlich, was Isaac Vossius zu der Bemerkung veranlaßte: »Reich beladen mit Gold und Flüchen verläßt Bourdelot Schweden.«

Auch der Jesuitenpater Malines reiste ab. Nur Don Antonio blieb, sehr zum Verdruß von Herrn Magnus. Als Christine im

November 1653 in Uppsala Hof hielt und Herr Magnus ihr nach längerer Krankheit seine Aufwartung machte, konnte er seinen Unmut nicht länger bezähmen und beklagte sich bei ihr. Es sei ihm hinterbracht worden, daß ihn die Königin des Hochverrats verdächtige und ihm nie wieder ihre Gunst schenken würde. Daß dies der Wahrheit entspreche, bezeuge ihr verändertes Verhalten ihm gegenüber. Wenn jemand ihn kränke, lache sie nur darüber.

Herrn Magnus muß der Teufel geritten haben. Seine Worte konnte Christine nur als versteckte Erpressung auffassen, denn er unterstellte der Königin die Anklagen, die seit einiger Zeit da und dort gegen sie laut wurden: Hochverrat, Abdankungspläne. Man munkelte sogar von Jesuiten im Umkreis der Königin. Was wußte Herr Magnus? Wenn er geglaubt hatte, auf diese Weise die Gunst der Königin zu erzwingen, kannte er sie schlecht. Sie starrte ihn feindselig an: »Wer behauptet so etwas?« Auf diese Frage nicht gefaßt, stammelte Herr Magnus Ausflüchte.

»Den Namen!« unterbrach ihn Christine. Er nannte Anton Steinberg.

Steinberg gehörte zu den Kavalieren der Königin und erfreute sich ihrer besonderen Zuneigung, seit er sie vor einigen Monaten vor dem Ertrinken gerettet hatte. Während einer Flottenbesichtigung war der neben ihr gehende Admiral Fleming auf dem Bootssteg ausgeglitten. Im Fallen hielt er sich an den Kleidern der Königin fest und riß sie mit sich. Steinberg sprang als erster hinterher und zog Christine aus dem Wasser. Die Königin hatte dem Admiral die Ungeschicklichkeit nicht vorgeworfen, sondern nur lachend bemerkt: »Es ist ein Glück für mich, daß ich nur Wasser trinke, so wird mir die Sache nicht schaden. Schlimmer ist es für den alten Herrn, der nur an Wein gewöhnt ist. Hoffentlich trägt er keinen Schnupfen davon.« Steinberg verlieh sie den Grafentitel. Vielleicht nannte der krankhaft eifersüchtige Magnus aus diesem Grund Steinbergs Namen.

Steinberg bestritt die ihm unterstellten Äußerungen und zwang Herrn Magnus zu dem Eingeständnis, gelogen zu haben.

Herr Magnus schützte Kopfweh und Unwohlsein vor, aber die Königin entließ ihn nicht. Sie verlangte, den Namen des Verleumders zu hören. Nach langem Hin und Her sagte Herr Magnus, Oberst Schlippenbach, Christines Hofmarschall und Karl Gustavs Vertrauter, habe sich in einem Gespräch so geäußert. Er bat die Königin inständig, seine Ehre zu wahren und Schlippenbach nicht zu belangen.

Christine befahl Schlippenbach, sich unverzüglich in Uppsala einzufinden. Nun beging der bedrängte Herr Magnus die Ungeschicklichkeit, Schlippenbach brieflich zu bitten, das Gespräch zuzugeben, es solle sein Schaden nicht sein.

Der Oberst erschien vor der Königin und erklärte in Gegenwart von Herrn Magnus dessen Behauptungen für erfunden. Im Vertrauen darauf, daß das Wort eines Reichsrates und Reichsschatzkanzlers schwerer wiege als das eines kurländischen Edelmannes, nannte Herr Magnus Schlippenbach einen Schurken und forderte ihn zum Duell. Und das im Beisein der Königin, die Duelle verboten hatte. Christine wies Magnus die Tür. Er möge ihr nicht mehr unter die Augen treten, bis er seine Behauptungen beweisen könne.

Herr Magnus beschwerte sich bei seinem Schwager Karl Gustav. Der Prinz von Schweden empfahl ihm, er möge sich in dieser peinlichen Situation, die er selbst herbeigeführt habe, wie ein Christ verhalten. Der Mensch tue am besten daran, in dieser Welt stets zu versuchen, Herr über sich selbst zu bleiben, indem er die Eitelkeit der Welt mit der Standhaftigkeit des Gemüts betrachte, was im Erfolg und im Mißerfolg gottgefällig sei.

Herr Magnus befolgte die Worte seines leiderfahrenen Schwagers nicht und bat Axel Oxenstierna um Hilfe. Oxenstierna verbarg seine Verachtung für diesen Schwächling nicht, den die Königin für seine Begriffe viel zu lange protegiert hatte. Immerhin riet er, Magnus solle seine Mutter Ebba Brahe und seine Frau bitten, für ihn ein gutes Wort bei Christine einzulegen.

Die stolze Ebba Brahe und Maria Euphrosyne traten den schweren Gang an. Christine empfing sie liebevoll, aber von einer Aussöhnung mit Magnus wollte sie nichts wissen. Wenn er seine Behauptungen nicht beweise, sei er die längste Zeit Schatzkanzler gewesen. Ebba Brahe erinnerte Christine an die Zeiten, da sie als Zwanzigjährige fast täglich zu ihr gekommen war, um über den in Paris weilenden Magnus zu sprechen. Maria Euphrosyne beschwor die gemeinsamen Jahre der Kindheit mit Magnus und den Pfalzgrafenkindern. Christine ließ sich nicht umstimmen. Eitelkeit, Verschwendung, Irrtümer, Prahlerei, all das könne sie verzeihen, ehrloses Verhalten nicht. Sie entließ die beiden Frauen jedoch mit dem Versprechen, sich nicht zur Rache hinreißen zu lassen.

Statt sich damit zufrieden zu geben, bestand Herr Magnus darauf, sich noch einmal vor der Königin rechtfertigen zu dürfen. Ihre Antwort war niederschmetternd, mehr noch: Sie veröffentlichte ihren Brief. »Mein Schreiben soll Sie davon überzeugen, daß solch ein Zusammentreffen nur Ihre Unruhe steigern würde. Es ist nicht meine Sache, Ihnen Heilmittel für Ihr Unglück zu liefern; von Ihnen muß der Neugewinn Ihrer Ehre ausgehen... Bei jenem unglückseligen Gespräch zeigte Ihr Auftreten nichts Großes, Edles oder Großzügiges. Wenn ich zur Reue fähig wäre, würde ich bereuen, jemals mit Ihnen, einer so haltlosen Seele, Freundschaft geschlossen zu haben. Solch eine Schwäche wäre jedoch meiner unwürdig, und da ich stets nach den Geboten der Vernunft handle, darf ich mich nicht über den falschen Schein beklagen, in dem ich früher diese Dinge sah. Ich habe während der neun Jahre, in denen ich Sie unbedenklich gegen jedermann verteidigte, allzuviel für Sie getan. Jetzt aber fühle ich mich dazu nicht mehr verpflichtet, da Sie selbst Ihre wichtigsten Interessen aufs Spiel gesetzt haben... Falls Sie bereit sind, auf meine Kritik zu hören, können Sie zu mir kommen... Glauben Sie aber nicht etwa, daß Tränen oder Unterwürfigkeit mich dazu veranlassen könnten, auch nur die geringste Sympathie für Sie zu empfinden. In Ihrem Falle kann ich mich gerade noch dazu entschließen, mich Ihrer zu erinnern, nicht aber, mit Ihnen zu reden... Bleiben Sie sich bewußt, daß Sie selbst die ganze Schuld meiner Ungnade tragen und daß ich Ihnen gegenüber gerecht war, wie ich jedermann gegenüber gerecht sein werde.« Mehrmals betonte sie, nicht gekränkt zu sein. Aber der Brief verriet doch, wie nahe Herr Magnus ihrem Herzen einmal gestanden hatte.

In diesen Tagen jagte sie manchmal mit ihrer Kutsche wie besessen durch Stockholm oder schwang sich aufs Pferd und ritt so verwegen, daß niemand ihr zu folgen vermochte. Sie war verletzt, gereizt und auf eine Weise angespannt, die das Schlimmste befürchten ließ. Im Dezember setzte sie Herrn Magnus als Reichsschatzkanzler ab. Das verstimmte wiederum Axel Oxenstierna, weil er vorher nicht dazu befragt worden war.

Innerhalb eines Jahres hatte die Königin alle gegen sich aufgebracht. Am Hof herrschten chaotische Zustände. Es befand sich kein Geld mehr in der Schatulle. Isaac Vossius hielt sich an der Bibliothek schadlos. Er entnahm ihr kostbare Bücher, darunter die Silberbibel des Ulfilas, und schickte sie nach Holland. Die Dienerschaft stahl, was sie gebrauchen konnte. Ich zehrte noch von den Talern, mit denen mich die Königin so reichlich für die Reise nach Deutschland versehen hatte.

Das Volk war unruhig. Von den Kanzeln wetterten die Geistlichen gegen das gottlose Treiben bei Hofe und warnten vor der papistischen Gefahr. Sie müssen auch der Königinmutter Maria Eleanora die Ohren vollgeblasen haben, denn eines Tages erschien diese unangemeldet in Stockholm und stellte Christine wegen der ihr zugeschriebenen gottlosen Äußerungen zur Rede. Sie glaube weder an Himmel noch Hölle, noch an die Menschwerdung Christi, die Auferstehung der Toten und die Unsterblichkeit der Seele. Habe sie nicht gesagt, was man heute für Religion hielte, sei nur die Illusion von Menschen, die getäuscht sein wollen? Und was sei an dem Gerücht, daß Jesuiten bei ihr aus und ein gingen und sie ihre Seele dem Teufel verschreiben wolle? Der große Gustav Adolf habe nicht sein Blut für den wahren Glauben vergossen, damit seine Tochter die Religion verhöhne.

Christine erbitterte besonders, daß gerade jene ihre Mutter gegen sie aufhetzten, die Maria Eleanora einst als Hochverräterin gebrandmarkt und sich ihrer Rückkehr nach Schweden widersetzt hatten. Auf die Ermahnungen antwortete sie: »Sie irren sich, wenn Sie meinen, mein Vater sei nur um des protestantischen Bekenntnisses willen in den Kampf gezogen. Er achtete jedes Religionsbekenntnis und auch die Philosophie hoch. Aber diese Fragen der Philosophie und Theologie sind viel zu tief und schwierig und kompliziert zu behandeln. Man muß sie denen überlassen, die sich darauf verstehen. Den Leuten aber, die Sie dazu gebracht haben, mir diesbezüglich Vorhaltungen zu machen, werde ich gehörig Bescheid sagen.« Gekränkt reiste Maria Eleanora nach Nyköping zurück.

Entspannung fand die Königin in diesem Winter nur in den Gesprächen mit Don Antonio, dem englischen Botschafter Whitelocke und dem kaiserlichen Abgesandten Montecuccoli.

Den Jahren nach hätte Raimondo Montecuccoli mein Vater sein können. Er zeichnete mich vom ersten Tage an aus, und ich war stolz auf die Freundschaft des kriegserfahrenen Offiziers. Später kamen mir Gerüchte zu Ohren, er sei den Jünglingen mehr zugetan als dem schönen Geschlecht. Wenn das stimmte, dann verbarg er seine Veranlagung sehr geschickt, denn jedermann hielt ihn für einen Frauenhelden. Mir trat er niemals zu nahe, obwohl wir in Stockholm fast unzertrennlich waren. Ich konnte ihm stundenlang zuhören, wenn er von seinen Abenteuern im Felde erzählte. Krieg faszinierte ihn wie ein Schachspiel. Im Angriff sah er die beste Verteidigung. Seine Kühnheit paarte sich mit einem brillanten Verstand. Das sollte er später überzeugend beweisen, als er 1664 bei Sankt Gotthard an der Raab einen entscheidenden Sieg gegen die Türken erfocht und zehn Jahre darauf die kaiserlichen Truppen am Rhein in den Kampf gegen die Heere Ludwigs XIV. führte.

Aber noch war Raimondo Montecuccoli nicht kaiserlicher Feldmarschall, sondern Diplomat wie viele seiner Standesgenossen in den fünfziger Jahren, als niemand mehr etwas vom Kriege wissen wollte. Im Auftrag des Kaisers trug er Christine die

Hand des Thronfolgers an. Es lag nicht an seinem mangelnden diplomatischen Fähigkeiten, daß die Mission fehlschlug. Auch mit Engelszungen hätte er Christine nicht zur Heirat überreden können. Der Kaiserthron in Wien lockte sie nicht. Aber sie zog den liebenswürdigen Montecuccoli sofort in ihren engeren Kreis.

Der monarchistisch gesinnte und zugleich dem Königsmörder Cromwell treu ergebene englische Botschafter Whitelocke war trotz dieses Widerspruchs ein ehrenwerter Mann. Gelehrt, musikliebend und mit seinen puritanischen Ansichten umgänglicher als die schwedischen Lutheraner, verstand er sich ebenso gut mit dem katholischen Montecuccoli wie mit der freigeistigen Königin.

Wenige Tage nach dem offiziellen Empfang bat sie ihn zu einem persönlichen Gespräch, bei dem sie ihn durch ihr Interesse für die religiöse Situation in England und ihre warmen Worte für Cromwell erstaunte. Als bekannt wurde, daß sich Oliver Cromwell zum Lordprotektor von England, Schottland und Irland ernannt hatte, befürchtete Whitelocke, dies könne seine Verhandlungen erschweren. Doch Christine versicherte ihm, sie bewundere Cromwell, er sei aus dem Stoff, aus dem Könige gemacht werden. Auch ihr Urgroßvater Gustav Wasa habe aus eigener Kraft die Königsmacht der Wasa begründet.

Axel Oxenstierna hingegen äußerte Zweifel an der Legitimität von Cromwells Vorgehen und warnte vor einem Soldatenkaisertum, das schon das römische Imperium in den Abgrund gestoßen habe.

Aber dennoch wolle er lieber mit England als mit jeder anderen Regierung einen Vertrag abschließen. Als Whitelocke auf die Unterzeichnung drängte, erwiderte der Kanzler, darüber befinde einzig und allein die Königin.

Christine vertraute dem englischen Botschafter an, daß sie bald abdanken werde. Er nahm es mit englischem Gleichmut hin, obwohl er später in seinen Memoiren schrieb, er sei darüber sehr erschrocken gewesen. Sein Erschrecken habe ihm den Mut gegeben, der Königin vorzuhalten, ihr Amt sei von Gott verliehen, nur er könne es ihr auch nehmen, worauf die Königin nur geantwortet habe, sie werde niemals heiraten.

Ich wurde Zeuge eines Gespräches, in dem Whitelocke sich der praktischen Seite der Abdankung zuwandte. Er erzählte der Königin die Geschichte von dem alten Mann, der sein Vermögen dem Sohn übertragen will. Als Freunde kommen, dies zu beeiden, schickt der Sohn den Vater aus der Stube, weil er sich seiner schämt, denn der Alte raucht und spuckt auf den Boden. Zur Unterzeichnung des Vertrages holt der Sohn ihn wieder in die Stube. Der Alte weigert sich zu unterschreiben, denn er sei entschlossen, auf den Boden seiner Stube zu spucken, solange er lebe.

Christine lachte und meinte, sie werde diese Geschichte beherzigen. Hätte sie es doch nur getan!

*

Um die Jahreswende auf 1654 brachte ein Geheimbote des Jesuitengenerals die Nachricht, Rom billige die Konversion der Königin. Madrid ließ wissen, Christine könne nach ihrer Abdankung eine erste Zuflucht in den Spanischen Niederlanden finden.

Der vorletzte Akt des Königsdramas ging zu Ende. Jesuitenpatres, Gelehrte, Gesandte, Abenteurer waren gekommen und gegangen, Intrigen gesponnen, Maskierungen erprobt worden. Jeder spielte seine Rolle, ohne den Ausgang des Stückes zu kennen. Nur die Hauptdarstellerin und Regisseurin hielt alle Fäden in der Hand. Jetzt leerte sich die Bühne. Herr Magnus, Chanut, Bourdelot, die Jesuiten waren abgetreten; Don Antonio und Montecuccoli reisten im zeitigen Frühjahr ab. Kunstschätze und Bücher waren verpackt, zum Teil schon nach Frankreich verschifft.

Im Hintergrund verharrten der Reichsrat und die Stände. Karl Gustav wartete auf seinen Einsatz. Eine lastende Stille, wie sie allen großen Entscheidungen vorausgeht, lag über der Szene. Nun mußte Christine, auf sich allein gestellt, ihren Part spielen. Sich behaupten und zugleich überflüssig machen.

Vor dem Reichsrat erklärte die Königin, sie sei unwiderruflich entschlossen abzudanken. »Das größte Unglück«, sagte sie, »ist, ein Amt zu verwalten, das über die Kraft oder gegen die Neigung geht.«

Die Reichsräte flehten Christine an, ihre Absicht noch einmal zu überdenken. Sie solle erwägen, Karl Gustav an der Regierung zu beteiligen, wenn das Amt sie überanstrenge. Der Thronfolger hatte sich in den vergangenen Jahren durch Loyalität und Sachverstand, aber auch durch Christines Berufungen von ihm genehmen Reichsräten im Rat Anhänger geschaffen.

Axel Oxenstierna und Per Brahe widersetzten sich dem Wunsch der Königin ungewöhnlich heftig. Der Kanzler nannte den einen Schurken, der zuerst den Prinzen als König anerkenne, und prophezeite der Königin, sie werde ihren Schritt schon nach drei Monaten bereuen.

Per Brahe meinte, kein Mann von Ehre dürfe die Abdankung hinnehmen, denn es bestehe ein gegenseitiges Pflichtverhältnis zwischen Fürst und Volk. Christine maße sich autokratische Macht an, wenn sie den Thron verlasse. Erregt rief er: »Ein Schelm und Lump, wer der Königin diesen Schritt angeraten!« Worauf Christine dem frommen Mann ungerührt erwiderte: »Und was, wenn der Erzbischof selbst meine Abdankung befürwortet?« Per Brahe erbleichte. Noch einmal erklärte Christine, nichts und niemand werde sie in ihrem Entschluß wankend machen.

Sie hatte nicht gedroht. Das taten andere. Zum Beispiel Anhänger Karl Gustavs wie Oberst Schlippenbach. Wenn der Rat Karl Gustav nicht zum König wolle, werde man ihn zwingen. Axel Oxenstierna sei noch nicht zu alt, mit seinem Kopf für die Opposition gegen Karl Gustav zu büßen.

Ich fragte mich, warum Christine diese Drohgebärden duldete. Glaubte sie, Axel Oxenstierna könnten am Rande seines Grabes die brutalen Reden eines kurländischen Edelmannes noch schrecken und so ihren Wünschen gefügig machen? Der Kanzler muß ohnehin mehr als andere gelitten haben. Drei Generationen der Wasa-Dynastie hatte er gedient, das Königreich in der schweren Zeit nach Gustav Adolfs Tod zusammengehalten, Christine auf das Herrscheramt vorbereitet, und nun warf seine Schülerin die Krone wie eine lästige Bürde von sich. Mit ihr endete das Wasa-Geschlecht und alles, was ihm teuer gewesen war. Er wußte, daß er Christine nicht zum Bleiben zwingen konnte. Ihre Rechnung war aufgegangen. Solange sie mit Eifer und Pflichtbewußtsein regierte, hatte ihr der Rat die Abdankung verweigert. Jetzt, da sie sich seit zwei Jahren kaum noch um die inneren Zustände des Landes kümmerte, mußte Axel Oxenstierna einsehen, daß Karl Gustav von der Pfalz gegenüber einer regierungsmüden Königin das kleinere Übel war.

Das mag er wohl auch dem Reichsrat vorgetragen haben. Bittere Einsicht und nicht Drohungen bewog die Ratsmitglieder, den Reichstag einzuberufen und ihn von der Abdankung zu unterrichten.

Christine hatte sich durchgesetzt. Zu jener Zeit schrieb sie an Monsieur Chanut einen Brief, den ich für so bemerkenswert halte, daß ich ihn an dieser Stelle anführe:

»Ich habe Ihnen bereits früher die Gründe gesagt, die mich nötigen, bei meinem Entschlusse, die Regierung aufzugeben, zu beharren. Es ist Ihnen nicht unbekannt, daß ich mich schon geraume Zeit mit diesem Gedanken beschäftige und daß ich mich erst nach acht Jahren reiflicher Überlegung entschlossen habe, meinen Vorsatz auszuführen. Es ist wenigstens fünf Jahre her, daß ich Ihnen diesen meinen Plan eröffnete, und ich habe es damals als wohltuend empfunden, daß nur Interesse und Ihr Wunsch, für mein Bestes zu sorgen, Sie nötigten, mir in den Weg zu treten. Sie konnten, wie sehr Sie sich auch bemühten, mich von meinem Vorhaben abzubringen, meine Gründe nicht verwerfen. Mit Vergnügen nahm ich wahr, daß Sie wegen meines Plans an meiner Person nichts Unanständiges fanden. Sie werden sich wohl noch erinnern, welche Einwände ich Ihnen machte, als ich das letztemal die Freude hatte, mit Ihnen zu sprechen. Nichts hat mich seit so langer Zeit auf andere Gedanken bringen können.

Ich habe mein ganzes Tun und Lassen auf dieses eine Ziel gerichtet. Ich wanke auch jetzt noch nicht, da ich im Begriff bin, meine Rolle zu Ende zu spielen, den Schauplatz zu verlassen und hinter den Vorhang zu treten. Ich bekümmere mich nicht um den Beifall. Ich begnüge mich damit, daß mein Auftreten und meine Darstellung nicht hat eingerichtet sein können nach den gewöhnlichen Regeln der Schaubühne. Das Hohe, Männliche und Starke kann nicht jedem gefallen. Jeder mag darüber urteilen, wie es ihm beliebt. Diese Freiheit kann ich niemandem nehmen; ja, ich möchte es nicht einmal, wenn es in meiner Macht läge. Ich weiß, es werden nur wenige günstig darüber urteilen. Aber ich weiß auch, daß Sie zu dieser kleinen Auswahl gehören. Die Übrigen kennen weder meine Gemütsart noch meine innersten Beweggründe...

Wer meine Tat nach den gewöhnlichen bei den Menschen herrschenden Grundsätzen beurteilen will, tadelt sie bestimmt. Allein, ich gebe mir niemals die Mühe, mich vor ihnen zu verantworten. Und in der langen Muße, die ich vor mir habe, wäre es Zeitvergeudung, daran zu denken. Ich will meine Zeit vielmehr zur Prüfung meines verstrichenen Lebens und zur Verbesserung meiner Fehler verwenden. Aber ich habe keine Ursache, darüber zu erschrecken oder etwas zu bereuen.

Wie groß wird mein Vergnügen sein, wenn ich mich daran erinnere, was ich anderen Gutes getan und daß ich Verbrechen schonungslos gestraft habe. Es mag mir dann zum Trost gereichen, daß ich an keinem Unschuldigen eine Strafe vollzogen, ja sogar manchen Schuldigen geschont habe.

Die Erhaltung des Reiches ist für mich das allerwichtigste gewesen, und seinem Ruhm habe ich alles andere willig geopfert. Ich kann mich an kein Versehen meiner Regierung erinnern. Ich habe sie ohne Stolz geführt und lege sie auch willig und gern nieder.

Seien Sie meinetwegen unbesorgt. Ich bin voller Sicherheit. Meine Güter sind dem unbeständigen Glück nicht unterworfen. Es gehe mir, wie es wolle, ich werde dennoch glücklich sein. Und das bin ich auch in der Tat mehr als irgend jemand anderes. Ich bleibe es auch immer, ich fürchte nichts von der Vorsehung, die Sie mir vorhalten. Diese Vorsehung mag sich Mühe geben, meine Interessen zu verwalten, ich unterwerfe mich mit aller schuldigen Ehrerbietung ihrem Willen. Oder sie mag mir die Sorge für meine Lebensführung allein überlassen, dann wende ich alle Kräfte der Seele und des Verstandes, die ich besitze, an, um mich glücklich zu machen. Und ich bin auch glücklich, solange ich sicher bin, daß ich weder etwas von Gott noch von den Menschen zu fürchten habe. Ich will die übrige Zeit meines Lebens dazu gebrauchen, mich an solche Gedanken zu gewöhnen und mein Gemüt zu stärken. Vom Hafen aus will ich die anderen, die mitten im Sturm sind, betrachten, die ihren Geist nicht beizeiten auf solche Gedanken gelenkt haben, daß sie es in dieser Welt aushalten können.

Sollte man nicht Ursache haben, mich dann zu beneiden? Allerdings würde ich, wenn mein Glück bekannt wird, viele Neider haben. Doch ich weiß, Sie haben mich zu lieb, als daß Sie mir meine Zufriedenheit mißgönnen könnten. Ich kann wohl sagen, daß ich Ihre Liebe verdiene, weil ich so offenherzig bin und bekenne, daß ich diese Gesinnung größtenteils Ihnen verdanke. Ich habe sie in den Unterredungen mit Ihnen gewonnen, und ich möchte sie in Zukunft weiter genießen. Ich bin sicher, daß Sie Ihr Wort halten und wegen dieser Veränderung nicht aufhören, mein Freund zu sein. Ich lege nichts ab, was Ihrer Hochachtung würdig wäre. Meinerseits versichere ich, daß ich Ihnen meine Freundschaft immer bewahren werde, wo ich mich auch befinden mag. Kein Wechsel des Glücks soll stark genug sein, mir meine Gesinnung gegen Sie zu nehmen. Darin suche ich meine Ehre.

Sie wissen das alles sehr wohl und glauben auch daran, ohne zu zweifeln, so daß ich Ihnen keine größeren Zusicherungen zu geben brauche, als wenn ich Ihnen sage, daß ich jederzeit bin

Christine.«

Auf den ersten Blick entspricht dieser Brief meinem Eindruck, den ich damals von Christine hatte: hin- und hergerissen zwischen Pflicht und Neigung, nach Rechtfertigungen suchend, auf ihr Glück hoffend, doch ihm im Grunde ihres Herzens nicht trauend. Doch bei genauerem Lesen und im Licht späterer Ereignisse erscheint er unglaubwürdig. Warum redete Christine von Muße, für die sie, die mehr nach den Abenteuern der Welt verlangte als nach den Wonnen der Kontemplation, gar nicht geschaffen war? Verbarg der Brief an Chanut nicht mehr, als er offenbarte? Wollte sie dem Freund nur ihre Zuneigung bezeugen und zugleich ihn und alle willkommenen und ungebetenen Mitleser in der Sicherheit wiegen, sie werde sich künftig aller politischer Handlungen enthalten? Ich weiß es nicht und werde es auch nie erfahren.

Karl Gustav nahm die Absicht der Königin, bald abzudanken, diesmal nach außen hin gleichmütig auf. In seinem selbstgewählten Exil auf Öland schien er sich mit dem Schicksal, als König gewünscht und als Gatte abgewiesen zu sein, ausgesöhnt zu haben.

Ganz anders Maria Eleanora. Sie jammerte, wie Christine so unvernünftig sein könne, vom glänzendsten Thron Europas ohne Not und gegen den Willen aller herabzusteigen. Maria Eleanora fürchtete um ihre Zukunft. Christine hatte stets großzügig für sie gesorgt, sie vor der Feindschaft Axel Oxenstiernas und des Reichsrates geschützt. Es ist Maria Eleanora wohl nie in den Sinn gekommen, daß sie selbst ein gerüttelt Maß Schuld an Christines Entscheidung trug: die Hölle von Nyköping, das Herz Gustav Adolfs über dem Bett, die schwache Frau...

Karl Gustav begleitete Christine bei ihrem letzten Besuch in Nyköping. Auf die Vorwürfe ihrer Mutter sagte die Königin nur: »Sie verlieren eine Tochter, Madame, und gewinnen dafür einen Sohn. Er wird besser für Sie sorgen, als ich es je konnte.«

Der künftige König von Schweden sicherte den beiden Frauen alles zu, worum sie ihn baten. Nicht aus Schwäche, sondern aus unveränderter Liebe zu Christine. Der Zweiunddreißigjährige, verschmäht als Freier, angefeindet vom schwedischen Hochadel, verbarg in dem gedrungenen, vom vielen Trinken aufgeschwemmten Leib ein edles Herz. Sein Verstand, wenn auch nicht so beweglich wie der Christines, war doch fähig, eigenen Vorteil größeren Zusammenhängen unterzuordnen. Christine hatte Menschenkenntnis bewiesen, als sie ihn gegen alle Widerstände zum Thronfolger erkor. Sie konnte ihn nicht lieben wie einst den glänzenden Herrn Magnus, ihm nicht ihre geheimsten Gedanken anvertrauen wie Botschafter Chanut, mit ihm nicht über Leben und Tod philosophieren wie mit Descartes, nicht mit ihm tanzen wie mit den eleganten jungen Höflingen. Von den Künsten, die sie so liebte, verstand er nichts, es fehlte ihm an Phantasie. Aber er war loyal und zuverlässig. Christine hielt keinen für besser geeignet, das Wasa-Erbe anzutreten.

Maria Eleanora waren solche Gedankengänge fremd. Sie fühlte sich nur von der Tochter im Stich gelassen. Wie solle Karl Gustav für sie sorgen, wenn Christine Schweden aller Reichtümer beraube, klagte sie. Stimme es, daß man Bücher und Gemälde an geheime Orte gebracht habe und die Hallen des Stockholmer Schlosses jeglichen Schmucks entblößt seien?

Wenn schon von Raub gesprochen werde, fuhr Christine auf, treffe dieser Vorwurf nicht sie. Nicht sie habe einen Krieg geführt, der die Sammlungen Kaiser Rudolfs in Prag, die Bibliotheken von Mainz, Würzburg und anderer deutscher Städte plünderte. Mit welchem Recht nenne sich die schwedische Krone eigentlich deren Eigentümer? Wenn Kunstwerke überhaupt jemandem gehörten, dann dem, der sie bewahre. Die Deutschen verstünden nur, sich gegenseitig die Dächer über den Köpfen anzuzünden. Die Schweden seien kaum besser. Was die Deutschen durch Feuer und Schwert verwüsteten, ließen sie durch Unverständnis verkommen.

Christine erinnerte daran, wie sie die Bilder Correggios, Tizians, Veroneses und Caraccis gegen die puritanischen Geistlichen hatte verteidigen müssen. Den Gemälden drohe Vernichtung, wenn sie sich ihrer nicht annehme. Sie beendete das Gespräch mit den Worten: »Ich hinterlasse die Residenz allerdings schmucklos, wie sie mir von meinem Vater hinterlassen wurde. Mein Leben und mein Glück liegen in diesen Sammlungen, sie sind ein Teil meiner selbst, ich betrachte sie als mein rechtmäßiges Eigentum. Stockholm hat verständnislos den Ruhm dieser Sammlungen genossen und wurde um ihretwillen das nordische Athen genannt. Ich werde diese Kostbarkeiten auch weiterhin beschützen für alle jene, die sie zu schätzen wissen.«

Der Abschied von der Mutter war ein Abschied für immer. Ein knappes Jahr später, als Christine in Brüssel weilte, erlöste der Tod Maria Eleanora von ihrem unglücklichen Leben.

Von Nyköping aus reiste die Königin zur Eröffnung des Reichstages nach Uppsala. Wo der Aufstieg der Wasa begonnen hatte und ihr Ahnherr Gustav Wasa begraben liegt, endete nach Christines Willen die Dynastie Wasa.

Die Nachricht von der bevorstehenden Abdankung hatte sich inzwischen in ganz Europa verbreitet. Oliver Cromwell soll für Minuten starr vor Verwunderung gewesen sein. Prinz Condé rief aus: »Wo ist die Frau, die es so leicht ankommt, eine Krone hinzugeben, um welche wir Männer zu Felde ziehen und der wir lebenslang nachlaufen, ohne sie zu erjagen?« Seine Schwester, die Herzogin von Longueville, schrieb an Christine: »Eine Frau, die unter solchen Umständen eine Krone aufgibt, ist es wert, die Kronen aller Länder zu tragen.«

Freinsheim beklagte in seinen Briefen die Abdankung als ein Unglück für Europa. Bengt schrieb aus Italien. Da die Königin ihren Treueeid gegen das Land gebrochen habe, bestünde für ihn keine Veranlassung, den seinen ihr gegenüber zu halten. Niemals werde er nach Schweden zurückkehren.

Andere verteidigten die Königin mit dem Hinweis auf Kaiser Karl V., der wegen seines vorzeitigen Verzichts auf die Herrschaft nicht minder bewundert worden sei als wegen seiner Eroberungen. Und habe der römische Kaiser Diocletian nicht auf das Imperium verzichtet wie Sulla auf die höchste Gewalt im Staat?

Am 11. Mai 1654 trat in der großen Halle des Schlosses von Uppsala der Reichstag zusammen. Christine hielt eine kurze Ansprache. Sie pries die Eigenschaften Karl Gustavs, der Schweden ein guter König sein werde. »Wenn ich während der zehn Jahre meiner Regierung mich um sie verdient gemacht habe, so hoffe ich, werdet Ihr meinem Entschluß zustimmen, da Ihr Euch selbst davon überzeugen könnt, daß nichts mich von meiner Absicht abbringen kann.«

Die Sprecher des Adels und der Geistlichkeit versuchten eine matte Entgegnung. Sie mochten an Axel Oxenstierna denken, der schon vor Wochen resignierend geäußert hatte: Wenn es schon geschehen muß, dann soll es schnell geschehen.

Als letzter trat der Sprecher der Bauern vor Christine: »Mein Gott, was wollen Sie tun! Es tut uns leid zu hören, daß Sie davon sprechen, uns zu verlassen, die wir Sie so herzlich lieben! Können Sie denn glücklicher sein, als Sie es jetzt sind? Sie sind Königin von all diesen Ländern, und wenn Sie dieses große Königreich verlassen, wo werden Sie es wiederbekommen? Wenn Sie es tun – aber ich hoffe, Sie werden es nicht tun –, so werden wir alle, Sie und wir, es bereuen, wenn es zu spät ist. Daher bitten meine Brüder und ich, Sie möchten besser darüber nachdenken und die Krone auf Ihrem Haupt behalten. Dann werden Sie Ihre eigene Ehre und unseren Frieden bewahren. Wenn Sie aber die Krone niederlegen, so bringen Sie uns alle in Gefahr. Nein, fahren Sie in Ihrem Geleise fort, und seien Sie das Vorroß, solange Sie leben; und wir wollen Ihnen helfen, Ihre Bürde zu tragen, so gut wir können.

Ihr Vater war ein braver Mann und ein guter König und sehr rührig in der Welt. Wir gehorchten ihm und liebten ihn, solange er lebte; und Sie sind sein eigenes Kind und haben uns recht gut regiert, und wir lieben Sie von ganzem Herzen. Prinz Karl Gustav ist ein braver Herr, und wenn seine Zeit kommt, werden wir gegen ihn unsere Pflicht tun wie gegen Sie. Aber solange Sie leben, wollen wir nicht von Ihnen lassen, und so bitte ich, lassen Sie nicht von uns.«

Der Bauer schüttelte der Königin die Hände, drehte sich um und schneuzte sich kräftig.

Dies sei das schwerste gewesen, sagte mir Christine später: die Hoffnungen der Armen zu enttäuschen. Aber die Bauern überschätzten sie; sie konnte ihnen nicht helfen, selbst wenn sie gewollt hätte.

Widerwillig stimmten die Stände der Abdankung zu. Die Zeremonie wurde auf Anfang Juni festgesetzt.

Noch immer waren Christines Vermögensverhältnisse nicht geklärt. Der Adel wehrte sich gegen die Enteignung der Güter, die sie für sich beanspruchte, die Reichsräte wollten ihr zwar die Güter zugestehen, aber ohne die verlangten Souveränitätsrechte; die Geistlichen, mißtrauisch geworden durch die Gerüchte von einer Konversion, bestanden auf einer Klausel im Vertrag, daß die Königin am lutherischen Glauben festhalten müsse.

Christine war so nervös, daß sie nur wenige Minuten zuhören konnte. Ihre Hand zitterte, wenn sie ein Schriftstück unterzeichnete, oft sah ich sie den Tränen nahe. Ihr erbarmungswürdiges Aussehen ließ befürchten, sie könnte noch kurz vor dem Ziel zusammenbrechen. Fräulein Ebba hatte gerötete Augen. Weder Sekretäre noch Diener fanden sich in dem leeren Schloß. Die Königin jagte mich mit Aufträgen, und ich ertrug die Mühsal nur in der Hoffnung auf die baldige Abreise.

Dem Adel versicherte Christine, der Reichsrat stimme der Übereignung der Güter uneingeschränkt zu, dem Reichsrat, der Adel sei mit ihren Vorschlägen einverstanden. Karl Gustav schrieb sie, er müsse sich durch ihre Versprechungen, an wen auch immer, in keiner Weise gebunden fühlen. Das Verlangen der Geistlichen lehnte sie als beleidigend ab. Sie kämpfte wie Löwe und Schlange zugleich, denn die Zeit drängte.

Endlich wurde der Vertrag unterzeichnet. Christine erhielt Norrköping, die Inseln Öland, Ösel und Gotland, die Güter Pohl und Neukloster in Mecklenburg, die Stadt Wolgast und einige Güter in Pommern. Dieser Besitz blieb Schweden zugehörig, sollte nach schwedischen Gesetzen verwaltet und durfte weder verkauft noch verpfändet werden.

Dieser Vertrag versprach mehr Sorgen als Geld. Wie wenig

Christine in ihrer Eile Whitelockes Geschichte von dem alten Mann und seinem Sohn beherzigt hatte, stellte sich später heraus.

Als letzte Amtshandlung verfügte die Königin eine Generalamnestie für alle zum Tode und zu langjährigen Haftstrafen Verurteilten.

Am 6. Juni 1654 nach Julianischem Kalender wurde in der großen Halle des Schlosses von Uppsala die Abdankungszeremonie vollzogen. Von der Galerie schaute ich auf die Versammlung der Reichsräte und Stände. Die vielen Kerzen tauchten den Raum in ein Zwielicht, das alle Gesichter sehr bleich erscheinen ließ.

Zum letztenmal trug die Königin die Zeichen der Reichsgewalt: Krönungsmantel, Krone, Szepter, Reichsapfel. Zum letztenmal saß sie auf dem silbernen Thron, den ihr Herr Magnus in seinen glücklichen Tagen verehrt hatte.

Nur noch zehn Schritte trennten Karl Gustav vom Thron. Doch sein Gesicht blieb mürrisch, als die Abdankungsurkunde verlesen wurde. Unwiderruflich verzichtete Christine zugunsten Karl Gustavs auf die schwedische Krone, nicht aber auf den Titel einer Königin. Sie erhielt die Souveränitätsrechte über ihre Diener und für ihre Person völlige Unabhängigkeit und Bewegungsfreiheit, sofern sie nicht gegen Schweden handle.

Nach der Verlesung nahmen die Reichsminister der Königin die Insignien der Macht ab. Nur noch die Krone auf dem Haupt, stand sie in schlichtem weißen Gewand vor der Versammlung. In einer kurzen Rede erwähnte sie den Widerstand, den ihr Abdankungswunsch gefunden hatte, bat um Verständnis, dankte dem schwedischen Volk für seine Liebe und Treue sowie dem Reichsrat und den Ständen für ihre Dienste an Schweden. Ihrem Nachfolger Karl Gustav, dessen Fähigkeiten sie nochmals rühmte, wünschte sie Glück und Erfolg bei seiner schweren Aufgabe. Auch für ihre Mutter bat sie, Sorge zu tragen. Sie sprach schmucklos, aber so eindringlich, daß viele sich schneuzten, als sie geendet hatte. Vernehmlich klang Axel Oxenstiernas rauhe Stimme: »Sie ist doch des großen Gustav Adolf Tochter.«

Per Brahe, in den letzten Wochen der erbittertste Gegner der Königin, schrieb später über diesen Augenblick: »Ihre Majestät sprach so schön und frei, zuweilen saß ihr das Weinen in der Kehle. Ihre Majestät rührte manchen ehrlichen Mann zu Tränen, und jedermann beklagte, daß mit ihr ihr Geschlecht zu regieren aufhörte, viel früher, als es Gott gefiel. Sie stand dort oben wie ein schöner Engel.«

Per Brahe war so erschüttert, daß er sich weigerte, der Königin die Krone abzunehmen, wie es seines Amtes gewesen wäre. Christine mußte es selbst tun. Danach zog sie sich zurück. Sie wurde den ganzen Tag nicht mehr gesehen. An der Krönung Karl Gustavs im Dom nahm sie nicht teil.

Mit wem ich auch sprach, alle bedauerten die Abdankung der Königin. Man befürchtete magere Zeiten für die Universität, huldigte der neue König doch mehr dem Mars als der Minerva. So wollte keine rechte Freude an den Krönungsfeierlichkeiten aufkommen.

Während des abendlichen Banketts erwies Karl Gustav Christine alle Ehren einer Herrscherin. Ein unwissender Beobachter hätte glauben können, Christine sei nach wie vor im Amt. Nur selten lächelte Karl Gustav, als ahnte er, daß ihm diese Krone nur Verdruß bringen und sein Leben in wenigen Jahren aufzehren würde. Die Frau hatte er gewollt, nicht die Krone.

Christine wirkte in sich gekehrt und konnte ihre Unruhe kaum verbergen. Sie fürchtete, noch im letzten Augenblick am Verlassen des Landes gehindert zu werden. Es hieß, Axel Oxenstierna bereite ein Gesetz vor, das ihre Bewegungsfreiheit einschränken würde. Und eiferten die Geistlichen nicht, daß, wer seinen lutherischen Glauben verleugne, weder Besitz noch Leben verdiene?

Noch vor Mitternacht brach Christine auf. Karl Gustav hielt ihr den Steigbügel, auch dies ein Zeichen höchster Ehrerbietung, und begleitete sie bis Märstad. Ihr Abschied war förmlich und kurz – als trennten sich zwei Fremde. Sie sahen sich niemals wieder.

Während wir durch die Nacht auf Stockholm zuritten, rief

mich die Königin an ihre Seite. »Zufrieden, David?« fragte sie. Von widerstreitenden Empfindungen bewegt, seufzte ich nur. Sie sagte: »So sind wir alle miteinander. Jagen auf ein Ziel zu, doch wenn wir es erreicht haben, erkennen wir, daß der Weg wichtiger war als das Ziel.«

»Nein, Majestät«, erwiderte ich, »es fängt doch alles erst an. Ich bin nur traurig, weil Schweden seine Königin verloren hat.«

»Ich dachte, du liebst dieses Land nicht.«

»Das dachte ich auch, aber nun wird mir das Herz schwer bei dem Gedanken, es für immer zu verlassen.«

Auf den Wellen des Mälar tanzte das Mondlicht. Vom Waldboden stieg warmer, feuchter Dunst auf. Irgendwo schrie ein Nachtvogel.

»Manche meinen, ich hätte abgedankt, weil ich mich um die Welt kümmern wolle«, ließ sich Christine nach einer Weile vernehmen. »Sie haben recht. Wölbt sich nicht *ein* Himmel über die Erde? Wie lächerlich sind angesichts dieser Sterne alle Grenzen, aller Streit zwischen den Konfessionen und die aus ihnen erwachsenden Kriege. Ich werde Schweden wieder lieben, wenn ich nicht mehr seine Gefangene bin.« Sie gab dem Pferd die Sporen und stürmte davon.

Am nächsten Tag brach das Gefolge nach Kalmar auf, von wo ein Kriegsschiff die Königin nach Deutschland bringen sollte. Christine blieb noch einige Tage in Stockholm. Ich mußte mich ständig für sie bereithalten, aber ich sah sie kaum.

Fräulein Ebba war der einzige Mensch, von dem mir der Abschied schwerfiel. Sie bat mich, Christine nie zu verlassen, und sagte die merkwürdigen Worte: »Heimatlose wie du sind die Zuflucht der Unglücklichen.«

Noch einmal ging ich durch alle Räume des Schlosses. Entzaubert trauerte das Theater vor sich hin. Aus den Ecken und Winkeln krochen die Geister der Vergangenheit, als hätten hier niemals Wissenschaften und Künste den Anbruch einer neuen Zeit verheißen. Die Gärten an der Südseite standen im ersten Blütenschmuck. Die Orangenbäume würden nie Früchte tragen.

Nur in die Riddarholmskirche durfte ich die Königin begleiten. Sie kniete lange am Grab ihres Vaters. Ich erinnerte mich an einen Streit zwischen Christine und Maria Eleanora. Die Königinmutter hatte geäußert, Christines religiöse Ansichten opponierten so stark gegen den lutherischen Glauben, daß Gustav Adolf solche Gedanken verwerfen würde.

Verletzt entgegnete Christine, es tue ihr leid, daß Gustav Adolf tot sei; lebte er noch, könnte sie ihn gewiß von ihren Ansichten überzeugen.

Maria Eleanora nannte das eine Beleidigung Gustav Adolfs. Christine erwiderte scharf: »Nicht nur mein Vater, jedermann kann selig werden, der Heide so gut wie der Christ.«

Maria Eleanora verließ empört den Raum und weinte die ganze Nacht. Christine bat sie schließlich um Verzeihung.

Nun, da sie vor dem Grab ihres Vaters kniete, an den sie sich nicht erinnern konnte und den sie auf ganz andere Weise liebte, als man von ihr erwartete, mag ihr bewußt geworden sein, daß sie das Erbe Gustav Adolfs niemals würde abschütteln können. Es lag ihr im Blut: die Unruhe, der scharfe, schnelle Verstand, die Lebensgier, die Sehnsucht nach Gott... Um den Vater zu ehren, aber vielleicht auch, um den Gerüchten von der Konversion entgegenzutreten, empfing sie öffentlich das Abendmahl.

*

Wann und wo Christine von Axel Oxenstierna Abschied nahm, weiß ich nicht. Achtzehn Jahre lang hatte er an ihrer Seite gestanden, zuerst als Lehrer der Staatskunst, dann oft als Gegner, doch immer als Diener des schwedischen Reiches und der Wasa. In diesen Junitagen des Jahres 1654 vollendete er sein einundsiebzigstes Lebensjahr, und er wußte, was damals außer ihm vielleicht nur noch Christine ahnte: Das Ende der Wasa-Dynastie bedeutete das Ende der schwedischen Großmacht. Der Krieg hatte Schweden auf den Gipfel Europas getragen und es zugleich ruiniert. Dem Land fehlte es an Wirtschaftskraft und an Menschen. Enttäuscht, zermürbt von den Auseinandersetzungen der letzten Jahre, müde von den Staatsgeschäften, vom Leben überhaupt, starb Axel Oxenstierna drei Monate nach Christines Abdankung.

Dreißig Jahre später schrieb Christine über ihn: »Ich liebte diesen großen Mann wie einen zweiten Vater. Ich hatte ihm vieles zu danken, kannte seine vorzüglichen Eigenschaften und seine Verdienste um mich und das Reich gut... Ich bin seiner Größe dieses Zeugnis schuldig, denn obwohl ich fast allen berühmten und glänzenden Gestalten dieses Zeitalters begegnete, kenne ich wenige Menschen, die den Vergleich mit ihm aushalten.«

Über die letzten Stunden mit ihrer geliebten Ebba hat Christine nie gesprochen. Obwohl Fräulein Ebba anderthalb Jahre zuvor einen Bruder von Herrn Magnus geheiratet und inzwischen ein Kind geboren hatte, waren sie und die Königin unzertrennlich geblieben.

In tiefer Nacht verließen wir heimlich das Schloß: die Königin, drei Kavaliere, Clairet Poissonet und ich. Wie ritten nicht nach Kalmar zu den Schiffen, wie jedermann erwartete, sondern zur dänischen Grenze. Die Königin fürchtete Verrat, Gefangennahme, ein Hindernis in letzter Minute. Darum ein anderer Weg, darum die Eile.

Nahe Norrköping erwartete uns Johan Matthiae. Er war in das Geheimnis eingeweiht und von Strängnäs gekommen, seiner Schülerin ein letztes Lebewohl zu sagen. Wie Fräulein Ebba verlor Johan Matthiae mit der Königin den einzigen Schutz.

Bis Laholm richtete Christine an niemanden mehr ein Wort. Dort erwachte sie aus ihrer Versunkenheit und befahl Clairet, ihr die Haare abzuschneiden. Der Diener hob entsetzt die Hände. Nur Hexen und Huren schneide man die Haare ab.

»Unsinn«, fuhr ihn Christine an, »die Haare wachsen doch wieder.«

Seufzend ging Clairet ans Werk. Dann legte Christine Männerkleider und Stiefel an. Von einem der Kavaliere, Delphicus von Dohna, lieh sie sich den Namen. Sie wollte unerkannt reisen.

Als wir den Bach erreichten, der damals Dänemark von Schweden trennte, sprang Christine mit einem Satz auf die andere Seite, warf sich ins Gras und jubelte: »Frei! Ich bin endlich frei und nicht mehr in Schweden!« Ihre Freude steckte an. Wir kugelten uns auf der Erde wie übermütige junge Hunde. Berauschende Illusion der Freiheit.

Wie waren wir doch naiv! Wir glaubten uns unerkannt, doch am selben Tag berichtete der holländische Agent in Helsingör an eine Amsterdamer Zeitung: »Heute kam hier die Königin von Schweden an. Sie trägt Männerkleidung. Sie kam von Helsingborg mit nur fünf Personen Begleitung. Mit ihr ist der Graf Dohna. Als die Königin den Gasthof betrat, trug sie schwere Stiefel und einen Karabiner um den Hals. Sie zog die Stiefel aus, ehe sie wieder in den Wagen stieg.«

Einen Karabiner hat die Königin nie um den Hals getragen. Aus der Männerkleidung schlossen die Skribenten, sie sei ein Mannweib mit lesbischen Neigungen.

Von nun an verfolgten Geheimagenten und Nachrichtensammler jeden Schritt Christines, belästigten uns mit ihrer Schnüffelei und verfaßten Berichte, die meist nicht mehr widerspiegelten als die Dummheit ihrer Urheber.

Noch in Schweden, hatte Christine einmal gesagt, nur der sei ein wahrer König, an dem das den geringsten Wert habe, daß er König sei. Axel Oxenstierna, weltklüger, hatte sie gewarnt und prophezeit: »Ihre Majestät werden sich mit Ihrem Temperament und Ihrem Freimut vielen Verleumdungen und Gehässigkeiten aussetzen, wenn Sie nicht mehr im Schutz der Krone stehen. Die meisten Menschen springen gern die ganz Großen mit ihren beißenden Angriffen an.«

Ich kam in eine vertraute Stadt, als wir nach abenteuerlichem Ritt durch Dänemark Hamburg erreichten. Zwei Jahre zuvor hatte ich dem hiesigen jüdischen Bankier Diego Texeira geheime Anweisungen der Königin gebracht, die Verwaltung ihres Vermögens betreffend.

Obwohl den Juden Grundbesitz untersagt ist, nannte Diego Texeira ein prächtiges Haus am Krayenkamp sein eigen. Wenn der würdige alte Herr, begleitet von seinem Sohn Manuel, in einer mit Samt ausgeschlagenen Kutsche durch die Straßen fuhr, salutierten die Wachen, zogen die Bürger die Hüte. Sehr zum Verdruß der Geistlichkeit. Mehrmals schon hatte sie versucht, die Juden aus der Stadt zu vertreiben. Doch der Hamburger Senat widerstand allen Angriffen. Er hatte sogar eine ganze Sammlung von Bibelstellen beibringen lassen, mit der nachgewiesen wurde, daß die Juden nicht von Gott verworfen sind. Auf den Widerspruch der Geistlichkeit, der Senat gebe um des lieben Geldes willen die Seligkeit preis, erfolgte die lakonische Antwort, die Geistlichen seien nur mißgünstig gegenüber den jüdischen Kaufleuten und wollten Hamburg wieder zu einem Dorf machen.

Der alte Texeira war seinerzeit überrascht gewesen, als ich mich einen Schüler Rabbi Levis nannte. »Bist ein Jud?« wollte er wissen. Ich schüttelte den Kopf. Ein Christ? Auch dies verneinte ich. Aber irgend etwas müsse ich doch sein. »Zur Zeit Abgesandter Ihrer Majestät von Schweden«, erwiderte ich arrogant wie nur ein Zwanzigjähriger. Mehr Worte hatten wir nicht miteinander gewechselt. Der alte Texeira verwies mich an seinen Sohn und Nachfolger Manuel, der nie nach meinem religiösen Bekenntnis fragte.

Auch der Königin, zum erstenmal auf Hamburger Boden, war die Stadt nicht fremd. Der vor zwei Jahren verblichene Adler Salvius hatte ihr oft das blühende Gemeinwesen an Elbe und Alster beschrieben – den ausgedehnten Handel mit allen europäischen Ländern, die Tuchmanufakturen, Bierbrauereien, Magazine, Arsenale; die Toleranz des Senats gegenüber Juden, Calvinisten und Katholiken. Aus Hamburg stammte auch Benedict de Castro, ein Jude portugiesischer Herkunft, der Christine einige Zeit als Leibarzt gedient und ihr die zuverlässigen Dienste der Texeiras vermittelt hatte.

Christine legte Wert darauf, privat zu reisen, und logierte bei den Texeiras. Worauf der Senior der lutherischen Geistlichkeit, Pastor Johannes Möller, von der Kanzel der Sankt Petri-Kirche wetterte, es sei den Christen der Stadt ein großes Ärgernis, daß Königin Christina einen von Gott verworfenen Juden dem christlich Hochedlen Magistrat einer so ansehnlichen Stadt vorziehe und ihn der Ehre so hoher Einkehr und Bewirtung würdige.

Die Königin lachte, als man ihr davon berichtete, und erwies den Texeiras alle nur erdenklichen Liebenswürdigkeiten. Der junge Texeira vertraute mir an, noch nie sei ihm eine so ungewöhnliche Frau begegnet. Wer den Mut besitze, eine Krone niederzulegen, das Land seiner Väter zu verlassen und der öffentlichen Meinung zu trotzen, müsse ein Freund aller Verfolgten sein. Ob es der Wahrheit entspreche, daß die Königin zum Glauben ihrer Vorväter zurückkehren wolle? Ich antwortete ausweichend, erschrocken, daß man auch schon auf dem Kontinent davon sprach.

Die kurzen Haare unter einem Tuch verborgen, ritt Christine wie ein Mann durch die Straßen. Während der Empfänge für die Honoratioren der Stadt und die Fürsten der Umgebung gab sie sich ungezwungen. Ihre Blicke und Gesten sagten: Ich bin ein freier Mensch und tue, was mir beliebt. Aber sie war auch Königin, der königliche Ehren gebührten. Die meisten wußten mit diesem Zwitterwesen nichts anzufangen: eine Frau, die sich die Freiheiten eines Mannes herausnahm, eine Königin ohne Krone.

Was sie nicht in die Schubkästen ihrer Vorstellungen einordnen konnten, verunsicherte sie. Die Königin spürte es und trat noch herausfordernder auf.

Am letzten Tag unseres Aufenthaltes in Hamburg besuchte sie einen Gottesdienst in der Petri-Kirche. Während Pastor Möller Christine in einer langatmigen Predigt mit der Königin von Saba verglich, fragte sie mich, ob ich wisse, was der in Hamburg kursierende Spruch bedeute: »Pfui Deubel, dat heet ick na Spandau fahren, um den König zu sehen.« Ich wußte es nicht, und sie erzählte mit nicht gerade leiser Stimme folgende Geschichte:

Vor mehr als zwanzig Jahren waren Hamburger Kaufleute auf der Rückreise von Nürnberg auf die Idee gekommen, in Spandau den bewunderten Kriegs- und Glaubenshelden Gustav Adolf zu besuchen. Wohlwollend empfing der König ihre Huldigungen. Und da es ihm wie allen kriegführenden Fürsten an Geld mangelte, ging er die Kaufleute um achtzigtausend Taler an. Als sie sich weigerten, ihre Bewunderung in blanke Taler umzumünzen, befahl der König kurzerhand, ihre Pferde und Wagenladungen zu beschlagnahmen. Der hierdurch entstehende Verlust hätte die Kaufleute noch mehr gekostet, und so bequemten sie sich seufzend zur Zahlung der geforderten Summe. Eben um diese Zeit traf Pastor Möller, auf dem Weg von Breslau nach Hamburg, in Spandau ein. Gustav Adolf gebot ihm, den Kaufleuten eine Predigt über zwei Stellen aus dem Matthäus-Evangelium zu halten: »Willst du vollkommen sein, so gehe hin und verkaufe, was du hast, und gib's den Armen, so wirst du einen Schatz im Himmel haben.« Und: »Ein Reicher wird schwer ins Himmelreich kommen.« Die Kaufleute hörten die Botschaft wohl, allein, ihnen fehlte der Glaube. Zum Schaden hatten sie in Hamburg noch den Spott, riefen ihnen doch die Gassenjungen nach: »Pfui Deubel, dat heet ick na Spandau fahren…«

Ich konnte mein Lachen nicht unterdrücken, auch die Umsitzenden prusteten los. Pastor Möller hatte die ganze Zeit irritiert zu uns herübergeblickt, jetzt unterbrach er die Predigt. Mißbilligend schaute die Gemeinde. Die Königin gebot Pastor Möller mit einer Handbewegung fortzufahren und vertiefte sich in ein Büchlein, das jedermann für ein Gebetbuch hielt.

Eine musikalische Aufführung zu Ehren der Königin sollte den Gottesdienst beschließen. Doch Christine erhob sich plötzlich, ließ Pastor Möller zum Dank für seine Predigt eine goldene Kette überreichen und ging rasch aus der Kirche. Mir fiel auf, daß sie ihr Büchlein vergessen hatte, und ich wollte es holen. »Untersteh dich!« sagte sie. »Das ist für Pastor Möller bestimmt. Ich mag Judenhasser nicht.«

Als der Pastor es später fand, soll er krebsrot vor Zorn geworden sein. Das »Gebetbuch« war eine Ausgabe von Vergils Gedichten. Er brachte das Buch nicht selbst, sondern schickte einen Kirchenältesten. Christine bedankte sich mit spöttischem Lächeln. Die Empörung der Geistlichkeit erreichte Christine nicht mehr, denn schon im Morgengrauen des nächsten Tages reisten wir aus Hamburg ab.

Die Königin zeichnete mich auf alle nur erdenkliche Weise aus. Neben Manuel Texeira, der uns bis Winsen begleitete, durfte ich ihr in der Kutsche gegenübersitzen. Obwohl die Königin nur drei Stunden geschlafen hatte, wirkte sie frisch und gut aufgelegt.

Manuel deutete die Schwierigkeiten an, die seiner Familie trotz der Toleranz des Senats das Leben belasteten. Die Königin sagte: »Sorgen Sie sich nicht, Sie stehen von nun an unter meinem Schutz. Wenn ich auch nicht mehr Schwedens Herrscherin bin, bleibe ich doch Königin nach Geburt und Recht. Mir ist gleichgültig, ob sich einer Christ, Jude oder Muselmane nennt. Für mich gibt es nur zwei Nationen – die der anständigen Menschen und die der Lumpen.« Sie wies aus dem Wagenfenster. »Sehen Sie dort meinen Diener Clairet Poissonet, ein französischer Bauernbursche, den mir der Wind zugeweht hat. Er kann weder lesen noch schreiben, aber er ist verschwiegen und treu wie Gold. Neben ihm Graf Galeazzo Gualdo Priorato, ein italienischer Diplomat, der die Welt und ihre Großen kennt, mit Wallenstein gegen Gustav Adolf, mit Gustav Adolf gegen Wallenstein gekämpft hat, der die Feder ebenso geschickt führt wie das

Schwert. Ich frage nicht nach Glauben, Herkunft oder Stand, sondern nach der Aufrichtigkeit des Charakters. Wer zur Nation der Anständigen gehört, ist mein Freund und bleibt es.«

Manuel küßte der Königin die Hand. Um ihr ein Kompliment zu machen, erzählte er, der spanische Gesandte in Kopenhagen, Graf Rebolledo, habe ihm geschrieben, er werde sein Leben lang bedauern, daß er Königin Christine, diesem Messias des weiblichen Geschlechts, in Dänemark nicht begegnet sei.

Christine amüsierte der Ausdruck »Messias des weiblichen Geschlechts«. »Warum, glauben Sie, bewege ich mich in solch einem Aufzug?« fragte sie und wies auf ihre Hosen und Stiefel.

Der eben noch hochgestimmte Manuel stotterte verlegen: »Weil... nun, ich denke... weil er Eure Majestät gut kleidet.«

»Falsch!« rief sie und warf sich übermütig in den Sitz zurück. »Ich seh's Ihnen an, er schockiert Sie wie alle anderen. Ist's denn so schwer zu begreifen, daß sich kurze Haare, Hosen und Stiefel viel besser zum Reiten und Reisen eignen als kunstvolle Frisuren, unbequeme Röcke und Schuhe mit hohen Absätzen? Bin ich denn weniger Königin, wenn ich keine Krone trage, weniger Frau, wenn ich mich als Kavalier kleide? Ach, daß die Welt so an Äußerlichkeiten hängt! Dabei gaben sich Heere weiser Männer von Sokrates bis Montaigne Mühe, die Menschen eines Besseren zu belehren: Nicht nach äußerem Schein, sondern nach innerem Sein bemißt sich der Wert eines Menschen.«

Vorsichtig erwiderte Manuel, daß es den meisten nicht gegeben sei, nach solchen Erkenntnissen zu leben. »Man muß gefallen, um in der Welt Erfolg zu haben.«

»Aus Ihnen spricht die leidvolle Erfahrung Ihres Volkes, das aus dem Überleben eine Wissenschaft gemacht hat«, erwiderte Christine. »Ich werde sie nie erlernen. Stolz ist eine Tugend, aber öfter noch ein Laster. Ich leiste mir beide zugleich.«

Die guten Beziehungen zu den Texeiras endeten erst mit Christines Tod. Noch während der Reise ernannte sie Diego und Manuel zu ihren privaten Bankiers und Diego zu ihrem Residenten in Hamburg. Als die Stadt einen Prozeß gegen den

»reichen Juden« Diego anstrengte, weil er wie alle anderen diplomatischen Vertreter auf sein Recht bestand, keine Steuern zu zahlen, intervenierte Christine mehrmals zu seinen Gunsten und veranlaßte dazu auch die schwedische Regierung. Mit Manuel verband die Königin eine lebenslange Freundschaft, obwohl sie mitunter argwöhnte, er wirtschafte zu viel von ihrem Geld in seine eigene Tasche, während sich Manuel mir gegenüber beklagte, die Geschäfte mit der Königin brächten ihm nichts als Verluste. Ich verstehe wenig von den finanziellen Transaktionen zwischen der Königin und den Texeiras, glaube aber, daß weder die Beschwerden Manuels noch Christines Argwohn berechtigt waren.

Von nun an reiste die Königin wieder incognito. Aus Rom erreichten sie freundliche, doch hinhaltende Botschaften. Staatssekretär Fabio Chigi wartete noch auf einen günstigen Zeitpunkt, der Welt das Schauspiel einer zum Katholizismus übertretenden Königin vorzuführen. Auf dem Stuhl Petri saß der alte, kranke Innozenz X., regiert von seiner herrschsüchtigen Schwägerin Olimpia. Man rechnete täglich mit seinem Ableben und hoffte auf einen kraftvollen Nachfolger.

Die Verzögerung kam Christine nicht ungelegen. Es war zu befürchten, daß Schweden seine Zahlungen an sie einstellte, wenn ihr katholisches Glaubensbekenntnis offenbar würde, und sie wollte deshalb ihre Rente vorher in eine einmalige Abfindung umwandeln. So entschloß sie sich, der Einladung des spanischen Königs zu folgen und sich vorerst in Flandern niederzulassen.

Mein Unbehagen wuchs mit jeder Meile, die wir uns Osnabrück näherten. Mir graute, die Stadt wiederzusehen, mit der sich für mich so böse Erinnerungen verbanden. Der allmächtige Gott, der immer einen Ausweg weiß, schickte mir rechtzeitig ein hohes Fieber. In einem Ort, dessen Namen ich vergessen habe, ließ mich die Königin in guter Pflege zurück. Sie wollte mich für mein Mißgeschick entschädigen und erlaubte mir, auf direktem Wege nach Rom zu reisen. Von dort solle ich ihr regelmäßig berichten. Jede Beobachtung sei ihr wichtig. Empfehlungsbriefe für Rom und Reisegeld könne ich nach meiner Genesung bei der Gelehrten Anna Maria Schurmann in Groningen abholen.

»Was du auch von mir hörst, David«, sagte sie zum Abschied, »denke daran, daß ich niemals etwas gegen meine Ehre und mein Gewissen tue.« Ich wunderte mich über ihre feierlichen Worte. Ehe ich mich versah, küßte sie mich auf die Stirn und verließ mit raschem Schritt den Raum.

Ich glaubte an eine nur kurze Trennung. Hätte mir jemand von einem Jahr oder mehr gesprochen, ich wäre der Königin trotz Fieber gefolgt.

Eine Woche später besuchte ich Anna Maria Schurmann. Ich hatte schon viel von ihrer Gelehrsamkeit gehört. Was ich sah, verwirrte mich. Kein karges Arbeitskabinett wie das von Descartes. Die Studierstube glich zur Hälfte einem Laboratorium, zur Hälfte einer Werkstatt. Bilder, Skulpturen, Radierungen, Kunststickereien, Fayencen, Herbarien, Tierknochen, seltene Steine füllten neben Büchern die Regale. Die schon ergraute Frau mit dem lebhaften Blick und den nie müßigen Händen schuf Kunstwerke, die zu besitzen Christine stolz war. Anna Maria Schurmann trieb auch Botanik und Anatomie, Philosophie und Theologie. Man erzählte von ihr, daß sie schon als Dreijährige die Bibel lesen konnte. Sie beherrschte alle europäischen Sprachen, dazu Latein, Griechisch, Arabisch, Syrisch, Hebräisch, Persisch und Äthiopisch, zu dem sie eine Grammatik verfaßt hatte. Ich bewunderte sie, wenn ich auch nicht wußte, wozu so viel Gelehrsamkeit nutze sein sollte. Aber ganz gewiß war die Schurmann ein lebender Beweis, daß Klugheit nicht den Männern allein vorbehalten ist.

Anna Maria Schurmann gab mir ihr Gespräch mit der Königin wider. Christine hatte die Gelehrte als Wunder dieser Zeit und als Ruhm ihres Geschlechts gepriesen. Ihr selbst fehle es zwar nicht an Geisteskraft, wohl aber am schöpferischen Ingenium. Anna Maria, verlegen über das Lob und überrascht von der Bescheidenheit dieser Fürstin, erwiderte, die Königin sei ein Geschenk für Künstler und Gelehrte. »Sie, Majestät, haben uns allen voraus, daß Sie, frei von jeder Eitelkeit, Ihren Erkenntnissen gemäß handeln. Wer besitzt schon den Mut, eine Krone freiwillig niederzulegen! Wehe unseren Musen, wenn sie eine so große und staunenswerte Tat der Nachwelt nicht rühmen sollten!«

Christine drohte ihr scherzhaft. »Keine Schmeicheleien, wenn Sie sich meine Sympathie nicht verscherzen wollen. Verraten Sie mir lieber, warum Sie unverheiratet geblieben sind.«

»Das fragen ausgerechnet Sie, Majestät? Stammt nicht von Ihnen der Ausspruch, Sie wollten nicht der Acker sein, über den der Mann mit seinem Pflug hinweggeht?«

Christine gab sich mit dieser Antwort nicht zufrieden. Ob die Liebe sie denn nie berührt habe?

Anna Maria Schurmann erwiderte: »Man kann nicht alles gleichzeitig tun: Kinder gebären und erziehen, einen Haushalt führen, Wissenschaften und Künste pflegen. Ich hasse Halbheiten. Deshalb entschied ich mich aus freiem Willen für dieses Leben, und ich bin es zufrieden. Überdies meine ich, daß nur besonders begabte, von anderen Pflichten freie Frauen, unverheiratete also, das Recht haben, sich den Wissenschaften zu widmen. Andere mögen sich ebenso frei für ein Leben als Gemahlin und Mutter entscheiden.«

So jung ich auch war, die leise Trauer in den Worten der Gelehrten entging mir nicht, und auch Christine mag sie nicht verborgen geblieben sein. Ein großer Geist entfaltet sich nur aus der Beschränkung und leidet zugleich unter ihr, denn die Sehnsucht des Menschen geht ins Unendliche. Ans Endliche gekettet, wächst der Schmerz mit der Kraft, die ins Unendliche treibt.

Die beiden Frauen waren als Freundinnen geschieden.

*

Bevor ich von meiner Reise in den Süden berichte, möchte ich schildern, wie es der Königin weiterhin erging. Ich habe die Zeit in Brüssel und Antwerpen nicht als Augenzeuge miterlebt, und so wird man meiner Darstellung vielleicht mit Skepsis begegnen. Doch stütze ich mich auf spätere Gespräche mit der Königin und auf Dokumente, die ich im Nachlaß fand.

Bis heute meint man, Christines Reiseziel sei von vornherein Rom gewesen. Auch ich glaubte das damals. Daß Christine eine ganz Europa umfassende Friedensordnung anstrebte und zu diesem Zweck Emissäre zu Cromwell schickte, mit Prinz Condé konspirierte und mit Kardinal Mazarin korrespondierte, ist nur wenigen bekannt. Nach außen bot sie das Bild einer nur auf Vergnügen bedachten Königin, um jedermann über ihre Absichten im unklaren zu lassen. Nichts schadet einer friedensstiftenden Mission mehr als die Erörterung auf dem Marktplatz der Meinungen.

Christine hielt die spanischen Niederlande für den geeigneten Ort, zwischen den verfeindeten europäischen Mächten zu vermitteln. Doch sie überschätzte ihre eigenen Möglichkeiten und unterschätzte den Egoismus der Regierenden. Cromwell sah die Zukunft Englands in den Kolonien und nicht auf dem europäischen Kontinent, Mazarin träumte wie die Habsburger von der Vormacht in Europa, und Prinz Condé taugte mehr zum Feldherrn als zum Politiker. So trug das Jahr in Antwerpen und Brüssel der Königin nur Mißverständnisse ein – wie allen, die zwischen den Fronten stehen.

In Antwerpen residierte die Königin wie einst Kleopatra in Rom – von allen als Exotin bestaunt. Der Krieg zwischen Frankreich und Spanien, der zu dieser Zeit erneut in Flandern entbrannte, zog Politiker, Abenteurer, Militärs aus ganz Europa an, und alle wollten die siebenundzwanzigjährige Königin ohne Krone besichtigen. Wer etwas Interessantes zu berichten wußte, einen Namen hatte, über besondere Fähigkeiten und Kenntnisse verfügte oder einfach nur amüsant war, erlangte leicht Zugang zur Königin. Als einer der ersten besuchte sie Erzherzog Leopold Wilhelm, Regent der Spanischen Niederlande und Bruder des Kaisers in Wien. Auf den ersten Blick gefiel ihm die lebhafte und geistreiche Christine, doch ihre freimütigen Äußerungen über die Religion entsetzten ihn. Gegenüber dem Grafen Montecuccoli, der im September 1654 als kaiserlicher Gesandter nach Brüssel kam, bezweifelte er, daß die Königin wirklich zum katholischen Glauben übertreten werde. Er wünschte, die Königin möge ihrem Benehmen Zügel anlegen. Sie verkehre mit Hinz und Kunz, konspiriere mit Pierre-Hector Chanut, für dessen Hiersein sie einen Schutzbrief erwirkt habe, korrespondiere mit französischen Ketzern und beleidige Geistliche. So habe sie einem Jesuitenpater in Leeuwen auf seine verhüllte Zurechtweisung, die Königin werde sicherlich die gleichen Ehren wie die heilige Birgitta empfangen, nur lachend geantwortet, sie für ihren Teil möchte lieber zu den Gelehrten als zu den Heiligen gehören.

Montecuccoli beruhigte den Erzherzog: Er habe die Königin in Stockholm kennengelernt. Ihr Wortspiel sei kühn, ihr Witz gewagt, und sie verliere lieber einen Freund, als daß sie ein Bonmot unterdrücke. Sie besitze die Freiheitsliebe und Natürlichkeit der Goten, und man dürfe ihr nicht vorwerfen, worum sie eigentlich zu beneiden sei. Wenn sie vielen gottlos erscheine, dann beabsichtige sie genau dies, um die Schweden über ihr Vorhaben zu täuschen. Ihr Entschluß zu konvertieren stehe fest, und er, Montecuccoli, bedauere das im Interesse der Habsburger Monarchie zutiefst. Auch der Minister des Kaisers, Fürst Auersperg, meine, Christine wäre besser in Schweden geblieben. Aber daran sei nun nichts mehr zu ändern. Man müsse die Ereignisse in Rom abwarten und hoffen, daß die Königin Flandern bald verlasse.

In Antwerpen traf Christine auch Prinz Condé. Seit seiner siegreichen Schlacht gegen die Spanier bei Rocroi war der militärische Ruhm des nunmehr Vierunddreißigjährigen ständig gewachsen. Daran änderte sein Zerwürfnis mit Kardinal Mazarin ebensowenig wie seine Beteiligung am Adelsaufstand der Fronde gegen das französische Königshaus. Vor drei Jahren hatte er aus Frankreich fliehen müssen und befehligte nun das spanische Heer in Flandern. Ihm machte man seltsamerweise nie den Vorwurf, das Vaterland verraten zu haben, obwohl er für Spanien gegen Frankreich kämpfte.

Seit zehn Jahren wechselten Christine und der große Condé

Briefe miteinander. Ihre offensichtlich mißglückte Begegnung in Antwerpen gab zu verschiedenen Vermutungen Anlaß. Condé, der Prinz aus dem königlichen Geschlecht der Bourbonen, hatte von Christine verlangt, mit den gleichen Ehren empfangen zu werden wie Erzherzog Leopold Wilhelm. Sie verweigerte es ihm. Es ist bekannt, daß Christine nach ihrer Abdankung zur unbeugsamen Hüterin der Etikette wurde. Mit Gelehrten und Leuten aus dem Volk verkehrte sie weiterhin zwanglos; gegenüber Standespersonen beharrte sie auf den Regeln. Statussymbole gewährten ihr, die alles aufgegeben hatte, nun den einzigen Schutz. Aber ich halte es für unwahrscheinlich, daß sie das Treffen mit Condé, den sie zeitlebens als Freund bezeichnete, an Fragen des Zeremoniells scheitern ließ. Ich glaube, daß die Königin und der Prinz diesen Streit nur inszenierten, um Kardinal Mazarin in Sicherheit zu wiegen, was ihnen jedoch nur teilweise gelang.

Jedenfalls verzichtete der Prinz mit scharfen Worten auf den offiziellen Empfang durch die Königin. Incognito mischte er sich in Christines Residenz unter die Festgäste. Jemand erkannte ihn und meldete der Königin seine Anwesenheit. Christine soll vor Freude errötet sein und sich durch die Menge gedrängt haben, bis sie vor Condé stand. »Lieber Cousin«, sagte sie, »vor zehn Jahren hat keiner von uns gedacht, daß wir uns auf diese Weise treffen würden.«

Der Prinz begrüßte sie ebenso liebenswürdig. Doch plötzlich besann er sich seines Anspruchs, mit königlichen Ehren empfangen zu werden. Schon drohte ein heftiger Wortwechsel, als Isaac Vossius vermittelnd vorschlug, beide Hoheiten mögen sich an neutralem Ort und ohne Gefolge treffen.

Was dann am Waldrand von Brasschat und anderswo unter vier Augen besprochen wurde, kann ich nur vermuten: der Sturz Kardinal Mazarins, der einem friedlichen Ausgleich zwischen den Habsburgern und den Bourbonen im Wege stand. Diese Vermutung wird durch die Tatsache erhärtet, daß nur wenige Monate später, im Frühjahr 1655, die Königin, Prinz Condé und der Erzherzog gleichzeitig Emissäre zu Cromwell entsandten.

Offenbar sollten sie den Lordprotektor dazu bewegen, gemeinsam mit Condé Frankreich anzugreifen und auf diese Weise zu neutralisieren. Als Lohn boten die Spanier Cromwell freie Hand in Westindien. Das geht aus einem Brief des venezianischen Botschafters in London an den Dogen und den Senat von Venedig hervor, dessen Abschrift ich unter Christines Papieren fand.

Die französischen Spione blieben nicht untätig. Sie berichteten Kardinal Mazarin, die Königin konspiriere mit seinem Todfeind. Auch Chanut, der Christine in Antwerpen oft Gesellschaft leistete, schrieb sorgenvolle Briefe nach Paris. Mit der Königin befreundet, war er doch ein loyaler Diener des Kardinals, und er kannte Christine gut genug, um nicht ihr Doppelspiel zu ahnen.

Kardinal Mazarin rüstete zum Gegenangriff. Er fragte bei Karl Gustav an, wie es um das französisch-schwedische Bündnis bestellt sei, und riet ihm, Christine nach Schweden zurückzurufen. Karl Gustav versicherte ihm, Christine habe keinerlei Einfluß mehr auf die Staatsgeschäfte, und schickte einen Abgesandten nach Flandern, die Königin zur Rückkehr aufzufordern.

Christine antwortete abweisend: »Da mein Vaterland im besten Zustand ist, sehe ich nicht ein, wie ich Schweden im Augenblick dienen kann, wo mich doch hoffentlich niemand um meine Freiheit beneidet, die ich um den Preis einer Krone erkauft habe. Mehr als zur eigenen Befriedigung habe ich mich zum besten des Königtums zurückgezogen. Wenn mich Schweden einmal wirklich braucht, werde ich nicht zögern, sofort hinzueilen.«

Kardinal Mazarin gab nicht auf. Das beste Mittel, einen Gegner außer Gefecht zu setzen, ist, seinen Ruf zu zerstören. Allerorten erschienen anonyme Pamphlete. Kein Laster, kein Sakrileg, keine widerliche Redensart, derer man Christine nicht bezichtigte. Sie las alle Schriften, die man ihr zutrug. Die geistvollen belachte, die gemeinen verachtete sie. An den Philosophen Gassendi schrieb sie zu jener Zeit: »Ihre Achtung wird mich vor denen rehabilitieren, die meine Handlungen verurteilen, und Ihre Zustimmung wird mir genügen, um mich in meinen Ansichten zu bestärken.«

Die Verleumdungen waren nur ein Vorgeschmack auf die Flut von Schmähschriften, die sie noch zu erwarten hatte. Nach ihrer Konversion schrien auch die Schmierfinken aller protestantischen Länder Zeter und Mordio. Doch sie beeindruckten Christine so wenig wie die giftigen Dämpfe aus der Pariser Gerüchteküche. Kardinal Mazarin mußte einsehen, daß er Christines Pläne auf diese Weise nicht durchkreuzen konnte.

Viel mehr bedrückte Christine ihre pekuniäre Lage. Feste, Empfänge, Ausflüge, der Unterhalt von Schauspielern und Musikern leerten die königliche Kasse. Die Zahlungen aus Schweden trafen verspätet und nicht in vollem Umfang ein. Die Christine zugesprochenen Güter stellten nur einen potentiellen Reichtum dar. Die schwedische Regierung besaß keine Mittel, die ehemaligen Eigentümer zu entschädigen, und so hielten sich diese weiterhin an die Erträge.

Gläubiger bedrängten Christine. Um die drückenden Schulden zu begleichen, ließ sie ihr Gold- und Silbergeschirr einschmelzen, verabschiedete die italienische Theatertruppe und trennte sich von einem großen Teil ihres Gefolges. Don Antonio Pimentel muß ihr als Retter in höchster Not vorgekommen sein, als er mit einer Botschaft des spanischen Königs in Antwerpen eintraf. König Philipp riet ihr eine geheime Konversion in Brüssel an und versicherte sie der Gastfreundschaft des Erzherzogs.

Am 23. Dezember 1654 reiste die Königin, begleitet vom Erzherzog, von Montecuccoli und Pimentel, in einem vergoldeten Prunkschiff in die Hauptstadt der Spanischen Niederlande. Brüssel leuchtete im Lichterglanz, ein prächtiges Feuerwerk ergoß sich über die Stadt. Der Erzherzog erwies Christine die höchsten Ehren. Einen Tag später bekannte sie sich hinter verschlossenen Türen zum katholischen Glauben. Nur der Erzherzog, Graf Montecuccoli und Don Antonio Pimentel waren Zeugen dieses Ereignisses. Christine mag sich dabei erinnert haben, daß in eben dieser Stadt Kaiser Karl V. vor fast genau hundert Jahren die Krone niedergelegt hatte. Doch war er ein alter Mann gewesen, der von der Ruhe des Klosters träumte, während sie ihre Abdankung und Konversion politisch zu nutzen gedachte. Deshalb die Heimlichkeit. Von Paris bis Stockholm hielt man sie nach wie vor für gottlos. Christine verachtete die öffentliche Meinung, was ihre Lage zusätzlich erschwerte. In einem Kurienbericht aus jener Zeit, der sich in Christines Archiv befindet, heißt es: »Nach außen hin verbirgt die Königin sorgfältig, daß sie Katholikin ist. Sie ist bloß darauf bedacht, die Forderungen des Gewissens zu erfüllen, um sich nicht durch irgendeine Handlung der Ketzerei schuldig zu machen. Darauf beruht es, daß das unglaubwürdige Gerücht entstanden ist, sie besitze überhaupt keine Religion. Hat man sie früher für eine Lutheranin gehalten, entdeckt man nun, sie sei Atheistin, da man bemerkt, daß sie weder ihrer früheren Sekte treu ist, noch eine neue Lehre angenommen hat. Diese Ansicht erhält Nahrung durch die freie Redeweise der Königin, die zwar nicht ungehörig ist, aber keineswegs fromm und vorsichtig, und derer sie sich bedient, ihren wahren Glauben zu verbergen. Dazu treiben sie ebensosehr ihre männlichen Anlagen, die sich keineswegs mit den Grenzen zufrieden geben, die dem weiblichen Geschlecht gezogen sind, wie auch ihr königliches Geblüt, das sich daran gewöhnt hat, sich selbst ihr Gesetz zu geben und es sich nicht von den Untertanen vorschreiben zu lassen.«

Sieben Wochen lebte Christine als Gast des Erzherzogs, dabei den spanischen König beim Wort nehmend, der versprochen hatte, es solle ihr an nichts fehlen. Selber großzügig, setzte sie diese königliche Tugend auch bei anderen voraus. Christines festliche Empfänge, Bälle und Konzerte setzten Brüssel in Erstaunen.

Erst jetzt teilte die Königin Karl Gustav mit, daß sie nicht, wie ursprünglich abgesprochen, nach einer gewissen Zeit nach Schweden zurückkehren, sondern für immer auf dem Kontinent bleiben würde. Sie bat deshalb um eine einmalige Abfindung für die ihr vertraglich übereigneten Güter. Karl Gustav hätte wohl gern ihrem Wunsch entsprochen, doch es fehlte ihm an Geld. Er bereitete einen Krieg gegen Polen vor. So machte er Ausflüchte, hielt hin, entschuldigte sich, daß er nicht einmal die zugesicherten Summen überweisen konnte.

Für Christine brach eine schwere Zeit an. Der Erzherzog gab ihr zu verstehen, daß sie nicht länger in seinem Palast wohnen könne, und vermietete das Palais Egmont an sie. Wieder einmal mußte sie Schauspieler und Musikanten entlassen.

Am gleichen Tag, da in Stockholm Axel Oxenstierna zu Grabe getragen wurde, starb in Nyköping Maria Eleanora. Beiden blieb die Nachricht erspart, daß sich die Tochter Gustav Adolfs zum Katholizismus bekannt hatte. Damit erwies ihnen Gott eine große Gnade.

In Rom bezahlte Papst Innozenz die Schuld der Natur. Ein Vierteljahr dauerte das Konklave, aus dem der einstige Apostolische Nuntius von Münster, Fabio Chigi, als neuer Papst hervorging. Diese Wahl muß Christine als ein Zeichen der Vorsehung erschienen sein. Mit Fabio Chigi hatte der Jesuitengeneral ihre Konversion ausgehandelt, und kein anderer römischer Kirchenfürst kannte die politische Lage nördlich der Alpen aus eigener Anschauung besser. Orthodoxe Lutheraner nannten ihn einen Papisten, orthodoxe Katholiken einen versteckten Protestanten, aber die Vernünftigen in beiden Lagern schätzten ihn als aufrichtigen Vermittler.

Nach seiner Wahl zum Oberhaupt der katholischen Kirche ließ er verlauten, er wolle den unseligen Bruderstreit zwischen den Christen beenden. Im Frühjahr 1655 glaubten viele einen dauerhaften Frieden greifbar nahe, hatte doch Luis de León, ein spanischer Mystiker des vergangenen Jahrhunderts, für 1656 das Heraufkommen einer neuen Welt prophezeit. Aber ein kalter Nordwind drohte alle Blütenträume zu zerstören. Im Juli 1655 fiel Karl Gustav in Polen ein. Christines pommersche Güter waren nun doppelt gefährdet – durch den Krieg und die bevorstehende öffentliche Konversion. Zwar durfte nach den Bestimmungen des Westfälischen Friedens niemand aus religiösen Gründen seines Eigentums beraubt werden, aber Christine wußte um den Wert einer solchen Bestimmung, wenn der Kläger keinerlei Macht besaß. Noch mehr erschreckte sie die Vorstellung, Karl Gustav könnte jetzt einen alten schwedischen Plan verwirklichen: Brandenburg zu besetzen, Wien mit Hilfe der Moskowiter einzunehmen, sich der Kaiserkrone zu bemächtigen und triumphal in Rom einzuziehen. Christine kannte Karl Gustav gut genug, um ihm einen Erfolg zuzutrauen, wenn die Türken aus dem Süden heranmarschierten und Cromwell ihm beistand.

Das Streben nach protestantischer Vorherrschaft hielt Christine für ebenso verhängnisvoll wie nach einer katholischen. Siegen konnten dabei nur die Türken. Deshalb schlug sie dem Kaiser in Wien vor, mit zwanzigtausend Soldaten in Pommern einzumarschieren und die Holländer und Dänen zum Angriff auf Schweden zu bewegen. Der Kaiser schickte keine Legionen nach Pommern, die Dänen erklärten von sich aus 1657 Schweden den Krieg, der Karl Gustav zum Rückzug aus Polen zwang.

Man hat Christine vorgeworfen, sie habe nur aus Haß gegen die Protestanten und aus Sorge um ihre pommerschen Besitzungen dem Kaiser diese Vorschläge unterbreitet. Wahr ist, und dafür verbürge ich mich, daß sie Schweden und dem Kontinent einen zweiten Löwen aus dem Norden und endloses Gemetzel ersparen wollte. Nicht sie verriet ihr Vaterland, sondern jene, die es auf andere Völker hetzten.

Da Cromwell sich nicht zu einem Bündnis mit Condé und den Spaniern entschließen konnte, ging Christine auf Kardinal Mazarins geheimes Angebot ein, gemeinsam mit ihm an der Befriedung Europas zu wirken. Mazarins Bedingung, Prinz Condé von den Verhandlungen auszuschließen, mag ihr schwer geworden sein, aber sie nahm sie an. So sehr sie den Prinzen als Feldherrn bewunderte, so deutlich hatte sie in den vergangenen Monaten seine Schwächen als Politiker erkannt: mangelnde Geschmeidigkeit, hochfahrender Stolz, der eher eine günstige Gelegenheit preisgab oder einen aussichtslosen Kampf antrat, als sich einem Kompromiß zu unterwerfen; Eigenschaften, die Condé mit seinen spanischen Verbündeten teilte.

Erst jetzt, nach der Wahl Fabio Chigis zum Papst, nach Karl Gustavs Überfall auf Polen und nach der Offerte Mazarins, entschloß sich Christine, nach Rom zu reisen. Der gleichsam neutrale Boden der Ewigen Stadt schien ihr besser geeignet, eine europäische Friedenspolitik zu befördern, als das spanische Flandern.

Christine belieh ihre pommerschen Güter und beschaffte sich so das nötige Reisegeld. Ihr Gefolge, angeführt von Don Antonio Pimentel, zählte mehr als zweihundert Personen – Spanier, Flamen, Portugiesen, Franzosen, Italiener und nur noch vier Schweden. Nicht als Pilgerin zog sie nach Rom, sondern als Königin, die sich allen Ländern Europas verpflichtet fühlte.

Auf dem Weg entlang dem Rhein, durch Franken und Bayern sah Christine zum erstenmal die niedergebrannten Dörfer, die Ruinen, das verödete Land, Krüppel, Bettler ohne Zahl. Ihre Gedanken mögen den meinen ähnlich gewesen sein, als ich nach Süden ritt. Wie konnte sich dieses Volk in Christi Namen so von den Fürsten knechten lassen? Wie konnten Fürsten um ihres eigenen Vorteils willen das Land in eine solche Katastrophe stürzen? Keinen Kaiser hatten sie über sich dulden wollen und sich doch in größere Abhängigkeit begeben, als sie Schweden, Franzosen, Spanier ins Land riefen, mit ihnen paktierten, von ihnen abfielen, sich gegenseitig befehdeten, statt untereinander einig zu sein.

Mit dieser Meinung stehe ich nicht allein. Zum Zeugen rufe ich Gustav Adolf an, der ein halbes Jahr vor seinem Tod zu den deutschen Truppenführern in Nürnberg folgendermaßen gesprochen hat: »Ihr Fürsten, ihr Grafen, ihr Herren, ihr seid diejenigen, die ihr Untreue und Frevel an eurem selbsteigenen Vaterland beweiset, welches ihr selbst ruinieret, verderbet und verheeret, ihr Obristen, Offiziere, vom höchsten bis zum niedrigsten. Ihr seid diejenigen, die ihr stehlet und raubet, ohne Unterschied, keinen ausgenommen, ihr bestehlet eure Glaubensgenossen, ihr gebet mir Ursache, daß ich einen Ekel an euch habe; und Gott mein Schöpfer sei mein Zeuge, daß mir das Herz im Leibe gället, wann ich euer einen anschaue. Ja, ich wollte eher nackt geritten sein, als mich mit dem Eurigen bekleidet zu haben. Ich habe euch alles gegeben, was mir Gott in die Hand gegeben hat, ich habe, reventer zu melden, keinen Saustall behalten, den ich nicht unter euch geteilt hätte... Wollet ihr rebellieren, so will ich mich zuvor neben meinen Schweden und Finnen mit euch herumhauen, daß die Stücke von uns wegfliegen sollen... Mir ist's so wehe bei euch, daß mich verdrießt, mit solch einer verkehrten Nation umzugehen...«

Die Sachsen und Brandenburger, Hessen und Pfälzer, Bayern und Württemberger, einst Glieder eines mächtigen Reiches, haben mit ihm sich selbst zerstört. Wenn das Bein den Arm, der Magen das Herz und alle zusammen den Kopf bekämpfen, stirbt der ganze Leib. Verwesungsgeruch überall. Deutschland ein riesiger Leichnam...

Wem nützt es, daß es nun drei anerkannte christliche Bekenntnisse gibt? Wenn ihre Anhänger wenigstens so handelten wie der Muselmane, der Jude und der Christ in der spanischen Parabel: Nachdem die drei einem Heiden das Gemeinsame ihrer Religion erklärt, dann einander bekämpft und sich gegenseitig die Aussicht auf Seligkeit abgesprochen haben und schließlich jeder das Wesen seines Glaubens auseinandergesetzt hat, dankt der Heide Gott, daß er sich der Welt dreifach offenbart hat. Beschämt entfernen sich die Streitenden, nun einig in dem Vorsatz, es möge jeder seinem überlieferten Glauben folgen, mit den anderen in der Liebe wetteifern und Gott die Entscheidung überlassen, welcher Glaube der wahre ist. Aber davon ist die Welt heute noch so weit entfernt wie nach dem großen Krieg. Die deutschen Fürsten haben zwar errungen, was sie seit Jahrhunderten erstrebten: vollständige Souveränität, Herrschaft über die Geistlichkeit und die Kirchengüter. Aber nun sind sie nicht mehr als Maden im Kadaver Deutschland, um den sich die Habsburger und die Bourbonen raufen.

Ein deutscher Jesuit, mit dem ich einmal über diese Misere sprach, meinte: »Woran es uns Deutschen mangelt, ist der freudige Mut und ein unerschrockenes Herz. An großen Federbüschen hat es nicht gefehlt, auch nicht an vielscheckiger Kleidung, noch an Helmen und Sturmhauben. Im Kriegsgeschrei, im Bramarbarsieren, vor allem, wenn der Wein die Zunge mutig gemacht hat, sind wir groß. Aber das Herz, das die Herren Soldaten und die Fürsten so keck wider die armen Leute und die Untertanen brauchen, das ist uns gegen den Feind abgegangen. Sobald es ernst wurde, hat sich der Hase im Busen gerührt, und das Herz ist in die Schuh gefallen.«

Die Trunksucht, die Christine für ein schwedisches Übel gehalten hatte, begegnete ihr überall. Bei den Empfängen ihr zu Ehren wetteiferten die Herren im Fressen und Saufen.

In den Ratshäusern traf sie hin und wieder charaktervolle Männer, die das Gemeinwohl über ihren Geldsack stellten. »Der große Gustav Adolf«, sagte der Bürgermeister von Augsburg in seiner Ansprache, »hat viele Länder in so kurzer Zeit erobert, als er zu ihrer Bereisung notwendig gehabt hätte. Aber seine Tochter hat noch mehr getan. Ihre Laufbahn währt schon länger, und sie hat ohne Soldaten und Waffen größere Eroberungen gemacht, merkwürdigere und angenehmere Siege errungen. Sie hat das Geheimnis entdeckt, wie man siegt, ohne zu kämpfen und Blut zu vergießen. Sie versteht die Kunst, Herzen zu gewinnen und überall zu herrschen. Beim bloßen Klang ihres Namens öffnen sich alle Tore, und da sich jeder freiwillig Ihrer Majestät unterwirft, braucht sie den Aufstand der Völker nicht zu fürchten.« Diese Rede, ohne Servilität und Schmeichelei vorgetragen, soll Christine zu Tränen bewegt haben.

Man zeigte ihr ein Flugblatt mit ihrem Konterfei und dem der englischen Elisabeth und dem Text:

»Geburt, das Recht, die Zeit gab beiden eine Krone,
Doch war ihr Sentiment davon nicht einerlei.
Christine ließ ihr Reich des Pfalzgrafs Grafen Sohne,
Elisabeth behielt sich Kron und Szepter bei.
Nun wird die Ewigkeit den Ausschlag geben,
Wer von den beiden wohl gewählt in diesem Leben.«

Die Art der Darstellung ließ keinen Zweifel aufkommen, daß die Verfasser Christine die Palme überreichten.

Ihre Geldnöte nicht achtend, schenkte Christine dem Magistrat von Augsburg eine bedeutende Summe für den Wiederaufbau der Stadt.

Zum Entsetzen ihres Gefolges wählte sie nicht den Weg durchs Inntal, sondern den kürzeren, aber beschwerlicheren Weg von Partenkirchen über den schon verschneiten Scharnitzpaß. Am 29. Oktober 1655 überschritt sie bei Scharnitz die Grenze zum Erzherzogtum Tirol.

Ich war von Groningen in direkter Route nach Süden gereist. In keiner Stadt hielt ich mich länger als notwendig auf. Ich widerstand sogar dem Verlangen, meinen Lehrer Freinsheim in Straßburg aufzusuchen, was ich heute noch bereue. Starb doch Freinsheim nur wenig später. Unser niemals unterbrochener Briefwechsel, in dem er lebhaft Anteil an meinem Tun nahm, tröstet mich nicht darüber hinweg, daß ich ihn vergeblich auf mich warten ließ. Es gibt kein Später, immer nur ein Jetzt.

Fürth, mit dem mich nichts als zwei Gräber und verblassende Erinnerungen verbanden, ließ ich am Wege liegen. Auch dies ein Fehler, denn just zu dieser Zeit forschte Rabbi Levi dort nach mir. Ich erfuhr es von einem Studenten, der sich wie ich in Innsbruck einer Gruppe von Kaufleuten anschloß, um sicher die Alpen zu überqueren.

Ende August erreichten wir den Brennerpaß, das Tor zum Süden. Entlang der von der Etsch in die Felsen gegrabenen Schluchten, unter überhängenden Bergwänden waren Jahrhundert um Jahrhundert Heere deutscher Kaiser und Könige, Pilger und Handwerker gezogen, hatten von Eroberungen, der ewigen Seligkeit, von Ruhm, Ehre und Schätzen geträumt. Eine Straße der Sehnsucht, die für viele, vielleicht die meisten, in den Tod führte.

Die Hoffnungen längst versunkener Geschlechter beflügelten meine Schritte. In dem Ewigkeitsrausch, der mich angesichts der grandiosen Natur und geschichtlicher Erinnerungen erfaßte, versank das öde Deutschland im Nebel des Vergessens. Allmählich wichen die Berge zurück, bis sich der schmale Durchgang bei Brixen in eine beglückende Weite öffnete. Trauben reiften an den Weinstöcken, die Landleute sangen bei der Arbeit, ich glaubte mich in Arkadien. So trug ich denn auch keine Sorge, mich in Bologna von meinen Reisegefährten zu trennen. Wie sehr die Städte unterwegs auch lockten, ich wollte so schnell wie möglich nach Rom.

Auf dieser Reise mußte ich erfahren, daß unziemliche Eile langsamer oder gar nicht zum Ziel führt. Schon hatte ich von den Höhen des Apennin die Domkuppel von Florenz gesichtet und war guten Mutes, noch vor Sonnenuntergang die Stadt am Arno zu erreichen, als mich plötzlich ein Dutzend Männer in unverkennbar feindlicher Absicht umringten. Die Schnelligkeit meines Pferdes half mir auf dem steilen Pfad nichts. Ich sprang ab und zog den Degen. Die Banditen drangen auf mich ein. Todesangst verlieh mir übermenschliche Kräfte, doch wäre ich schließlich den Weg alles Irdischen gegangen, hätte sich nicht mit Geschrei ein Mönch genähert. Er warf sich ins Getümmel, uns zu trennen. Ein Hieb traf ihn. In die eintretende Stille stöhnte er: »Warum, Brüder, warum?« Ich sah noch, wie die Männer sich bekreuzigten, dann schwanden mir die Sinne.

Als ich wieder erwachte, beugte sich Bengt über mich. Ich glaubte zu träumen und wollte mich aufrichten. Ein brennender Schmerz durchfuhr meinen Leib. Ich lag auf weißem Linnen und steckte bis zum Hals in Verbänden. Bengt sagte: »Du Pechvogel bist unter einer Glückshaube geboren.«

Auf dem Heimweg von der Jagd hatte der Großherzog von der Toskana mit seinem Gefolge zufällig jene Stelle des Überfalls passiert. Einige der Banditen baumelten inzwischen am Galgen. Der Anführer, ein gewisser del Monte, war entkommen. Den Mönch erwähnte Bengt nicht, und ich wagte nicht, nach ihm zu fragen. Meines Freundes ärztlicher Kunst verdankte ich, daß meine Wunden gut heilten. Ein Stich durch die Schulter hatte knapp die Lunge verfehlt.

Dank einem gütigen Schicksal und mir zur Rettung war Bengt seit wenigen Wochen einer der Leibärzte Ferdinands II. Medici. Eine Operation, durch die er der Tochter eines vornehmen Florentiners die Gesundheit wiedergegeben, und sein Ruf als Diagnostiker hatten ihn dem Großherzog empfohlen.

Ob die Toleranz des Fürsten so weit ginge, seinen katholischen Körper einem lutheranischen Arzt anzuvertrauen, fragte ich. Bengt lächelte spöttisch und erwiderte, er habe den Großherzog dieser Probe nicht unterzogen, er sei Katholik geworden. Obwohl ich kein Wort des Tadels oder auch nur der Verwunderung äußerte, rechtfertigte sich Bengt: Schließlich beriefen sich alle, ob Katholiken, Lutheraner oder Calvinisten, auf das Evangelium. Die Streitereien der Theologen kümmerten ihn schon lange nicht mehr. Der Großherzog fördere die Wissenschaften, die italienischen Weine seien vorzüglich, die Frauen nicht minder, warum solle er den Leuten nicht den Gefallen tun, auf katholische Weise mit Gott zu verkehren? Außerdem pfiffen die Spatzen von allen Dächern, daß Königin Christine das gleiche vorhabe.

Um mich ganz und gar von seiner Sicht der Dinge zu überzeugen, zog Bengt ein Kreuz aus der Tasche. Der sterbende Mönch habe ihn gebeten, es mir zu schenken, falls ich überleben sollte.

»Frater Francesco aus Fiesole wußte nicht, daß du ein Lutheraner bist, aber er hätte sein Leben selbst für einen Juden gewagt.«

Erschüttert vom Tode des Mönchs und verletzt von Bengts Spott, fuhr ich ihn an, ob er denn an gar nichts glaube.

»Doch«, antwortete er, »an mich.«

Im Evangelium des Johannes steht geschrieben, daß keiner größere Liebe hat, als wer sein Leben hingibt für seine Freunde. Während meines Krankenlagers in Florenz dachte ich oft über dieses Bibelwort und die seltsamen Zufälle des Lebens nach. Heute zweifle ich freilich daran, daß es Zufälle waren, die mich immer wieder aus Gefahren gerettet haben.

Wieder genesen, ritt ich mit Bengt zu den Franziskanern nach Fiesole. Das kleine Kloster gleicht einem Vogelnest auf der Bergkuppe: Zuflucht und zugleich ein Ort, von dem aus man über die Weiten der Toscana fliegen möchte.

Der Prior empfing uns freundlich. Geplagt von schlechtem Gewissen und einer Dankbarkeit, die keine Wort fand, benahm ich mich wie ein störrischer Esel, während Bengt unbekümmert plauderte. Wir gingen in Francescos Zelle. Hier habe einst der heilige Bernardino von Siena gewohnt, wenn er in Florenz predigte, bemerkte der Prior stolz.

Bengt fragte, wie sich ein großer Geist auf so engem Raum bescheiden könne: Brettertisch, Schemel, Pritsche und kaum Platz für ein paar Schritte – ein Gefängnis für Körper und Seele.

Lächelnd meinte der Prior, auch er, Bengt, werde noch erkennen, daß die Seele ihre Freiheit nur in der Beschränkung finde.

Bengt schüttelte den Kopf und wies aus dem Fenster auf das übersonnte Florenz im Tal. »Wer darauf verzichtet, ehrwürdiger Vater, mißachtet Gottes Schöpfung.«

Ohne auf Bengts Worte einzugehen, begann der Prior von Francesco zu erzählen, als weile der Mönch noch unter den Lebenden. Ein begnadeter Illuminator sei er, seine Abschriften alter Bibeln schätze man in allen Klöstern der Toskana. Niemals werde er müde, die Schönheiten dieser Welt zu preisen. Den Blick auf Florenz und hinüber nach San Miniato liebe er besonders, und die Farben eines Nachmittags wie diesem bevorzuge er auch in seinen Illuminationen. Der Prior griff nach der Bibel, an der Francesco zuletzt gearbeitet hatte, und schlug sie aufs Geratewohl auf. Es war die Stelle aus dem Lukas-Evangelium, wo Jesus von dem Mann berichtet, der auf dem Weg von Jerusalem nach Jericho unter die Räuber fällt. Neben dem Text eine toskanische Landschaft, hingestreckt auf dem Waldboden der Überfallene, die fliehenden Räuber, der herbeieilende Samariter.

»Seltsam«, sagte der Prior, die Darstellung genauer betrachtend. »Der Samariter trägt Francescos Züge.«

Das Bild verschwamm mir vor den Augen. Der Prior legte mir die Hand auf die Schulter. »Es war Gottes Wille. Füge dich, wie Francesco sich gefügt und dadurch die Krone des Lebens erworben hat.« Dann zitierte er den Satz aus dem Johannes-Evangelium: Wer sein Leben hingibt für seine Freunde…

»Aber ich bin Lutheraner«, entgegnete ich.

»Wir sind alle in des einen Gottes Hand und deshalb Freunde.«

Der Prior hieß mich, eine Stelle in der aufgeschlagenen Bibel zu lesen. Da stand: »Welcher dünkt dich, der unter diesen dreien der Nächste gewesen ist dem, der unter die Räuber gefallen war. Er sprach: Der die Barmherzigkeit an ihm tat. Da sprach Jesus zu ihm: So gehe hin und tue desgleichen.«

In den folgenden Wochen besuchte ich den Prior täglich. Niemals versuchte er, mich zum Katholizismus zu bekehren, denn er meinte, jeder, der das Rechte wolle und tue, bereite Gott eine Heimstatt in seinem Herzen. Was das Rechte denn sei, fragte ich. »Die Liebe zu deinem Nächsten und zu allen Geschöpfen dieser Erde«, war seine Antwort.

Am Weihnachtsabend 1654 legte ich in der Klosterkirche von Fiesole das katholische Glaubensbekenntnis ab, ohne zu wissen, daß Christine in Brüssel zur selben Stunde das gleiche tat. Als Jude war ich aufgewachsen, Lutheraner ohne mein Zutun geworden. Katholik wurde ich, weil der Mönch Francesco mir zum zweitenmal das Leben geschenkt hatte.

Der Großherzog erkundigte sich oft nach mir, schickte Obst und Näschereien und trug alle Kosten meines Aufenthalts in Florenz. Nach meiner Genesung mußte ich ihm oft von Schweden erzählen, und ich bemerkte, welche falschen Vorstellungen man sich in der Toskana von diesem Land machte: in Tierfelle gehüllte Menschen an offenen Feuern, die Königsresidenz eine Blockhütte... Bengt belächelte meine Schilderungen. Nur einmal meinte er, ich sei noch immer in das barbarische Land vernarrt. Er haßte Schweden aus verletzter Liebe.

Ich bat den Großherzog um Empfehlungsschreiben für Rom, da die der Königin bis zur Unleserlichkeit blutverschmiert waren. Der freundliche Herr meinte, das königliche Siegel und mein tapfer vergossenes Blut würden mir in Rom schneller die Türen öffnen als das schönste Schreiben des Großherzogs der Toskana. Aber er wolle mich gern dem Kardinal Carlo Medici empfehlen.

Ende Dezember rüstete ich mich zur Weiterreise. Der Abschied von Florenz fiel mir schwer. Bevor wir uns trennten, wiederholte Bengt jenen Satz, den ich als ersten bei unserem überraschenden Wiedersehen gehört hatte: »Du Pechvogel bist unter einer Glückshaube geboren.« Auf meine Frage, wie er das meine, sagte er ungewöhnlich ernst: »Mein Blick ist schärfer, mein Verstand arbeitet präziser, aber du bist dem Herzen der Welt näher als ich.« Wir umarmten uns mit dem Versprechen, Freunde zu bleiben, wohin uns die Winde des Schicksals auch verschlagen würden.

*

Als ich durch die Porta Flaminia in Rom einritt, empfing mich Glockengeläut. Es galt nicht mir, sondern einem Toten. Innozenz X. Pamfili war im einundachtzigsten Lebensjahr gestorben, ein guter, aber schwacher Papst. Doch ihn erwähnte kaum noch jemand. Die Wahl des Nachfolgers bewegte die Römer sehr viel mehr.

Ich hätte zu keinem ungeeigneteren Zeitpunkt nach Rom kommen können. Die Kardinäle Barberini und Medici, an die ich Empfehlungsschreiben bei mir trug, gaben keine Audienzen. Jedermann in dieser großen Stadt schien mit sich selbst beschäftigt. Den römischen Dialekt verstand ich kaum. Ich nahm Quartier am Spanischen Platz. Mich dem Zufall überlassend, schlenderte ich durch die Straßen und beobachtete das Treiben wie ein Knabe einen Ameisenhaufen.

Rom war vor dreißig Jahren nicht anders als heute: Stadt der Päpste, Traum der Pilger, Pfuhl der Laster, Hort der Künste, Sitz der Inquisition. Zahllose Kirchen verherrlichen das Papsttum, Heilige und Kirchenfürsten. Ihre Fassaden schwingen und runden sich. Sie streben nicht mehr aufwärts wie zur Zeit der großen deutschen Kaiser, finden ihr Maß nicht mehr in sich selbst wie noch vor hundert Jahren, sondern verlieren sich in der Maßlosigkeit gläubiger Sehnsucht und glühender Sinnlichkeit. Sie sind zu Bühnen für die Komödien eines haltlosen Geschlechts geworden. Päpste spielen die Hauptrolle. Kardinäle und Prälaten nähren unter dem Mantel von Demut und Intrigen ehrgeizige Hoffnungen auf das höchste Amt. Auswärtige Diplomaten drohen oder schmeicheln den Päpsten, bestechen oder bekriegen die Kardinäle zum Nutz und Frommen ihrer allerchristlichsten Könige. Der römische Adel frönt seinen Lastern und stellt schamlos Reichtum zur Schau. Gemeinwohl ist ein unbekanntes Wort.

Nach einer mir endlos scheinenden Woche wurde ich endlich von Kardinal Francesco Barberini empfangen. Er war der Neffe des vorletzten Papstes, Urban VIII. Sein jüngerer Bruder Antonio trug ebenfalls den Kardinalspurpur. Der dritte Bruder, Taddeo, dazu ausersehen, den kostbaren Samen der Barberini fortzupflanzen, lebte nicht mehr. Es hieß, die Barberini hätten während der Regierungszeit ihres Onkels einhundertfünf Millionen Scudi in ihre Taschen gesteckt. Ob es stimmt, weiß ich nicht, aber die Barberini gehören zu den reichsten Familien Roms. Unter Urbans Nachfolger Innozenz hatten sie nach Frankreich fliehen müssen. Nun residierten sie wieder in Rom, zur Freude der Armen und der Künstler, die immer auf ihre Freigiebigkeit zählen konnten.

Kardinal Francesco Barberini stand am Anfang des Greisenalters. Er hörte mich freundlich an, stellte einige Fragen zu dem blutbefleckten Schreiben der Königin und empfahl mich dann der Obhut seines Freundes Lucas Holstenius, den er ein Wunder an Gelehrsamkeit nördlich und südlich der Alpen nannte.

Holstenius, Sohn eines Färbers in Hamburg, als Dreißigjähriger zum Katholizismus konvertiert, war ein Universalgelehrter, wie man heutzutage nur noch wenige findet. Nicht nur als Gelehrter und Seelsorger hatte er sich große Verdienste erworben, sondern auch als päpstlicher Diplomat in Warschau und Wien. Gegner aller übereilten und strengen Rekatholisierungsversuche, mißbilligte er auch Galileis Verurteilung durch die Inquisition.

Im Gegensatz zu meinem väterlichen Freund Freinsheim war Holstenius bei aller Gelehrsamkeit kein glücklicher Mensch. Die römische Atmosphäre des Laissez-faire entsprach nicht seinem schwerblütigen Naturell. Er wirkte verbittert wie einer, der sich um den Lohn seiner Mühen betrogen fühlt, obwohl er eine Vielzahl von Ämtern innehatte: Erster Kustode der Vatikanischen Bibliothek, Päpstlicher Konsistorialsekretär, Apostolischer Protonotar und Kanonikus von Sankt Peter. Bei meinem ersten Besuch begegnete er mir mißtrauisch und abweisend. Nur weil Kardinal Medici, bei dem ich ebenfalls vorsprach, mich wie einen Bettler an Dienstboten verwies, ging ich noch einmal zu Holstenius. Diesmal zeigte er sich umgänglicher, zumal ich es an Komplimenten nicht fehlen ließ. Geduldig hörte ich mir seine Klagen über Rom an, dieses neue Babylon, in dem ein junger Mensch wie ich leicht verderben könne. Mir klang das Wort Babylon eher verheißungsvoll in den Ohren. Aber ich tat erschrocken und versicherte Holstenius meiner ewigen Dankbarkeit, daß er mich vor den Fallgruben Roms warne.

Holstenius erzählte von den Huren auf der Ripetta, den Glücksspielern in den Osterien, den Spitzbuben, die den Pilgern das Geld aus der Tasche zögen. Doch er sehe den armen Leuten, die ohnedies über alle Maßen bedrückt würden, ihre Untugenden nach, täten sie doch nur im Kleinen, was die Herren ihnen im Großen vorlebten. Die Pamfili, Borghese, Aldobrandini, Ludovisi, Colonna und Orsini hätten sich schamlos durch die aus ihren Familien hervorgegangenen Päpste bereichert. Keiner trage Verantwortung für das Gemeinwesen, jeder trachte nur nach eigenem Vorteil. Die Beamten, vom niedrigsten bis zum höchsten, setzten sich überhaupt nur in Bewegung, wenn sie Goldscudi klimpern hörten. Beziehungen, Geld und Heuchelei bestimmten das Leben im Kirchenstaat. Die meisten Kardinäle führten sich wie eitle Gecken auf, seien ungebildet und gäben sich den gewöhnlichsten Vergnügungen hin wie der erst siebzehnjährige Maidalchini, ein Verwandter des verstorbenen Papstes.

Nur die Barberini verschonte Holstenius mit seiner Kritik, obwohl gerade sie unter Papst Urban VIII. Stadt und Land so ausgeplündert hatten, daß der Spruch kursierte: Was die Barbaren nicht vermochten, taten die Barberini. In seiner moralischen

Entrüstung ging Holstenius nicht so weit, den Ast abzusägen, auf dem er saß. Er erfreute sich nämlich der Protektion des Kardinals Francesco Barberini.

Wer in Rom etwas erreichen oder auch nur seine Arbeit als Künstler oder Gelehrter tun will, muß mit zwei Zungen reden, mit zwei Maßen messen können. Das verdirbt den besten Charakter. Holstenius bot dafür ein Beispiel.

Mich beschlichen ungute Vorahnungen, wenn ich an meine freimütige Königin dachte. Doch in den marmorschimmernden Kirchen, vor den Bildern Raffaels und Michelangelos, in der Vatikanischen Bibliothek mit ihren Schätzen vergaß ich alle Bedenken. Vom Pincio oder vom Janiculus schaute ich bei Sonnenuntergang auf die vielhügelige Stadt mit den Kuppeln, Türmen und grandiosen Ruinen aus dem Altertum, und ich wußte, die Königin würde wie ich das beseligende Gefühl empfinden, Herr über Rom und den ganzen Erdkreis zu sein. Die Welt ist immer so jung wie man selbst.

Ich war noch keine zwei Wochen in Rom, als ich in eine Lage geriet, die mich leicht hätte den Kopf kosten können, mir aber durch Gottes Fügung die Bekanntschaft zweier außerordentlicher Männer bescherte. Immer wieder hatte ich perfide Gerüchte über die Königin gehört. Daß sie die Existenz Gottes leugnen sollte, störte mich nicht. Aber die Verleumdung, sie stiege jede Nacht mit einem anderen Liebhaber ins Bett und bezahle dafür oder ließe sich bezahlen, empörte mich. Ich forschte nach der Quelle dieses Unrats in den Osterien und auf der Ripetta, wo ich mit einigen Freudenmädchen schneller Bekanntschaft geschlossen hatte, als es sich für einen braven Katholiken ziemt. Ich erfuhr, daß ein heruntergekommener polnischer Kavalier für ein paar Gläser Wein Informationen über die Königin verkaufe. In einer Osteria am Tiberufer stellte ich ihn. Er behauptete, er habe der Königin in Antwerpen gedient, sie aber wegen ihrer Unmoral verlassen.

»Rausgeworfen hat sie dich, kann sie doch Säufer wie dich nicht ausstehen«, fiel ich ihm grob ins Wort. Der Kavalier erwiderte, Läuse wie mich würde er zerquetschen. Sofort umringte uns ein Kreis von Schaulustigen. Der Pole erging sich in so widerwärtigen Lügen, daß ich ihn ohrfeigte. Obwohl angetrunken, zog er den Degen schneller, als ich ihm zugetraut hatte. Nur knapp wich ich seinem ersten Hieb aus. Jetzt griff auch ich zur Waffe. Ich wollte den Mann nicht töten. War es seine Trunkenheit, war es Ungeschick? Nach mehreren gut geführten Paraden fiel er in meine Klinge.

Statt zu fliehen, verharrte ich entsetzt an Ort und Stelle, bis die Sbirren mich abführten. Ich beteuerte, aus Notwehr gehandelt zu haben. Man glaubte mir nicht. Im Gefängnis hatte ich Zeit, mein Los zu bedenken. Auf Duellieren stand der Tod. Den Zeugen, wenn man sie überhaupt befragte, würde man nicht trauen. Das Wort armer Leute gilt nicht viel, und der Tote war ein Edelmann. Sein Blut klebte an meinem Degen. Brauchte es noch mehr Beweise für den Galgen? Ich setzte meine letzte Hoffnung auf einen Priester.

Als Don Gennaro das Verließ betrat, meinte ich, es mit einem Verrückten zu tun zu haben. Er wischte sich die Hände an der speckigen Soutane ab, hob sie gen Himmel und sagte fröhlich: »Freue dich, mein Sohn, bald bist du diesem Jammertal entronnen und stehst vor Gottes leuchtendem Angesicht. Beichte oder beichte nicht, meine Absolution hast du. Wir sind alle Spitzbuben – der Tote, du, ich. Aber Gott liebt uns. Möchtest du einen Schluck?« Er hielt mir eine Flasche entgegen. »Dieser Frascati ist ein Vorgeschmack auf das Paradies.«

Ich stieß die Flasche zurück. Das Paradies locke mich nicht, mir gefiele es auf Erden sehr gut, ein Spitzbube sei er vielleicht, der Tote bestimmt, ich aber nicht.

Gleichmütig verstaute Don Gennaro die Flasche wieder in der Soutane und sagte: »So, so, dir gefällt das Leben? Auch gut. Aber unschuldig ist keiner von uns.«

»Mag sein«, erwiderte ich. »Aber warum soll dann gerade ich sterben?«

»Weil es Gott in seinem unerforschlichen Ratschluß so gefällt.«

»Es gefällt ihm nicht«, beharrte ich.

»Woher willst du wissen, daß es ihm nicht gefällt?« fragte Don Gennaro. Ich dachte, daß Gott wohl doch beschlossen hatte, mich zu verderben, wenn er mir in der Stunde höchster Not einen alten Trottel schickte. Da mir kein anderer Ausweg blieb, erzählte ich meine Geschichte und bat Don Gennaro, den Beistand Kardinal Barberinis für mich zu erwirken.

Der Priester winkte ab. Ehe der Kardinal ihn vorließe, würde ich schon hängen. Er klopfte mir auf die Schulter. »Verzage nicht, mein Sohn, Gott verläßt keinen Sünder, nicht in diesem und nicht im nächsten Leben.«

Er ging, und meine Verzweiflung war schwärzer als die hereinbrechende Nacht. Eben noch auf der Sonnenseite des Lebens, schaute ich nun in das beinerne Angesicht des Todes. Ich stand im dreiundzwanzigsten Jahr, ich wollte leben. Zitternd und in Schweiß gebadet, hockte ich in meinem Verließ und haderte mit Gott, daß er mir so übel mitspielte.

Irgendwann schlief ich ein. Als Don Gennaro zwischen zwei Sbirren in der Tür stand, glaubte ich, sie holten mich zur Hinrichtung. Ich fiel auf die Knie, ein Gebet zu sprechen. Der Priester zog mich empor. Gott möge ich lieber in einer Kirche preisen und nicht in diesem stinkenden Loch, ich sei frei.

Wie ein Träumender ging ich neben Don Gennaro durch die Straßen. Immer wieder sprachen Leute den Priester an oder wollten ihm die Hand küssen, die er ihnen ärgerlich entzog. Eine vornehme Dame entstieg sogar ihrer Kutsche, um Don Gennaro zu ehren. Mir dämmerte, daß dieser Mann doch nicht der Trottel sein konnte, als den ich ihn angesehen hatte.

Don Gennaro führte mich zum Kapitol. Die Wachen salutierten uns wie Personen von Stand und geleiteten uns in einen großen Raum. Dort begrüßte uns ein schlanker Monsignore mit grauem Kinnbart, den mir Don Gennaro als Giulio Rospigliosi, Gouverneur von Rom, vorstellte.

Er freue sich, einen Ritter der schwedischen Königin kennenzulernen, begann der Gouverneur lächelnd das Gespräch. Seine

Rede war ungezwungen, sein Benehmen liebenswürdig. Bald plauderten wir auf spanisch über Calderon, den Rospigliosi allen Dichtern vorzog. Später erfuhr ich, daß er zehn Jahre lang Apostolischer Nuntius in Spanien gewesen war. Als ich ihm für seine Hilfe danken wollte, wies er auf Don Gennaro. Ich verbeugte mich gegen den Priester, doch der schüttelte den Kopf und wies mit dem Daumen nach oben. Die beiden Geistlichen lachten über meine Verwirrung.

Giulio Rospigliosi legte mir väterlich die Hand auf die Schulter. Da sei kein Wunder im Spiel. Wie immer untertreibe sein Freund Gennaro die eigenen Verdienste. Dieser habe die Zeugen, den Medikus und den Richter gebeten, der Wahrheit Genüge zu tun. Die Zeugen hatten meine Notwehr beschworen, der Medikus stellte fest, der Kavalier sei nicht an dem Degenstich, sondern an Herzschlag gestorben, und dem Richter war nur noch übriggeblieben, mich freizulassen. So einfach sei das mit der Gerechtigkeit, wenn Männer wie Don Gennaro sich ihrer annähmen.

Auf meinen Dank sagte der Priester, Schuld habe ich trotzdem auf mich geladen.

Ob ich die Verleumdungen denn hätte unwidersprochen lassen sollen, fragte ich.

»Wenn deine Königin eine tugendhafte Frau ist, führen sich schmutzige Gerüchte von selbst ad absurdum; wenn sie es nicht ist, rettet auch kein Blut ihre Ehre. Rom wäre längst entvölkert, folgte auf jedes dumme Wort eine Ohrfeige und ein Duell. Du wolltest Richter sein und wärest darüber beinahe zum Mörder geworden. So, und nun gehe hin in Frieden und danke Gott.«

Ich verließ das Kapitol wie auf Engelsflügeln. Ich hatte wirklich allen Grund zu danken. Eben noch vor den Toren der Hölle, öffnete mir jetzt der Umgang mit dem Gouverneur von Rom die Türen aller Paläste. Ein Vierteljahr später wurde Giulio Rospigliosi Staatssekretär des neuen Papstes, und auch dann war ich ihm jederzeit willkommen.

Mit Holstenius beobachtete ich den Einzug der Kardinäle ins Konklave. Von Angesicht kannte ich nur Francesco Barberini und Fabio Chigi, den einstigen Apostolischen Nuntius in Münster. Ein Kardinal Anfang dreißig fiel mir besonders auf. Der stolze Blick und die gebogene Nase ließen an einen Adler denken. Sein Mund verriet Sinnenfreude, das feste Kinn Entschlossenheit. Ein schöner Mann unter all den Greisen und weibischen Jünglingen im Kardinalsgewand.

Dies sei Decio Azzolino aus Fermo, dank dem Einfluß Donna Olimpias, der Schwägerin des verstorbenen Papstes, zum Kardinal ernannt, klärte mich Holstenius auf. Da er aus armem Adel stamme, könne er sich den Kardinalshut nicht erkauft haben. Man rede dies und das über ihn, aber er sei so schlau, daß niemand ihm etwas nachweisen könne.

Der Kardinal spürte unsere Blicke, deutete ein Lächeln an und schlug ein Kreuzzeichen. Holstenius verbeugte sich tief.

Im Schutz der Menge sicher vor den Sbirren, schmähten die Römer den einen oder anderen Kirchenfürsten. Im nächsten Augenblick, und das erstaunte mich, sanken sie auf die Knie und bekreuzigten sich, wenn ein beliebter Kardinal wie Antonio Barberini den Segen spendete. Gebannt verfolgte ich das Schauspiel von Frömmigkeit, Prunk und Volksbelustigung, das mir eher auf einen Jahrmarkt zu gehören schien als an das Grab des Apostels Petrus.

»Möge der Heilige Geist die Kardinäle erleuchten und uns einen würdigen Papst schenken«, sagte Holstenius. Er wagte keine Voraussage. Das Kollegium sei in eine spanische und eine französische Fraktion gespalten, was bedeute, ein Teil der Kardinäle werde mit spanischem, der andere mit französischem Geld bestochen, damit sie den Kandidaten des jeweiligen Königs zum Papst wählten. Medici führe die spanische, Antonio Barberini die französische Partei an.

Fast täglich fand ich mich am Petersplatz ein. Woche um Woche verstrich, und immer nur stieg statt des erhofften weißen Rauches schwarzer Rauch aus dem Schornstein der Sixtinischen Kapelle. Man erzählte sich, eine Gruppe junger Kardinäle favorisiere die Wahl eines Papstes, der weder Spanien noch Frankreich den Vorzug gebe und fähig sei, mit den Mißständen im Kirchenregiment aufzuräumen. Diese von Kardinal Decio Azzolino geführte Gruppe nannte man spöttisch Escadrone volante, fliegende Schwadron, weil sie sich auf keinen bestimmten Kandidaten festlegte, sondern ihre Stimme jeweils dem gab, der ihren Vorstellungen am meisten entsprach.

Ich sah die spanischen und französischen Gesandten vorfahren, um im Namen ihrer Könige ein Veto gegen diesen oder jenen Kandidaten einzulegen. Zwar durfte kein Unbeteiligter die Sixtinische Kapelle betreten, aber Fürsten und Diplomaten gelang es dennoch, der eigenen Partei im Konklave Instruktionen zuzuspielen – durch bestochene Diener, Ärzte, sogar Kardinäle, die Krankheit vortäuschten, um der Klausur wenigstens für Stunden zu entfliehen.

Seit jenem Frühjahr 1655 habe ich vier Konklaves erlebt, und wahrscheinlich steht das fünfte kurz bevor. Mag das von 1669 auf 1670 auch dramatischer gewesen sein, hat dieses erste mich doch am tiefsten beeindruckt. Reiz der Neuheit, das Gefühl, mein Schicksal und das der Königin entschiede sich in der Sixtinischen Kapelle, die hektische Geschäftigkeit, das verwirrende Kräftespiel, in dem jeder sein Ziel ansteuerte, ohne es erreichen zu können, erregten mich außerordentlich, und ich berichtete der Königin davon in langen Briefen.

Auf den Tag genau drei Monate nach dem Tode Innozenz X. stieg weißer Rauch über der Sixtina auf. Ich hielt es für ein glückverheißendes Zeichen, daß der erste katholische Kirchenfürst, den ich in meinem Leben gesehen hatte, Papst geworden war: Fabio Chigi, jetzt Alexander VII. Seine Wahl verdankte er der Escadrone volante. Er erklärte denn auch sofort, er werde im Vatikan keine Vetternwirtschaft dulden und jedermann Gerechtigkeit widerfahren lassen. Die Römer glaubten ihm, da er unter der Amtsführung des letzten Papstes Proben seiner Unbestechlichkeit gegeben hatte.

Während der Krönungsfeierlichkeiten im Petersdom verschwand die Gestalt des Papstes fast unter dem steifen Prunk der

Gewänder und der Tiara. Nicht Fabio Chigi saß auf dem Thron, sondern das von den Gläubigen verehrte Symbol des Petrus und mehr noch der altrömischen Kaiser. Mir tat der Papst leid. Auf seinen Schultern ruhte die Last jahrhundertealter Traditionen. Lebenskräftigere Männer als Fabio Chigi waren unter dieser Bürde zusammengebrochen. Plötzlich verstand ich den römischen Spott und das allzu menschliche Treiben an der Kurie, von uns Nordländern oft als Sakrileg empfunden, als Selbstbehauptung des Lebens gegen Erstarrung und Tod. Wer mag schon immer weihrauchgeschwängerte Luft atmen, andächtig auf heiligem Boden schreiten, die Zeugnisse großer Vergangenheit bestaunen!

In den nächsten Wochen suchte ich die Bekanntschaft von Kardinal Azzolino. Als er mich auf Fürsprache Francesco Barberinis empfing, führte er das Gespräch so geschickt, daß er mehr von mir erfuhr als ich von ihm. Umgänglich im Ton, blieb er unzugänglich. Mir gefiel diese Zurückhaltung, nur fand ich sie mir gegenüber unangebracht. Immerhin weihte er mich in die Vorbereitungen zum festlichen Einzug der Königin in Rom ein.

Die Nachricht, Christine sei von Brüssel in Richtung Rom abgereist, hatte den Vatikan, noch erschöpft von dem langen Konklave, in fieberhafte Tätigkeit gestürzt. Der Papst selbst übernahm die Regie bei diesem Jahrhundertspektakulum, sollte doch ganz Europa staunen, wie die Kirche die zum rechten Glauben heimgefundene nordische Königin feierte. Heere von Schneidern nähten an den Roben der Damen, unzählige Handwerker schmiedeten, tischlerten, mauerten. Künstler verfaßten Oden und Zueignungen, Theaterstücke und Kompositionen. Chöre und Orchester probten. Der künftige Wohnsitz der Königin, der Palazzo Farnese, verwandelte sich in ein Märchenschloß. Alexander beauftragte Cavaliere Bernini, die Porta Flaminia zu erneuern und entwarf selbst die Inschrift: Felici Faustoque Ingressui – zum glücklichen Eintritt. Er verfügte, daß die Königin nach ihrer Ankunft einige Tage im Turm der Winde über dem Geheimarchiv logieren dürfe; weit genug von den Gemächern des Papstes entfernt, aber doch im Vatikan, was sonst keiner Frau erlaubt ist. Die Kardinäle ermahnte er, sich größerer Frömmigkeit zu befleißigen, den nötigen Ernst bei religiösen Zeremonien zu wahren, sich amouröser Abenteuer zu enthalten, damit die Königin keinen schlechten Eindruck von Rom erhielte.

Papst Alexander kannte Christine noch nicht, sonst hätte er den Kardinälen die Vorhaltungen und sich den Sturm ihrer Entrüstung erspart. Die Prinzen und Herzöge wollten als Fürsten vor der Königin paradieren, nicht als Geistliche.

Kardinal Francesco Barberini bat mich dringend zu sich. Wie lange die Königin nach meinen Erfahrungen für die Reise nach Rom brauche, fragte er. Vier Wochen, sagte ich. Der Kardinal schaute ungläubig drein. Mit einem Troß von zweihundert Gefolgsleuten? Er benötige von Rom bis Florenz fast eine Woche.

Ich unterdrückte ein Lächeln. Der Kardinal war ein alter Mann, meine Königin eine junge geübte Reiterin, der es nichts ausmachte, zwölf Stunden hintereinander im Sattel zu sitzen. Ich gestand noch zwei Wochen zu. Der Kardinal ächzte, als drohe der Einfall barbarischer Völkerstämme. Die Königin müsse unbedingt aufgehalten werden. Vor Weihnachten seien die Vorbereitungen für ihren Empfang keineswegs abgeschlossen.

Emissäre des Vatikan wurden in alle Städte entlang der Reiseroute entsandt, geistliche und weltliche Fürsten zu bitten, die Königin mit Lustbarkeiten so lange wie möglich an ihre Residenzen zu fesseln. Zum Ort der öffentlichen Konversion bestimmte Alexander Innsbruck, zu seinem Abgesandten Lucas Holstenius.

Er hätte keine bessere Wahl treffen können. Daß ein ehrenvoller Auftrag Knaben in Männer verwandelt, wußte ich schon. Nun erlebte ich, daß auch Greise zu Jünglingen werden können.

Ausgerechnet Holstenius, der Kritiker, von vielen als Misanthrop gescholten, nicht einmal im Besitz der niederen Weihen, sollte von der Königin der Goten und Vandalen das Glaubensbekenntnis entgegennehmen! Holstenius war nicht übermäßig eitel, und er kannte seinen Wert. Aber die Vorstellung, daß diese Mission seinen Namen in die Geschichtsbücher eintragen würde, versetzte ihn geradezu in Euphorie. Geblendet vom päpstlichen Gnadenstrahl, pries er Rom, den Papst, die Kirche, deren Mängel er mir noch ein halbes Jahr zuvor so eindringlich geschildert hatte.

Giulio Rospigliosi, inzwischen Staatssekretär, trug mir an, Holstenius zu begleiten. Mit Freuden willigte ich ein. Ich brannte vor Verlangen, die Königin endlich wiederzusehen.

Wir erreichten Innsbruck dreißig Stunden vor Christine. Erst von Holstenius erfuhr der Erzherzog, welche Auszeichnung ihm und seinem Hof mit der öffentlichen Konversion zugedacht worden war. Doch Christines Besuch traf ihn nicht unvorbereitet. Straßen waren instandgesetzt, silbernes Tafelgeschirr aus Salzburg und Triest geborgt, Köche herbeigeschafft, Vorratskammern gefüllt, die Garden neu eingekleidet, Künstler aus Italien verpflichtet worden. Zwar eignete sich das geplante Festprogramm nicht für eine religiöse Zeremonie, doch trösteten der Erzherzog und Holstenius sich damit, daß der Papst weit und die Königin tolerant war.

Am 31. Oktober 1655 zog Christine in die Hauptstadt Tirols ein. Der prunkliebende Erzherzog und seine Gemahlin wurden für die Mühen ihrer Untertanen reich belohnt. Die Königin zeigte sich liebenswürdig, geistreich, aufmerksam. Sie wußte zu bezaubern – wenn sie wollte.

Es überraschte sie, mich an Holstenius' Seite zu sehen. Während sie den Apostolischen Gesandten überaus freundlich begrüßte, herrschte sie mich an, in wessen Diensten ich eigentlich stehe, schließlich habe sie mich nicht hierher befohlen. So hatte ich mir unser Wiedersehen nicht vorgestellt.

Das Blut stieg mir zu Kopf, und aufsässig erwiderte ich: »Bis zu diesem Augenblick im Dienst Eurer Majestät.«

Von oben herab sagte sie: »Dann warte draußen, bis ich dich rufe.«

Wütend, daß sie mich schlimmer als einen Lakaien behandelte, hätte ich noch zu gleicher Stunde Innsbruck den Rücken gekehrt, wäre mir auf der Treppe nicht Lilliecrona begegnet. Er hatte mir einst in Stockholm bei einem Streit beigestanden, der dank seiner Besonnenheit unblutig ausgegangen war. Ich wunderte mich, ihn hier zu treffen, stand er doch in Karl Gustavs Diensten.

So sei es noch immer, gab er mir Bescheid, er begleite Christine im Auftrag des Königs als Kammerherr.

Nun verrauchte mein Zorn. Auf meine Frage, wie ihm das Herumreisen mit der Königin gefalle, klagte Lilliecrona, Christine habe sich sehr verändert. Sie treibe Spott mit allen und jedem. Erst vorgestern habe sie zu ihm gesagt: »Da wir auf dem Weg nach Rom sind, lieber Lilliecrona, werden wir nicht alle Reliquien und Heiligtümer zu sehen bekommen, es sei denn, wir verändern unsere Religion.«

Auf seinen gutgemeinten Rat, all diesen papistischen Schwindel fahren zu lassen, habe sie entgegnet, sie müsse Rom sehen. Und dann die seltsame Frage, die ihn seither beschäftige: Was wäre, wenn ich den katholischen Glauben annähme, würdet Ihr mir folgen?

Natürlich habe er bejaht, aber doch nur, weil er glaube, daß eher Himmel und Erde einstürzen würden, als daß die Tochter Gustav Adolfs sich den Papisten in die Arme werfe. Doch gestern habe sich ihr spanischer Sekretär Guemes eine Tonsur wie ein Mönch scheren lassen, und die Königin sei nicht dagegen eingeschritten.

Der arme Lilliecrona wußte noch immer nichts von der heimlichen und nun bevorstehenden öffentlichen Konversion Christines, wußte nicht, daß Guemes Dominikaner und Beichtvater der Königin war. Er dauerte mich, und ich wollte ihm helfen, sich für den Schlag zu wappnen, als ich ihm vorstellte, daß Katholiken keine schlechteren Menschen als Lutheraner seien.

»Sie sind es, solange sie dem Höllenfürsten in Rom gehorchen«, widersprach er. Ich dachte an Fabio Chigi. Auch wenn er sich nun Papst Alexander nannte, fürchtete vor ihm nicht einmal eine Maus um ihr Seelenheil.

Ob er mich für einen guten oder einen schlechten Menschen halte, fragte ich Lilliecrona.

»In diesem papistischen Innsbruck bist du, David, der einzige vernünftige Mensch, ein Freund.« Er umklammerte meinen Arm wie ein Schiffbrüchiger die Bootsplanke. »Wir Lutheraner müssen jetzt zusammenhalten.«

Der Schmerz, den ich Lilliecrona nicht ersparen konnte, benahm mir fast den Atem. Ich sagte, ich sei Katholik geworden und unverändert sein Freund.

Lilliecrona wich zurück, als sei ich der Leibhaftige, spie aus und ließ mich stehen. Ich war so entsetzt, daß ich die Demütigung hinnahm. Clairet Poissonet, Zeuge des Gesprächs, tippte sich an die Stirn. Dann verschwand er in den Räumen der Königin. Wenig später ließ Christine mich rufen.

Eben noch arrogant und beleidigend, fragte sie jetzt teilnahmsvoll, was mir geschehen sei. Sie wußte natürlich schon alles von Clairet. Ich wiederholte ihr Lilliecronas Worte.

Sie hörte aufmerksam zu, warb dann um Nachsicht für den Kammerherrn und sagte schließlich: »Ich weiß, wie dir zumute ist. Zorn, Spott, Unverständnis schmerzen weniger als die Trauer der Freunde um uns ›Abtrünnige‹. Wir glaubten uns von ihnen um unserer selbst willen geliebt und müssen nun erkennen, daß sie in uns nur die gleiche Gesinnung liebten. Von Kind an ist ihnen eingeschärft worden, nur wer der alleinseligmachenden Lehre anhänge, sei in der Gnade Gottes. Blind sind die Menschen, David. Wenn sie sich nicht in dir erkennen, wenden sie sich ab.«

Sie wechselte das Thema. Holstenius habe viel Gutes über mich berichtet, ich möge mich auch weiterhin an ihn halten. Ich mußte ihr alle Einzelheiten meiner Konversion schildern und die römischen Verhältnisse beschreiben. Wie in alten Zeiten saßen wir zusammen. Von meinem Mißgeschick mit dem polnischen Kavalier erzählte ich ihr nichts. Später hat sie es doch erfahren und mich einen Trottel gescholten.

Holstenius konnte die Königin nicht genug preisen. Sie hatte dem Färbersohn aus Hamburg glaubwürdig versichert, sie betrachte es als Ehre, ihr öffentliches Glaubensbekenntnis vor ihm abzulegen. Der oft von den Großen gedemütigte Holstenius war unter diesen Worten aufgeblüht. Nach jeder Unterredung mit der Königin leuchteten seine Augen. Wie gut sie die Texte der Kirchenväter und die Biographie des Neoplatonikers Porphyrius kenne, wie sachkundig sie sich über seine Studien äußere, wie begierig sie sich nach der Vatikanischen Bibliothek erkundige... Alles an dieser Frau, ausgenommen ihr Wuchs, sei groß.

Ich mochte seinen Überschwang nicht durch die Bemerkung dämpfen, die Königin interessiere sich nicht weniger intensiv für die Liebschaften der Kardinäle, die Intrigen am päpstlichen Hof, die Schwächen des Papstes und der Fürsten und werde diese Kenntnisse auch zu ihrem eigenen Vorteil gebrauchen.

Wolken verhüllten die Berge ringsum, als sich Christine am 3. November 1655 im feierlichen Zug von der Hofburg in die Hofkirche begab. Der vom Regen aufgeweichte Platz war mit Brettern belegt, damit die illustren Kirchgänger nicht bis an die Knöchel im Schlamm versanken. Man hätte auch den überdachten Verbindungsgang zwischen Hofburg und Kirche benutzen können, aber Christine wollte den feierlichen Akt ganz öffentlich vollziehen. Sie trug ein schwarzes Kleid und als einzigen Schmuck ein diamantenbesetztes Kreuz. Am Kirchenportal erwarteten sie Lucas Holstenius und die Geistlichen. Christine küßte das dargebotene Kreuz und reichte dann dem Prälaten die Hand. Ein Verstoß gegen das Zeremoniell. Alle starrten entsetzt auf die Königin. Um ihren Mund zuckte es unwillig, und ich befürchtete schon einen Eklat, als der Chor machtvoll das »Veni Creator Spiritus« anstimmte. Vorbei an den bronzenen Gestalten des Maximilian-Grabmals schritt die Prozession zum Altar. Lucas Holstenius verkündete seinen Auftrag, von Königin Christine das Glaubensbekenntnis entgegenzunehmen, und bat den Erzherzog, dessen Bruder und Don Antonio Pimentel, die heilige Handlung zu bezeugen.

Langsam und mit fester Stimme las Christine den Text. Bei den Schlußworten legte sie die Hand auf das Meßbuch und beeidete damit ihr Bekenntnis zu der einen katholischen Kirche. Lucas

Holstenius erteilte ihr die Absolution. Ein Jesuitenpater predigte über die Worte aus dem fünfundvierzigsten Psalm: »Höre Tochter, sieh und neige dein Ohr: Vergiß dein Volk und dein Vaterhaus. Der König verlangt nach deiner Schönheit; denn er ist dein Herr, und du sollst ihm huldigen.« Diesmal vertiefte sich Christine nicht in den Vergil.

Als das Tedeum Laudamus durch die Kirche hallte, schien mir, der Papst müsse es ebenso hören wie Karl Gustav, der gerade siegreich in Krakau eingezogen war.

Während alle niederknieten, blieb Lilliecrona stehen, die Arme trotzig über der Brust verschränkt. Seit unserer Begegnung war er mir aus dem Weg gegangen. Vor dem Gottesdienst hatte die Königin zu ihm gesagt, daß sie sich schon seit acht Jahren mit dem Gedanken trage, zur katholischen Kirche überzutreten, und daß sie es auch gern gesehen hätte, wenn Schweden wieder katholisch geworden wäre. Da dies aber unmöglich sei, setze sie diese Absicht nun für ihre Person ins Werk. Als sie ihn gebeten hatte, während der Zeremonie wie die anderen niederzuknien, fand er seine Sprache wieder: »Auch wenn Sie es mir befehlen, Majestät, und ich es täte, wäre es eine Heuchelei, für die Gott mich strafen würde. Ich kann es nicht.«

Nach der Messe erinnerte Christine Lilliecrona an seine Zusage, ebenfalls katholisch zu werden. Lilliecrona schüttelte den Kopf. »Als ich Ihnen das versprach, waren Sie im Herzen schon lange papistisch. Ich aber gab Ihnen das Versprechen im guten Glauben, Sie seien evangelisch. Eine unter falschen Voraussetzungen gegebene Zusage bin ich nicht schuldig zu halten.«

Christine sagte darauf zu den Umstehenden: »Das ist ein klares Wort, und dieser Mann ist ein aufrechter Charakter.« Lilliecrona verbeugte sich und bat, ihn zu beurlauben.

*

Im Nachlaß der Königin fand ich die Abschrift eines Briefes von Lilliecrona nach Schweden. Christine überwachte die Post ihrer Höflinge. Eine schlechte Angewohnheit aller Herrscher, die Gedanken ihrer Untertanen kennen zu wollen. Ich habe niemals

Geheimnisse für die Königin ausgespäht, es aber auch einzurichten gewußt, daß sie die meinen nicht erfuhr.

In Lilliecronas Brief heißt es: »Gott der Allmächtige weiß, mit was für betrübtem Herzen ich gezwungen bin zu schreiben, was meine Augen gesehen, meine Ohren gehört haben, o Schwachheit des menschlichen Verstandes, o eitle Hoffnung, denn da ich wie alle, die Ihre königliche Majestät Christina gekannt haben, meinte, die mehr als menschliche Christine könnte nicht irren, so begeht sie jetzt die größte Torheit, indem sie öffentlich geistige Hurerei treibt mit der babylonischen Hure. Ich hoffte, sie würde eine Zierde des königlichen Hauses und der Krone Schwedens sein, aber jetzt hängt nicht allein ihr, sondern dem ganzen Reich ein Schandfleck an. Dies und nichts anderes hat mich zur höchsten Traurigkeit bewogen. Mein Verlangen, der Königin aufzuwarten, hat sich in den endlichen Entschluß verwandelt, sie zu verlassen.«

Lilliecrona beschreibt die Ankunft in Innsbruck und die Zeremonie in der Hofkirche – wie sich die Königin durch öffentlichen Eid zum Antichristen bekannt habe, wie ein »jesuitischer Pharisäer« einen zwar »zierlichen, aber mehr heidnischen als geistlichen Sermon« hielt. Bei Christines Ehrfurchtsbezeugung vor dem Evangelium meint er, »mehr lächerliche als eifrige Devotion« gesehen zu haben, daß er also »neben vielen Katholischen Zweifel haben muß, sie glaube dies so wenig wie etwas anderes.«

Am Ende seines Schreibens überwältigt den braven Lilliecrona die Treue zu seinem lutherischen Glaubensbekenntnis: »Und sämtliche Evangelische hat der Teufel in Gestalt eines Mönchs auf den Tempel der Scheinheiligkeit zu führen versucht und zum andernmal sich in Gestalt eines Soldaten präsentiert, aber weder Gewalt noch Scheinheiligkeit haben etwas ausgerichtet. Meinesteils bin ich entschlossen, eher die Märtyrerkrone aufzusetzen, als mich zu scheiden von meinem Erlöser Jesus Christus. Jesu gib, deine Gnade zu vollbringen. Amen.« Lilliecrona schließt mit dem Ausruf: »Ach, daß ich so unglücklich bin und zwei Jahr in so großem Elend gelebet, jetzt aber noch ein größeres erfahren muß, das Herz blutet mir!«

Die Königin genoß das heitere Festspiel am Abend, gerade weil es nicht in den religiösen Rahmen paßte. Die Jesuiten machten gute Miene zum bösen Spiel, schließlich hatte der Erzherzog während der Vorbereitung des Programms nichts von der Konversion gewußt.

Tags darauf erzählte man sich in Innsbruck und bald auch in allen europäischen Hauptstädten, Christine habe geäußert: Es ist ganz recht, daß ihr mir eine Komödie aufführt, nachdem ich euch heute morgen eine Farce geboten habe.

Diese Worte entsprachen Christines Witz, aber sie hat sie nie geäußert. Ihr Spott verschonte nicht Könige, nicht Fürsten, nicht Prediger und Päpste, aber er zielte nur auf menschliche Schwächen oder politische Torheit. Fragen der Religion waren ihr viel zu ernst, sie mit geistreichen Aperçus zu versehen. Zu viel hatte sie aufgegeben, zu sehr gelitten, als daß sie das Ereignis in der Hofkirche von Innsbruck hätte als Farce betrachten können.

Die Aufführung einer italienischen Oper am nächsten Tag versetzte Christine in Ekstase. Sie verlangte nach dem Kapellmeister und war ebenso überrascht wie ich, als Domenico sich vor ihr verbeugte. Er stand jetzt in venezianischen Diensten, von wo ihn der Erzherzog für dieses hohe Fest verpflichtet hatte.

Ob er bereit sei, wieder in ihre Dienste zu treten, fragte die Königin.

Wenn sie ihn bezahlen könne, mit Vergnügen, entgegnete Domenico. Christine lachte, sie werde ihn eines Tages beim Wort nehmen.

»Ihr Musikanten seid zu beneiden. Tut, was euch gefällt, und sammelt noch Schätze dabei«, sagte ich zu Domenico, als wir bei einem Becher Wein zusammensaßen. Domenico lächelte vergnügt. Er müsse schließlich für seine zwölf Kinder sorgen, damit ein passables Orchester entstünde. Mein Erstaunen belustigte ihn noch mehr. Nein, so weit sei es noch nicht. Aber drei Söhne habe er schon.

Ehe Christine aus Innsbruck abreiste, kündigte sie dem Papst ihre baldige Ankunft an. Und an Karl Gustav schrieb sie: »Sie müssen die Konversion billigen, selbst wenn Sie glauben, daß ich falsch gewählt habe, weil diese Handlung für Sie vorteilhaft ist und sie weder meine Liebe zu Schweden noch die Gefühle der Freundschaft für Sie ändert.«

Karl Gustav mag diesen Brief mit zwiespältigen Gefühlen gelesen haben. Zur gleichen Zeit, da protestantische Waffen das katholische Krakau unterwarfen, sprach eine Wasa das katholische Glaubensbekenntnis. Das war wie eine Ohrfeige. Aber es erleichterte Karl Gustav wahrscheinlich auch, daß die Konversion seine unberechenbare Cousine für immer daran hinderte, die Krone zurückzufordern. Er war inzwischen verheiratet, Vater eines Sohnes, und es konnte ihm nur recht sein, wenn zwischen ihm und Christine Berge, Meere und die Schranken der Konfessionen standen.

Lilliecrona ließ sich drei Tage lang nicht bei der Königin blicken. Erst kurz vor ihrer Abreise bat er sie, ihn aus ihren Diensten zu entlassen. Obwohl sie damals schon seinen Brief gekannt haben muß, versuchte sie ihn zum Bleiben zu bewegen. Auf ihre Worte antwortete Lilliecrona nur immer wieder: »Ich wünsche zu leben und zu sterben in dem Glauben, für den ich meinem Vaterland zu danken habe, und in treuer Ergebenheit für Seine Majestät, den König von Schweden.« Die Königin sagte, er könne auch in Italien ein guter Lutheraner sein und seinem Glauben ebenso folgen wie seiner Pflicht gegenüber dem König von Schweden.

Lilliecrona hob die Hände. Niemals würde er seinen Fuß auf den selben Boden setzen wie der Antichrist. Wie solle er den Fallstricken der papistischen Teufel entgehen, wenn dies nicht einmal der klugen Christine gelungen sei. Sie würden ihn durch Glanz blenden, mit Musik taub machen, durch Überredung fesseln, und dann gnade Gott seiner armen Seele. In diese Versuchung wolle er sich nicht begeben.

Christine lächelte spöttisch, aber sie hatte auch Mitleid, und so gewährte sie Lilliecrona den Abschied. Dieser begab sich auf kürzestem Wege nach Schweden, wo er unter anderen Johan Matthiae ausführlich über die Zeremonie in Innsbruck berichtete.

Sofort beschuldigte die hohe Geistlichkeit den einstigen Lehrer der Königin, Christine zur Geringschätzung des lutherischen Glaubens erzogen zu haben. Sie verwiesen wieder auf seine Schrift »Idea bona ordinis in Ecclesia Christi«, um derentwillen Bengt und ich uns acht Jahre zuvor in Uppsala blutige Köpfe geholt hatten. Johan Matthiae sah sich zu einem offenen Brief an Christine genötigt, in dem er ihre Konversion verurteilte. Es sei »ein Zeugnis einer ganz unbeständigen Leichtfertigkeit, wenn einer seine Religion, die er für die wahrhaft rechte gründlich erkannt, aus welchen Gründen auch immer verläßt.« Zugleich vermutete er, Christine sei Katholikin geworden, damit sie den Papst umso eindrücklicher zum Frieden zwischen den Konfessionen bitten und mahnen könnte.

Der Brief ging den protestantischen Fanatikern nicht weit genug und rettete Johan Matthiae nicht vor ihrem Verdikt. Wenige Jahre später entzog man ihm den Bischofsstuhl von Strängnäs, und ohne Christines Hilfe hätten er und seine Familie Hunger leiden müssen.

Am 8. November verließen wir Innsbruck. Langsam quälte sich der Zug von nunmehr zweihundertfünfzig Reitern, zweiundzwanzig Bagagewagen, begleitet von einer Eskorte des Erzherzogs, die Straße zum Brenner hinauf. Spät wurde es Tag, und früh brach die Nacht herein. Schneeschauer kündigten den nahen Winter an. Hin und wieder sprang Christine aus der Kutsche, um sich auf ihrem Pferd Bewegung zu verschaffen. Dann rief sie mich oft an ihre Seite. Einmal sagte sie: »Ganze Völkerschaften sind diesen Weg gegangen. Alle beseelte die Hoffnung auf Reichtum, Ehre und Seligkeit. Die meisten sind verdorben, gestorben unter der Sonne Italiens. Nur wenige erreichten das Ziel, das sich wie ein Traumgebilde verflüchtigte, sobald sie nach ihm griffen. Die Kronen fielen in den Staub, das Gold zerrann, und am Petersgrab fanden sie statt der Seligkeit nur Räuber, die ihnen die Taschen leerten.« Sie sprach, als ahnte sie, welche Enttäuschungen sie erwarteten.

Ein andermal vertraute sie mir an, sie würde Gefolge und Bagage am liebsten hinter sich lassen und ohne Aufenthalt nach Rom galoppieren. Doch diese feierlichen Figuren, damit meinte sie Holstenius, Don Antonio Pimentel und den kaiserlichen Gesandten Graf Montecuccoli, hängten sich wie Bleigewichte an sie: Diese Stadt müsse sie sehen, jene dürfe sie nicht aussparen...

Der Bischof von Trient kam Christine mit einem stattlichen Gefolge geistlicher und weltlicher Herren entgegen. Bei einem kurzen Rundgang durch den Dom von Trient verhielt Christine vor dem großen Holzkruzifix ihren Schritt. Der Leib des Gekreuzigten schien zu atmen, der Blick der brechenden Augen traf den Betrachter. Der Bischof beeilte sich zu erklären, daß dieses Werk eines deutschen Künstlers Zeuge der Sitzungen des Konzils von Trient gewesen sei. Während er sich wortreich in Geschichten über seinen Vorfahr, den Konzilsbischof Christoforo Madruzzi, und die Ereignisse des Tridentinischen Konzils verlor, fragte ich mich, ob die Qual im Gesicht des Gekreuzigten nicht eigentlich von diesem Konzil herrührte. Wurde Jesus von Nazareth im Zeitalter der Glaubensspaltung nicht ein zweites Mal ans Kreuz geschlagen?

Den Bischof beschwerten solche Gedanken nicht. Er sonnte sich in der Gnade des hohen Besuchs und wich auch nicht von Christines Seite, als sie zu Fuß zur Konzilskirche Santa Maria Maggiore ging, um dort die vortreffliche Orgel zu hören. Er zeigte ihr ein Gemälde von der Konzilssitzung und darauf das Konterfei seines Vorfahren. Christine blieb höflich, was sie große Anstrengung gekostet haben mag. Als man ihr aber in der Kirche San Pietro die Geschichte vom unschuldigen Kind Simmerl erzählte, das in der Karwoche des Jahres 1475 von Juden geraubt und getötet worden sein soll, war ihr Trient verleidet.

Nach einem Aufenthalt in Mantua passierten wir die Grenze zum Kirchenstaat. Von den päpstlichen Nuntien, die die Königin empfangen sollten, war weit und breit nichts zu sehen. Stundenlang warteten wir in strömendem Regen. Endlich stapften die Geistlichen heran, ihre Kutschen waren im Schlamm steckengeblieben. Das für den nächsten Ort angekündigte Bankett fiel ebenfalls ins Wasser, die Speisen hatten wegen des Unwetters nicht rechtzeitig herangeschafft werden können. Hungrig ritten wir weiter. Am Ufer des Po erwartete die Königin ein vergoldetes Prunkschiff. Nach dem mißglückten Empfang und angesichts des reißenden Stroms zog Christine es vor, auf der für das Gepäck bestimmten Schiffbrücke überzusetzen.

Der Aufenthalt in Ferrara entschädigte für alle Strapazen. Der Papst hatte der Königin eine bequeme Karosse, Betten, Sessel und Geschirr entgegengeschickt. Als besondere Überraschung offerierte man ihr den gefeierten Leibkoch des letzten Papstes. Dieser Luigi Fedele übertraf dann auch sich selbst. Berühmt waren seine Trionfi, kunstvolle Patisserien mit Statuetten und Blumen aus Zucker, Marzipan oder Aspik. Die Speisen dufteten nach allen Gewürzen des Orients. Bourdelot, wäre er noch Christines Arzt gewesen, hätte unverzüglich alles vom Tisch räumen lassen.

Inmitten der aufgeputzten Frauen ihrer Gastgeber und der von Schmuck strotzenden Kavaliere wirkte die Königin in ihrer einfachen Kleidung wie eine Exotin. Man bestaunte ihr Aussehen, ihre Gelehrsamkeit, pries sie in Gedichten und Theateraufführungen, doch insgeheim war man enttäuscht. Man hatte eine Königin erwartet und erlebte eine Frau, die so sehr von der allgemeinen Vorstellung abwich, daß man mit ihr nichts Rechtes anzufangen wußte. Ihr Wort »An mir hat das den geringsten Wert, daß ich Königin bin« verstand man auch in Italien nicht. Dabei gab sich Christine Mühe, die Normen zu beachten. Sie zügelte ihren Spott, befolgte peinlich genau das Zeremoniell, erwies selbst den Reliquien ihre Verehrung, obwohl sie all die Heiligenknochen, Kreuzsplitter und Leichentuchreste für unecht hielt.

Im festlich geschmückten und illuminierten Forli hörten wir zum erstenmal von Caterina Sforza, die hier vor einhundertfünfzig Jahren regiert hatte und im Kampf gegen den Papstsohn Cesare Borgia unterlegen war. Christine im Temperament so ähnlich, daß sie deren ältere Schwester hätte sein können. Seltsame Fügung, daß Christine in Rom dreißig Jahre lang den Palazzo der wilden Caterina an der Lungara bewohnte. Diese Reise war voller Andeutungen auf das, was Christine erwartete.

Das Gefolge, dirigiert von Don Antonio Pimentel und dem Hofmarschall Gueva, bestand jetzt fast nur noch aus Spaniern. So wünschte es König Philipp in Madrid, unter dessen Schutz sich Christine gestellt hatte. Seit Innsbruck fragte ich mich, wie lange die Königin ihre lächerlich steifen Zeremonienmeister ertragen würde.

Zu ihrem Unglück begegnete sie in Pesaro den Grafen Francesco und Ludovico Santinelli. Das brüderliche Duo, reicher an Schulden als an Geistesgaben, glänzende Tänzer und Reiter, kam ihr wie gerufen, die sie tödlich langweilenden Spanier zu ärgern und sich zu amüsieren. Leider trieb sie den Teufel mit dem Beelzebub aus. Don Antonio Pimentel wagte nicht zu widersprechen, als Christine die beiden munteren Tunichtgute in ihren Hofstaat aufnahm und ihnen noch den geheimnisumwitterten Grafen Monaldesco zugesellte. Von letzterem erzählte man sich, er sei an der neapolitanischen Revolte gegen die Spanier beteiligt gewesen. Das hätte mich aufmerken lassen müssen, kannte ich doch Christines Interesse für die Vorgänge in Neapel. Aber ich meinte damals noch, die Königin habe der Politik entsagt, und so mißbilligte ich nur ihren Umgang mit den schwadronierenden Kavalieren. Christine spürte mein Unbehagen. Sie schalt mich einen schwerblütigen Nordländer. Schließlich reise sie nicht nach Rom, um dort ihr Leben in einem Kloster zu vertrauern. Des Daseins ganze Fülle wolle sie genießen.

Mir leuchtete nicht ein, warum sie dazu der ungebildeten Santinelli-Brüder und Monaldescos bedurfte.

Am Marienheiligtum von Loreto legte Christine der schwarzen Madonna eine edelsteingeschmückte Krone mit Szepter zu Füßen. Die lateinische Inschrift auf der Votivgabe hatte Lucas

Holstenius verfaßt. Es war die zweite. Die erste hatte Christine abgelehnt, weil sie die Wendung enthielt, die Königin habe um des rechten Glaubens willen die Krone, die sie der Jungfrau Maria weihe, verachtet. »Die Krone Schwedens, lieber Holstenius, ist nicht zu verachten, außerdem würde ich der Jungfrau niemals etwas Verächtliches schenken.«

Im Heiligtum zeigte man der Königin den Stab Aarons. Christine drehte ihn zwischen den Händen, betrachtete ihn lange und zitierte dann aus dem vierten Buch Mose: »Am nächsten Morgen, als Moses in die Hütte des Gesetzes ging, fand er den Stab Aarons vom Hause Levi grünen und die Blüte aufgegangen und Mandeln tragen.« Dieser Stab aber, fuhr sie fort, sei von einer anderen Holzart. Verlegen schwiegen die Priester, entsetzt schauten die Spanier, Holstenius lächelte. Später sagte er zu mir: »Ihre Majestät wird lernen müssen, so zu tun, als ob sie all den Unsinn glaubte, der nicht göttlichem Geist, sondern den denkfaulen Gehirnen von Klerikern entspringt. Auch für Katholiken gilt Luthers Wort: Rund und fest alles geglaubt, oder nichts geglaubt.«

In Assisi, der Stadt des armen Franziskus, veranstaltete man zu Ehren der Königin ein Bankett, das alle vorherigen übertraf. Der Heilige mag sich in seinem Grabe umgedreht haben. Die Tische bogen sich unter der Last köstlicher Speisen. Kunstvolle Patisserien bildeten Franziskus und seine Gefährten in Zucker und Marzipan ab. Assisi feierte ein Fest, als hätte der Apostel der Armut nie in seinen Mauern gelebt. Mit der gleichen Inbrunst wie den Freuden der Tafel gab man sich dann den Gebeten in der Grabkirche und in San Damiano hin. Hier wurde mir bewußt, zu welchen Extremen man in einem Lande neigt, das noch vor hundert Jahren Europa die Botschaft von Maß und Harmonie der Antike verkündet hat; jener Antike, die Christine so bewunderte und deren Ausgewogenheit heute nicht mehr gefragt ist. Unsere Zeit will nicht das Endliche in Harmonie gestalten, sondern sich dem Unendlichen in die Arme werfen, genießen bis zum Überdruß, beten bis zur Ekstase, das Chaos nur mühsam gebändigt durch Konvention und Zeremoniell. Wir haben ein Bein im Himmel, das andere in der Hölle, und das Herz ist zu Stein geworden, weil es anders die Zerreißprobe nicht aushielte.

Endlich Latium, das geschichtsträchtige, von den Göttern gesegnet, von Dichtern besungen - Ahnung von Rom. Christine war gut aufgelegt, als sie in das Farnese-Schloß Caprarola einfuhr. Marchese Giandemaria, der Gesandte des Herzogs von Parma, bedauerte, daß die vorbereiteten Festlichkeiten dem strömenden Regen zum Opfer fallen mußten. Die Königin tröstete ihn. Nichts könne die vollendete Architektur des Schlosses übertreffen, nichts den Schwung der säulengetragenen Scala Regia, nichts den reichen Freskenschmuck der Säle. Als gegen Abend die Sonne durch die Wolken brach und in der bläulich verdämmernden Ferne der heilige Berg Soracte Konturen gewann, rief Christine selbstvergessen: »Ich wage nicht, den Namen Jesu zu nennen, um nicht den heiligen Bann zu brechen.« Dann zitierte sie Vergil:

»Höchster der Götter, Schützer des heiligen Soracte, Apollo,
Dem vor allem wir geweiht und fichtenes Feuer
Nähren auf dem Altar und voll Vertrauen verehrend
Mitten durchs Feuer fest auf den glühenden Kohlen dahingehn...«

So sollen einst die heroischen Priester des Apollo gesungen haben, wenn sie unversehrt über glühende Kohlen, Symbol der Sonnenglut, schritten.

Marchese Giandemaria erzählte den Wolfsmythos vom Soracte: In grauer Vorzeit raubten Wölfe das Opferfleisch von den Altären. Man verfolgte die Tiere bis zu ihren Höhlen, aus denen fürchterlicher Gestank drang und die Verfolger mit der Pest behaftete. Das befragte Orakel versprach den Kranken Heilung, wenn sie für eine bestimmte Zeit wie die Wölfe lebten. Von diesen Wolfsmenschen stammten bis zur Kaiserzeit ganze Familien her, die dem Apoll geweiht waren und die Gabe besaßen, den Vogelflug zu deuten und in Feuerproben die Römer stellvertretend zu entsühnen und zu reinigen.

Das Gespräch wandte sich dem Feuer zu, das unter der Erde brodelt, den giftigen vulkanischen Dämpfen, die aus Felsspalten brechen und die den Stoff für diese Sage geliefert haben mögen.

Christines Stimmung schlug an diesem Abend jäh um, sie wurde ernst und schweigsam. Hatte die Überfülle der Schönheit sie ermüdet? Dachte sie daran, daß sie am nächsten Tag in ihr dreißigstes Lebensjahr trat, die Mitte des Lebens?

Ihren Geburtstag feierte die Königin im Schloß des Paolo Giordano Orsini am Lago Bracciano. Der Herzog und seine Gemahlin breiteten Kunstschätze vor ihr aus, die besten Musiker Roms konzertierten ihr zu Ehren.

Das Schloß mit seinen Türmen, Höfen, Wehrgängen und Fallbrunnen wirkte trotz der Fresken berühmter Meister düster und unheimlich. Christine sagte dem Herzog, ihrem langjährigen Briefpartner und Bewunderer, viel Liebenswürdiges. Doch später gestand sie mir, sie hätte hinter dem von Eitelkeit überglänzten Gesicht ihres Gastgebers immer das seines gleichnamigen Vorfahren zu sehen geglaubt.

Paolo Giordano Orsini hatte 1560 die durch Geist und Schönheit ausgezeichnete Tochter des Großherzogs von der Toskana, Isabella de Medici, geheiratet. Doch der alternde Schloßherr verliebte sich in die dämonische Vittoria Accoromboni. Er verfiel ihr so, daß er auf ihr Geheiß nicht nur ihren Mann ermorden ließ, sondern auch seine Gemahlin erwürgte, um Vittoria heiraten zu können. Das verbrecherische Paar residierte im Schloß von Bracciano, bis es vor der Verfolgung durch den Papst fliehen mußte. Orsini starb bald darauf in Venedig, Vittoria ereilte in Padua die Rache eines anderen Orsini, der dann für seine Bluttat von der venezianischen Regierung hingerichtet wurde.

Um Mitternacht schaute ich von der Mauerbrüstung auf den See hinunter. Im Schein der Luna Noctiluca, der Nachterhellenden, glänzten die Olivenhaine silbrig und spiegelten sich auf dem Wasser, in dessen Tiefe die Stadt Sabatia ruhen soll, den

Blicken der Menschen verborgen, doch lebendig in ihrem Gedächtnis.

Plötzlich hatte ich Angst vor Rom, Angst um Christine. War Rom nicht auch eine Stadt, deren Glanz in unser Leben leuchtet, aber die noch nie jemand wirklich gesehen? Seit anderthalb Jahren zog Christine von Ort zu Ort, eine Königin ohne Land und Krone. Menschen hatte sie viele getroffen, Freunde kaum. Würde Rom ihre Erwartungen erfüllen oder nur neue Enttäuschungen bringen?

Einige Meilen vor Rom empfingen uns zwei Kardinäle mit stattlichem Gefolge und einer Kompanie Kürassiere. Ungeduldig ließ Christine die Begrüßungszeremonie über sich ergehen: Soldatenparade, Verbeugungen, Höflichkeitsfloskeln, Reden, Kommandos, erneute Verbeugungen... Wieviel Zeit vertun die Herren doch mit solchen Nichtigkeiten!

Die Königin flüsterte mir zu: »Die Welt ist ein Theater, in dem jeder seine Rolle zu spielen hat.«

»Schon wahr«, gab ich zurück, »und ich bin Gott dankbar, daß ich nicht Ihre Rolle spielen muß.«

Endlich die Milvische Brücke. Der Zug vermied die Innenstadt und nahm den kürzeren Weg durch die Porta Pertusa und die Vatikanischen Gärten. Da wir früher als vorgesehen Rom erreichten, hatte Alexander die Königin gebeten, ihre Ankunft vorerst geheimzuhalten. Doch Hunderte von Römern säumten die Straßen, auch im Vatikan drängten sich Gaffer auf den Treppen und Galerien. Lachend sagte Christine und so laut, daß jeder es hören konnte: »Das also bedeutet in Rom, incognito anzukommen!«

Noch am Abend dieses Tages hieß der Papst Christine willkommen. Ich fragte mich, wer sie das päpstliche Zeremoniell gelehrt hatte, als sie fehlerlos die vorgeschriebenen Kniefälle, Handkuß, Fußkuß, Verbeugungen absolvierte. Ein ungewohnter Anblick, die stolze Christine so demütig zu sehen. Aber sie erwies nicht dem Menschen Fabio Chigi diese Ehren, sondern dem seit Jahrhunderten geheiligten Amt des Oberhirten der Christenheit. Zeugen doch schwache, ungerechte, eitle, ja verbrecherische Männer auf dem Stuhl Petri ebenso wie die Heiligen unter ihnen von einer Idee, die den Himmel mit der Erde,

Gott mit den Menschen verbindet. Im Zentrum der Spannung zwischen Gottesreich und Welt steht der Papst, Symbol des unsichtbaren Leibes einer geeinten Menschheit als Ebenbild Gottes. Einer solchen Idee konnte Christine, die sonst keinen Menschen über sich anerkannte, huldigen. Sie war so bewegt, daß sie bei der Begrüßungsrede ins Stocken geriet. Alexander half ihr mit freundlichen Worten, sich zu fassen.

Das Gespräch erschöpfte sich im Austausch von Komplimenten. Christine pries die Lebendigkeit von Alexanders Dichtung über Münster und deklamierte: »Heimat des Regens! So möchte ich, Münster, dich benennen…« Alexander bewunderte ihre Kenntnis der italienischen Autoren. Als sie die Bitte vortrug, von nun an auch den Namen Alexandra tragen zu dürfen, war er vollends für die Königin gewonnen. Er ahnte freilich nicht, daß sie dabei an Alexander den Großen dachte.

Niemandem außer mir schien aufzufallen, daß die Geschichte gerade einen Purzelbaum schlug. Der als Apostolischer Nuntius bei den Friedensverhandlungen in Münster der Königin von Schweden unterlegen war, trug nun die Tiara, während Christine ohne Krone vor ihm kniete. Doch wer ist schon Sieger, wer Besiegter? Unaufhaltsam dreht sich das Rad der Zeit. Wer heute im Licht steht, sinkt morgen ins Dunkel.

In Papst Alexander hatte das berühmte Geschlecht der Chigi aus Siena seinen Gipfel erreicht. Alexanders durchgeistigtes Gesicht war schon gezeichnet vom Wissen um den Niedergang. Man erzählte sich, daß in seinem Schlafzimmer ein Sarg, auf seinem Schreibtisch ein Totenkopf ihn ständig an die Vergänglichkeit alles Irdischen mahnte. Spötter nannten ihn einen Salon-Asketen, weil er Brillantknöpfe, feine Wäsche, weite, helle, prunkende Räume, edle Gerätschaften liebte.

Auch mit Christine endete ein berühmtes Geschlecht. Aber in ihr vibrierte eine Lebenskraft, die Papst Alexander zur Verzweiflung treiben sollte.

Ich durfte Christine in ihr »Adlernest«, den Turm der Winde, begleiten und lernte so jenen Ort kennen, an dem die Astronomen Papst Gregors XIII. den neuen Kalender berechnet hatten.

Im Saal des Meridians war die Inschrift unter der Allegorie des Nordwinds »Alles Böse kommt vom Norden« getilgt worden. Christine rührte die Rücksicht des Papstes, aber sie hielt sie in diesem Fall für überflüssig. Der römische Adel hatte kostbare Wandbehänge, Bilder und Möbel geliehen, um die Räume wohnlich einzurichten. Silberne Kohlenpfannen verströmten Wärme. Laken aus Batist, drapiert mit karmesinrotem Brokat, Baldachine aus weißem Atlas, übersät mit goldgestickten Weizenähren, dem Wasa-Wappen.

Christine schenkte der Pracht nur einen flüchtigen Blick. Sie trat ans Fenster und schaute in das undurchdringliche Dunkel, lief dann unruhig auf und ab, die Diener mit Befehlen überschüttend. Sie war gereizt.

Als ich am nächsten Tag zu einer für Rom ziemlich frühen Stunde in den Vatikan kam, traf ich die Königin schon im Belvedere-Hof. Dort hatte Papst Alexander seine Geschenke aufstellen lassen: Kutsche, Sänfte und Tragsessel in himmelblauem Samt mit Silberverzierungen und Schmuckfiguren, sechs Pferde für die Kutsche, zwei Maulesel für die Sänfte und einen feurigen Zelter mit Saum- und Sattelzeug.

Zum erstenmal begegnete ich dem Künstlerfürsten Gianlorenzo Bernini. Obwohl schon ergraut, blitzte jugendliches Temperament aus den Augen und den Bewegungen des Neapolitaners. Graf Montecuccoli stellte ihn als Spiritus rector der Geschenke vor.

Bernini verbeugte sich tief vor der Königin. »Wenn Ihnen etwas nicht gefällt, Majestät, dann ist es von mir.« Das war seine Art, sich bescheiden zu geben. Christine zahlte mit gleicher Münze: »Dann ist nichts von Ihnen, verehrter Meister.«

Mit diesen Worten begann eine Freundschaft, die ein Vierteljahrhundert währte und erst mit Berninis Tod endete. Die von ihm entworfene Kutsche steht noch heute in der königlichen Remise. Christine mochte sich von nichts trennen, was Berninis Geist oder Hand berührt hatte.

Die Königin führte den Kavalieren ihre Reitkünste vor. Dergleichen war man von hiesigen Damen nicht gewöhnt, man überbot einander mit Schmeicheleien. Christine winkte ab, griff nach Holstenius' Arm und verschwand mit ihm in der Bibliothek.

Von Christines Charme bezaubert, ließ sich Papst Alexander in einer Sänfte durch die Galerien zum Turm der Winde tragen, um sich vom Wohlergehen der Königin zu überzeugen. Als sie von seinem Kommen hörte, vergaß sie alle vom Zeremoniell vorgeschriebene Würde und sprang über Treppen und Gänge dem Papst entgegen. Alexander lächelte mild. Noch glaubte er, Christine zähmen zu können, dies wilde Füllen, das sich schon jetzt an den Mauern des Vatikan stieß.

Immer wieder mußte ich der Königin auf der Terrasse des Torre dei Venti die Hügel, Kuppeln, Türme, Palazzi benennen. Sie wurde nicht müde, die Fresken im Turm zu betrachten, auf denen vor hundert Jahren ein unbekannter Maler Rom abgeschildert hat. Als ich bemerkte, die Stadt habe sich seither sehr verändert, meinte sie, daß Veränderung ein Zeichen von Lebendigkeit sei. Aber in allen Geschöpfen und Dingen gebe es einen inneren Kern, der unverändert bleibe und an dem wir Menschen und Städte nach Jahrzehnten und Jahrhunderten wiedererkennen könnten. Hieße es nicht in der Schrift: Ich habe dich beim Namen gerufen, und du bist mein? Gott habe Roma, amor, beim Namen gerufen, und seitdem sei sie die sich in allen Veränderungen Gleichbleibende.

Christine war Rom verfallen.

Am 23. Dezember ruhte auf Order des Gouverneurs in der Stadt jegliche Arbeit. Alle Römer sollten das seit Monaten vorbereitete Schauspiel des königlichen Einzugs bewundern. Doch der Himmel schien ihnen das Fest nicht zu gönnen. Tiefgrau hing er über Rom und entlud sich in Regenschauern.

An der Milvischen Brücke begrüßten Gouverneur und Senator mit großem Gefolge die Königin. Geschütze wurden abgefeuert, Reden gehalten. Christines Antwort fiel kurz aus, ein Regenguß trieb sie in die päpstliche Kutsche zurück. Die Gesellschaft suchte Zuflucht in der Villa Giulia. Die Herren lamentierten, es sei alles vergeblich gewesen: die teuren Roben der Damen und Kavaliere, der Festschmuck an den Häusern, die Illumination, das vorbereitete Feuerwerk von der Engelsburg, die vielen schönen Scudi, um derentwillen man sich von den Venezianern den Vorwurf eingehandelt hatte, das Geld wäre nutzbringender für den Kampf gegen die Türken verwandt worden. Der Gouverneur blickte trübsinnig drein, die Kardinäle Medici und Hessen seufzten über das Wetter. Nur Christine zeigte ein lachendes Gesicht. Sie scherzte, der Himmel bestehe offenbar auf einer zweiten Taufe, die alle Sünden ihres bisherigen Lebens abwasche. Daß sich das Heilige Kollegium ebenfalls dieser Reinigung unterziehen müsse, tröste sie ein wenig.

Christine verbarg mit solchen Bemerkungen ihre innere Spannung. Der festliche Reiteraufzug, die Cavalcata solenne, bedeutete auch ihr viel. Sie hatte eine Krone hingegeben, ihren Ruf aufs Spiel gesetzt, gelitten bis zur seelischen Dürre, und nun drohte eine Laune des Wetters ihren Triumph zu zerstören.

Endlich klarte es auf. Ich hatte mich nicht getäuscht, als ich vermutete, Christine werde den weißen Zelter besteigen und die anderen Geschenke des Papstes - Kutsche, Sänfte und Tragsessel - nur mit sich führen.

Don Antonio Pimentel beschwerte sich leise bei Graf Montecuccoli über die Wahl der Königin. Sie scheine noch immer zu glauben, ungestraft tun zu können, was ihr in Schweden erlaubt gewesen sei. Hier stellten sich Frauen nicht so schamlos zur Schau, sondern benutzten eine Kutsche oder Sänfte.

Montecuccoli erwiderte ironisch, Don Antonio möge sich glücklich schätzen, daß die Königin nicht nach Männerart reite. Ob sie nicht wundervoll aussehe? Die sonst bleichen Wangen gerötet, der schwarze Hut, das schlichte graue Kleid…

Don Antonio verzog das Gesicht. Der niedrigste römische Edelmann sei prächtiger gekleidet als die Königin. Märchenhafte Summen hätten die Fürsten allein für den Schmuck an ihren Gewändern ausgegeben, ganz zu schweigen von den Aufwendungen für das Gefolge. Die Königin aber trage nur einen schmalen Goldreif am Finger. Man brauchte keinen Gedanken daran zu verschwenden, wenn Christine in Rom ein heiligmäßiges Leben zu führen beabsichtige, aber nichts liege ihr ferner.

Es bedurfte keiner Sehergabe, zu prophezeien, daß die Tage des guten Einvernehmens zwischen Christine und Don Antonio gezählt waren.

Auf der Piazza del Popolo erwarteten das violett umwallte Kardinalskollegium und der römische Adel die Königin. Ich pries insgeheim Christines Einfall, sich betont schlicht zu kleiden. All ihr Geld hätte nicht ausgereicht, diesem Prunk etwas Gleichwertiges entgegenzusetzen. Am schwarzen Samtgewand des Fürsten Pamfili, der noch um seinen verstorbenen Onkel Papst Innozenz trauern mußte, blitzten Diamanten im Wert von schätzungsweise hunderttausend Scudi. Seine Gemahlin, die blonde Olimpia Aldobrandini, Fürstin von Rossano, stand ihm nicht nach. Die Barberini zeigten ihren Reichtum nicht so auffallend, dafür übertraf ihr Gefolge das aller anderen fürstlichen Familien.

Christine ließ sich vom schönen Schein nicht blenden. Kein Kompliment für die hochaufgetürmten edelsteinbesetzten Frisuren der Damen, die kostbaren Roben. Sie neigte nur kühl den Kopf zum Gruß. Den Männern reichte sie die Hand, wechselte mit diesem und jenem ein paar Worte, die verrieten, wie gut sie sich in den römischen Verhältnissen auskannte. Am längsten verweilte sie bei den Kardinälen. Graf Galeazzo, an Stelle Lilliecronas zum Kammerherrn der Königin avanciert, hatte sie mit Informationen versorgt, deren sie sich nun geschickt bediente.

Christine hörte der Begrüßungsrede des Kardinals Francesco Barberini kaum zu. Immer wieder wanderten ihre Blicke zu Kardinal Azzolino. Graf Montecuccoli flüsterte mir ins Ohr, er habe der Königin in Brüssel vorausgesagt, sie werde sich noch in diesem Jahr verlieben. Nun scheine es soweit zu sein.

Ich erlaubte mir, dem scharfsichtigen Grafen zu widersprechen. Der lächelte. Ob ich etwa geglaubt habe, die Königin könne sich in keinen Kardinal verlieben, nur weil er Kardinal sei?

Wie Azzolino aussehe und was man sich von ihm erzähle, lasse vermuten, daß er es mit dem Gelübde der Keuschheit nicht allzu ernst nehme. »Unter der Robe, mein Lieber, sind sie alle Männer.«

Bei Herrn Magnus hatte ich mir noch einreden können, daß ich ihn wegen seines schlechten Charakters verabscheute. Kardinal Azzolino aber war mir sympathisch gewesen. Jetzt schien mir sein Lächeln süßlich, seine Nase zu groß, seine Miene verschlagen.

Christine war so abwesend, daß Don Antonio sie mahnen mußte, man erwarte ihre Ansprache. Während sie redete, kicherten die Damen und mokierten sich über Christines schlichten Aufzug. Die Männer fanden Gefallen an der Königin und ließen sich vom Schwung ihrer Rede mitreißen. Ihr schmuckloses Gewand erhöhte eher den Reiz ihrer Erscheinung. Glücklicherweise wußte man in Rom noch nicht, daß die Königin ihre Juwelen hatte versetzen müssen, und hielt ihre Not für eine Tugend.

Der lange Zug von Kutschen, Sänften, Reitern, Garden setzte sich in Bewegung. Tausende von Fackeln und Laternen verwandelten die Stadt in ein tanzendes Lichtermeer. In jedem Fenster standen Lampen, Teppiche schmückten die Hauswände. Der Gouverneur von Rom hätte sich seine vielen Edikte sparen können. Die Römer wußten schon, wie man Könige feiert, als es noch keine päpstlichen Regierungen gab.

Nun endlich sah Christine, worüber sie soviel gehört und gelesen hatte. Mühelos nannte sie die Kirchen und Palazzi am Wege beim Namen. In der Nähe der Chiesa Nuova zügelte sie ihr Pferd. Don Gennaro hatte sich zu ihr durchgedrängt und segnete sie. Überrascht hörte ich sie sagen, er sehe aus wie ein Bruder des Filippo Neri, der ihr von allen Heiligen Roms der liebste sei, und die Kirche, die seine Gebeine bewahre, werde immer ihre besondere Verehrung genießen. Ich vermute, sie dachte bei diesen Worten weniger an den Heiligen als an die Deckenfresken des Pietro da Cortona in dieser Kirche, die sie begierig war zu sehen.

»Die Chiesa Nuova, Majestät, untersteht meiner Aufsicht, und ich freue mich, daß Euch Filippo Neri ebenso teuer ist wie den Römern und mir«, ließ sich Kardinal Azzolino vernehmen.

Schmeichler, fluchte ich leise.

Die Kardinäle Orsini und Costaguti bewunderten Christines Romkenntnisse, betrete sie doch zum erstenmal die Stadt, während ihnen, die schon seit Jahrzehnten hier lebten, noch vieles unbekannt sei. Christine wehrte ihre Tiraden mit den Worten aus dem Johannes-Evangelium ab: »Selig sind, die nicht sehen und doch glauben.«

Irritiert fragte Orsini, wie die Königin das meine. Kardinal Azzolino lachte auf.

Auf dem Platz vor der Petersbasilika hatten zweitausend päpstliche Soldaten Aufstellung genommen. Vor der Kirche stieg und fiel das Wasser der Acqua Paolina über Madernas Brunnen. Selbstvergessen betrachtete Christine das Wasserspiel. Sie nahm an, man habe es eigens für sie inszeniert und sagte: »Es ist genug, man möge die Zufuhr drosseln.«

Die Kardinäle lächelten. Costaguti klärte sie auf, das Wasser ströme ohne Unterlaß. Überall in Rom werde sie solche Brunnen finden, den schönsten auf der Piazza Navona. Wie zur Zeit der römischen Imperatoren speise man sie aus Aquädukten.

»Welch ein Überfluß«, staunte Christine. Sie mochte sich an den Durst ihrer Kindheit erinnern, an die Schläge ihrer Mutter, als sie einmal Regenwasser getrunken hatte. Nun hatte sie die Quelle erreicht, und es erfüllte sich an ihr das Wort der Offenbarung: Ich will dem Durstigen geben von dem Brunnen des lebendigen Wassers umsonst.

»Ach, David, wäre ich doch allein hier«, flüsterte sie mir mit gespielter Verzweiflung zu, »dann würde ich in die Brunnenschale springen, untertauchen, trinken, bis ich vollgesogen wäre wie ein Schwamm. Der Geist des Apostels Petrus sollte seine Freude an meinem Gotteslob haben.«

Christine tat mir leid, als sie auf dem goldenen Kissen vor dem Eingang der Basilika kniete. Alles Theater. Sie würde wieder Regeln befolgen müssen, die nicht die ihren waren.

Der Marmorboden schimmerte im Schein unzähliger Kerzen. Chöre schmetterten ihr Jubilate. Auf riesigen Teppichen die

Wappen des Papstes und der Wasa. Die gewundenen Säulen des Hochaltars strebten der Kuppel entgegen. Über dem Grab des Apostels Petrus verband sich das Meisterwerk Berninis dem des Michelangelo und sprengte mit Palestrinas Musik Zeit und Raum.

Nicht nur Paris, auch Rom ist eine Messe wert.

Wenn Christine in dieser Stunde überhaupt zu einem Gebet fähig war, dann mag sie Gott gedankt haben für die Meisterwerke menschlichen Könnens und göttlicher Inspiration und für das nie versiegende Wasser der römischen Brunnen.

Alexander empfing die Königin in der Sala Regia. Sie dankte ihm und den Kardinälen für den glänzenden Einzug. Alexander erwiderte, ihre Bekehrung sei so bedeutend, daß die heutigen Feierlichkeiten nur ein schwacher Abglanz des himmlischen Festes seien.

Auf dem Weg zum Turm der Winde verweilte Christine in der Sixtinischen Kapelle vor Michelangelos Fresken. Das Deckenfresko war kaum zu erkennen, dem Jüngsten Gericht verliehen die Kerzen gespenstische Eindringlichkeit. Ich erinnerte mich, was ich über den Meister gelesen hatte. Ein genialer einsamer Mann. Wie einsam, begriff ich jetzt.

Der heitere, liebenswürdige Raffael schenkte den Menschen auf Erden so viel Schönheit, daß die eifersüchtigen Götter ihn früh zu sich nahmen. Michelangelo aber schmiedeten sie ans Leben wie Prometheus an den Fels, damit er Angst und Qual empfände, und konnten doch seinen Stolz nicht brechen.

Lange betrachtete Christine die Gestalten des Jüngsten Gerichts, die mit verzweifelter Gebärde Charons Nachen und der Hölle entgegenstürzen. Graf Francesco Santinelli wollte sie aufheitern und wies auf die Tücher über den Schamteilen der Männer. Sie stammten von Daniele da Volterra, einem Schüler Michelangelos. Papst Pius IV. habe an den Nacktheiten des Jüngsten Gerichts Anstoß genommen und befohlen, sie zu bedecken. Volterra übernahm blutenden Herzens diese Aufgabe, damit nicht ein anderer Michelangelos Meisterwerk noch mehr verschandelte. Die Römer nannten ihn danach nur noch Hosenlatzmaler. Volterra sei aus Gram gestorben. Großzügiger hätten sich dagegen die Venezianer gezeigt. Als Paolo Veronese wegen der nackten Gestalten auf seinen »Gastmählern« vor die venezianische Inquisition zitiert wurde, verteidigte er sich mit dem Hinweis auf Michelangelos Werk. Darauf erwiderte der Großinquisitor, beim Jüngsten Gericht wären alle Menschen nackt und könnten deshalb nicht bekleidet gemalt werden. Bei Tische aber habe man angezogen zu erscheinen.

Christine erheiterte die Geschichte nicht. »Dummköpfe«, murmelte sie.

Nach dem Abendessen befahl sie Graf Galeazzo und mich in den Torre dei Venti. Sie überschüttete den Grafen mit tausend Fragen, damit die nach Kardinal Azzolino sie nicht verrate.

Der Graf hätte lieber an seinen Aufzeichnungen gearbeitet und bat die Königin, ihn zu beurlauben, denn er wolle Pasquino noch einen Besuch abstatten. Christine winkte ab. Clairet werde sich unter der Menge umhören und auch zu Pasquino gehen.

»Clairet kann nicht lesen und beherrscht das Italienische nur unvollkommen«, gab der Graf zu bedenken.

»Wem sagen Sie das!« lachte Christine. »Und doch werden Sie von Clairet einen Bericht erhalten, den Ihnen sonst niemand liefern kann. Dieser Bursche kann zwar nicht lesen und schreiben und versteht doch mehr als all die sich gelehrt gebärdenden Dummköpfe. Und er sagt immer die Wahrheit, was man von Historienschreibern nicht behaupten kann.«

Ich gönnte dem Grafen die Spitze, denn er hielt sich auf seine Kenntnisse mehr zugute, als es einem klugen Mann ansteht. Die Königin war gereizt. Wie alle fürchtete Graf Galeazzo ihren Zorn, der sie manchmal ungerecht und vulgär wie ein Marktweib machte. So fügte er sich in sein Schicksal und erzählte auf Christines Verlangen von Pasquino: Nahe der Piazza Navona, dem einstigen Circus des Kaisers Domitian, wohnte vor zweihundert Jahren ein Schneider namens Pasquino, der für seine lose Zunge bekannt war. Nach seinem Tod ließen die Behörden das Haus einreißen. Dabei fand man unter der Türschwelle den Torso einer hellenistischen Plastik, die den Menelaos dargestellt haben mag. Die Arbeiter lehnten die Figur an eine Hauswand. Am nächsten Morgen hing ein Zettel an dem Torso, mit einem so bissigen Epigramm, wie es Pasquino selbst hätte verfaßt haben können. Seither nennen die Römer den Torso Pasquino. Zu manchen Zeiten klebten an und um Pasquino bis zu dreitausend Epigramme. Pasquino lobt die Regierung, wenn sie gut ist, aber viel öfter kritisiert er sie, witzig, höhnisch, ironisch. Alle Versuche der päpstlichen Verwaltung, Pasquino zum Schweigen zu bringen, scheiterten, wie er es in seinem ersten Epigramm vorausgesagt hatte. Kardinäle beschützten, Künstler wie der große Michelangelo liebten ihn. Seine Worte, deren anonyme Verfasser päpstliche Spione und Sbirren vergeblich verfolgen, kennt die ganze Stadt. Man munkelt, nicht selten seien Kardinäle die Urheber der antipäpstlichen Pasquinaden.

»Nehmen Sie sich in acht vor Pasquino«, warnte der Graf. Es gebe zwar noch andere sprechende Statuen in Rom - Madame Lucrezia am Palazzo Venezia, Marforio auf dem Kapitol, Abbate Luigi bei Sant' Andrea della Valle - aber keine könne es mit Pasquino aufnehmen.

»Wenn Paquino witzig ist, wird er mein Freund sein«, sagte Christine und bat nun den Grafen, ihr die seiner Ansicht nach fähigsten Kardinäle zu charakterisieren.

Galeazzo sprach von der Escadrone Volante und deren Mitgliedern, Kardinal Imperiale aus Genua hielt er für den Kühnsten und Tatkräftigsten. Er war mir auf der Piazza del Popolo aufgefallen: ein hartes Gesicht, Adlernase, scharfe helle Augen, eine Herrennatur. Kardinal Borromeo aus der Familie des kürzlich heiliggesprochenen Erzbischofs von Mailand. Weiter der Neapolitaner Aquaviva, der Venezianer Ottoboni, der Rebell und Frauenjäger Kardinal Retz aus Paris. Die Seele der Escadrone Volante sei Kardinal Decio Azzolino, ein Mann mit erstaunlicher Karriere und ebensolchen Fähigkeiten.

Graf Galeazzo verstand zu erzählen. Christine hörte ihm aufmerksam zu. Sie wolle alles über Decio Azzolino wissen, alles. Der Graf möge ihr am nächsten Morgen weitere Informationen bringen. Galeazzo blickte mich hilfesuchend an. Seine Augen fragten, ob er sich wirklich eine ganze Nacht um die Ohren schlagen müsse. Schließlich gehörte er nicht mehr zu den Jüngsten.

Ich konnte Galeazzo nicht helfen, denn die Königin hieß mich bleiben. Warum ich ihr nicht ausführlicher von diesem Kardinal geschrieben habe, fragte sie. Ich sprach von Azzolinos Zurückhaltung. »Gerüchte weiterzutragen tauge ich nicht«, schloß ich unangemessen heftig. Christine tadelte mich nicht. Ihre Augen glänzten fiebrig. Was ich von Kardinal Azzolino halte. Widerwillig gestand ich, daß er mir gefalle.

Nachdenklich sagte Christine: »Es wäre gut, in dieser Stadt einen aufrichtigen Freund zu haben.«

Von der Engelsburg sprühten Feuergarben, die Kuppel leuchtete im Schein der Fackeln, die Stadt jenseits des Tiber grüßte mit Tausenden von Lichtern die schwedische Königin.

»Das päpstliche Rom wird mich nicht ewig feiern«, fuhr sie fort. »Der Reiz des Ungewöhnlichen verfliegt. Wie lange werde ich ohne das versprochene Geld aus Schweden hofhalten können?« Ein Traum hatte sich ihr erfüllt, und sie war traurig.

»Gott wird weiterhelfen«, sagte ich hilflos.

»Gott hilft nur denen, die sich selber helfen.« Ein Lakai reichte der Königin einen Umhang gegen die Abendkühle. Sie schleuderte das Tuch zu Boden und verschwand ohne jedes weitere Wort.

Am nächsten Tag, dem 24. Dezember, wies sie alle Besucher ab, nur nach Galeazzo und mir verlangte sie. Während wir zum Torre dei Venti emporstiegen, berichtete der Graf begeistert von Kardinal Retz. Der Franzose war begierig gewesen, Neuigkeiten aus Paris und von seinem Todfeind, Kardinal Mazarin, zu erfahren. Da Galeazzo und Retz weder bei der Kurie noch um eine schöne Frau rivalisierten, hatte ihr Gespräch jedem gegeben, was er sich erhoffte. Galeazzo hielt oft im Steigen inne und wischte sich den Schweiß von der Stirn. Der Wein des Kardinals sei ausgezeichnet gewesen, stöhnte er.

Die Königin schien eine schlaflose Nacht verbracht zu haben. Ihre sonst klaren Augen waren trübe, die Lippen blaß. Die von mir erbetenen Bücher legte sie achtlos beiseite.

Kardinal Retz, begann der Graf seinen Vortrag, nenne Decio Azzolino einen der schönsten und fähigsten Geister der Welt. Dieses Wort aus dem Munde eines Mannes, der sonst alle und alles verachte und verspotte, wiege schwer. Er habe Azzolinos Mut ebenso gepriesen wie dessen Schlauheit, die Feinheit der Sitten ebenso wie den schnellen und durchdringenden Verstand.

Azzolino stamme aus verarmtem Provinzadel. Einer seiner Vorfahren war unter Sixtus V. Kardinal. Sein Onkel starb kurz bevor er den Purpur erhalten sollte. Kardinal Francesco Barberini nahm den Jüngling unter seine Obhut und schickte den kaum Zwanzigjährigen als Sekretär des Kardinals Panciroli nach Madrid. Als Panciroli unter Papst Innozenz Staatssekretär wurde, öffnete sich seinem jungen Mitarbeiter eine glänzende Laufbahn, zuerst als Sekretär der Chiffren, dann der Breven an die Fürsten. Der Tod Pancirolis und die Ungnade, in die die Barberini unter Innozenz fielen, vermochten den jungen Monsignore in seinem Weg nicht aufzuhalten. Während Francesco und Antonio Barberini aus Rom fliehen mußten, gewann ihr Schützling Decio die Gunst der Schwägerin des Papstes, Olimpia Maidalchini, die in Rom nur die Papessa genannt wurde. Sie beherrschte den rasch vergreisenden Innozenz und durch ihn Rom. Kein Auftrag, kein Aufstieg wurde gewährt, ehe nicht Gold in Olimpias Beutel klimperte. Azzolino besaß kein Gold, aber er war energisch, klug und von angenehmem Äußeren. Zum Erstaunen aller verlieh Innozenz dem gerade Dreißigjährigen den Kardinalshut.

Als Fabio Chigi, der jetzige Papst, zum Staatssekretär berufen wurde, habe Donna Olimpia ihren Günstling gebeten, sie über die Vorgänge im Staatssekretariat zu unterrichten. Azzolino entsprach ihrem Wunsch, aber erst, nachdem er sich mit Fabio Chigi ins Einvernehmen gesetzt hatte. Der unbestechliche Staatssekretär beeindruckte Azzolino. Noch am Totenbett von Innozenz wies er auf Fabio Chigi, dieser sei der rechte Mann, die Tiara zu tragen, denn er dulde keine Korruption und Nepotenwirtschaft. Es war sein Verdienst, daß Fabio Chigi aus dem Konklave als neuer Papst hervorging. Jedermann hatte erwartet, Alexander würde ihn mit dem Amt des Staatssekretärs belohnen, doch statt seiner erhielt es Giulio Rospigliosi, ein Vierteljahrhundert älter als Azzolino und noch nicht einmal Kardinal. Manche behaupteten, Azzolino hätte durch seinen auffälligen Einsatz für Fabio Chigi seine Beziehungen zu Donna Olimpia vergessen machen wollen, aber der Papst habe ihm noch nicht verziehen.

Daran sei kein wahres Wort, versicherte Galeazzo. Alexander schätze den jungen Kardinal außerordentlich, nur wolle er ihm Zeit zum Reifen geben.

»Unsinn«, unterbrach ihn Christine. »Die Zeit ist immer jetzt, und was sie bringt, ist nur Alter und Blödheit. Was sagt man über seine Herzensangelegenheiten?«

»Als jungfräulich wagt ihn niemand zu bezeichnen, ob er eine Herzensdame hat, weiß man auch nicht. Man munkelt, er habe der blonden Fürstin Rossano, Olimpias ungeliebter Schwiegertochter, nahegestanden. Wenn er je einer Leidenschaft frönte, muß er sie sorgfältig verborgen haben.«

Der Vortrag des Grafen dauerte lange. Christine begnügte sich nicht mit den Angaben über Kardinal Azzolino. Sie unterwarf uns beide einem regelrechten Kreuzverhör: Wie die Pamfili zu den Ludovisi stünden, die Medici zu den Barberini, welche Klöster den meisten Zulauf hätten, wie die Jesuiten den neuen Papst beurteilten...

Als wir nach mehr als zwei Stunden die Treppe hinunterwankten, sagte der Graf: »Das ist keine Frau, sondern ein Orkan.« Auf halbem Wege überholte uns Clairet. Die Königin sei zusammengebrochen, rief er uns zu.

Der Arzt ließ sie zur Ader und verordnete Bettruhe. Noch

während ich Holstenius von der Erkrankung der Königin benachrichtigte, betrat sie, auf einen Stock gestützt, die Bibliothek. Holstenius eilte ihr mit vielen Verbeugungen entgegen. Auf seine besorgten Fragen erwiderte sie barsch: »Alles Dummheiten! Was verstehen die Ärzte schon von mir! In Eurem Reich, Holstenius, werde ich gesunden.« So war es auch. Sie las bis zum Einbruch der Dunkelheit und besuchte am nächsten Morgen die Weihnachtsmesse im Petersdom. Nicht nur mir fiel auf, daß Kardinal Azzolino kaum seinen Blick von Christine wandte, sie aber nicht ein einziges Mal zu ihm hinschaute.

Am zweiten Weihnachtstag bezog die Königin den Palazzo Farnese. Unermüdlich besuchte sie Kirchen, doch nicht zum stillen Gebet oder zur Messe. Die Kunstschätze wollte sie bewundern. Sie ließ sich auf dem Kapitol, in der Päpstlichen Universität, im Jesuitenkolleg huldigen, besichtigte antike Ruinen, empfing Besuche römischer Fürsten und erwiderte sie. Ständig umringte sie ein immer zahlreicher werdendes Gefolge. Sie warf sich mit einer Gier in das römische Leben, als könne schon der nächste Tag ihrer Freiheit ein Ende machen. Sie schlief wenig und schlecht, bezog fast täglich ein neues Schlafzimmer in ihrem riesigen Palazzo.

Von den vielen Theateraufführungen zu Christines Ehren ist mir eine besonders in Erinnerung geblieben: die Oper »Triumph der Barmherzigkeit« nach einem Libretto von Giulio Rospigliosi, komponiert von Mazzaroli. Der nunmehrige päpstliche Staatssekretär war den Römern schon lange als Verfasser von Opernlibretti in der Art der spanischen Comedias de Santos bekannt. Der »Triumph« beinhaltete eine allegorische Darstellung des menschlichen Lebens zwischen Schuld und Unschuld, zwischen Sinnenfreude und Verstand. Die Oper enthielt feinsinnige Komplimente an Christine und endete mit der Lehre, daß nur der wirklich lebt, der bei allem, was er tut, auch den Tod bedenkt.

Das Bühnenbild war der Natur täuschend ähnlich nachgebildet. Sogar ein Feuerwerk prasselte von der Kulisse der Engelsburg auf die Zuschauer nieder. Das Theater wurde zur Welt und die Welt zum Theater.

Christine dankte Giulio Rospigliosi überschwenglich. Bescheiden bemerkte er, daß er wesentliche Einfälle zu dem Stück mir verdanke. Von diesem Abend an gehörte Rospigliosi zu den engsten Freunden der Königin, und er blieb es, unbeirrt von allen Eskapaden Christines, bis zu seinem Tod.

Für Don Antonio Pimentel brachen schwere Zeiten an. Dies war nicht mehr die Christine, mit der er in Stockholm lange nächtliche Gespräche über Religion und Politik geführt hatte. Sie behandelte ihn freundlich, aber kühl. Als er sie darauf hinwies, daß ihre engen Beziehungen zum französischen Botschafter in Rom den Intentionen des spanischen Königs widersprächen, verbat sie sich seine Ratschläge.

Die erste Dame des Hofstaats, die Gemahlin des Oberhofmeisters Gueva, fühlte sich brüskiert, weil Christine ihre Dienste nicht beanspruchte. Ohne weiblichen Beistand empfing die Königin wider alle Etikette Kardinäle, Botschafter, Fürsten, Künstler. Sie legte keinen Wert auf Besuche von römischen Damen. Wenn doch welche kamen, bot sie ihnen keinen Stuhl an, wechselte wenige belanglose Worte mit ihnen und ließ sie dann stehen. »Sie leben nur zwischen Kamm und Spiegel, reden über nichts anderes als Kleider, Schmuck, Diener und Liebesaffären. Sie sind dumm und langweilen mich«, sagte sie. Die so Gescholtenen rächten sich durch spitze Reden und verspotteten die barbarische Königin. Die Männer aber fanden Gefallen an Christine. Ihr Geist bezauberte die Klugen, ihre Reitkünste die Oberflächlichen, ihre Schlagfertigkeit die Spötter, deren es in Rom mehr gibt als in jeder anderen Stadt.

Der Karneval begann, jene Zeit des Jahres, da in Rom heidnische Sitten über die vom Kirchenregiment verordnete Frömmigkeit triumphieren. Auf einer Tribüne des Palazzo Pamfili schaute Christine den Lustbarkeiten auf dem Corso zu. Es hielt sie nicht lange auf ihrem Platz. Sie bestieg ein Pferd und zeigte dem staunenden Volk, wie verwegen eine Schwedin zu reiten verstand.

Papst Alexander war entsetzt. Er verlangte von der Königin mehr Zurückhaltung und weibliche Kleidung. Christine gehorchte, aber ihr Gehorsam erfreute den Papst nicht. In der Öffentlichkeit erschien sie nun, umgeben von einer Schar in sie verliebter Kardinäle, in Gewändern, die ihre weiblichen Reize mehr entblößten als verhüllten. Alexander ließ die Königin bitten, auf die gewagten Dekolletés zu verzichten. Jeglicher Prüderie feind und aufgebracht über die Vorschriften, wie sie sich in Rom zu bewegen habe, wehrte sich Christine auf weibliche Weise. Sie widersprach nicht, sondern bedeckte die Blöße mit einer Perlenkette. Die Römer amüsierten sich, der Papst seufzte.

Während der Gottesdienste scherzte Christine laut mit den Kardinälen, durch die Kirchen ging sie wie durch Bildergalerien, sie ließ jegliche Devotion vermissen. Alexander schickte ihr einen kostbaren Rosenkranz mit den Worten, ein einziges Ave Maria in der Öffentlichkeit gebetet, sei mehr wert als hundert Gebete im Verborgenen. Sie erwiderte dem Emissär: »Ich halte mich an das, was im Evangelium steht: Wenn du betest, so gehe in deine Kammer und schließe die Türe zu und bete zu deinem Vater; und dein Vater, der in das Verborgene sieht, wird dir's vergelten. Ich will zwar eine Katholikin sein, aber keine Heuchlerin.« Achtlos legte sie das Geschenk beiseite. Ihre Augen sprühten Funken unterdrückten Zorns. Zu mir sagte sie an jenem Tag: »In Rom wird jede Unzucht und jedes Verbrechen vergeben, wenn man es nur unter einer Maske von Frömmigkeit verbirgt. Aber ich bin nicht der Dummheit protestantischer Prediger entflohen, um mich katholischen Kleingeistern zu unterwerfen.«

Der Jesuit und Freund des Papstes, Sforza Pallavicino, meinte, man habe sich wohl in der Königin geirrt. Sie sei ein leichtfertiges Frauenzimmer, und es wäre gut, sie verließe Rom, ehe sie der päpstlichen Kasse zur Last falle. Außerdem bringe sie Unruhe in die Stadt. Die Fürsten verschleuderten Vermögen für Feste und Theateraufführungen ihr zu Ehren, die Kardinäle benähmen sich wie balzende Auerhähne, die Damen beschwerten sich.

Je lauter die kritischen Stimmen aus dem Vatikan wurden, umso toller trieb es Christine. Zu einer Theateraufführung im Palazzo Pamfili erschien sie zu spät. Das aufgebrachte Publikum empfing sie mit Pfiffen. Ungerührt nahm Christine Platz. Als das Spiel seinen Fortgang nahm, störte sie es durch laute Gespräche mit ihren Begleitern. Die Zuschauer schrien sie nieder. Da stand die Königin auf, steckte zwei Finger in den Mund und pfiff durchdringend wie ein Gassenjunge. Um die Aufführung kümmerte sich niemand mehr. Bewaffnete mußten der Königin den Weg hinaus bahnen, denn sie lachte so aufreizend, daß zu befürchten war, die empörten Damen würden sich auf sie stürzen.

Über den Palazzo Farnese kursierten haarsträubende Geschichten, die leider zum großen Teil stimmten. Die Königin konnte ihre Diener nicht mehr entlohnen. Also stahlen sie, was sich wegtragen ließ, sogar die Goldbordüren von den Vorhängen. Die Gebrüder Santinelli versetzten wertvolle Kunstgegenstände und steckten das Geld in die eigenen Taschen. Oberhofmeister Gueva besaß nicht das Vertrauen der Königin. Sie ignorierte seine Klagen und eilte zum nächsten Fest.

Papst Alexander verbarg seine Enttäuschung nur mühsam mit den Worten, die Königin habe eine rauhe Schale, unter der sich ein guter Kern befinde. Wie sollte der vergeistigte Alexander auch Christines Lebenshunger verstehen! Giulio Rospigliosi bat den Papst um Geduld. Die Königin brauche Zeit, sich in Rom einzuleben. Rospigliosis Fürsprache wog schwer, denn er war mit den mächtigen Kardinälen Barberini befreundet, und die Römer liebten ihn wegen seiner Güte und Unbestechlichkeit.

Meine Befürchtungen hatten sich bewahrheitet. Christine fühlte sich in Rom einsam. In diesen Tagen des Karnevals und der rauschenden Feste schrieb sie an die ferne Freundin Ebba: »O schöne Gräfin, hier gibt es nichts als Statuen, Obelisken, prächtige Paläste, doch Menschen keine...«

Rom erwartete von ihr, in vornehmer Zurückgezogenheit zu leben, wenn sie schon keine Heilige sein wollte. So gab es im Palazzo Farnese einen in die Wand eingebauten Drehtisch, der den spanischen Hofdamen erlaubte, ihre Mahlzeiten einzunehmen, ohne von einem männlichen Wesen gesehen zu werden. Christine spottete über diese orientalische Sitte. Das Befremden der Spanier in ihrem Gefolge schlug nun endgültig in Feindseligkeit um. Sie berichteten nach Madrid vom päpstlichen Mißfallen an Christine, von den Gerüchten, sie sei keine normale Frau, und schließlich verbreiteten sie sogar bösartige Verleumdungen über die Königin.

Die Königin tat, als bemerke sie nichts davon. Als Don Antonio Pimentel einmal zu bedenken gab, es werfe kein gutes Licht auf sie, wenn sie im Palazzo gewagte Bilder aufhänge und die diskreten Verhüllungen von den Statuen entfernen lasse, antwortete sie von oben herab, Überlegungen, die allein Priester anstellen könnten, seien für sie nicht bindend.

Herzog Terranova, dem Gesandten des spanischen Königs in Rom, begegnete sie mit unnahbarer Würde. Überheblich bis zur Dummheit, war er kaum der Mann, ihre Achtung zu gewinnen. Er verlangte, während der Audienzen seinen Hut tragen zu dürfen, weil er in seiner Person den spanischen König repräsentiere. Christine wies dieses Ansinnen zurück und weigerte sich, ihn zu empfangen. Ein Machtwort König Philipps zwang Herzog Terranova schließlich, in Gegenwart der Königin den Hut abzunehmen. Terranovas Intrigen bewirkten nur, daß Christine immer häufiger mit den Kardinälen der Escadrone Volante verkehrte und den französischen Botschafter Lionne beinahe freundschaftlich behandelte.

Höhepunkt des Karnevals, den man den Karneval der Königin nannte, war ein Turnier, das die Barberini für dreitausend Gäste gaben: Scheinkämpfe zwischen Kavalieren und Amazonen, Pistolenkrachen, Böllerschüsse, Reitkünste, ein riesiger Drache spie Feuer und Steine, wieder Gefechte, aus denen die Amazzonen als Sieger hervorgingen. Kein Zuschauer verfolgte das Turnier so begeistert wie Christine. Sie klatschte in die Hände, sprang auf, jubelte, vergaß die Welt und alle Sorgen.

Kardinal Azzolino saß wie immer neben ihr. Er wies auf die Spanier und flüsterte ihr etwas zu. Christines Gesicht verfinsterte sich, und sie sagte so laut, daß alle in ihrer Umgebung es hören mußten, auch die Spanier, auf die es gemünzt war: »Ich bin wie ich bin, ich heuchle nicht. Ich tue alles offen und frei, aber nichts, was gegen Ehre und Tugend verstößt. Wer nicht mit mir zufrieden ist, soll es bleibenlassen.«

Der Kardinal hörte das sichtlich gern. Es verging kein Tag, an dem er der Königin nicht im Palazzo Farnese aufwartete. Oft blieb er stundenlang allein mit ihr.

Obwohl ich zum Hofstaat der Königin gehörte, wohnte ich weiter bei Holstenius. So mußte ich nicht mit ansehen, wie die Königin den Kardinal allen anderen vorzog. Die Mißwirtschaft der Santinelli und Monaldescho blieb mir ebenso erspart wie der Streit mit den Spaniern.

Die Königin würdigte mich keiner Vertraulichkeit mehr, sie hatte nur noch Augen für den Kardinal. Ich verstand nicht, warum sich Azzolino dem Gerede aussetzte. Das paßte nicht zu ihm. Tat er es aus politischem Kalkül, um die Königin an die Escadrone Volante zu binden, ihren scharfen Geist und ihre einmalige Stellung für eigene Zwecke zu nutzen? Suchte er das Abenteuer mit einer Barbarenkönigin? Ich stellte viele Vermutungen an, nur eine kam mir nicht in den Sinn: daß der Kardinal die Königin aufrichtig liebte.

Die Freiheit, die mir Christine während des Karnevals gewährte, freute mich nicht. Überall verspottete man mich als den sauertöpfischen Schweden, der schon vor der Fastenzeit für die Sünden seiner Königin büße. In meinem Kummer vertraute ich mich Don Gennaro an. Auf meine Frage, warum die Königin alle gegen sich aufbringe, meinte er, die Frage sei falsch gestellt. Nicht die Königin fordere Rom heraus, sondern Rom die Königin. »Es muß sehr schwer für sie sein, die Einsamkeit zu ertragen«, sagte er. Warum sie dann mich zurückstoße und sich mit Hochstaplern wie den Santinelli umgebe, den Kardinälen die Köpfe verdrehe, die sich vor ihr lächerlich machten wie Kardinal Colonna mit seinen Liebeserklärungen? Don Gennaro antwortete sibyllinisch: »Deine Königin ist eine außergewöhnliche

Frau, und Gott bedient sich außergewöhnlicher Mittel, ihre Seele zu heilen.«

An einem der nächsten Tage sah ich Don Gennaro mit der Königin im Garten des Palazzo Farnese auf und ab gehen. Ich stellte mich unwissend und fragte den Oberhofmeister, wer dieser Priester sei. »Kein Priester, sondern ein speckiges Lumpenbündel«, knurrte er. Ausgerechnet diesen Möchtegern-Heiligen halte sich die Königin neuerdings als Beichtvater. Ich war sehr erleichtert, Don Gennaro in Christines Nähe zu wissen.

Der Papst ließ bei Kardinal Azzolino anfragen, was es mit den Gerüchten von einer intimen Beziehung zwischen ihm und der Königin auf sich habe. Er wünsche, daß der Kardinal der himmlischen Majestät mehr Aufmerksamkeit erweise als der schwedischen.

In Rom gibt es keine Geheimnisse. Der Tadel des Papstes gelangte früher in die Antichambres der Palazzi als zu Azzolinos Ohren. Eine gezielte Indiskretion seines Gegners Kardinal Medici. Der Brief, in dem sich Azzolino vor dem Vertrauten des Papstes, Sforza Pallavicino, rechtfertigte, muß so überzeugend gewesen sein, daß der Papst niemals mehr auf diese Anschuldigung zurückkam.

Heute weiß ich, daß der Kardinal Roms größtes Geschenk an Christine war. In Christines Nachlaß fand ich folgende Notiz von ihrer Hand: »Eine unvergleichliche Persönlichkeit, die Oxenstierna weit übertrifft. Er hat den Geist und die Geschicklichkeit eines Dämons, die Tugend eines Engels, ein Herz so groß und edel wie das Alexanders. Er ist ein unvergleichlicher und göttlicher Mann; er ist mir teurer als mein Leben; er hat alle Macht über mich.«

Christine übertrieb wie alle Liebenden, aber Azzolino war wirklich der einzige Mensch, dem sie sich beugte. Daß er seine Macht über sie nie mißbrauchte, sondern sie immer zum Vorteil der Königin einsetzte, verdient höchstes Lob. Für ihn sprechen nicht nur die Liebe der Königin, sondern auch das Vertrauen und die Freundschaft aller Päpste, denen er diente.

Mit dem Turnier im Palazzo Barberini endete der Karneval der Königin. In der Nacht vor Beginn der Fastenzeit beschwor Christine noch einen politischen Skandal herauf. Der französische Botschafter Lionnes lud zur Aufführung von Corneilles »Heraclitus« in den Palazzo Mazarin ein. Vergeblich hatte sich Christines spanische Hofgesellschaft bemüht, das Stück im Palazzo Farnese aufführen zu lassen. Aber Lionnes konnte die Truppe besser bezahlen als die stets von Geldnöten bedrängte Königin.

Christine wollte sich die Aufführung nicht entgehen lassen. Herzog Terranova erhob Einwände gegen einen Besuch im Palazzo Mazarin. Don Antonio Pimentel und Oberhofmeister Gueva baten die Königin, sie möge sich geheim zum Sitz des französischen Diplomaten begeben, wenn sie schon nicht auf Corneille verzichten könne. Andernfalls müßten sie sich weigern, sie zu begleiten. Schließlich stünden Spanien und Frankreich miteinander im Krieg.

Noch nie hatte jemand gewagt, auf diese Weise mit der Königin zu sprechen. Aber sie beherrschte sich. Sie begreife nicht, was der Dichter Corneille mit dem Krieg zwischen Spanien und Frankreich zu schaffen habe, sagte sie. Und fast tonlos zu Don Antonio: »Ich lege keinen Wert auf Ihre Begleitung.«

Am Abend begab sie sich zu Pferd, in Männerkleidern, die Hand am Degen, von dreißig Fackelträgern eskortiert, zum Palazzo Mazarin. Ein absichtlich inszenierter skandalöser Aufzug. Jedermann in Rom sollte wissen, daß sich Christine weder von Päpsten noch von Fürsten Vorschriften machen ließ. Die Franzosen applaudierten, der Papst bedauerte sich selbst, die Spanier sannen auf Rache.

Dem Karneval der Königin folgte ein endloser Aschermittwoch. Zum erstenmal erlebte Christine den Rausch des römischen Frühlings. In den duftüberströmten Straßen und Gärten klingen nachts die Lauten verliebter Jünglinge. Die Madonnenbilder an den Hauswänden sind von Blumen und Lichtern umkränzt. Die Ausgelassenheit des Karnevals schlägt in tiefe Frömmigkeit um: Prozessionen der Büßer, klagende Gesänge in den

Kirchen. Das heidnische Volk von Rom bereut seine vergangenen und künftigen Sünden mit einer Inbrunst, die jeden Nordländer erschüttert. In Christine sträubte sich alles, die Knie zu beugen, den Kopf zu senken, verordnete Gebete zu sprechen. Während Rom fast in Frömmigkeit ertrank, empfing sie kaum noch die Sakramente. Sie begehrte auf gegen Weihrauch und Fastenpredigten, nur die Musik versöhnte sie mit den Gottesdiensten.

Allwöchentlich lud sie Gelehrte zu sich, um mit ihnen über Philosophie, Theologie und Dichtkunst zu disputieren. Daß sie auf meine Anwesenheit Wert legte, war Balsam für meine wunde Seele.

Die Akademie der Königin gab erneut Anlaß zu übler Nachrede. Es stünde einer Frau nicht an, sich über Theologie und Philosophie zu äußern. Hatte sie nicht der Krone entsagt, um solchen Unnatürlichkeiten ein Ende zu bereiten? Keiner der Kritiker erinnerte sich daran, daß mehr als hundert Jahre zuvor italienische Frauen dichteten, philosophierten, ins Feld zogen von ihren Zeitgenossen bewundert. Am härtesten hielten die Frauen über Christine Gericht. Als einer der Kardinäle Christine fragte, warum sie die Damen der römischen Gesellschaft brüskiere, erwiderte sie schroff: »Ich ziehe allerdings die Männer den Frauen vor, eben weil sie Männer sind und keine Frauen, die nur zwischen Kamm und Spiegel leben.«

Oft besuchte sie Künstler in ihren Ateliers. Freundete sich mit dem jähzornigen Maler Salvatore Rosa an, der auch ein begabter Dichter war. Bernini aber stellte sie über alle. Der mehr als ein Vierteljahrhundert Ältere, dessen Frömmigkeit mit den Jahren wuchs, nahm an Christines Freigeisterei keinen Anstoß. Wer der Kunst so begeistert, demütig und verständnisvoll wie sie begegne, sagte er einmal, lobe Gott mehr als eine Nonne, die nur mit den Lippen bete.

Eines Tages betrachteten wir die Statue der Wahrheit, an der Bernini gerade arbeitete. Ein römischer Fürst schmeichelte: »Ein Glück, daß Eure Majestät die Wahrheit lieben, die von Personen Ihres Ranges nicht immer geschätzt wird.«

Christine strich liebevoll über die Skulptur und erwiderte: »Das mag wohl sein, aber es sind auch nicht alle Wahrheiten aus solchem Marmor geformt.«

Christine blieb ernst, als die anderen das Bonmot belachten. Sie verstanden nicht, was sie meinte. War diese weibliche Statue, die den Erdball als Fußschemel benutzte und die Sonne in der Hand hielt - jung, schön, triumphierend –, wirklich ein Sinnbild der Wahrheit? Erscheint sie uns nicht eher als ein gedemütigtes altes Weib, häßlich und bitter? Nein, auch die Königin liebte die Wahrheit nicht, sie fürchtete sie nur weniger als andere.

»Die Wahrheit«, sagte Kardinal Azzolino in der nächsten akademischen Sitzung, »offenbart sich in der Illusion, vor allem im Theater. Die Welt ist eine Bühne, auf der Bösewichte und Hanswurste, Aufschneider und Toren, Helden und Narren durcheinander wirbeln. Jeder trägt etwas von allen in sich, doch er spielt seine Rolle in Gottes Spiel. Wir sind Marionetten in Seinen Händen. Diese Wahrheit zu erkennen verschafft Genuß und befreit.«

Christine widersprach. Bedeute dies nicht Verzicht auf eigenes Wollen? Besitze der Mensch nicht die Kraft, das Böse zu zügeln und das Gute zu fördern?

»Lassen Sie mich beim Bild von der Marionette bleiben, Majestät«, entgegnete der Kardinal. »Gott zieht die Fäden, aber wie die Marionette Kopf, Arme und Beine bewegt, ist auch ihrem eigenen Zustand geschuldet. Wenn die Scharniere versagen, mag der Meister ziehen, wie er will, eher reißen die Schnüre. Es gehören immer zwei zum Spiel.« Der Kardinal schaute Christine an, und zum erstenmal, seit ich sie kannte, sah ich sie verlegen den Blick senken.

»Sie bewerten die Vernunft zu hoch und die Leidenschaften zu gering«, fuhr der Kardinal lächelnd fort. »Die römische Geschichte lehrt ebenso wie die Geschichte des Papsttums, daß selten Vernunftgründe, immer aber die Leidenschaften triumphieren. Daraus folgt keineswegs, sich der Leidenschaft auszuliefern, sondern vielmehr sie in jede Überlegung einzubeziehen. Meister

Bernini kommt mit seiner Interpretation der Wahrheit diesem Begriff sehr nahe - eine Illusion zwischen Himmel und Erde.«

Ich habe später noch oft über dieses Gespräch nachgedacht. Es beschrieb, so scheint mir heute, den Bruch des Lebensgefühls in diesem Jahrhundert. Wir alle, und Christine besonders, waren in der Überzeugung aufgewachsen, der Mensch könne den Himmel stürmen und die Erde zwingen, wenn er nur im Besitz des rechten Glaubens, eines scharfen Verstandes und stoischer Tugend, also der Wahrheit, sei. Nichts für sich zu wollen, aber alles für das Glück der Menschheit, würde den Völkern ewigen Frieden und Gerechtigkeit bringen. In Gustav Adolf verkörperte sich dieses Ideal der ersten Jahrhunderthälfte. Die Erfurter hatten ihm noch wie einem Gott gehuldigt, aber nur wenige Tage später lag dieser Gott, von Kugeln und Schwertern durchbohrt, von Pferdehufen zerstampft, im Schlamm von Lützen. Der Allesbezwinger war nun selbst bezwungen. Als erwachten sie aus einem Traum, rieben sich die Menschen die Augen und fragten nach dem Sinn der großen Worte, die so viele Opfer gefordert hatten. Fortan wollten sie nicht länger für ewige Wahrheiten sterben, sondern einfach leben. Aber wie? Seit der Erkenntnis des Nikolaus Kopernikus, von Galilei allgemein bekannt gemacht, hockt der Mensch frierend auf einem rotierenden Stern im unbewohnten Universum und weiß nicht mehr, ob er an Gott glauben soll oder nicht. Er hat das Gefühl der Geborgenheit verloren und findet nirgends mehr Halt.

Gelehrte mühen sich, die Trümmer des alten Weltbildes zu einem neuen Ganzen zusammenzufügen. Der große Pascal schrieb: »Der Mensch ist nur ein Schilfrohr, aber er ist ein denkendes Schilfrohr. Das ganze Weltall braucht sich nicht zu waffnen, um ihn zu zermalmen; ein Dampf, ein Wassertropfen genügen, ihn zu töten. Doch wenn das Weltall ihn zermalmte, so wäre der Mensch nur noch viel edler als das, was ihn tötet, denn er weiß ja, daß er stirbt und welche Überlegenheit das Weltall ihm gegenüber hat. Das Weltall weiß davon nichts. Unsere ganze Würde besteht also im Denken. Daran müssen wir uns wieder aufrichten und nicht an Raum und Zeit, die wir nicht ausfüllen können. Bemühen wir uns also, gut zu denken. Das ist die Grundlage der Moral.«

Doch die wenigsten unterziehen sich der Mühe des Denkens. Dies meinte wohl der Kardinal, als er von der Wahrheit als Illusion sprach. Welchem Thema Azzolino sich auch zuwandte - Philosophie oder Kunst, technischen Erfindungen oder Plänen zur Regulierung des Tiberlaufes, Politik oder Theologie –, immer fesselte er die Zuhörer durch eine neuartige Sicht der Dinge.

In diesen Tagen lud mich Oberhofmeister Gueva auf einen Becher Wein ein. Ihm war nicht entgangen, daß ich bei der Königin an Gunst verloren hatte. Meine freundschaftlichen Beziehungen zu Graf Montecuccoli, der inzwischen nach Wien zurückgekehrt war, ließen ihn bei mir besondere Sympathien für das Haus Habsburg und die Spanier vermuten. Er konnte nicht wissen, daß mir das Haus Habsburg ebenso gleichgültig war wie das Haus Wasa, Bourbon oder irgendein anderes regierendes Geschlecht.

Für Gueva existierte nur eine wahrhaft katholische Nation - die spanische; nur eine Macht, die das christliche Abendland repräsentierte - das spanische Königtum; nur ein Land, das die Welt zu regieren berufen war - Spanien. Er nahm nicht zur Kenntnis, daß sich die Sonne über dem spanischen Imperium verdunkelte. Noch immer im Wahn einstiger Größe, belachten er und seinesgleichen den Ritter von der traurigen Gestalt, ohne zu bemerken, daß sie über sich selber lachten. Wer gegen Spaniens Vorherrschaft aufbegehrte, galt ihnen als Feind des Christentums, des Abendlandes, der Menschheit. Wie der Fischer Masaniello, auf den Gueva bald lauthals zu schimpfen begann.

Acht Jahre zuvor hatte Masaniello die Neapolitaner zum Aufstand gegen den spanischen Vizekönig und seine Beamten geführt. Wie eine Sturmflut ergossen sich die Plebejer über die Stadt und proklamierten eine Volksregierung. Zum Glück für die Spanier zerstritten sich die Aufständischen und ermordeten Masaniello. Nun griffen die Franzosen ein, um die Früchte des Aufstands zu ernten. Wer Neapel regierte, gewann auch Macht über Rom und den Papst. Kardinal Mazarin berief sich auf jahrhundertealte französische Besitzansprüche und entsandte eine Kriegsflotte, den Aufständischen beizustehen. Herzog Heinrich von Guise, der großsprecherische Lothringer, ernannte sich zum Dogen von Neapel. Die französische Flotte versank im Mittelmeer, der Guise klopfte nur Sprüche, und so vertrieben ihn die erbitterten Neapolitaner. Auch Römer mischten sich in den Streit. Ohne Wissen des Papstes rüstete der Franzosenfreund Kardinal Antonio Barberini ein Hilfskorps für die Neapolitaner aus, das Graf Monaldesco befehligte. Die Niederlage der Republik und den Sieg der Spanier konnten sie nicht aufhalten.

Als der Name Monaldesco fiel, begann ich zu ahnen, was mir die Ehre von Guevas Einladung verschafft hatte. Aber vorerst ließ der Oberhofmeister seinen Haß gegen Masaniello und dessen Gefährten freien Lauf: Gesindel, das es gewagt habe, die gottgegebene Ordnung zu bedrohen, Abtrünnige der reinen Lehre, Ketzer, Verbrecher... Ich versuchte nicht, den Oberhofmeister davon zu überzeugen, daß Masaniello ein braver Katholik gewesen war und daß der Sieg über die Neapolitaner nichts bewies als die Stärke und Grausamkeit der spanischen Waffen.

Es beunruhige ihn, sagte Gueva, daß die Königin freundschaftlichen Umgang mit Graf Monaldesco und Kardinal Antonio Barberini pflege. Er befürchte, die Königin könne gegen ihren Willen in ein Komplott gegen Spanien gezogen werden.

Insgeheim teilte ich Guevas Verdacht, doch wäre er der letzte gewesen, mit dem ich darüber gesprochen hätte. Ich wandte ein, daß die Königin zu klug sei, sich in ein Komplott verwickeln zu lassen, habe sie doch vor nicht allzu langer Zeit eine Großmacht regiert.

Gueva belehrte mich, Schweden sei nicht Italien. Da ich verständnisvoll nickte, wurde er kühner. Ob mir nicht aufgefallen sei, daß sich Ihre Majestät verändert habe? Sie kenne kaum noch ihre alten Freunde. Er, Gueva, schätze mich als vernünftigen Mann, der ebenso wie er Monaldesco und die Gebrüder Santinelli verabscheue. »Liefern Sie uns Beweise für eine Konspiration gegen Spanien. Sie dienen damit einer gerechten Sache und der Königin. Sie haben seit zwei Monaten keine Löhnung erhalten. Ich werde dafür sorgen, daß es Ihnen an nichts fehlt.« Er schob mir einen Beutel zu. Ich wog die Goldstücke prüfend in der Hand. Schon glaubte Gueva mich bestochen, da schleuderte ich den Beutel gegen die Wand, daß die Münzen klingend über den Boden rollten.

»Das werden Sie bereuen!« rief mir Gueva hinterher.

Am selben Abend entging ich mit knapper Not einem Anschlag aus dem Hinterhalt. Zu meinem Schutz mietete ich zwei Masanielli an. So nannte man die neapolitanischen Flüchtlinge, die in den Ruinen am Colosseum nächtigten. Als sie erfuhren, daß ich von Spaniern bedroht wurde, verzichteten sie auf den Sold, den ich ihnen hätte ohnehin nicht zahlen können. Gueva sah fortan durch mich hindurch.

In jenen Wochen berichtete Herzog Terranova nach Madrid: »Die Haltung der Königin wird für uns immer nachteiliger, sie hat sich zur Beschützerin der Escadrone Volante erklärt, ist von Kardinal Azzolino entzückt und bewundert alle seine Freunde; mit den spanischen Kardinälen und Diplomaten hat sie vollkommen gebrochen und sich endgültig den hiesigen Franzosenfreunden zugewandt. Sie hat damit einen Schlag gegen Eure Majestät geführt, der uns alle entehrt.«

König Philipp, klüger als der eifrige Wächter seiner Ehre, wies den Herzog an, sich aus den Geschäften der Königin herauszuhalten, und befahl Pimentel und Gueva, den Dienst bei Christine zu quittieren.

Terranova verstand die Welt nicht mehr. Er fuhr fort, sich über die Königin zu beklagen. Ihre Extravaganzen würden von Tag zu Tag unerträglicher, und man erwarte, Seine Heiligkeit werde diese unverbesserliche Frau aus Rom entfernen oder sie zwingen, in ein Kloster einzutreten. Es könne ohnehin nicht mehr lange dauern, bis sie völlig verschuldet an die Tür der spanischen Botschaft klopfen müsse.

Gueva nannte die Königin die »größte Hure der Welt«. Sie unterhalte ein Liebesverhältnis mit einer Nonne, schlafe mit Francesco Santinelli, erweise Monaldesco und mindestens einem halben Dutzend Kardinälen ihre intime Gunst. Die Gerüchte krochen wie Otterngezücht durch Rom.

Christine zeigte noch immer einen mir unbegreiflichen Langmut. Woher sollte ich auch wissen, daß eine politische Absicht hinter ihrem Bruch mit den Spaniern stand, daß sie nur die Diener, aber nicht den spanischen König selbst ins Unrecht setzen wollte. Ich erwartete, Don Antonio Pimentel würde zu Christines Verteidigung in die Bresche springen. Gerade er, den die Franzosen einst als ihren Geliebten verleumdet hatten, mußte doch die Niedertracht seiner Landsleute durchschauen. Aber er sah tatenlos zu, wie sie den Ruf der Königin ruinierten. Wenn auch kein Intrigant wie Gueva und seine Frau, führte sich Pimentel doch wie ein jämmerlicher Feigling auf.

Als der Oberhofmeister und seine Gemahlin sich offiziell verabschiedeten, hatte Christine ihren Hofstaat um sich versammelt. Sie verzog keine Miene, während Gueva die vorgeschriebenen Ehrenbezeugungen abgab und der Form halber mit den Worten schloß, die Königin möge ihm verzeihen, wenn er ihr nicht so gut gedient habe, wie er sollte und es auch gewünscht hätte.

Christine maß ihn mit einem eisigen Blick. Endlos dehnte sich die Stille. Ich zweifelte nicht, daß lange aufgestauter Zorn sich entladen würde. Aber die Königin sagte ruhig, was er, Gueva, getan habe, möge er vor seinem Gewissen verantworten. Sie wisse wohl zwischen einem Schurken und einem Ehrenmann zu unterscheiden. Erführe sie jemals, daß er sie verleumdet habe, würde sie ihn entsprechend behandeln. Ihr bleiches Gesicht verriet, daß sie alles wußte. Ohne die Gemahlin des Oberhofmeisters auch nur anzusehen, fuhr sie fort: »Sollte sich die ehemals erste Dame meines Hofes an der Verbreitung der Gerüchte beteiligt haben, so stört mich das nicht im geringsten, denn sie ist ja nur eine Frau.«

Am gleichen Tag teilte Christine Don Antonio Pimentel und Kardinal Medici, dem Haupt der spanischen Partei in Rom, mit, sie mögen König Philipp wissen lassen, allein die Achtung vor seiner Person und vor Guevas Rang als General habe sie abgehalten, den Oberhofmeister für seine Unverschämtheiten zu verprügeln.

Die Spanier gaben die Partie noch nicht verloren. Sie schrieben nach Madrid, das römische Klima beeinträchtige Christines Verstand. Dem Papst drohten sie mit der Ungnade des spanischen Königs, wenn er die hergelaufene Vandalenkönigin nicht zur Räson bringe.

Alexander versuchte es. Er ließ der Königin sagen, sie könne nur auf Hilfe aus der päpstlichen Kasse hoffen, wenn sie ihr Verhalten ändere.

Christine öffnete eigenhändig die Fenster zur Piazza. Dann antwortete sie mit einer Lautstärke, die jeden Schlachtenlärm durchdrungen hätte: Eher werde sie sterben, als vor wem auch immer zu Kreuze zu kriechen. Sie sei keine Heuchlerin. Ob sich etwa jene besser benähmen, die Gott mit dem Teufel der Unzucht, Völlerei und Verleumdung betrögen und glaubten, Er merke es nicht, weil sie dem Papst die Pantoffel küßten. Eine Wasa sei nicht käuflich, schon gar nicht für päpstliches Gold.

Solche Töne hatte man in Rom noch nie gehört. Jedermann wartete gespannt, wie sich der Papst verhalten würde. Die Spanier glaubten ihr Spiel gewonnen.

Doch Papst Alexander lenkte überraschend ein. Er war selbst in Bedrängnis geraten. Ein Jahr zuvor hatte er bei seiner Wahl feierlich gelobt, eigene Verwandte vom Kirchenregiment fernzuhalten. Schluß mit dem Nepoten-Unwesen, dem Krebsgeschwür des Papsttums! Die Römer hatten ihm applaudiert, die Kardinäle der Escadrone Volante ihn bestärkt. Aber bald meldeten sich auch andere zu Wort. Sei es nicht vernünftiger, die wichtigsten Ämter im Kirchenstaat in einer Familie zu konzentrieren? Wenn verschiedene Kardinäle und deren Günstlinge das Sagen hätten, nähme das Durcheinander kein Ende.

Alexander hatte sich lange gegen die Versuchung gewehrt.

Dann brach die trostlose Einsamkeit auf dem Stuhl Petri seinen Widerstand und alle guten Vorsätze. Er fürchtete, hintergangen und ausgenutzt zu werden, und so ernannte er in diesem Frühjahr 1656 seinen Bruder Mario zum General der Kirche, den Neffen Agostino zum Kastellan der Engelsburg und versprach dem jungen Flavio Chigi den Kardinalshut. Auch entferntere Verwandte aus Siena erhielten einträgliche Posten. Die Enttäuschung war allgemein. Pasquino spottete mit dem Wort aus dem Credo: Et homo factus est - Nun ist der Papst Mensch geworden.

Alexander brauchte Verbündete. Keiner hatte das schneller begriffen als Christine. Als erste Fürstin empfing sie die päpstlichen Verwandten mit einem Zeremoniell, das sonst nur Kardinälen zusteht. Der dankbare Alexander revanchierte sich mit einer Botschaft an Herzog Terranova, in der er das Auftreten des spanischen Botschafters gegen die Königin mißbilligte. Jede Kränkung der geliebten Tochter betrachte der Heilige Vater fortan als gegen sich gerichtet.

Auf diesen Augenblick hatte Christine gewartet, um sich an den Spaniern zu rächen. In einem Manifest beschrieb sie ausführlich die Geschichte ihres Streits mit Terranova und Gueva und schloß mit den Worten, der Papst heiße alles gut, was sie in dieser Angelegenheit unternommen habe. Das Schriftstück ließ sie in Rom zirkulieren.

Herzog Terranova verlor die Nerven. Er verstieg sich öffentlich zu der Behauptung, Christine sei keine Königin, weil sie ihre Herkunft von Gustav Wasa, einem Rebellen gegen die gottgewollte dänische Herrschaft, ableite. Schon die heilige Birgitta habe vor dreihundert Jahren vor dieser vom Teufel Besessenen gewarnt. Ein weiterer Beweis für Christines Verderbtheit sei ihr Umgang mit Juden.

König Philipp beeilte sich, den schwachsinnigen Herzog aus Rom abzuberufen. Auch Don Antonio Pimentel reiste ab.

*

Die Königin hatte niemandem nachgegeben - nicht dem Papst, nicht den Spaniern, nicht der Volksstimmung - und hatte gewonnen. Es war ihr gelungen, sich aus spanischen Fesseln zu befreien, ohne sich in neue zu verstricken. Doch sie wurde ihres Sieges nicht froh. Wie sehr sie sich auch mühte, Rom das Bild einer glücklichen Frau zu bieten - die Welt konnte sie belügen, sich selbst nicht.

»Vom Hafen aus will ich die anderen, die mitten im Sturm sind, betrachten...« hatte sie einst an Chanut geschrieben. Sie war nicht im Hafen, sondern trieb in einem zerbrechlichen Boot auf sturmdurchtoster See. Den Römern blieb sie eine Fremde, die Kurie begegnete ihr mit Mißtrauen, der Jesuitenpater Zucchi hetzte von der Kanzel gegen sie, die römischen Fürsten machten sich insgeheim über sie lustig: eine Königin ohne Krone, ohne Land. Karl Gustav zahlte das versprochene Geld nicht. Der Herzog von Parma, Besitzer des Palazzo Farnese, ließ immer dringlicher anfragen, wie lange er noch die Ehre habe, die Königin beherbergen zu dürfen.

Ostern war längst vorbei, doch für Christine nahm der Aschermittwoch kein Ende. Als sich der Mai mit frühsommerlicher Glut auf Rom stürzte, lag die Königin mit hohem Fieber darnieder. Wieder einmal floh sie in die Krankheit. Ihr Zustand war ernst. Außer Don Gennaro empfing sie niemanden, nicht einmal Kardinal Azzolino. Stundenlang wartete ich auf der Piazza Farnese auf gute Neuigkeiten. Aber die Ärzte schüttelten nur den Kopf, und Don Gennaro war gegen seine Gewohnheit in sich gekehrt, wenn er von der Königin kam. In meiner Angst gelobte ich in der Kirche der heiligen Birgitta, Kardinal Azzolino zu lieben wie mich selbst, wenn nur die Königin am Leben bliebe.

Mein Gelübde wurde bald auf eine harte Probe gestellt. Einige Tage später rief mich die Königin zu sich. Sie saß am Fenster und schaute hinüber zur Peterskirche, deren Kuppel im Mittagslicht wie eine Scheibe über den Dächern schwebte. Als ich eintrat, zog Christine den Vorhang zu. Ihr verfallenes Gesicht erschreckte mich dennoch. Rauh sagte sie: »Wenn's auch so aussieht, es geht noch nicht ans Sterben. Wir werden eine große Reise unternehmen, David.«

Ich glaubte, sie spräche im Fieber und nickte nur.

»Hast du mich nicht verstanden? Wir reisen ab, vielleicht für immer«, sagte sie ungeduldig.

Das dürfe sie nicht tun, widersprach ich.

»Wer sagt das?«

Ich sprach von Rom, das sie doch liebe, von den Barberini, Bernini, Holstenius und - so schwer mir der Name auch über die Lippen wollte - Kardinal Azzolino.

Die Königin winkte ab. »Ach was, alle werden froh sein, wenn die barbarische Königin Rom wieder seiner selbstgerechten Scheinheiligkeit überläßt. Oder sind etwa die Kardinäle inzwischen fromm, die Gelehrten aufrichtig, die Römerinnen klug geworden? Sie sind früher ohne mich ausgekommen, sie werden mich nicht vermissen.«

Das war wieder die vertraute Christine. Aber wohin wollte sie? Zurück nach Schweden? Die Abdankung, die Konversion, die Reise nach Rom - alles nur eine Laune? Ich behielt meine Fragen für mich und meinte nur: »Der Papst, die Kardinäle und alle anderen brauchen Sie vielleicht nicht, aber Sie, Königin, brauchen Rom.«

»Diese Antwort ist ein Goldstück wert, aber ich habe keins«, erwiderte Christine. Und dann redete sie, ganz gegen ihre Gewohnheit, vom Geld. Es störe sie nicht, in zerschlissenem Bettzeug zu schlafen, auf kostbare Kleider und Bankette könne sie verzichten, aber niemals auf ihren Status als Königin. Sie sei entschlossen, das ihr vertraglich zugesicherte Geld einzufordern. Sie denke nicht daran, Karl Gustavs Krieg in Polen zu finanzieren.

Ich hätte einwenden können, sie möge die Ganoven aus ihrem Hofstaat davonjagen, dann wäre auch Geld da. Doch dieser Ratschlag hätte sie nur erzürnt und ihre Argumente nicht entkräftet.

Christine weihte mich in ihren Plan ein, Kardinal Mazarin zur Zahlung der französischen Kriegsschulden an Schweden zu bewegen. Da ihr Karl Gustav das ihr Zustehende verweigere, müsse sie sich an dessen Gläubiger halten. Aber es fehle ihr an Mitteln für die Reise nach Frankreich. Ausgerechnet ich sollte Kardinal Azzolino bitten, für sie beim Papst um Hilfe nachzusuchen. »Rede, was du willst, aber so, daß ich mein Gesicht nicht verliere. Ich schätze Seine Eminenz sehr und möchte, daß er mich versteht.«

Stolz auf ihr Vertrauen, Mitleid mit ihr und Widerwillen gegen den Bittgang zum Kardinal stritten in mir. Meine Verwirrung wäre noch größer gewesen, hätte ich gewußt, was sie wirklich zu dieser Reise veranlaßte: Sie wollte die Krone von Neapel! Längst schon hatte sie sich mit Hilfe Monaldescos mit Kardinal Mazarin ins Einvernehmen gesetzt.

Der neapolitanische Adel hoffte aufdie Franzosen als Befreier, verlangte aber einen Herrscher von königlichem Geblüt. Der einzig mögliche Prätendent für den neapolitanischen Thron wäre König Ludwigs Bruder, Philipp von Anjou, gewesen. Da König Ludwig aber noch unverheiratet war und sein Bruder Philipp für den Fall eines frühzeitigen Todes von Ludwig die Erbfolge sichern mußte, konnte Mazarin den Neapolitanern keinen königlichen Herrscher anbieten.

In Kenntnis dieser Lage und der Prophezeiungen von einer Friedenskönigin »von Mittag« trug sich die Königin schon seit Jahren mit dem Gedanken, die Herrschaft in Neapel zu übernehmen. Damit entzog sie den Heiligen Stuhl dem direkten Einfluß Spaniens und gab den Spaniern wiederum die Genugtuung, Neapel nicht in französischem Besitz zu sehen. Nach Christines Ableben sollte die neapolitanische Krone an Frankreich fallen. Damit wäre allen Parteien geholfen und ein Friedensschluß zwischen den sich befehdenden katholischen Hauptmächten in Europa möglich gewesen.

Die Königin hielt das Projekt so geheim, daß im Sommer 1656 außer ihr nur Mazarin und Monaldesco davon wußten. Kardinal Azzolino war ebenso ahnungslos wie ich, als wir die Reise der Königin nach Frankreich besprachen. Beide glaubten wir der Königin, daß sie mit Mazarin über ihre Finanzen verhandeln wollte.

Kardinal Azzolino versicherte mir, Königin Christina könne auf ihn zählen wie auf mich. Da bat ich ihm insgeheim meinen Groll ab.

Alexander fiel es nicht leicht, sich mit Christines Reiseplänen zu befreunden. Ob die Königin denn ihrem katholischen Glaubensbekenntnis treu bleiben würde? Sei sie nicht sprunghaft, unberechenbar? Azzolino verbürgte sich feierlich für den rechten Glauben der Königin und fügte wie nebenbei hinzu, ein angemessener Reisebeitrag aus der päpstlichen Schatulle würde das Verhältnis der Königin zum Heiligen Vater noch enger gestalten. Er, Azzolino, wolle dann auch dafür sorgen, daß sich die Größe des königlichen Gefolges in Grenzen hielte.

Christines Skandale überdrüssig, dankbar für ihren Beistand, Azzolinos Worten vertrauend, versprach Alexander schließlich päpstliche Galeeren für die Überfahrt, Reiseproviant und Wegegeld.

Auf diese Nachricht hin lebte die Königin sichtlich auf und gesundete rasch. Darin war sie ganz Gustav Adolfs Tochter, daß sie den Angriff mehr liebte als die Verteidigung, die Tat mehr als die Kontemplation.

Ende Mai schickte mich Christine mit einer geheimen Botschaft zu Kardinal Mazarin. Der mächtigste Mann Frankreichs empfing mich sehr freundlich. Er zeigte mir seine Bibliothek, die Christine einst erworben und ihm nach seinem Sieg über die Fronde zurückgegeben hatte. Viele dieser Bände waren mir bekannt.

»Wo gibt es auf dieser Welt noch eine Frau, die Kunst und Wissenschaft so zu schätzen weiß wie die schwedische Königin?« schwärmte Mazarin. Angesichts der wertvollen Sammlungen des Kardinals ein Lob aus berufenem Munde. Leider konnte ich den Kardinal nicht überzeugen, die Königin, wie sie es wünschte, incognito nach Paris reisen zu lassen.

»Der Besuch der schwedischen Majestät, die während des großen Krieges so unverbrüchlich an der Seite Frankreichs gestanden und sich zum rechten Glauben bekannt hat, ist ein Jahrhundertereignis. Niemand würde es ihr und mir verzeihen, wenn wir sie nicht öffentlich ehrten, wohin sie den Fuß in Frankreich auch setzt.« Mazarin log. Er hatte die schwedischen Heere für eigene politische Zwecke mißbraucht und dem Konfessionswechsel der Königin feindselig gegenübergestanden. Mehr als ein scharfer Briefwechsel zwischen beiden war durch meine Hände gegangen. Auf den Gedanken, der Kardinal sehe die Königin schon als Dame in einem neuen Spiel, konnte ich natürlich nicht kommen. So seufzte ich nur bei der Vorstellung, wieviel Zeit Begrüßungen, Trommelwirbel, Böllerschüsse, Bankette kosten würden.

Ich blieb drei Tage in Paris und kehrte, wie befohlen, auf schnellstem Wege nach Italien zurück. In Turin vernahm ich die ersten Schreckensnachrichten von der Pest. Weiter südlich begegneten mir Flüchtlinge, denen es gelungen war, Rom zu verlassen. Sie berichteten, in Neapel stürben täglich so viele Menschen, daß man sie nicht mehr begraben könne. Sie würden teils verbrannt, teils ins Meer geworfen. Ein neapolitanischer Fischer oder Seemann habe die Seuche in Rom eingeschleppt. Nun breite sie sich unaufhaltsam aus. Über kurz oder lang werde Rom ein Totenhaus sein.

Ich schlug alle Warnungen in den Wind. Dem Tod entrinnt keiner, wie schnell er auch läuft. Häufig ist auch die Todesangst die eigentliche Todesursache.

In Rom war es still, zum Fürchten still. Die Kirchenglocken schwiegen, die Märkte lagen verlassen, die Straßen und Gassen menschenleer. Weiße Kreuze an den Häusern bezeichneten die Stätten des Todes. Brandgeruch überall. Vom Pesthauch berührt, wurde zu Rauch und Asche, was einst als kostbarster Besitz galt.

Die Königin fand ich wohlauf. Ich drängte auf sofortige Abreise, konnte doch ein Pestkranker im Palazzo alle Pläne zunichte machen. Als Kardinal Azzolino gemeldet wurde, wollte ich mich entfernen, doch die Königin hieß mich bleiben. Sie lief dem Kardinal entgegen, schon sah meine eifersüchtige Phantasie sie in seinen Armen, da hielt sie im Lauf inne und erstarrte im Zeremoniell der Begrüßung. Ihre Blicke konnten nicht lügen. Sie umfingen den Kardinal so zärtlich, daß mir der Atem stockte. Azzolino nickte mir zu. Er schien um Jahre gealtert, gezeichnet von Erschöpfung. Auch er riet der Königin, sofort zu reisen.

»Wie kann ich gehen, da ich Sie in höchster Gefahr weiß«, widersprach sie. »Ich ertrüge es nicht, wenn Ihnen etwas zustieße.«

Der Kardinal ergriff Christines Hände. »Sie können hier nichts tun. Gott beschützt, wen er zum Werkzeug Seines Willens macht. Sie werden gesund zurückkommen, und ich werde Sie begrüßen.« Um seinen Worten Nachdruck zu verleihen, lobte er die Anstrengungen des Papstes, die Seuche einzudämmen; den Mut der Kardinäle Barberini und Imperiali, die in den Seuchenvierteln Lebensmittel verteilten.

Francesco Barberini verbrachte ganze Tage in dem von der Pest schwer heimgesuchten Stadtteil Trastevere, segnete Sterbende, tröstete Kranke, half manch einem aus bitterer Not. Niemand dachte mehr daran, daß er während der Regierung seines Onkels, Urban VIII., sagenhafte Schätze zusammengerafft haben soll. Wer sein Leben für andere einsetzt, dem verzeihen Gott und die Menschen. Kardinal Azzolino unterstanden die Hospitäler auf dem Marsfeld, in denen er täglich nach dem Rechten sah.

Angesichts des großen Sterbens fielen die Masken. Der Feige konnte nicht länger seine Feigheit verbergen, der Mutige wuchs über sich selbst hinaus. Der allgegenwärtige Tod zerriß das Lügengewebe von Eitelkeit und Selbsttäuschung. Vor ihm galt der Reiche nicht mehr als der Arme, das Kind nicht mehr als der Greis.

Keine Gottesdienste mehr, keine Glocken, kein Weihwasser, keine musikalischen Aufführungen. Klöster wurden zu Spitälern. Nachts rumpelten die Totenkarren hinaus nach San Paolo vor den Mauern, wo sie ihre Last in große Gruben abkippten. Vermummte Männer schaufelten Kalk auf die Leichen, Schicht um Schicht. Bei Tage trug man die Erkrankten ins Hospital auf der Tiberinsel. Päpstliche Sbirren und Gendarmen aus der Gegend von Pesaro, die der Papst nach Rom beordert hatte, trieben Angehörige und Nachbarn der Kranken in Quarantäne-Hospitäler. Wer zu fliehen versuchte, wurde erschossen, gleich welchen Standes oder Verdienstes. Michelangelos Vision vom Jüngsten Gericht schien sich zu erfüllen.

Die Königin schob die Abreise Woche um Woche hinaus. Holstenius hatte sich in der Bibliothek vergraben wie in einer Festung. Mir widerstrebte es, mich einzuschließen und den Allmächtigen um mein Leben anzuflehen. Sein Wille geschieht ohnehin, ob es uns gefällt oder nicht.

Als ich wieder einmal vom Borgo zum Palazzo Farnese ging, traf ich Don Gennaro. Er sang lauthals eine neapolitanische Weise. Auf meine Frage, warum er so vergnügt sei, erwiderte er, es müsse geschieden sein. Bevor er vor Gottes Thron trete, wolle er ihn mit seinen Liedern freundlich stimmen.

Erschrocken wich ich zurück. Er beruhigte mich, noch erfreue er sich bester Gesundheit. Aber sein Freund Pater Athanasius, der bisher den Kranken auf der Tiberinsel das Sterben erleichtert habe, bedürfe nun selbst priesterlichen Beistands. So werde er, Don Gennaro, fortan den armen Sündern den Mund auf das Paradies wäßrig machen, bis er sich selbst überzeugen könne, ob seine Verheißungen der Wahrheit entsprochen hätten.

Ich fragte, ob die Königin dies billige, schließlich sei er ihr Beichtvater. »Ihr Beichtvater wohl, aber nicht ihr Leibeigener. Außerdem reist sie morgen ab, du auch, falls du es noch nicht weißt. Gott segne dich, mein Sohn. Bete für mich armen Sünder.«

Don Gennaro hatte vollbracht, was selbst Kardinal Azzolino nicht gelungen war. Sprachlos sah ich ihm nach. Er drehte sich noch einmal um. »Steh deiner Königin bei«, sagte er, »in ihr ist eine Heilige verborgen, weil sie ihrem Gewissen folgt und sich nicht um die Verachtung der Welt kümmert.«

Ich habe oft an Don Gennaros letzte Worte denken müssen. Noch heute sehe ich ihn vor mir, wie er singend dem Tod entgegenging, das Herz voller Liebe und Weisheit. Vier lange Wochen spendete er den Kranken die Sakramente. Er selbst starb ohne die

Letzte Ölung, weil sich kein Priester mehr in die Pesthöhle wagte. Seinen Leib hat der Kalk in den Gruben bei San Paolo gefressen, aber seine Späße und Gesänge erfüllen nun, da bin ich sicher, die himmlischen Paradiese.

In der folgenden Nacht verließen wir Rom. Christines Gesicht wirkte noch bleicher als sonst. Sie weinte. Immer wieder öffnete sie ein Medaillon mit dem Porträt des Kardinals.

Ich beneidete Azzolino. Fern der Geliebten sich geliebt zu wissen ist leichter zu ertragen, als ungeliebt in ihrer Nähe zu sein. Die Königin hatte mir die Bitte abgeschlagen, auf dem Landweg nach Frankreich reisen zu dürfen. Sie ziehe einen seekranken David einem abwesenden vor.

So ritten wir in einem Zug von etwa achtzig Gefolgsleuten wie Flüchtende dem Ankerplatz Palo entgegen, wo uns die päpstlichen Galeeren erwarteten.

Das Sicherste im Leben ist die Unsicherheit. Während der stürmischen Überfahrt glaubte ich zuerst, meinen Geist aufgeben, dann mein Leben als Sklave sarazenischer Piraten in Nordafrika beschließen zu müssen. Der Sturm legte sich, die Piratenschiffe drehten ab. Als die königlichen Geschütze vom Chateau d'If Salut feuerten, freute ich mich, bald den festen Boden Marseilles unter den Füßen spüren zu können.

Ich freute mich zu früh. Hunderte von Booten versperrten die Hafeneinfahrt. Mit Knüppeln und Steinen drohten die Bürger, uns auf die Galeeren zurückzutreiben, sollten wir wagen, Marseille zu betreten. So groß war die Furcht, wir könnten die Pest einschleppen, daß selbst königliche Befehle beim Stadtrat auf taube Ohren stießen.

Monsieur de Lesseins, Kardinal Mazarins Emissär, kam an Bord und bat die Königin, erst nach Einbruch der Dunkelheit mit nur wenigen Begleitern an Land zu gehen. Christine strafte den Edelmann mit einem verächtlichen Blick. Eingedenk der Weisungen, die Schwedenkönigin mit allen Ehren einer regierenden Monarchin zu empfangen, stammelte der Emissär verlegen, die Situation erfordere...

Christine unterbrach ihn: »Entweder mein Schiff legt am Kai an oder überhaupt nicht. Basta! Teilen Sie das Seiner Eminenz und dem Stadtrat mit.«

Gar zu gern hätte ich Monsieur des Lesseins begleitet. Die Aussicht, auf gleichem Weg nach Rom zurückzureisen, erschreckte mich mehr als die Pest oder die Wut einer aufgebrachten Menge. Monsieur des Lesseins steuerte sein kleines Boot zwischen Scylla und Charybdis - hier der Befehl Mazarins und der Wille der Königin, dort das Volk von Marseille und der Stadtrat. Hin und her fuhr das Boot, kein Kompromiß zeichnete sich ab.

Am späten Nachmittag riß Christine die Geduld. »Machen Sie den Dummköpfen in Marseille endlich begreiflich, daß wir keinen Pestkranken an Bord haben, obwohl wir seit zehn Tagen auf dem Meer sind. Man möge doch diese kindische Furcht besiegen. Sonst lasse ich noch heute die Anker lichten. Dann stehe Ihnen Gott bei, wenn Sie das Ihrem Herrn erklären müssen.«

Schweißüberströmt entfernte sich Monsieur des Lesseins. Er argumentierte im Stadtrat, er bat, drohte, schmeichelte, versprach. Seine Leute mischten sich unters Volk. Endlich die Einigung: Die Königin und ihr Gefolge durften an Land gehen, aber die Galeeren mußten danach in weitem Abstand von den übrigen Schiffen ankern.

Die Festlichkeiten zu Ehren der Königin in den folgenden Tagen machten die Furcht vor der Pest vergessen. Die schlagfertige, witzige Frau, die wie ein Mann ritt und die Französisch sprach, als hätte sie nie woanders gelebt als in Frankreich, gewann die Herzen aller.

Während sich die Königin dem Zeremoniell unterwarf, besuchte ich in ihrem Auftrag den blinden Advokaten François Malaval, den »Seher von Marseille«, wie er genannt wurde. Der kürzlich verstorbene Philosoph Pierre Gassendi hatte Christine oft von dem Theologen und Kirchenrechtler Malaval geschrieben, den seine Frömmigkeit hinderte, die kirchlichen Weihen zu empfangen.

Malaval zeigte sich von dem Wunsch der Königin nach einem Gespräch nicht überrascht, bat nur, Ihre Majestät möge mit kleinem Gefolge in seine bescheidene Wohnung kommen. Sie hielt sich daran, wählte jedoch zu meinem Verdruß außer mir die Brüder Santinelli als Begleiter.

Bevor sich das Gespräch den antiken Mystikern zuwandte, gedachten Malaval und Christine ihres gemeinsamen Freundes. Die Königin bedauerte, daß Gassendi dem Ruf nach Stockholm nicht gefolgt war.

»Aber Madame«, sagte Malaval, »Gassendi war solch ein Gegner von Descartes, daß er mit ihm nichts gemein haben wollte, schon gar nicht den Tod im eisigen Norden. Und außerdem: Er war ein ritterlicher Mann. Wie hätte er die von ihm so bewunderte Königin Christine in Schwierigkeiten bringen können! Ein Philosoph gehört nicht an einen Königshof. Oder meinen Sie, daß Ihre Geistlichkeit einen Mann gelitten hätte, der Epikurs Lehre vertrat, Kopernikus, Giordano Bruno und Galilei verteidigte?«

»Sie haben recht, Monsieur Malaval, es ist angenehmer, in Frankreich oder Italien zu sterben als in Stockholm zu leben.« Christine gelang der leichte Ton nicht. Der Tod von Descartes schmerzte sie noch immer. Für Descartes hatten ihr die Regierungsgeschäfte nicht genügend Zeit gelassen, und von Gassendi lag kaum etwas Gedrucktes vor.

»Was einmal gedacht wurde, bleibt in der Welt, ob wir davon wissen oder nicht«, tröstete Malaval.

Den dummen Gesichtern der Santinelli war anzusehen, daß sie nicht verstanden, warum die Königin den Blinden so ehrerbietig behandelte. Sie langweilten sich, flüsterten miteinander. Endlich schickte die Königin sie mit einem Auftrag fort.

»Die beiden jungen Leute interessieren sich nicht für Philosophie?« fragte Malaval vorsichtig.

»Von Frauen, Pferden und Waffen verstehen sie mehr«, lachte Christine.

Solche Gesellschaft müsse doch sehr ermüdend sein, meinte der Blinde.

»Sie amüsieren mich. Ich mag keine traurigen Gesichter. Und als Königin bin ich gehalten, einen Hofstaat zu ernähren. Da sich Künstler und Gelehrte für diese Ämter nicht eignen, muß ich mich mit Tunichtguten behelfen.«

Empört sprang ich auf. Christines Blick zwang mich wieder auf den Stuhl. »Wer spricht denn von dir? Weißt du nicht, was du mir wert bist?«

Malaval verbeugte sich zu mir hin. »Monsieur, mein Respekt. Ich wollte, die Königin schätzte mich so wie Sie.«

Es brauchte eine Weile, bis ich der Unterhaltung wieder folgen konnte. Ich hörte die Königin sagen: »Ich bete das Vaterunser oder das Ave Maria, doch ich finde mich dabei höchst lächerlich. Die Jesuiten meinen, man könne Kontemplation erlernen. Aber ihre Exerzitien stoßen mich ab, sie scheinen mir voller Hochmut und Selbstsucht. Sagen Sie mir aufrichtig, Monsieur, ist Beten nicht nur leerer Wahn oder eine Art Magie? Sollte man es nicht lassen?« Es war die alte Frage an Johan Matthiae, nur anders gestellt.

Der Blinde bat Christine, sie anschauen zu dürfen. Seine Finger glitten, fast ohne die Haut zu berühren, über ihr Gesicht, das er den Spiegel der Seele nannte. »Ich kann Sie sehen, wenn ich Sie höre und fühle.« Mit großer Wärme fuhr Malaval fort: »Das Gebet, meine Tochter - ich darf Sie doch so nennen? - ist die Sprache der Seele, nicht des Körpers oder gar des Verstandes. Wie soll aber die Seele sprechen, wenn sie unter einem Geröll von Leidenschaften und intellektuellem Hochmut verschüttet liegt? Was wir gemeinhin als fromme Übungen bezeichnen - Gebete und Predigten -, bildet im besten Falle nur eine Voraussetzung für innere Sammlung und Konzentration. Sie schalten die selbstsüchtigen Gedanken aus, sie sind die Schaufeln, die das Geröll wegräumen. Endlich befreit, singt die Seele den Gesang der Schöpfung, ohne Worte, ohne sinnliche Vorstellungen. Der Körper wird der Seele zum Haus, durch dessen Fenster und Türen die Geheimnisse des Universums dringen. Um diesen Zustand der innigen Verbindung mit Gott zu erreichen, bedarf es keiner ausgeklügelten Übungen oder gewaltsamen Anstrengungen, nur der Bereitschaft, auf die innere Stimme zu hören. Lassen Sie Ihre Seele singen und kümmern Sie sich nicht um Theorien.«

Bewegt schieden wir von dem blinden Gelehrten, dessen Augen schärfer waren als die der Sehenden. Seine Worte begleiteten mich, als wir das Rhonetal aufwärts zogen. Die Glocken von Arles und Avignon, Montelimar und Valence grüßten uns. Um die filigranen Turmhelme der Kirchen segelten Schwalben. An den Abenden schwebten Duftwolken von Rosen und Lavendel über dem Tal. Schwer trugen die Weinstöcke an den Trauben. Wenn es den Garten Eden gegeben hat, dann muß er in der Provence gewesen sein. Christine war freundlich und ausgeglichen wie lange nicht mehr.

Einige Meilen vor Lyon erwarteten der Abgesandte des französischen Königs, Herzog von Guise, und der Erzbischof die Königin. Beim Einzug in die Stadt feuerten die Geschütze aus allen Rohren Salut, der Magistrat hatte unter einem Triumphbogen Aufstellung genommen. Christine verzog schmerzlich das Gesicht. Sie sei müde von der Reise, sagte sie, und ließ die Honoratioren stehen.

Lyon brachte ein Wiedersehen mit Chanut und Bourdelot. Mehr Zeit als mit ihren alten Freunden verbrachte die Königin mit Guise. Zum erstenmal regte sich mein Mißtrauen. Warum hatte Mazarin den großmäuligen Lothringer geschickt, der schon zweimal vergeblich versucht hatte, Neapel der französischen Krone zu gewinnen? Monaldesco und die Santinelli taten mit dem Guise vertraut. Sollte der unselige Gueva mit seinen Andeutungen von einer Konspiration doch recht gehabt haben?

Nach einigen Gläsern Burgunder mit Bourdelot und einem Gespräch mit Chanut begann ich zu ahnen, was die Königin im Schilde führte. Ziemlich unverblümt sagte ich ihr, mit Monaldesco und den Santinelli sei kein Königreich zu gewinnen, und Mazarin dürfe man nicht trauen, er verschenke niemals etwas.

Christine starrte mich an wie die Schlange das Kaninchen. Als sie die Hand hob, sagte ich, sie möge nur zuschlagen, die Wahrheit treffe sie damit nicht.

»Wessen Wahrheit?« fragte sie aufgebracht. Wenn mir ihr und mein Leben lieb sei, zu keinem ein Wort von diesen Vermutungen, auch nicht zu Kardinal Azzolino. Von Politik verstünde ich so viel wie ein Affe vom Lautenspiel. Ich möge sofort abreisen und mich in der Pariser Gelehrtenwelt umtun. Damit war ich entlassen.

In meiner traurigen Gemütslage erschien mir Paris wie eine aufgeputzte Dirne. Männer von Charakter und Gelehrsamkeit hielten sich von der Akademie fern, und die Mitglieder der Akademie besaßen weder Charakter noch Gelehrsamkeit. Ein Jahrmarkt der Eitelkeiten. Nachdem ich Herzog Rochefoucauld, dem berühmten Verfasser der Maximen, und einigen Dichtern den Besuch der Königin angekündigt hatte, suchte ich mich in Schänken aufzuheitern. Beinahe jede Grisette wollte von mir wissen, ob meine Herrin wirklich klug wie eine Gelehrte, ordinär wie ein Fuhrknecht und dazu noch lesbisch sei. Eingedenk meines römischen Abenteuers antwortete ich auf solche Dummheiten nicht und hieß bald nur noch der schweigsame Gote.

Eines Nachts kam ich auf dem Heimweg dazu, wie ein halbes Dutzend Männer auf jemanden einschlugen. Die Feiglinge flohen beim Anblick meiner gezogenen Waffe. Ich lud mir den Mißhandelten auf den Rücken und schleppte ihn in mein Quartier. Als ich ihn von Schmutz und Blut gereinigt hatte, erwachte er aus seiner Ohnmacht. »Ich bin ein Jud«, stöhnte er.

»Na und?« erwiderte ich und erkannte ihn im gleichen Augenblick: Rabbi Levi! Ich umarmte und küßte ihn, daß er schmerzvoll aufschrie, ob ich ihn nur gerettet hätte, um ihn umzubringen. Jetzt segnete ich die Königin für die Ungnade, die mir das Wiedersehen mit dem Rabbi geschenkt hatte.

Wie einst war ich wieder der kleine David, der sich unter dem sanften Blick seines Lehrers beruhigte. Vor ihm hatte ich keine Geheimnisse, auch mein Leiden an der Königin und meine Liebe zu ihr gestand ich ihm. Er hörte mir viele Stunden lang zu. Einmal sagte er: »Wen die Menschen verachten, den liebt Gott, und wer selbstlos liebt, der ist Gott nahe. Darum freue dich, David, der Herr hat Großes an dir getan.« So hätten auch Don Gennaro oder Johan Matthiae sprechen können. Rabbi Levi nickte und sagte das Unerhörte mit lächelndem Mund: »Was Wunder, sind wir doch alle, ob katholisch, lutherisch oder jüdisch, Priester und Kinder des einen Gottes. Nur wissen es die meisten nicht.«

Vergeblich bat ich den Rabbi, auf die Königin zu warten. Als er zwei Tage später nach Amsterdam aufbrach, fühlte ich mich auf wunderbare Weise gestärkt. Die wirksamste Medizin gegen Krankheiten der Seele ist das unerschütterliche Vertrauen eines Freundes, man werde aufstehen und weitergehen.

Paris trieb für die Königin einen Aufwand, der selbst den Empfang in Rom verblassen ließ. Von Compiègne aus, wo sich die königliche Familie den Sommer über aufhielt, dirigierte der Fuchs Mazarin ein Spektakel, dessen Pomp der Königin die Größe Frankreichs und seines Ersten Ministers vor Augen führen und sie geradewegs in die Falle locken sollte.

Fünfzehntausend Soldaten geleiteten Christine durch die geschmückten Straßen. Das Volk von Paris bejubelte die malerische Erscheinung der Königin - hoher Hut mit Federbusch, schlichtes Gewand, Pistolen in den Satteltaschen. Gestern in den Augen vieler noch ein verworfenes Weib, feierten die Pariser sie nun als Heldin, die für den rechten Glauben einen Thron aufgegeben hatte und die Pest ebensowenig fürchtete wie die Wahrheit.

Zum Tedeum in Notre-Dame begrüßte ein Priester die Königin mit den Worten: »Fecit te Suecia Christinam; Roma Christianam; faciat te Gallia Christianissimam - Schweden machte dich zu Christina, Rom zur Christin; Gallien wird dich zur Allerchristlichsten Königin machen.«

Christine genoß die Ehrungen, ohne ihnen großen Wert beizumessen. Sie hatte inzwischen erfahren, wie nahe das »Hosianna« und das »Kreuzige ihn« beieinander liegen. Zu mir war sie freundlich, als wären wir nie im Unfrieden auseinandergegangen. Ich durfte sie zu dem wegen seiner gottlosen Äußerungen berüchtigten Dichter Saint Amant begleiten, zuhören, wie sie mit den Geschwistern Scudéry plauderte, und mit ihr die Geistesschärfe, Gelassenheit und feine Ironie des Herzogs Rochefoucauld bewundern. In solchen Gesprächen erholte sie sich vom verlogenen Zeremoniell und fand, was sie an den Franzosen ebenso schätzte wie ich: funkelnden Witz und Mut zur Wahrheit.

Der Dichter Georges Scudéry war voll des Lobes für die Königin: »Sie will allem auf den Grund gehen und jede Meinung hören. Sie spricht gern; die Art ihrer Unterhaltung ist präzis, knapp und lebendig. In wenigen Worten sagt sie viele kluge treffende Dinge, aber sie versteht auch die Kunst, aufmerksam zuzuhören. Ihre Bewunderung gilt weniger den weiblichen Tugenden als den heroischen. Sie liebt Tapferkeit, Gerechtigkeit und Freigiebigkeit. Sie äußert ihre Empfindungen ohne alle Hemmungen und Prüderie.«

Kardinal Mazarin reiste der Königin bis Chantilly entgegen. Der Vierundfünfzigjährige war noch immer ein schöner Mann. Römer von Geburt, verrieten seine feurigen Augen und die weiße Haut doch die süditalienische Abstammung. Sohn eines sizilianischen Handwerkers, der es zum Kämmerer des Fürsten Colonna gebracht hatte, war es Giulio Mazarini gelungen, das Glück festzuhalten, wo es ihm winkte: beim Spiel, bei den Frauen, als Soldat, Diplomat, bei Kardinal Richelieu, der ihn zu seinem Nachfolger bestimmte, und endlich bei der Witwe Ludwig XIII., Anna von Österreich. Unbeirrt von Haß, Klatsch und Intrigen setzte er Kardinal Richelieus Werk fort, liebenswürdig und verbindlich, aber auch mit Härte, wenn es nötig war.

Die Königin wußte alles über Mazarin, was man durch Informationen über einen Menschen erfahren kann: daß sich sein Reichtum auf die Einkünfte aus sechzig Abteien und das Erzbistum Reims gründete; daß er eine Schwäche für Diamanten und Affen besaß; daß er mit seinen sieben schönen Nichten, die er aus Rom nach Frankreich geholt hatte, Politik machte; daß er an Gicht und Blasensteinen litt und ein großer Kunstkenner war. Nach der ersten Begegnung in Chantilly schrieb Christine an Azzolino: »Mazarin hat eine unbeschränkte Kenntnis der Weltaffären, über die er besser Bescheid weiß als irgendein Mensch, den ich kenne. Man klagt ihn an, geizig zu sein, aber ich glaube es nicht. Ich glaube, daß er das Geld schätzt und in Rechnung stellt, wie es jeder tun muß, der die alle Dinge beherrschende Macht dieser Welt kennt.«

Am Nachmittag ergingen sich die Königin und der Minister wie langjährige Freunde im Park von Chantilly. Mazarin erzählte, wie König Heinrich IV., der dieses Lustschloß sehr liebte, dem König von Spanien einst auf einen von majestätischen Titeln überquellenden Brief geantwortet hatte: Wir, Heinrich, Bürger von Paris und Herr zu Chantilly. Eine Geschichte nach Christines Geschmack.

Unter den Schaulustigen im Park befanden sich auch zwei Jünglinge, die nur widerwillig Mazarins Aufforderung folgten, aus der Menge herauszutreten. Der Kardinal stellte sie der Königin als zwei der vollendetsten Edelleute Frankreichs vor. Christine erkannte sie sofort von den Porträts, die sie im Louvre gesehen, und sagte lachend, das glaube sie gern. Die beiden sähen gerade so aus, als seien sie geboren, eine Krone zu tragen.

Der achtzehnjährige Ludwig, der sich vor dem Mannweib, wie man Christine bei Hofe nannte, fürchtete, aber seine Neugier nicht hatte bezähmen können, errötete, während sein Bruder Philipp dümmlich lächelte. Christine traf im Gespräch den richtigen Ton, dem jungen König die Schüchternheit zu nehmen. Von ihr begeistert, ritt er nach Compiègne zurück.

Die Königinmutter Anna von Österreich muß an der Menschenkenntnis ihres Sohnes gezweifelt haben, als sie die Schwedenkönigin in Compiègne empfing. Christine gab sich in Modedingen absichtlich gleichgültig, sie versuchte erst gar nicht, mit den französichen Damen zu konkurrieren. Wie ein Wirbelwind rauschte sie aus der Kutsche, nicht einmal von einer Kammerfrau begleitet. Ungekämmt die Perücke, flache Schuhe, die Röcke zu kurz. Aber sie bezauberte durch Liebenswürdigkeit. Der Königinmutter machte sie Komplimente über deren schöne Hände. Entgegen ihrer Gewohnheit plauderte sie sogar mit den Hofdamen. Christine wußte zu gefallen.

Es zeugt von dem Geschmack der Franzosen, daß man bei Hofe die Grafen Monaldesco und Santinelli für billige Komödianten hielt. Auch das übrige Gefolge fand wenig Gnade vor den Augen der Höflinge. Die Ehrendame der Königinmutter, Madame de Motteville, fragte mich verstohlen, auf welchen Jahrmärkten die Königin all diese seltsamen Gestalten eingesammelt habe.

Anderntags erschien Christine mit frisch gelockter und gepuderter Perücke, auch auf ihre Kleidung hatte sie mehr Sorgfalt verwandt, was eine der kritischen Hofdamen zu der Bemerkung veranlaßte: »Wenn die Königin an Komplimenten über ihr Äußeres interessiert wäre, heute hätte sie sie verdient.«

Christine sprach wenig. Aber sie beobachtete scharf. Der junge König Ludwig wechselte verliebte Blicke mit der Mancini, einer Nichte Mazarins; die Königinmutter sagte nichts, ohne sich der Zustimmung des Kardinals zu versichern; Madame de Motteville trug ihre Tugendhaftigkeit zur Schau. Die Lockenungetüme vor allem der jüngeren Kavaliere und Damen wirkten lächerlich. Mit dem Perückenpuder aus feinstem Getreidemehl hätte man, aufs Jahr berechnet, wohl einen Großteil der Armen von Paris speisen können. Der Stoff einer Damenrobe hätte ausgereicht, eine vielköpfige Familie zu kleiden.

Richelieu und Mazarin hatten den Adligen mit der Macht auch ihre Pflichten genommen. Nun saßen die Grafen und Barone an der königlichen Futterkrippe und langweilten sich. Jeder belauerte jeden. Offensichtlich bestand die Aufgabe aller bei Hofe darin, mehrere Stunden des Tages gemeinsam zu verbringen, ohne sich zu mögen, oder ostentativ Unannehmlichkeiten zu bereiten. Das Zeremoniell glich einem endlosen Balzspiel - unbewegt die weiß gepuderten Gesichter, marionettenhaft die Bewegungen. Heuchelei täuschte Würde vor.

Sobald Christine die Spielregeln bei Hofe kannte, machte sie sich ein Vergnügen daraus, sie hin und wieder zu durchbrechen. Bei Tische sagte sie zu Ludwig, als er die Mancini anhimmelte, die er doch nie zum Altar würde führen dürfen: »Ich an Ihrer Stelle würde nur jemanden heiraten, den ich liebe.« Die Königinmutter erbleichte vor Ärger.

Eine Festlichkeit folgte der anderen. Der junge König wich kaum von Christines Seite, die jungen Mädchen kleideten sich à la Christine - als Amazonen im Justaucorps oder in der Casaque. Man ritt zur Wildschweinjagd in die Wälder von Compiègne, sehr zum Mißvergnügen Christines. Unterwegs raunte sie mir zu: »Gefahren sollte man sich nur aussetzen, um Ruhm zu erwerben. Es ist nicht ruhmvoll, von einer Wildsau zu Tode getrampelt zu werden.« Aber sie verbarg ihren Widerwillen und imponierte Ludwig durch ihre Reitkünste. Allen zeigte sie ein lachendes Gesicht, und kaum einer ahnte, daß sie, geplagt von Geldsorgen, hinter den Kulissen mit Mazarin über das Schicksal Neapels und einen allgemeinen Frieden verhandelte.

Ob sie daran dachte, daß in Compiègne der Weg der tapferen Jungfrau von Orléans geendet hatte? Ein König, dem sie zur Krone verholfen, ließ sie im Stich; ein französicher Ritter, dessen Vaterland sie befreit, nahm sie gefangen und verkaufte sie für eine hohe Summe an die Engländer; ein französischer Bischof verurteilte sie wegen Ketzerei und Zauberei zum Feuertod, weil sie Männerkleider trug und die Wahrheit aussprach. Dieser Hof, daran zweifelte ich nicht, würde ohne Skrupel eine neue Jeanne d´Arc verraten, verkaufen und dem Feuer überantworten.

Christine war kein Bauernmädchen, aber auch sie nahm sich inmitten der abgerichteten Damen und Kavaliere wie eine Fremde aus. Mußte sie nicht Verrat fürchten wie Jeanne d´Arc? Auch sie wollte den Franzosen eine Krone erwerben.

Trotz der Gefahr, mir noch einmal den Unmut der Königin zuzuziehen, brachte ich das Gespräch auf Jeanne d´Arc. Christine hörte mir nachdenklich zu und sagte nur: »Ich bin keine Heilige, also werde ich auch nicht brennen.«

»Umgekehrt, Königin, erst brannte Jeanne d´Arc, dann wurde sie eine Heilige.«

»Bestehst du immer auf dem letzten Wort?«

»Nein, Königin. Woher soll ich wissen, daß Sie nichts mehr sagen wollen?« Diesmal lachte sie über meine Frechheit.

Ende September unterzeichneten Christine und Mazarin ein Geheimabkommen, in dem die Königin versprach, daß nach ihrem Tode die neapolitanische Krone an Frankreich fallen und die Neapolitaner in ihrem Untertaneneid zugleich Philipp von Anjou, den Bruder des französischen Königs, als Erben anerkennen würden. Dafür überließ der Kardinal ihr freie Hand bei der Eroberung und Regierung von Neapel. Eine französische Landungstruppe von viertausend Fußsoldaten und zweihundert

Reitern sollte die Königin unterstützen. Der französische Gesandte in Schweden würde bei Karl Gustav auf die Auszahlung der Christine vertraglich zugesicherten Renten drängen. Außerdem sagte Mazarin der Königin einen größeren Betrag aus der französischen Kriegsentschädigung an Schweden zu.

Ihrer drückendsten Sorgen ledig, hatte es die Königin nun eilig, Compiégne zu verlassen. Die Königinmutter begleitete sie noch zwei Meilen. Ich ritt neben Madame de Motteville, und sie vertraute mir an, daß Christine sie fasziniere. Zwar mangele es der Königin an Bescheidenheit, sie sei atemberaubend extravagant, hochmütig, schroff in ihren Äußerungen und, wie es ihr scheine, nicht besonders religiös, aber es falle leicht, ihr alle diese Fehler zu verzeihen. In Christines Nähe atme es sich leichter, als sei sie ständig von einem frischen Hauch umweht. Ihre Unbekümmertheit stecke an. Sie habe etwas Kindliches an sich und zeige Gefühle, zu denen bei Hofe keiner mehr fähig sei. Wenn auch vieles an dieser seltsamen Frau beunruhige, ehrloses Verhalten könne man ihr nicht vorwerfen. »Glauben Sie mir, Monsieur, nach so vielen Jahren bei Hofe täuscht mich keine. Was man über die Königin auch erzählen mag, sie ist eine tugendhafte Frau.«

Dieses Lob sprach ebensosehr für Madame de Motteville wie für Christine.

Die Königin fand für den Hof weniger schmeichelhafte Worte. »Alles Marionetten in Mazarins Händen. Nur aus Ludwig kann etwas werden!« An Azzolino schrieb sie: »Ludwig ist ein junger, gesunder und kräftiger Prinz, der aller Wahrscheinlichkeit ein langes Leben vor sich hat. Er spricht wenig, aber gut, verschleiert seine Leidenschaften mit bewundernswerter Geschicklichkeit und ist über alle Begriffe artig und höflich. Ich glaube, daß er ein großer Fürst werden wird, wenn er sich seinen Geschäften widmet. Gegenwärtig beschäftigt er sich nur mit schönen Kleidern, Pferden, Jagd und Tanz und glänzt in allen körperlichen Übungen.«

Die Königin schien wie befreit von einem Alptraum, obwohl der gerade erst begonnen hatte. Jetzt legte sie sich keinen Zwang mehr auf. Sie besuchte die bei Hofe geschmähte Kurtisane Ninon de Lenclos, von der Madame Motteville gesagt hatte: »Berühmt wegen ihrer Schlechtigkeit, ihres Libertinismus, ihrer Klugheit und ihres erlesenen Witzes.« Für Christine war das eine glänzende Empfehlung.

Die Begegnung zwischen der Königin und der Kurtisane hat sich mir unauslöschlich eingeprägt. Ninon war nicht so schön, wie es die vornehmen Namen ihrer Liebhaber vermuten ließen, aber frisch, natürlich, gebildet, von lebhaftem Geist. Vorurteilslos wie alle großen Liebenden. Ein Kardinal Richelieu hatte sich vergeblich um ihre Gunst beworben.

Bei Christine keine Spur mehr von dem Hochmut, mit dem sie Hohlköpfe von fürstlichem Geblüt zur Verzweiflung zu bringen pflegte. Die beiden Frauen gefielen einander sofort. Sie plauderten über die Komödiendichter Molière und Scarron, die sie beide verehrten, wechselten dann von der Kunst auf das Gebiet der Politik. Mit wenigen Worten entwarf Ninon Charakterbilder von Condé, Richelieu, Mazarin. Ihre Urteile verrieten kritischen Verstand und Gerechtigkeitssinn, Adel des Herzens und Weisheit. Christine meinte, es wäre leichter zu ertragen, eine Frau zu sein, gäbe es mehr Ninons.

Ninon dankte für das Kompliment, bat aber den Frauen Gerechtigkeit widerfahren zu lassen, sei doch ihr eigenes Geschlecht ihr grausamster Feind. Ein Gatte tyrannisiere, ein Liebhaber verachte und entehre sie noch obendrein. Von allen Seiten belauert, unaufhörlichen Kränkungen ausgesetzt, immer voll Furcht, immer geniert, ohne Hilfe, ohne Stütze, hätten sie tausend Verehrer und keinen einzigen Freund. So sei es nicht zu verwundern, wenn sie übelnehmerisch, launisch und unaufrichtig wären.

Christine fragte, warum denn Ninon nicht launisch, übelnehmerisch und unaufrichtig geworden sei. Jedermann wisse, daß ihre Liebhaber sie verehrten und ihre Freunde sie achteten.

»Weil ich unabhängig bin, Majestät. Das kleine, aber ausreichende Erbe meines Vaters gestattet mir, zu leben, wie ich will, und zu lieben, wen ich will. Und die Natur gab mir ein mutiges

Herz, Konventionen zu verachten und nicht die Sklavin eines Gemahls zu werden.«

»Aber drängen denn nicht alle Frauen in den Hafen der Ehe?«

»Weil sie es nicht besser wissen«, erwiderte Ninon. Sie zitierte jene Stelle aus Platons »Gastmahl«, wo von dem vollkommenen mannweiblichen Wesen in Kugelgestalt die Rede ist, das Zeus in der Mitte durchtrennte, weil es die Herrschaft der Götter bedrohte. Nun versuche Eros, die menschliche Natur wieder zu heilen, indem er Mann und Weib zusammenführe. Allerdings, meinte Ninon spöttisch, sei solch ein von Eros gestifteter Herzensbund ein Theaterstück, worin die Akte sehr kurz und die Pausen sehr lang ausfielen. Männer füllten diese Pausen mit Krieg und Politik, Frauen mit Geschwätz und Putzsucht. Schließlich sei es so weit gekommen, daß sich die Frauen auf ihre Dummheit etwas einbildeten und Klugheit und Tatkraft als unweiblich verachteten.

Christine zollte Ninons Worten Beifall. Sie war überzeugt, daß jeder zugleich männliche und weibliche Elemente in sich trage. Überwögen bei einer Frau die weiblichen Elemente, drohe die totale Abhängigkeit vom Mann, weil ja die Seele wie die Natur überhaupt nach Ausgleich strebe. Befänden sich männliche und weibliche Elemente im Gleichgewicht oder schlüge die Waage gar zugunsten der männlichen aus, neige die Frau zu tatkräftigem Handeln und zur Unabhängigkeit. Sei also die Unterwürfigkeit gewissen Frauen nicht angeboren?

Ninon gab dies zu, meinte aber, daß auch falsche Erziehung Unterwürfigkeit erzeuge. Deshalb könne man der Ausbildung der Mädchen nicht genug Sorgfalt zuwenden. Doch Knechte, ob Männer oder Frauen, würden immer Knechte bleiben, kleide man sie zehnmal in Samt und Seide und setze sie auf Königsthrone.

»Meine Ninon«, sagte Christine zärtlich und umarmte die Kurtisane zum Abschied. Der Königinmutter schrieb sie, es gebe in ganz Frankreich keine Frau, die dem Hof mehr zur Zierde gereichen könne als Ninon de Lenclos. Madame de Mottevilles

Kommentar zu Christines Vorschlag kam mir nicht zu Ohren, wohl aber das Gerücht, die Königin und die Kurtisane hätten ausgefallene Liebesspiele miteinander betrieben.

In Dijon schockierte Christine das bigotte Frankreich ein weiteres Mal. Auf ein Kompliment über ihre Bekehrung zum katholischen Glauben erwiderte sie: »Ach, wissen Sie, meine Religion ist die der Philosophen, welche ich allen anderen vorziehe. Diese Religion ist nicht fest bestimmt, ihre Grenzen sind unklar, doch hat sie Lukrez in seinem Gedicht ›De rerum natura‹ sehr gut ausgedrückt. Nur sie erkenne ich als richtig an.«

Dieses Wort fand schnell Verbreitung. Die Pharisäer aller Konfessionen meinten in ihm den Beweis für die Gottlosigkeit der Königin zu sehen. Herzog Rochefoucauld verteidigte Christine: In der Moral sei Seneca ein Heuchler gewesen und Epikur ein Heiliger, weshalb es jedem Christen zur Ehre gereiche, sich auf Epikur zu berufen.

Die meisten wissen von Lukrez, dem römischen Jünger des Epikur, nur, was fanatische oder dumme Theologen seit jeher behaupten: Er sei ein sinnenfroher Genußmensch gewesen, mit den Mächten der Hölle verbündet. Sie haben Lukrez nicht gelesen, und wenn doch, ihn nicht verstanden. Der sprachgewaltige Dichter singt das Hohelied der Vernunft gegen die Dunkelmänner. Er sucht zu erklären, was die Welt im Innersten zusammenhält. Alles ist dem Gesetz von Entstehen und Vergehen unterworfen. Es gibt keinen Himmel, der erstrebenswert, keine Hölle, die zu fürchten wäre. Der Tod verliert seine Schrecken, denn er ist nicht Ende, sondern Verwandlung. Wenn der Mensch das Ebenbild Gottes ist, muß er auch so denken und handeln. Das gebietet, den Geheimnissen der Natur nachzugehen. Zweifel am Hergebrachten sind nicht nur erlaubt, sondern notwendig, um zur befreienden Erkenntnis zu gelangen.

Kein Wunder, daß Lukrez den Denkfaulen zu anstrengend und den Regierenden zu gefährlich ist. Ihre Schreiberknechte rächten sich für Lukrez an Christine. Die Gotenkönigin, deren Ausstrahlung man sich bei Hofe nicht hatte entziehen können, wurde wieder zum verworfenen, buckligen, liebestollen Mannweib. Ein französischer Protestant verglich sie mit der Amazonenkönigin, welche die Gesetze verletzte, als sie Alexanders Zelt betrat. Christine eigne sich besser dazu, in einem Bordell Intrigen anzuzetteln als eine Regierung zu führen. Sei sie doch eine Frau, die jedem diene, der sich ihrer zu bedienen wünsche.

Christine lachte nur. »Dummheit ist unheilbar«, sagte sie.

*

In Rom grassierte noch immer die Pest. Auf Anraten des Papstes, der die Seuche als Vorwand nutzte, Christine von Rom fernzuhalten, nahm die Königin im Apostolischen Palast von Pesaro Wohnung. Nicht ungern, denn das Städtchen an der Adria eignete sich vorzüglich, die Vorbereitungen für den Neapel-Feldzug vor der Welt zu verbergen.

Ich fühlte mich fehl am Platze. Graf Monaldesco, zum Feldmarschall ausersehen, konferierte stundenlang mit der Königin; Francesco Santinelli als Großkämmerer verschleuderte Christines Geld für Uniformen. Als ich ihm Verschwendung vorwarf, antwortete er von oben herab: »Besser ohne Geld als ohne Garde, aber das begreift ein Federfuchser nie.« Ich war in die Einzelheiten des Unternehmens nicht eingeweiht, aber eine Vorahnung sagte mir, daß Mazarin Christine fallenlassen würde und Männer wie Monaldesco und Santinelli ihr nur schaden könnten. Mazarin traute ich nicht. Monaldesco und Francesco Santinelli durchschaute ich. Die beiden bereicherten sich schamlos an Christines Eigentum und fürchteten zugleich den Verrat des jeweils anderen, was sie zu erbitterten Feinden machte. Von ihrem Neapel-Plan besessen, merkte Christine nichts davon. Ich versuchte sie aufzuklären, aber sie schnitt mir das Wort ab. In Pesaro sei ich nicht am rechten Ort, sagte sie. Ich möge nach Rom reisen und dort ihre weiteren Befehle erwarten. Zuvor mußte ich schwören, über alles, was ich gesehen und gehört hatte, Stillschweigen zu bewahren. Schweren Herzens nahm ich von der Königin Abschied. Die Pest in Rom schreckte mich nicht so sehr wie der Gedanke, daß sich Christine diesen Ganoven auslieferte.

Christine hatte mir keine Botschaft an Kardinal Azzolino aufgetragen. Er erfuhr aber doch von meiner Ankunft und bat mich sofort zu sich. Er wollte wissen, warum mich die Königin nach Rom geschickt habe. Ich sprach in allgemeinen Worten von Differenzen mit einigen Herren aus dem Gefolge.

Er könne sich denken, wen ich meine, sagte der Kardinal und reichte mir einen Brief des Vizelegaten Lascaris, der in Pesaro der Königin oft Gesellschaft leistete und mit dem Kardinal befreundet war. Azzolino wußte es immer so einzurichten, daß sich einer seiner Vertrauten oder Spione in Christines Umgebung befand.

Lascaris bezeichnete die Grafen Santinelli und Monaldesco als Lügner, Aufschneider, Gauner, Schurken voller Spitzbüberei und Eitelkeit. Er hielt sie jeder Verleumdung, jedes Verbrechens fähig und klagte über die unglaubliche Blindheit der Königin. »Es fehlen mir die Beweise, aber ich bin sicher, daß die Erzschurken eine Verschwörung planen, deren Opfer Ihre Majestät sein wird«, schloß der Brief. Ich wünschte mir, ich hätte ihn niemals lesen müssen. Während ich noch nach Worten suchte, die nicht logen und doch meinen Eid nicht brachen, überbrachte ein Sekretär die Nachricht, Mazarin habe mit den Engländern einen Vertrag geschlossen und plane, die Spanier in Flandern anzugreifen.

»Wenn ein Fuchs und ein Wolf miteinander kämpfen, wer wird da wohl siegen?« fragte der Kardinal gedankenvoll.

»Der Hase«, entfuhr es mir, »denn er entkommt beiden.« Mir war ein Stein vom Herzen gefallen, denn diese Neuigkeit bedeutete Aufschub oder gar Ende des Neapel-Plans. Mazarin brauchte seine Kräfte jetzt im Norden.

Azzolino bat um eine Erklärung. Ausweichend meinte ich, Lascaris habe in allem recht, aber es gebe Anzeichen, daß die Königin Monaldesco und die Gebrüder Santinelli über kurz oder lang davonjagen werde.

Meine Hoffnung wurde enttäuscht. Wen Jupiter verderben will, den macht er zuvor blind. Christine hielt den Vertragsabschluß zwischen Engländern und Franzosen für ein geschicktes Täuschungsmanöver Mazarins und verfolgte weiterhin ihren Plan.

Francesco Santinelli tauchte in Rom auf. Des unbegrenzten Vertrauens der Königin sicher, steckte er das Geld, das sie ihm für Reparaturen am Palazzo Farnese mitgegeben hatte, in die eigene Tasche, stahl Tafelgeschirr und Silberbesteck. Er hoffte wohl, daß im Jubel über die Eroberung Neapels niemand, am wenigsten die Königin, nach dem verschwundenen Besitz fragen würde. Mir teilte er nur mit, Christine sei schwer an Grippe erkrankt. In ihrem Brief an Holstenius schrieb sie nichts von ihrer Unpäßlichkeit, aber jede Zeile verriet Sehnsucht nach Azzolino. So bat sie den Gelehrten, die Herkunft eines altgriechischen Zitats festzustellen, das ihr beim Nichtstun eingefallen sei, und in dem sich der Dichter wünscht, in das Firmament verwandelt zu werden, um mit soviel Augen, wie es Sterne gibt, die Geliebte betrachten zu können.

Holstenius beeilte sich, der Königin die gewünschten Auskünfte zu geben, und muß sie in seinem Brief überschwenglich gepriesen haben. Christine wies ihn im nächsten Brief schroff zurecht: »Meine Unwissenheit wird Sie Lügen strafen. Wozu haben Sie die alten Gelehrten so eifrig studiert, wenn Sie nicht daraus lernten, daß man die Prinzen unterrichten, aber nicht ihnen schmeicheln soll. Wenn Sie aber den Geist unseres göttlichen Plato mit dem des Aristippe vertauscht haben, so schmeicheln Sie lieber den großen Herren vom Vatikan. Welchen Vorteil aber hätten Sie von mir zu erwarten? Sprechen Sie bitte mit mehr Wahrheitsliebe von meiner Bibliothek, die wirklich rühmenswert ist, als von mir selbst.«

Als Holstenius den Brief gelesen hatte, sagte er mit zitternder Stimme: »Mein Rücken ist krumm geworden von den vielen Verbeugungen, und nun verlangt die Königin einen aufrechten Gang von mir. Wäre ich ihr doch früher begegnet!«

Sein Kummer rührte mich. Ungleich anderen hatte er sich nie an seinen krummen Rücken gewöhnt und ihn mit einer Gloriole von

Lebenserfahrung und Weisheit umgeben. Heute, da ich so alt bin wie Holstenius damals, weiß ich, wieviel Mut dazu gehört.

Die Kunde, Christine sei von Pesaro nach Frankreich abgereist, riß mich aus der Illusion, sie habe den Neapel-Plan aufgegeben. Um diese Zeit brach in Rom die Pest mit neuer Heftigkeit aus. Ich bin nicht besonders abergläubisch, aber dieses Zusammentreffen erfüllte mich mit bösen Ahnungen. Daß sie nicht trogen, beweisen die nun folgenden Ereignisse, von denen ich erst zwei Monate später hörte.

Kardinal Mazarins undurchsichtiges Spiel hatte Christine beunruhigt. Ihr Vertrauter und Mitverschwörer Graf Monaldesco, der zwischen Paris und Pesaro hin und her reiste, übermittelte ihr nur vage Versprechungen des Kardinals, aber nicht, worauf sie ungeduldig wartete: Geld und das Signal zum Losschlagen gegen das spanische Neapel. Sie begann Monaldesco zu verdächtigen, hinter ihrem Rücken mit Mazarin zu konspirieren. Gerüchte von einer bevorstehenden Heirat zwischen König Ludwig und der spanischen Infantin Maria Theresia deuteten außerdem auf eine neue Konstellation hin.

Christine wollte endlich Gewißheit. Ihre Ankunft in Frankreich brachte den Kardinal in nicht geringe Verlegenheit. Ein Treffen in Avignon schlug er aus. Er wies der unwillkommenen Besucherin eine Wohnung im Schloß Fontainebleau zu und hielt sie unter Vorwänden von Paris fern.

Inzwischen waren Christine Briefe in der Handschrift Francesco Santinellis in die Hände gefallen. Gegenüber namhaften Adressaten bezichtigten diese die Königin eines intimen Verhältnisses zu Kardinal Azzolino, prahlten mit Betrügereien und Diebstählen und wiesen auf einen Verrat des Neapel-Plans an Spanien hin. Christine erkannte die Schrift als gefälscht. So kam als Verfasser der Briefe nur noch Monaldesco in Betracht, weil nur Francesco Santinelli und er Kenntnis von gewissen Details besaßen.

In der Hirschgalerie des Schlosses Fontainebleau besprach Christine eines Tages mit Monaldesco Einzelheiten des geplanten Neapel-Feldzuges. Unvermittelt äußerte sie, an ihrem Hofe müsse es einen Verräter geben. Ihr seien Briefe von Santinelli zugespielt worden, die diesen eindeutig überführten.

Der Graf hielt sein Spiel für geglückt und die Stunde nahe, da er seinen Widersacher ausschalten konnte. Er stimmte der Königin mit den Worten zu: »Sie sind verraten, Majestät, und der Verräter ist kein anderer als Santinelli. Bald werden Sie davon überzeugt sein, und ich bitte Sie dann, dem Schuldigen nicht zu verzeihen.«

»Was verdient jemand, der mich auf diese Weise verrät?« fragte Christine.

Ohne Zögern erwiderte der Graf: »Sie müssen ihn sofort hinrichten lassen.«

Die Königin klopfte mit ihrem Ebenholzstock auf den Boden und sagte im Gehen: »Vergessen Sie diese Worte nicht, Graf. Ich versichere Ihnen, daß ich ihm nicht verzeihen werde.«

Der Ton irritierte den Grafen. Mißtrauisch geworden, bemerkte er, daß die Königin seine Post überwachte. Er versuchte den Postmeister zu bestechen, aber der stand im Sold der Königin. Monaldesco rüstete zur Flucht und beging die Ungeschicklichkeit, einige Neapolitaner an Christines Hof als Begleiter anzuwerben.

Clairet, der seine Augen und Ohren überall hatte, warnte die Königin. Nun handelte sie. Dem Abt des nahen Klosters, Père Le Bel, übergab sie unter dem Siegel der Verschwiegenheit ein Bündel von Papieren. Er möge es für sie aufbewahren und es ihr bringen, wenn sie ihn darum bitte. Einige Tage später führte ihn ein königlicher Kammerdiener in die Hirschgalerie, wo sich die Königin mit Monaldesco unterhielt, während drei Männer ihrer Garde im Hintergrund standen.

Père Le Bel überreichte ihr die Papiere. Sie öffnete das Päckchen, reichte es Monaldesco und fragte ihn, ob er die Dokumente kenne. Der Graf verneinte.

»Wollen Sie diese Briefe nicht erkennen? Lesen Sie und denken Sie nach«, sagte die Königin. Es waren Kopien der gefälschten Briefe, die Christine eigenhändig angefertigt hatte.

Der Graf suchte Zeit zu gewinnen, beteuerte, er wisse nicht, worum es sich handle. Auch als die Königin ihm die Originale zeigte, stellte er sich unwissend. Auf ihren Wink durchsuchten zwei Männer der Garde Monaldescos Taschen. Dort fanden sich zwei gefälschte Briefe, einer an den Grafen selbst, der andere an die Königin. Nun leugnete der Graf nicht länger. Ja, er habe diese Briefe geschrieben, aber nicht er sei der Verräter, sondern Francesco Santinelli. Seine Anklagen waren verworren und unglaubwürdig. Als Christine sagte, er habe vor einigen Tagen in diesem Raum sein Todesurteil gesprochen, warf er sich auf die Knie und bat um Gnade. Die Männer der Garde zogen die Degen. Mit den Worten »Steckt sie nicht eher in die Scheide, als bis ihr ihn hingerichtet habt«, wandte sich Christine zum Gehen.

Monaldesco folgte ihr, bat sie, ihn anzuhören, was sie auch tat. Er habe dieses Spiel nur um Neapels willen betrieben, niemand solle jemals ein Wort davon erfahren, was er mit ihr und Kardinal Mazarin besprochen, er werde Europa verlassen, bis ans Ende der Welt gehen, ihr niemals mehr unter die Augen treten, wenn sie ihm nur das Leben ließe.

Während er sprach, wandte sich Christine an den Geistlichen. »Hochwürdiger Vater, seht selbst und seid mein Zeuge, daß ich nichts überstürze und nicht voreilig handle, sondern diesem Verräter, diesem Treulosen Zeit gebe, mehr Zeit, als er fordern kann, um sich, falls er dazu imstande ist, vor mir, gegen die er sich vergangen hat, zu rechtfertigen.«

Monaldescos Anklagen und Beteuerungen überzeugten sie nicht. Sie wies den Pater an, den Grafen auf den Tod vorzubereiten. Le Bel bat um Gnade.

»Unmöglich«, entgegnete Christine. »Der Verräter ist um so schuldiger, ja verbrecherischer gewesen, da ich ihm viele meiner Geschäfte, Gedanken und Geheimnisse anvertraut habe. Ich will gar nicht an die Wohltaten erinnern, mit denen ich ihn überhäufte. Sie sind größer gewesen, als ich sie einem leiblichen vielgeliebten Bruder hätte erweisen können, und als solchen habe ich ihn stets betrachtet. Schon wegen seiner Undankbarkeit muß ihn sein eigenes Gewissen richten.« Dann wandte sie sich an den Grafen: »Glaubt mir, es ist besser, für Euch zu sterben, als ehrlos weiterzuleben. Möge Gott Euch gnädig sein, ich behandle Euch gerecht.« Damit ging sie endgültig.

Monaldesco wollte nicht sterben. Er flehte seine Henker, er flehte den Pater an, nochmals bei der Königin für ihn zu bitten.

Le Bel mahnte Christine, sich des armen Sünders zu erbarmen, wie groß seine Verbrechen auch seien.

»Es tut mir weh, Eure Bitte nicht erfüllen zu können angesichts der Treulosigkeit und Grausamkeit des Verräters, der nicht gezögert hat, das Leben anderer aus niedrigen Beweggründen aufs Spiel zu setzen«, erwiderte Christine.

Le Bel hielt ihr vor, daß der König, in dessen Schloß sie sich aufhalte, diese Hinrichtung nicht billigen würde.

»Gott ist mein Zeuge, daß ich nicht aus persönlichen Gründen dieses Urteil gefällt habe. Monaldescos Verrat trifft nicht nur mich. Außerdem besitze ich nach wie vor das Recht der Herrscherin, über meine Untertanen Gericht zu halten, wo und wann auch immer. Meine Handlungen kann ich vor Gott verantworten.« Bisher hatte sie völlig ruhig gesprochen, nun schwankte ihre Stimme. »Ich werde den König und den Kardinal unterrichten. Gehen Sie, hochwürdiger Vater, und sorgen Sie für das Seelenheil des Delinquenten. Auf Ehre und Gewissen, ich kann Ihnen nicht bewilligen, worum Sie mich bitten.«

Le Bel erzählte mir, er habe während dieser zwei Stunden kein Anzeichen des Zorns an der Königin wahrgenommen. Sie war ruhig und ernst und schien sogar zu hoffen, daß der Graf etwas vorbringen würde, was sie der Notwendigkeit enthob, ihn hinrichten zu lassen. Wenn Rache sie getrieben hätte, hätte sie dann Monaldesco so lange zugehört und einen Geistlichen als Zeugen und Beichtvater gerufen?

Le Bel redete auf Monaldesco ein, er möge sich auf den Tod vorbereiten. Der Graf klammerte sich an den Pater, weinte, schrie, stammelte schließlich seine Beichte. Ohne die Lossprechung abzuwarten, sprang er auf und stürzte dem Hofkaplan entgegen, der gerade den Raum betrat, und bat ihn um Fürsprache bei der Königin. Auch dieser Versuch, sie umzustimmen, schlug fehl.

Einer der Gardisten, Ludovico, der Bruder des abwesenden Francesco Santinelli, rief dem Grafen zu: »Bittet Gott um Vergebung, denn Ihr müßt nun sterben!« Er drängte Monaldesco mit dem Degen an die Wand und stieß zu. Der Graf trug ein Panzerhemd. Was ihn schützen sollte, verlängerte nun seine Leiden. Die Stöße gegen Brust und Hals trafen nur unvollkommen. Eine Viertelstunde dauerte der Todeskampf des Grafen.

Christine empfing die Nachricht bleichen und unbewegten Gesichts. Sie bedauere, sagte sie noch einmal, zu dieser Hinrichtung gezwungen worden zu sein, aber Monaldescos Verbrechen und Verrat sei Gerechtigkeit widerfahren; sie bitte Gott, ihm zu vergeben. Der Pater möge für ein würdiges Begräbnis sorgen, dessen Kosten sie übernehmen werde.

*

Die Nachricht, die Königin habe Anfang November in Fontainebleau ihren Günstling umbringen lassen, entsetzte Rom. Aus dem Vatikan verlautete, der Papst sei über die Königin erzürnt. Holstenius raufte sich die Haare und wußte nicht, was er glauben sollte. Pasquino spottete: »Der Papst wollt' eine Heilige sehn, jetzt ist's um ihren Ruf geschehn.« Allerorten sprach man von Christine als von einem Ungeheuer.

Bei Kardinal Azzolino traf ich Giulio Rospigliosi. Die Kardinäle machten sorgenvolle Gesichter. Um meine Meinung befragt, sagte ich, um Monaldesco sei es nicht schade, nur stünde zu befürchten, daß diese Hinrichtung der Königin zum Verhängnis werde.

»Ich traue der Königin keine ehrlose Tat zu«, meinte Rospigliosi. »Stimmt es, daß sie in die neapolitanischen Angelegenheiten verwickelt ist?« Ich nickte.

»Warum haben Sie mir das verschwiegen?« fuhr Azzolino gereizt auf.

»Weil ich der Königin einen Eid geleistet habe und ihn auch jetzt nicht brechen werde«, erwiderte ich. Azzolino stöhnte.

Rospigliosi sagte freundlich, es ehre mich, daß ich der Königin abgeraten habe und ihr doch treu geblieben sei.

Bis heute weiß ich nicht, ob Rospigliosi das zweite Gesicht besaß, wie man sich von ihm erzählte, oder nur besonders geschickte Spione. Was ich zu tun gedenke, fragte er weiter. In seinen Augen stand die Antwort, die ich nun zu meinem Erstaunen gab. Ich würde auf schnellstem Wege nach Fontainebleau reisen.

»Bravo!« riefen Rospigliosi und Azzolino wie aus einem Munde. »Das enthebt uns einer Bitte, die der Heilige Vater nicht guthieße«, lächelte Rospigliosi und verabschiedete sich unter Hinweis auf seine Pflichten als Staatssekretär.

Azzolino blickte mich lange forschend an, um sich zu vergewissern, ob er mir auch wirklich trauen könne. »Sagen Sie der Königin, ich erwarte sie ungeduldig und werde hier in Rom alles Menschenmögliche für sie tun. Seien Sie der Botschafter meines Herzens.« Es überreichte mir einen versiegelten Brief. Noch am selben Tag reiste ich ab.

Nebelschwaden trieben durch den Park, die Bäume troffen von Nässe, als ich Ende November in Fontainebleau eintraf. Nichts erinnerte mehr an den heiteren Franz I., den verwegenen Heinrich IV., die einst hier residiert hatten. Die Schwermut Ludwigs XIII., des letzten Schloßherrn, schien allgegenwärtig.

Christine saß vor dem Kamin und lachte über die Aufschneidereien ihres Gardehauptmanns Landini. Mein Anblick überraschte sie nicht. Was ich hier wolle, sie hätte mich nicht hergebeten.

»Raus!« schrie sie plötzlich. Ich machte auf dem Absatz kehrt. »Nicht du, die anderen!«

Als sich die Tür geschlossen hatte, flog Christine mir entgegen und lag, ehe ich mich versah, in meinen Armen. »Das werde ich dir nie vergessen, David, du widerborstiger Judenlümmel, zum Höfling taugst du nicht, aber zum Freund.« Ich stand steif wie ein Stock. Nie habe ich Christine mehr geliebt als in diesem Augenblick.

Sie löste sich von mir, wischte sich mit dem Ärmel übers Gesicht und fragte nach Botschaften aus Rom. Als sie die Handschrift des Kardinals erkannte, errötete sie vor Freude. »Was kümmert mich die Verachtung der Welt bei solchen Freunden!« sagte sie nach dem Lesen und schaute mich an, als wäre ich Azzolino.

An diesem Abend sprachen wir nur über Rom. An Francesco Santinellis Schurkereien wollte sie nicht glauben. Monaldesco habe ihn verleumdet. Mehr erzählte sie nicht von dem Grafen. Nie vergaß sie ihre Devise, auch gegenüber Azzolino nicht: »Sich zum Meister seiner Zunge und seines Gesichts zu machen ist eine Kunst, die man wissen muß. Man ist wohl verpflichtet, die Wahrheit zu sagen, aber nicht alle Wahrheiten.«

Ich erfuhr aber doch, was mich interessierte: Mazarin hatte Chanut nach Fontainebleau geschickt, die Königin zu überreden, Monaldescos Tod als Folge eines Duells oder einer Vendetta bekanntzugeben. Verstünde sie sich nicht dazu, sollte Chanut ihr mit der Rache des Mobs von Paris und der Verachtung ganz Europas drohen. Der allmächtige Erste Minister Frankreichs wußte nur zu gut, warum die Königin Monaldesco nicht der französischen Gerichtsbarkeit übergeben hatte. Gegen Monaldesco wäre nie ein Prozeß angestrengt worden. Vielmehr hätte der Verräter dem Minister als Faustpfand dienen können, Christine zu erpressen. Kreaturen wie Monaldesco bezeugen alles, was man sie heißt. Nun mußte Mazarin fürchten, daß die Königin der Öffentlichkeit seine Intrigen offenbarte. Er erwartete von ihr das ehrlose Verhalten, das er in gleicher Lage an den Tag gelegt hätte.

Christine weigerte sich, nach dem Strohhalm der Mazarinischen Lüge zu greifen. Stolz schrieb sie dem mächtigsten Manne Frankreichs: »Monsieur Chanut hat Ihre Anweisungen genau befolgt. Wenn er es nicht vermocht hat, meine Seele mit panischer Furcht zu erfüllen, dann nicht deswegen, weil er diese Schreckensvorstellungen nicht so gräßlich, wie er konnte, heraufbeschworen hat. Aber wir Nordländer sind nicht so leicht zum Fürchten zu bringen. Ihr dürft mir glauben, daß ich gern alles tun würde, um es Euch recht zu machen, nur nicht, mich zu fürchten. Was ich mit Monaldesco getan habe, glaubt mir, wenn ich es nicht getan hätte, würde ich es noch heute abend tun. Ich habe keinen Grund, es zu bereuen, aber hunderttausend Gründe, mich darüber zu freuen. So empfinde ich in dieser Sache; wenn Euch das recht ist, bin ich froh, wenn nicht, so bleibe ich doch bei meinem Empfinden.«

Noch ehe dieser Brief in Paris eintraf, meldeten die Gazetten, Monaldesco sei aufgrund einer Vendetta ums Leben gekommen. Pamphlete behaupteten, die Königin habe den Grafen wegen Lüge und Fälschung in einem Wutanfall umbringen lassen, und schließlich: Monaldesco, der Geliebte der Königin, habe sterben müssen, weil sie seiner überdrüssig gewesen sei.

Christine wehrte sich. Sie schrieb einen sachlichen Bericht über Monaldescos Hinrichtung, ohne freilich die politischen Hintergründe aufzuhellen, und ließ ihn veröffentlichen. Kaum jemand glaubte ihr. Das bunte Gewand der Lüge gefällt den Menschen besser als die schmucklos daherkommende Wahrheit. Einer Frau, die mit Kurtisanen verkehrte, heidnische Philosophien zu ihrer Religion erhob, unverheiratet war und sich manchmal wie ein Mann kleidete, traute man auch zu, ihren Liebhaber ermorden zu lassen, während sie im Nebenzimmer lachte und plauderte.

Christine zuckte über so viel Unsinn nur verächtlich mit den Schultern und setzte auf die Vergeßlichkeit der Menschen. Ein Irrtum. Je unverschämter sich eine Lüge gebärdet, um so wahrscheinlicher geht sie als Tatsache in die Geschichte ein. Caterina Sforza widerstand dem Verbrecher Cesare Borgia, doch man nennt sie die »blutrünstige Tigerin« von Forli; Ludwig XIII. ließ Marschall von Ancre auf einen bloßen Wink hinrichten und wird der Gerechte genannt. Die Sieger schreiben die Geschichte.

Dem Gelehrten Nicolaas Heinsius, der ihr einige ungünstige Meinungen aus Westfalen mitteilte, antwortete Christine: »Alle Albernheiten, die Sie mir betreffs Monaldesco berichten, erscheinen mir so lächerlich und vermessen, wie sie wirklich sind;

ich erlaube ganz Westfalen, ihn für unschuldig zu halten, wenn's beliebt. Alles, was man sagen wird, ist mir höchst gleichgültig.«

Ich fragte mich, warum die Königin nicht die Hintergründe der Affäre offenbarte. Wahrscheinlich hoffte sie noch immer, den Neapel-Plan als Teil eines europaweiten Friedensplans verwirklichen zu können. Dazu brauchte sie Mazarin. Weder Cromwell, Karl Gustav von Schweden, noch König Philipp von Spanien besaßen die politische Weitsicht des Franzosen. Es hat sich bis in unsere Tage verhängnisvoll ausgewirkt, daß Mazarin seine Klugheit nicht in den Dienst Europas, sondern allein Frankreichs stellte. Christine dachte europäisch, nicht national, das kostete sie ihren Ruf.

Wir verbrachten einen traurigen Winter in Fontainebleau. Nach Paris führte kein Weg, in Rom grollte der Papst trotz aller Bemühungen Rospigliosis und Azzolinos noch immer. Stockholm verbot sich, ebenso Madrid und Brüssel. Wohin sollte die Königin ihren Fuß setzen? Ganz einsam war sie nicht. Der lustige Bourdelot leistete ihr oft Gesellschaft. Madame de la Suze, Urenkelin des Admirals und Hugenottenführers Coligny, verglich die Königin nach einem Besuch mit einer wärmenden Sonne. Auch weniger illustre Besucher kamen, um den Schauder zu genießen, mit einer Mörderin zu sprechen. Sie spazierten durch die Hirschgalerie und betrachteten die verblassenden Blutflecken an den Wänden und auf dem Fußboden.

Dem verregneten Herbst folgte ein strenger Winter. Die Belte froren zu. Karl Gustav eroberte Dänemark und hatte kein Geld, Christines vertragliche Ansprüche zu befriedigen. Nur von Mazarin konnte sie etwas erhoffen.

Ich weiß nicht, wie oft ich den Weg zwischen Fontainebleau und Paris zurücklegte, um Botschaften an und von Mazarin zu bestellen. Christines Briefe wurden dringlicher, schließlich sogar drohend: Nichts werde sie hindern, nach Paris zu gehen, außer wenn sie wüßte, daß ihre Person dem König und Seiner Eminenz verhaßt sei. »In diesem Falle beschwöre ich Sie, mir aufrichtig Ihre Gefühle zu enthüllen, damit ich aufgeklärt werde über das mir unverständliche Mysterium, meine Entschlüsse fassen kann, die für den Rest meines Lebens Gültigkeit besitzen werden.«

Mazarin mußte sich zu einer Einigung bequemen. Christine war nicht irgendwer, und sie wußte zuviel von ihm. So schickte er den jungen König und seinen Bruder, ihr aufzuwarten. Dann traf er sich mit ihr auf halber Strecke zwischen Paris und Fontainebleau. Kein Wort über Monaldesco. In der neapolitanischen Angelegenheit bliebe alles wie besprochen, nur Geduld sei vonnöten, ließ der Kardinal wider besseres Wissen verlauten.

Christine schlug vor, einen Teil ihrer unsicheren schwedischen Einkünfte an Frankreich abzutreten, und wollte dafür mit den Subsidien entschädigt werden, die Frankreich nach den Bestimmungen des Westfälischen Friedens an Schweden leistete. Der Kardinal versprach in allgemeinen Worten eine Regelung, um die Königin bei Laune zu halten. Es beunruhigte ihn, daß sie keine Anstalten traf, Fontainebleau zu verlassen. Er lud sie zum Karneval nach Paris ein, in der Hoffnung, sie auf diese Weise loszuwerden.

Kein glänzender Empfang diesmal. Frostig gab die Königinmutter Christine zu verstehen, daß man ihr Kardinal Mazarins Wohnräume im Louvre zugewiesen habe, weil man damit rechne, sie werde sich nur wenige Tage in Paris aufhalten.

Überall begegnete Christine Abneigung. Was sie auch tat, sie stieß auf feindselige Kritik. Ihr Tanz entsprach nicht mehr der neuesten Mode. Die Königinmutter lud Christine in ihre Gemächer ein, wo der junge tanzbegeisterte König im kleinen Kreis Proben seines Könnens zu geben pflegte. Die Königinmutter und ihre Hofdamen wollten einmal aus Herzenslust über die barbarische Königin lachen, wenn sie tanzte wie »eine watschelnde Ente«. Einer der Kavaliere weihte mich in das Komplott ein, und ich warnte Christine. Sie folgte der Einladung dennoch, wie immer gut gelaunt, machte ihre Reverenzen, aber ließ sich nicht zum Tanzen überreden. Zu Ludwig sagte sie, sie bewundere lieber seine Anmut und Jugend, als in Konkurrenz zu ihm zu treten. Ludwig dankte artig für das Kompliment, der Königinmutter lief die Galle über.

Kardinal Mazarin wich Christine aus. Auch vom Fastnachtsball der Königinmutter hielt er sich fern. Christines Zigeunerkostüm wurde bespöttelt, laut sagte die Königinmutter zu Madame de Motteville, sie fände es in höchstem Maße lächerlich. Christine überhörte solche Bemerkungen. Aber ihre Geduld neigte sich dem Ende zu. Nach dem Ball, gegen vier Uhr morgens, erzwang sie sich Zutritt zu Mazarin. Sein Kammerdiener hat mir die Szene geschildert.

Der Kardinal fuhr erschrocken im Bett auf, als Christine, noch in der Zigeunertracht, übernächtigt, mit zornfunkelnden Augen, in sein Zimmer stürmte. Eminenz möge ohne Sorge sein, sie trage keinen Dolch bei sich. Sie verlange nur, daß er um seiner und ihrer Würde willen endlich mit der Komödie aufhöre. Sie werde noch heute abreisen, wenn er ihr hier, sofort, definitive Zusagen oder auch Absagen in der bewußten Angelegenheit geben und seinen finanziellen Verpflichtungen nachkommen würde. Sie sprach so laut, daß man jedes Wort im Vorzimmer hörte.

»Majestät«, ächzte Mazarin, »haben Sie Mitleid mit einem alten kranken Mann.«

Sie schätze ihn zu sehr, als daß sie ihn durch Mitleid erniedrigen wolle, erwiderte Christine ungerührt. Zu welcher Tagesstunde er sie zu empfangen geruhe? Sie werde das Kabinett nicht ohne Zusicherung eines Gesprächs verlassen.

Einige Stunden später trafen sich Königin und Kardinal. Mazarin versprach, die Schuldforderungen Schwedens an Frankreich zu überprüfen, obwohl er schon zu diesem Zeitpunkt wußte, daß sie nur vier Prozent des von Christine geforderten Betrags ausmachten. Auf ihren noch in Antwerpen lagernden Schmuck lieh er ihr achtzigtausend französische Taler und bot ihr seinen Palast in Rom als Wohnung an, damit sie Paris verlasse.

Am nächsten Tag reisten wir ab. Der Kardinal und die Königin sahen sich niemals wieder. Seinem Gesandten in Stockholm teilte Mazarin mit: »Berichten Sie dem König von Schweden, daß ich mich mit Sorgfalt und Erfolg der Aufgabe unterzogen habe, die Königin davon abzubringen, daß sie ihm in die Arme sinkt, was aber den König von Frankreich achtzigtausend Taler gekostet hat.« Das war gelogen. Christine hatte nicht nach Schweden reisen wollen, das Geld zahlte sie zurück.

Um die gleiche Zeit schrieb der Gesandte von Savoyen nach Turin: »Die beachtenswerteste Neuigkeit ist die Abreise der schwedischen Königin nach Italien; der König fand Geschmack an ihrer Lebhaftigkeit, aber die Königinmutter konnte sie nicht leiden. Christine hat schon Fontainebleau verlassen und begibt sich nach Rom, um die Priester dort zur Verzweiflung zu bringen.«

Ich freute mich fast ebenso wie die Königin auf Azzolino, hoffte ich doch, er werde ihr den Neapel-Plan ausreden. Unbelästigt durch festliche Empfänge, zogen wir nach Italien.

In den vergangenen zwei Jahren war jeder zehnte Bürger Roms an der Pest gestorben. Die Überlebenden gingen ihren Geschäften und Vergnügungen nach, als hätten sie niemals gelobt, ein neues Leben zu beginnen, wenn nur der Tod sie verschone. Vergeßlich ist der Mensch.

Fast unbeachtet quartierte sich Christine im Palazzo Mazarin auf dem Monte Cavallo ein. Die Vorzimmer blieben leer. Wo sich einst Prälaten, Kardinäle und Fürsten gedrängt hatten, der Königin aufzuwarten, rekelten sich Diener auf kostbaren Stühlen.

Nur wenige hielten Christine die Treue: Azzolino, die Kardinäle Barberini, Bernini, Lucas Holstenius... Sie riskierten die Ungnade des Papstes. Alexander wollte die »als Barbarin geborene und eine Barbarin gebliebene« Königin weder auf seinem Sommersitz in Castelgandolfo empfangen, noch sie auf dem Monte Cavallo in der Nachbarschaft des päpstlichen Quirinalspalastes dulden. Er ließ ihr sagen, es wäre für alle besser, wenn sie sich einen anderen Wohnsitz als Rom und den Kirchenstaat suchte. Doch er ging nicht so weit, unhöflich zu sein. Zum Einzug in den Palazzo schickte er ihr durch achtzig Träger eine »Erfrischung« - Wein, Früchte, Wild, Konfitüren, Süßigkeiten.

Christine ignorierte Alexanders Antipathie. Angesichts des päpstlichen Willkommensgeschenkes spottete sie, man verstehe sich in Rom nicht gut aufs Kriegshandwerk, wenn man die Festung verproviantiere, bevor man sie belagere. Sie verstärkte ihre Garde, umgab sich mit neapolitanischen Emigranten.

Argwöhnend, Christine wolle ihn in den Streit zwischen Frankreich und Spanien verwickeln und so die mühsam gewahrte Neutralität des Kirchenstaates zerstören, verdoppelte Alexander die Wachen an den Stadttoren. Vor dem Quirinal zog ein päpstliches Gardekorps auf, das unter Christines Fenstern drohend paradierte.

Alexanders Ängstlichkeit amüsierte Christine. Sie entließ alle angeworbenen Schweizer und ihre Leibgarde bis auf zwölf Hellebardiere. Sie brauche sie nicht mehr, witzelte sie, sorge doch der Heilige Vater ausreichend für ihre Sicherheit.

Ich wurde aus der Königin nicht klug. Wollte sie noch die Krone von Neapel, oder verdeckte das Katz-und-Maus-Spiel mit dem Papst nur ihren Rückzug?

Azzolino besuchte die Königin täglich. Bei einem dieser Gespräche versuchte der Kardinal wieder einmal, zwischen Christine und Alexander zu vermitteln. Er warb mit warmen Worten für den Papst, pries seine Sanftmut, ja Heiligkeit. Die Königin hörte ihm aufmerksam zu, sagte dann: »Ihre Worte ehren Sie, nicht den Papst. Um die Welt zu lenken, ist mehr erforderlich als bloße Heiligkeit. Heiligkeit ist bisweilen eine Eigenschaft, die Schaden stiftet. Wenn der Papst sagt: Gott wird uns den Weg weisen, glaubt er, genug getan zu haben, und verläßt sich dann ganz auf die Vorsehung. Die Spanier haben dagegen ein ausgezeichnetes Sprichwort: Man betet zu Gott, hilft aber mit der Keule nach.

Papst Innozenz hat geglaubt, die Welt regiere sich von selbst, sein Nachfolger Alexander glaubt, Gott allein regiere alles. Beide zogen daraus den falschen Schluß, man brauche die Dinge nur laufen zu lassen. Ich bin mir wohl bewußt, daß die Auffassung Alexanders die unvergleichlich richtigere ist, bin aber im Zweifel, wem ich glauben soll, wenn es sich um politische Dinge handelt.

Alexander ist mit seiner Feindschaft gegen Mazarin schlecht beraten. Er nimmt sich damit die Möglichkeit, zwischen Frankreich und Spanien zu vermitteln. Und er verscherzt sich gleichzeitig die Sympathie des künftigen französischen Königs, der, wenn mein Gefühl mich nicht täuscht, Frankreich zur beherrschenden Macht in Europa führen wird. Alexander war als Fabio Chigi ein guter Diplomat, als Papst ist er ein schlechter Politiker.«

Die Königin sollte recht behalten. Alexander versagte als Politiker und führte den Kirchenstaat in einen gefährlichen Konflikt mit Frankreich und in eine Niederlage. Ludwig XIV. aber regiert heute die führende Macht Europas.

Aber versagte nicht auch die Königin, gemessen an ihrem Anspruch, Europa den Frieden zu bringen? Beide, sie und Alexander, fühlten sich von Gott zu ihrer Friedensmission berufen. Doch Gott entzieht sich menschlichen Vorstellungen von Erfolg und Niederlage.

Kardinal Azzolino dagegen verlor nie die Wirklichkeit aus den Augen. Er betrieb die Politik wie ein Schachspiel. Der Neapel-Plan, von dem ihm Christine nach ihrer Rückkehr aus Paris gewiß erzählt hat, muß ihm, dem kühlen Rechner, ebenso abenteuerlich erschienen sein wie mir. Europa bedeutete Azzolino nicht viel. Er hat die Alpen niemals überschritten und verstand nichts von Deutschland oder gar Schweden. Daß aber der Vormarsch der Türken zuerst Rom bedrohte, erkannte er eher als der Papst.

Die Kinder der Welt sind klüger als die Kinder des Lichts, heißt es in der Bibel. Der weltkluge Azzolino stellte Christines göttliche Sendung als Friedenskönigin nicht in Frage, doch lenkte er ihren Tatendrang in eine Richtung, in der sie nicht ständig mit dem Papst aneinandergeraten konnte: die Türkengefahr. Das gelang ihm umso leichter, als gerade um diese Zeit der Krieg zwischen Spanien und Frankreich durch die Heirat Ludwigs XIV. mit der spanischen Infantin ein unerwartetes Ende fand.

Azzolino und Christine faßten den von vielen belächelten Plan, eine Koalition der europäischen Fürsten gegen die Türken zu schmieden. Denn unaufhaltsam segelten die Flotten, marschierten die Heere des Sultans nach Westen und Norden. Asien eroberte Europa. Schon kreuzten in der Adria mehr türkische als venezianische Schiffe, bedrohten die Krummsäbel Ungarn und Kreta. Die Venezianer, unmittelbar gefährdet, führten den

Kampf allein. Die anderen Länder beschäftigten sich mit sich selbst, dem Irrglauben anhängend, die Türken seien weit und die eigenen Vorteile nah. Die Schwäche Europas war die größte Stärke der Türken.

In Christine fand der venezianische Gesandte beim Heiligen Stuhl eine tatkräftige Verbündete. Zehn Jahre bevor Kreta fiel und die türkischen Heere auf Wien marschierten, warb Christine um die Einheit der Europäer. Sie und Azzolino verfaßten ein Schreiben an alle Fürsten, Bischöfe und freien Städte Deutschlands, Frankreichs, Italiens, Spaniens und der Niederlande mit der Bitte, Venedig zu unterstützen. Graf Galeazzo als persönlicher Botschafter der Königin wurde überall ehrenvoll empfangen, aber nur König Ludwig von Frankreich raffte sich zu einer unverbindlichen Antwort auf. Den Potentaten war das Hemd näher als die Jacke. Christine prophezeite, wenn Europa in Flammen stünde, würden die Herren merken, wie nahe die brennende Jacke der Haut doch gewesen sei. Trotz ihrer Geldnot übergab sie dem venezianischen Gesandten dreitausend Taler für die Verteidigung Kretas. Welches Opfer sie mit dieser bescheidenen Summe brachte, vermochte keiner der Spötter zu ermessen.

Azzolino tat noch mehr für die von allen gemiedene Königin. Diplomatisch und geduldig warb er bei Alexander um Verständnis. Er ging einen gefährlichen schmalen Pfad zwischen der Ungnade des Papstes und der Empfindlichkeit der Königin. Täglich begleitete er Christine zu Ausritten und Gottesdiensten.

Verwundert schaute Rom auf das seltsame Paar. Die Damen, von denen sich viele den männlich schönen Azzolino als Bettgenossen erträumten, barsten vor Ärger; das Heilige Kollegium strafte den Kardinal mit leiser Verachtung; Pasquino spottete: »Azzolino weiß Christines Sorgen zu vertreiben, ohne ihn würde sie traurige Nächte verbringen.«

Azzolinos Nähe machte Christine sanft und seinen Argumenten zugänglich. Er erreichte, wozu alle selbsternannten Heiligen Roms sie nicht hatten bewegen können: Francesco Santinelli aus ihren Diensten zu entlassen und Anklage gegen ihn zu erheben.

Freilich zu spät. Der Ganove verpraßte inzwischen das Geld der Königin in Venedig und Wien, wohin der Arm der päpstlichen Gerichtsbarkeit nicht reichte.

Auf Anraten des Kardinals entließ Christine alle Diener bis auf den unentbehrlichen Clairet und ersetzte sie durch verläßliche, von Azzolino ausgesuchte Leute. Sie hielten der Königin die Treue - und dem Kardinal. Was sie von nun an auch tat, er erfuhr es aus erster Hand.

Als wollte der Himmel die Mühen des Kardinals erleichtern und Christines Einsicht stärken, starb um diese Zeit die Herzogin Botaro, die den Palazzo Riario an der Lungara bewohnte. Eine günstige Gelegenheit, Christine zur Aufgabe des Palazzo Mazarin zu bewegen und damit den Papst von der lästigen Nachbarin zu befreien. Azzolino schloß mit dem Besitzer des Palazzo Riario einen Mietvertrag, die Kardinäle Barberini trugen vorerst die Kosten.

An einem warmen Märztag des Jahres 1659 besichtigten wir das Grundstück an der Porta Settimiana. Caterina Sforza hatte in diesem Palazzo Kardinal Rodrigo Borgia empfangen, ehe er als Papst Alexander VI. ihr Gegner und Kerkermeister wurde. Gelehrte und Künstler waren in den Gärten am Abhang des Janiculus gewandelt. Der heilige Filippo Neri hatte hier mit der römischen Jugend getanzt und gespielt und der wahnsinnige Dichter Torquato Tasso im nahen Kloster Sant´ Onofrio seine Tage beschlossen.

Wir schritten durch Pergolen duftenden Jasmins, durch Orangenhaine, vorbei an Brunnen und Wasserspielen hinauf zum Pavillon auf dem Rücken des Janiculus. Sahen Rom unter uns ausgebreitet, begrenzt von den Albaner Bergen. Im Abendlicht verschmolzen tausendjährige Ruinen und jüngst erbaute Häuser zu einem einzigen Wesen, das zu atmen schien. Lange schaute die Königin wortlos auf die Stadt. Der Kardinal hatte sie mit Bedacht um diese Stunde hierher geführt. Der Zauber wirkte. Christine erklärte, sie werde sofort in den Pavillon einziehen, bis der Palazzo für sie hergerichtet sei. Das war mehr, als Azzolino erwartet hatte.

Der Aussöhnung mit dem Papst stand nun nichts mehr im Wege. Nur die Fürsprache Rospigliosis hatte Alexander zurückgehalten, Kardinal Azzolino einen Verweis wegen des anstößigen Umgangs mit der Königin zu erteilen oder ihn gar aus Rom zu entfernen. »Manchmal glaube ich, Sie sind zu gütig, um ein guter Politiker zu sein«, hatte Alexander seinem Staatssekretär vorgeworfen.

»Das mag sein, Heiliger Vater, aber diese Schwäche teile ich mit unserem Herrn Jesus Christus, der in Dirnen und Zöllnern ebenso Gottes Abbild sah wie in seinem wankelmütigen Jünger Petrus. Die schwedische Majestät bedarf der Liebe nicht weniger als Eure Heiligkeit und ich.«

»Ich hoffe, Sie meinen die Liebe Jesu Christi und nicht die des Kardinals«, erwiderte Alexander lakonisch.

»Wer kennt schon Gottes Wege«, war Rospigliosis Antwort.

Widerwillig gewährte Alexander der Königin eine Audienz. Zwar waren alle seine Forderungen erfüllt - kein Wort mehr über den unseligen Neapel-Plan, Francesco Santinelli entlassen, der Palazzo Mazarin geräumt -, aber die Jesuiten beklagten sich über Christines mangelnde Frömmigkeit. Dazu ihre Sorglosigkeit und Unordnung in finanziellen Dingen, die Gerüchte über sie und den Kardinal...

Ob Christine nicht doch erwägen wolle, woanders als in Rom ihren Wohnsitz zu nehmen? Alexander kleidete die Frage in höfliche Floskeln, denn er fürchtete Christines scharfe Zunge.

Die Königin bedankte sich für die Sorge des Heiligen Vaters um ihr Wohlergehen. »Wie könnte ich Rom verlassen, ohne Schaden zu nehmen an meiner Seele!« sagte sie freundlich.

Rospigliosi lächelte. Sein Blick schien Azzolino zu fragen, wie der Bruder Kardinal die Königin zu dieser Sanftmut bewogen habe. Doch als einer der anwesenden Jesuiten die Meinung der Königin zu einer Theateraufführung von Zöglingen des heiligen Ignatius von Loyola wissen wollte, antwortete sie: »Ich habe noch niemals Schlechteres gesehen.« Ohne auf die erschrockenen Mienen zu achten, fuhr sie fort: »Ich kenne die Macht der Jesuiten nur zu gut und möchte lieber einen mächtigen Fürsten als diesen Orden zum Feind haben. Daher bin ich bereit, mich nicht weiter zu diesem Thema zu äußern unter der Bedingung, daß ich niemals einen Jesuiten zum Beichtvater wählen oder - als Schauspieler anstellen muß.«

Wieder hatte sich Christine von der Lust am scharfen Wort hinreißen lassen. Die Jesuiten liefen rot an, Alexander verzog schmerzhaft das Gesicht, Azzolino bebte vor unterdrücktem Lachen. Rospigliosi hüstelte und verabschiedete sich von der Königin auffallend liebenswürdig, während Alexander nach dem Segen kein Wort mehr an sie richtete.

Zum erhofften Friedensschluß war es nicht gekommen, aber doch zu einem Waffenstillstand. Rospigliosi erreichte von Alexander, daß sich Azzolino im päpstlichen Auftrag um den Haushalt der Königin kümmern durfte. Das hatte er schon vorher getan, aber von nun an schützte ihn das Wort des Papstes vor offener Nachrede.

Was Verachtung der Römer und päpstliche Ungnade nicht hatten erzwingen können, die Not erreichte es: Christine trug sich mit Reiseplänen. Bei aller Sparsamkeit, die Azzolino Christine auferlegte und die sie ebenso notgedrungen wie widerwillig befolgte, schmolzen die von Mazarin geliehenen Taler zusammen. In Rom hatte die Königin keinen Kredit mehr, von ihren Büchern und Gemälden mochte sie sich nicht trennen, und die Texeiras schickten kein Geld, weil Schweden nicht zahlte. Die Umbauten am Palazzo in der Lungara stockten. Musiker und Schauspieler mußten entlassen werden. Es ging ärmlich zu im Pavillon auf dem Janiculus. Christine entschloß sich, über Hamburg nach Schweden zu reisen, um ihre Forderungen einzutreiben. Weil ihr die Trennung von Azzolino schwerfiel, schob sie den Aufbruch immer wieder hinaus.

Im April 1660 traf in Rom die Nachricht ein, Karl X. Gustav von Schweden sei im achtunddreißigsten Jahr seines Lebens gestorben. Jetzt wankte der Boden unter Christines Füßen. Karl Gustav hatte ihr immer beigestanden, so gut er konnte. Von

Herrn Magnus, der nun als Kanzler die Vormundschaftsregierung für den erst vierjährigen Karl XI. leitete, durfte sie keine Hilfe erwarten. Ihm bot sich jetzt Gelegenheit, sie die Demütigung von einst entgelten zu lassen. Christine mußte den schweren Gang nach Schweden wagen, es blieb ihr keine andere Wahl.

Vor der Abreise zog sie sich ins Kloster Regina Coeli zurück. Sie suchte Stille und Abgeschiedenheit bei den Karmelitinnen, wenn sie mit sich uneins war, wenn sie einen Schmerz überwinden mußte oder vor einer Entscheidung stand. Vorbei die Zeiten, da sie durch Klöster und Kirchen wie durch Bildergalerien gegangen war. Zwar pries sie noch immer die Kunst als eine der schönsten Blüten am Baum der Kirche, aber nicht mehr als die einzige. Ich erinnere mich, wie sie einmal bemerkte, man müsse nach dem Geist suchen, der Musiker, Maler und Bildhauer zu unsterblichen Werken inspiriere. Gern zitierte sie den Satz des Johannes vom Kreuz: Die Liebe schafft Ähnlichkeit zwischen dem Liebenden und dem Geliebten. Der blinde Mystiker von Marseille hatte ihr geraten, sich den Lehren des Johannes vom Kreuz und der Therese von Avila zuzuwenden. Seither verweilte Christine gern bei den Karmelitinnen, die diese Lehren lebten. Die stille Freundlichkeit der Nonnen beruhigte sie. Und die Nonnen mochten Christine nicht nur wegen der Großzügigkeit, mit der sie das Kloster beschenkte. Der Beichtvater der Karmelitinnen, mit dem ich hin und wieder über die spanische Mystik disputierte, antwortete auf meine Frage, was die als unfromm verrufene Königin nach Regina Coeli zöge: »Weil die Schwestern dort die Suchenden mehr lieben als die Selbstgerechten. Wer niemals versucht wurde, was weiß der? Und wer nichts durchgemacht hat, kennt wenig.«

Meine Bitten, in Rom bleiben zu dürfen, trafen bei der Königin auf taube Ohren. Auch Holstenius, der meine Hilfe ungern entbehrte, beschied sie abschlägig. Ich sei als einziger in ihrem Gefolge des Schwedischen kundig und mit den Verhältnissen im Norden vertraut. Sie versprach Holstenius, mich nach der Rückkehr aus Schweden für ein Jahr von allen höfischen Pflichten zu entbinden, damit wir uns beide ungestört der wissenschaftlichen Forschung widmen könnten. Doch wir kamen erst nach zwei Jahren wieder nach Rom. Da hatte Holstenius schon seine letzte Ruhestätte in der Anima-Kirche gefunden, und sein Konterfei auf dem Grabstein blickte uns vorwurfsvoll an.

*

Mit Karl X. Gustav sanken der polnische und der dänische Krieg ins Grab. In England ging die Ära Cromwell mit der Thronbesteigung Karl II. Stuart zu Ende. Amor triumphierte über Mars, als König Ludwig von Frankreich Maria Theresia von Spanien zum Traualtar führte. Eitel Friede herrschte in diesem Sommer 1660 in Europa.

Meine Königin fand keinen Frieden. Die Reise nach Schweden war unnütz und demütigend. Reichskanzler Magnus fürchtete Christines Besuch und ersann tausend Schwierigkeiten und Hindernisse, sie von Stockholm fernzuhalten. Im Volk brodelte Unruhe. Zwei Jahre zuvor hatte sich eine baltische Bäuerin als Christine ausgegeben und den Frieden versprochen, den alle, der Kriege Karl Gustavs müde, ersehnten. Die Bauern waren ihr in Scharen zugelaufen, bis sie unter der Folter den Trug gestand.

Ein Wort der richtigen Königin Christine, und die Bauern wären mit ihr nach Stockholm gezogen, sie wieder auf den Thron zu heben. Doch Christine schwieg.

Erst viel später wurde mir klar, daß sie das erlösende Wort nicht sprechen konnte, wollte sie nicht einen sinnlosen Bürgerkrieg heraufbeschwören. Kein einzelner, ob König, Heiliger oder Prophet, vermag die Erwartungen eines bedrückten Volkes zu erfüllen, solange dieses Volk nicht aus sich selbst heraus Widerstand leistet. Einen ungeliebten Herrscher zu vertreiben ist leichter, als den eigenen versklavten Geist zu befreien. Die aufgeklärte Christine, die im Licht der Vernunft und nicht im Feuerschein des Krieges leben wollte, hätte als Regentin zur Tyrannin werden oder erneut abdanken müssen. Sie mag das nicht immer so deutlich erkannt haben, aber Gott führte sie sicher an jeder Versuchung vorbei.

Christine hielt sich nicht an das Verbot von Reichskanzler Magnus, die Grenzen von Norrköping zu überschreiten. Sie reiste geradewegs nach Stockholm. Herr Magnus empfing sie feindselig. Die Geistlichen sekundierten ihm. Erzbischof Lenneus bemerkte giftig: »Wir kennen die Kniffe des Papstes sehr gut, er gibt sich alle Mühe, unsere Seelen zu fangen.«

Noch lachte Christine. »Eure Seelen? Arme Leute! Ich kenne den Papst besser als ihr, er würde für alle eure Seelen zusammen nicht mehr als vier Reichstaler geben.«

Ein Hofprediger fragte: »Was war der Grund Ihres Abfalls von der reinen Lehre, Madame?«

»Ihr und Eure Predigten«, erwiderte sie knapp.

Man hinterbrachte ihr den Ausspruch des Erzbischofs, einer Abtrünnigen brauche man kein Wort zu halten, sie sei schlimmer als ein Ketzer. Christine antwortete mit einer Frömmigkeit, die Papst Alexander erstaunt hätte. Ihr Hausgeistlicher Santini, ein braver Mann, der nur den Wein zu sehr liebte, kam aus den Meßgewändern kaum noch heraus. Weihrauchschwaden quollen aus Christines Privatkapelle im Schloß und vergifteten die Atmosphäre bei Hofe noch mehr.

Um die Königin zur baldigen Abreise zu bewegen, bestätigte ihr der Reichsrat alle vor sechs Jahren gewährten Privilegien. Die Königin gab sich damit nicht zufrieden. Sie verlangte, daß die Krone an sie zurückfalle, falls dem kleinen Thronfolger etwas zustieße. Der Reichsrat erfüllte nicht nur ihre Forderungen nicht, sondern bestand ultimativ auf Christines nochmaligen feierlichen Verzicht der Krone, anderenfalls verlöre sie jegliches Privileg. Christine fügte sich, wohl wissend, daß das Recht immer auf der Seite der Mächtigen ist. Es konnte sie nicht trösten, daß Reichskanzler Magnus auch den Willen des verstorbenen Königs mißachtete. Karl Gustav hatte seinen Bruder Adolf Johan testamentarisch zum Vormund des kleinen Karl bestimmt. Doch Adolf Johan mußte fern vom Hofe leben und durfte den kleinen Thronfolger nicht einmal sehen.

Herrn Magnus' Rachsucht war unersättlich. Er verbot Christine, ihre Freundin Ebba zu besuchen. Die schöne Gräfin stand nach dem Tode ihres Mannes und ihrer beiden Kinder unter seinem Kuratel. Als Hofdame verkleidet, überbrachte ich ihr einen Brief der Königin. Ich traf eine Sterbende. Als sie mich erkannte, brach sie in Tränen aus. »So weit ist es mit uns gekommen, David. Von uns bleibt nichts als eine Maske. Die Sehnsucht, wir selber zu sein, erfüllt sich nie.«

Christine schlug in ihrem Brief ein Treffen in Hamburg vor. »Auf dieser Welt nicht mehr«, sagte die Gräfin traurig zu mir, »aber nimm der Königin nicht die Hoffnung.«

Ich versprach der Todkranken alles, was sie wollte. Zu solch kleinlicher Rache an zwei Frauen, deren einer er seinen Aufstieg verdankte und deren andere seine Schwägerin war, hatte ich Herrn Magnus nicht fähig gehalten.

Die Gräfin klagte nicht. Die äußerste Kritik, zu der sie sich hinreißen ließ, gipfelte in dem Satz, der Graf sei ein bedauernswerter Mensch. Christine habe recht daran getan, Schweden zu verlassen, und sie werde es ihr nachtun, wenn auch auf andere Weise.

In schmerzliche Gedanken versunken, bemerkte ich zu spät, daß Soldaten meiner Kutsche folgten. Ich leistete keinen Widerstand, als sie dem Kutscher befahlen, zum Kungsgarden zu fahren.

Herrn Magnus' Residenz konnte an Pracht und erlesenem Geschmack mit jedem Palazzo in Rom konkurrieren. Zusammengeraubte und für viel Geld erstandene Kostbarkeiten aus allen Ländern Europas schmückten Säle und Korridore. Ironisch verbeugte sich Herr Magnus vor der Hofdame, die zu sein ich vorgab. Er freue sich, Madame Eriksson kennenzulernen, und hoffe, sie sei ehrbarer als ihr Gatte, der Lump David. Dann behauptete er, ich hätte mit dem Besuch bei der Gräfin einer königlichen Order zuwidergehandelt. Ich konnte ein Lächeln nicht unterdrücken. Der König, auf dessen Order sich Herr Magnus berief, war vier Jahre alt. In scharfem Ton verlangte der Kanzler von mir, die Unterredung mit Ebba Sparre in allen Einzelheiten zu wiederholen und ihm alle Schriftstücke auszuhändigen. Die

Gräfin hatte mir nichts Schriftliches anvertraut und Christines Brief nach dem Lesen verbrannt. So brauchte ich mir keinen Zwang aufzuerlegen. Ich schaute dem Kanzler fest in die Augen und sagte dreist: »Die Gräfin und ich sprachen über die Eitelkeit dieser Welt und darüber, daß in diesem Lande nur Freiheit genießt, wer am Rand des Grabes steht. Menschlichkeit gilt als verfolgungswürdig, Rechtsbruch als Recht und Fanatismus als Religion. Ansonsten priesen wir Ihre Güte, Exzellenz.«

Herrn Magnus' weibisches Gesicht erstarrte für einen Moment. »Raus, du Judenbastard!«

Ich verneigte mich. »So nannte man auch unseren Herrn Jesus Christus, Exzellenz.«

»Gotteslästerer!« kreischte Herr Magnus. Die Soldaten sparten nicht mit Hieben und anzüglichen Bemerkungen, während sie meine Kleider durchsuchten.

Niemals zuvor hatte ich mich so mit mir in Übereinstimmung befunden wie in den Tagen meiner Gefangenschaft im Stockholmer Kerker. Die Demütigung offenbarte mir das Geheimnis des Glaubens. Der Mann aus dem Geschlecht Davids, Staatsverleumder und Gotteslästerer, beschimpft, geschlagen, ans Kreuz geheftet, besiegt und doch triumphierend - das war auch ich! Damals meinte ich, für alle Zeiten gegen Verzweiflung gefeit zu sein. Aber die göttliche Erleuchtung eines Augenblicks ist so wenig gesicherter Besitz wie irdische Reichtümer.

Auf den Protest der Königin kam ich nach einer Woche frei. Aber ich mußte sofort Stockholm verlassen. Dieses Schicksal teilte ich mit Santini. Seine Messen in Christines Privatkapelle wurden als Ärgernis und als Bedrohung Schwedens angesehen. Das Recht eines jeden katholischen Gesandten auf freie Ausübung seiner Religion billigte man der schwedischen Königin nicht zu. Bei der Auseinandersetzung mit Bischof Terserus vergoß sie zornige Tränen über so viel Dummheit und Intoleranz. Worauf der Bischof überall verbreitete, weinend und auf Knien habe die Königin ihn gebeten, ihr weiterhin den Kult der Abgötterei zu gestatten, aber er sei im wahren Glauben fest geblieben. Als die Königin davon hörte, sagte sie: »Die Verleumdung eines lutherischen Priesters kann mich nicht treffen. Nur Geduld, er wird seinen Lohn erhalten. Diese Schlange beißt nicht lange.« Sie behielt recht. Einige Jahre später wurde der Bischof wegen nicht orthodoxer Meinungen seines Amtes enthoben.

Santini und ich begaben uns also nach Norrköping. Der Priester meinte fröhlich: »Warum sollte es uns hier anders ergehen als den Protestanten in Rom! Nur ist es dort nicht so kalt, und der Wein schmeckt besser, weswegen ich auch als Protestant Rom den Vorzug geben würde.«

Die Königin folgte uns bald, verärgert über die unwürdige Behandlung in Stockholm. Zu Johan Matthiae, der von ihr zu hören hoffte, sie sei zum Katholizismus konvertiert, um die christlichen Konfessionen miteinander zu versöhnen, sagte sie bitter: »Hätte ich das wirklich gewollt, müßte ich jetzt erkennen, einem Irrtum unterlegen zu sein. Es gibt keine Versöhnung, solange Kirchen und Regierungen von dummen und machtgierigen Menschen geführt werden. Und sollten durch eine Laune der Geschichte doch einmal auf allen Seiten kluge Leute die Throne und Kanzeln besteigen, werden sich genug Dummköpfe finden, neue Spaltungen herbeizureden. Nein, Matthiae, Dummheit ist unausrottbar, hier wie überall. Es gibt nur eine Christine, und doch gelte ich den Eiferern in Rom als protestantisch, den Fanatikern in Stockholm als katholisch, obwohl ich mich auf das gleiche Evangelium berufe wie beide. Wer bin ich, Matthiae?«

Der Bischof nahm ihre Hände in seine, wie er es getan haben mochte, als sie noch ein kleines Mädchen gewesen war. »Lassen Sie sich nicht beirren, Majestät, bleiben Sie Christine.« Er sprach ihr Mut zu, obwohl er selber unter den Anfeindungen seiner Amtsbrüder litt. Immer wieder sind mir solche Matthiaes begegnet, durchdrungen von dem Glauben, daß Gott in allen Menschen lebt. Sie werden Wirrköpfe gescholten, als Ketzer verteufelt. Aber Mißverständnisse und Haß verbittern sie nicht, sie bleiben gütig. Diese Menschen sind die wahren Helden dieses Jahrhunderts.

In Norrköping verhandelte Christine mit dem Verwalter ihrer Güter, der, gedeckt von Herrn Magnus, sie schamlos betrog und auf ihre Kosten wie ein Fürst lebte. Die Großzügigkeit gegenüber jenen, die sie um Hilfe baten, erschwerte Christines finanzielle Lage zusätzlich. Wenn sie ausritt, jauchzte man ihr zu, die Bauern luden sie an ihren Tisch. In Stockholm sah man es mit Unbehagen. Herr Magnus untersagte ihr nun auch in Norrköping die freie Religionsausübung. Santini wurde zur unerwünschten Person erklärt und aufgefordert, Schweden zu verlassen. Zum Überbringer dieser Botschaft hatte man Lilliecrona ausgewählt.

»Sie, gerade Sie, wagen es, mir dieses infame Schriftstück zu bringen!« So außer sich hatte ich die Königin noch nie erlebt. Sie hätte Lilliecrona geschlagen, wäre ich nicht dazwischengetreten. Die Königin faßte sich. »Sagen Sie dem Reichsrat, ich bedauere, daß Schweden von so engherzigen würdelosen Männern regiert wird. Wenn die Menschen eines Tages ohne Gott leben müssen, dann, weil Sie und Ihresgleichen ihn vertrieben haben.«

Lilliecrona entfernte sich mit versteinertem Gesicht. Ich lief ihm nach. »Lilliecrona«, bat ich, »bei unserer einstigen Freundschaft flehe ich Sie an: Sagen Sie nur ein einziges Wort, das mir zeigt, daß Sie der Anordnung des Reichsrates nicht mit dem Herzen zustimmen.« Er würdigte mich keines Blickes.

Wir reisten unverzüglich nach Hamburg ab. Außer einer Bestätigung des Vertrages von 1654 hatte die Königin nichts erreicht. Doch sie widersprach mir: »Es gibt keine Niederlage, die nicht auch ein Sieg wäre. Ich habe sie aufgeschreckt, ihre Selbstzufriedenheit erschüttert, ihnen die Maske vom Gesicht gerissen. Meinst du, ein schäbiger Charakter wie Magnus könnte mich kränken, eine Schlange wie Terserus mich demütigen?«

Als uns in Hamburg die Nachricht von Ebba Sparres Tod erreichte, schloß sich die Königin tagelang ein.

Eine Hiobsbotschaft folgte der anderen. In Straßburg war Freinsheim, in Rom Holstenius gestorben. Mazarin, auf den Christine so große Hoffnungen gesetzt hatte, schloß die Augen für immer. »Einen Feind zu verlieren ist ein großer Verlust«, sagte sie. Welche Rolle der dreiundzwanzigjährige Ludwig, der nun als Ludwig XIV. die Regierungsgeschäfte übernahm, in der europäischen Politik spielen würde, wagte niemand vorauszusagen.

Die Königin war unruhig und oft gereizt. Als ich sie einmal fragte, wann wir nach Rom zurückkehren würden, erwiderte sie: »Warum nicht nach Amerika oder in die Südsee? Bei den Wilden erginge es uns besser als hier oder in Rom, wo alle das goldene Kalb umtanzen.« Aber dort gebe es keine Gelehrten, warf ich ein, denn mich zog es zur Vatikanischen Bibliothek. »Wissenschaft ist nur ein klingender Name für menschliches Nichtwissen, davon wird man nicht klüger«, gab sie zur Antwort.

Christine teilte Besitz und Freuden großzügig mit anderen, doch niemals ihre Schmerzen. Sie meinte nicht, was sie sagte. Wissenschaften und Künste liebte sie viel zu sehr, als daß sie hätte auf sie verzichten können. Kardinal Azzolino fehlte ihr. Sie wäre lieber heute als morgen nach Rom aufgebrochen. Doch sie brauchte Geld. Von Hamburg aus und mit Hilfe ihres Bankiers Manuel Texeira, in dessen Haus sie wieder logierte, hoffte sie, die ihr zustehenden Beträge aus Schweden eintreiben zu können.

Im Haus am Krayenkamp verkehrten Literaten und Gelehrte. Ich freundete mich mit Peter Lambeck an, Professor für Geschichte am Johanneum. Er war ein Neffe von Lucas Holstenius und schon deshalb gern bei der Königin gesehen. Jüngst hatte er die reiche Witwe Anna von Hemmert geheiratet, deren zänkischer Charakter sein Leben vergällte. Oft saßen Peter Lambeck, Graf Galeazzo und ich beieinander und beklagten unser Schicksal, in dieser grauen Stadt leben zu müssen. Peters Ehegeschichten heiterten uns auf. Er war klug genug, über sich selbst lachen zu können. Doch eines Tages erschien er außer sich im Haus am Krayenkamp. »Ich bringe sie um, ich bringe sie um«, schrie, stöhnte, ächzte er. Auf sein lautstarkes Lamento eilte die Königin herbei, und ihr erzählte er, worüber zur gleichen Stunde ganz Hamburg lachte.

Peter hatte dem Ehrbaren Rat feierlich sein neuestes Werk »Origines Hamburgensis« überreicht. Nach vielen gegenseitigen Verbeugungen schlugen die Herren das Buch auf und lasen unter Peters lateinischer Widmung in der Handschrift seines Eheweibs: »Von all de Historien, de min Mann in diessem Booke geschreven hätt, darvan is keen Dübelswoort wahr.« Irgendwann hatte Peter nämlich seinem Weib angedroht, er werde all ihre Infamien zu Papier bringen, wenn sie nicht endlich Ruhe gäbe. Im Glauben, »Origines Hamburgensis« enthielte ihre Ehegeschichte, rächte sich Anna mit dieser »Widmung«.

Das Gelächter der Ratsherren war bis auf die Straße gedrungen. Auch uns war nach Lachen zumute, doch der gebrochene Mann dauerte uns. Peters Kummer reichte ja viel tiefer. Anna hätte Peter niemals so zusetzen können, wäre ihm nicht auch von den Kollegen am Johanneum die ihm gebührende wissenschaftliche Anerkennung versagt geblieben. Sein brillanter Geist und seine freie Gesinnung schufen ihm in Hamburg nur Neider.

»Mut, Lambeck«, tröstete ihn die Königin, »das Paradies ist Ihnen sicher, da Sie schon im Leben alle Sünden abbüßen.«

Peter gelang nicht einmal ein gequältes Lächeln.

»Sie werden sich in dieser provinziellen Enge zu Tode ärgern«, fuhr sie fort. »Erholen Sie sich auf Reisen – Paris, Rom, Wien, meinetwegen auch China und Amerika. Nur von Stockholm rate ich Ihnen ab.«

An diesem Abend wich ich nicht von Peters Seite, denn ich fürchtete, er könne in seiner Verzweiflung Hand an sein Weib oder sich selbst legen. Er betrank sich. Im Rausch spie er seinen Zorn aus. Die glorreiche Stadt Hamburg sei nichts weiter als ein ummauerter Misthaufen. Jedermann scharre nach Geld; die Hähne von Ratsherren krähten, dies sei Freiheit; die Schweine von Theologen grunzten, dies sei gottgefällig; und die dumme Hühnerschar gackerte es ihnen nach. Der einzige Mensch in dieser Stadt sei die Königin von Schweden. Aber deren Ratschläge nützten ihm nichts. Auf dem Geld sitze sein Weib wie die Glucke auf dem Nest. Was solle ihm ein Verstand, den doch keiner brauche. Er werde solange trinken, bis sein Gehirn auf Hühnermaße eingeschrumpft sei. »Merk dir, David«, sagte er, »Hühner sind die besten Untertanen. Sie denken nicht, legen Eier, verschaffen den Hähnen Lust, machen den Schweinen ehrerbietig Platz und – sind glücklich.«

Ich brachte den armeschwingenden, gackernden Peter in meinem Quartier am Scharmarkt zu Bett, erleichtert, ihn vor größerem Unheil bewahrt zu haben. Dann begab ich mich zur Königin. Angewidert verzog sie das Gesicht vor dem Bierdunst, der mich umgab.

»Du armes Opfer«, spottete sie nach meinem Bericht. »Laß dir von Galeazzo erzählen, welches Wasser die Hamburger zum Bierbrauen verwenden.«

»Ich weiß, Königin, die Jauchenrinne vom Misthaufen, die Alster. So schmeckt das Bier auch. Wenn es nach mir ginge, tränke ich lieber Falerner Wein.«

»Ich auch«, sagte sie. Und dann meinte sie, während wir uns in weinerlichem Selbstmitleid gefallen hätten, habe sie mit Texeira gesprochen und einige Briefe geschrieben. »Das Geld wird nicht bis nach China reichen, aber bis Rom allemal, meine Empfehlungen werden Lambeck dort weiterhelfen. Er möge so rasch wie möglich aufbrechen und mir Danktiraden ersparen. Du wirst ihn begleiten und mich in Rom erwarten.« Sie übergab mir Briefschaften, Geldanweisungen und einen Beutel mit Talern.

Die Königin konnte spöttisch bis zur Beleidigung sein, an Geld fehlte es ihr immer, doch wenn ihr wirkliche Not oder wahrhafte Größe begegneten, war sie feinfühlig und von überwältigender Generosität.

Ich ließ Peter seinen Rausch ausschlafen. Nach einem Blick zum Fenster, an das der Regen schlug, drehte er sich stöhnend auf die andere Seite. Ich klimperte mit den Goldstücken. »Auf nach Paris, mein Freund«, rief ich. Es brauchte eine Weile, bis er begriff, dann richtete er sich auf wie eine welke Blume unter erquickendem Naß.

Als wir uns reisefertig von der Königin verabschiedeten, versagte dem sonst so redegewandten Peter die Sprache. »Zur Hälfte schon ein Huhn«, neckte sie ihn.

In Paris glich Peter einem Vogel, der, dem Käfig entflohen, die Kraft seiner Flügel spürt. Die Freiheit, die Größe und Buntheit der Stadt versetzten ihn in Ekstase. Sein Witz funkelte, wie ich es in Hamburg nie erlebt hatte.

Unter der Kuppel des Pantheon in Rom erklärte er mir feierlich, er wolle seine Heimatstadt nie wiedersehen. Das Diktat der Inquisition sei unter einem südlichen Himmel leichter zu ertragen als das der lutherischen Geistlichkeit im Hamburger Regen. Am Grab seines Onkels Lucas Holstenius gelobte er, katholisch zu werden, um gegen jegliche Versuchung einer Rückkehr gefeit zu sein.

Durch Vermittlung der Königin erhielt er bald darauf eine Stelle als kaiserlicher Hofbibliothekar in Wien und wurde dort eine Zierde der gelehrten Welt. Nach seinem Tod setzten ihm Freunde einen Grabstein mit dem von ihm selbst entworfenen Spruch:

Der so die Barbarei durch Geist und Arbeit plagte
und den so Neid als Weib aus Hamburgs Mauern jagte,
ein Inbegriff von Glück, Gelehrtheit und Verdruß
liegt hier in dieser Gruft, wer ist's? – Lambecius.

Ohne die Königin wäre es schon in Hamburg um Peter geschehen gewesen. Wie ihm half sie vielen Künstlern und Gelehrten, ohne sie als Höflinge versklaven zu wollen. Ich bin Peter nur noch einmal begegnet, wovon später die Rede sein wird.

Leider kreuzen Halunken öfter als Freunde unsere Wege, was daran liegen mag, daß es mehr Halunken auf der Welt gibt.

Einen Erzschelm traf ich ein halbes Jahr später im Hofstaat der Königin wieder.

Kardinal Azzolino und ich waren Christine bis Terni entgegengereist. Wir vertrieben uns die Zeit des Wartens mit Ausritten und langen Gesprächen. Zehn Jahre älter als ich, besaß der Kardinal Lebenserfahrung, an der er immer wieder sein umfangreiches Wissen maß. Das machte den Umgang mit ihm angenehm und lehrreich.

Endlich kam Christine, abgehetzt, aber glücklich, wieder in Italien zu sein. In ihrem Gefolge ein Mann, dessen Anblick sofort ungute Empfindungen in mir wachrief – von hohem Wuchs, narbenbedecktes Gesicht, tiefliegende Augen. Ich fragte Clairet nach ihm. Dies sei der neue Favorit der Königin, in Trient aufgelesen, trotz seines hochtrabenden Namens – Marchese del Monte – ein Schlitzohr. Del Monte! Der Anführer der Bande, die mich vor Florenz überfallen und den Mönch Francesco auf dem Gewissen hatte. Ich teilte der Königin meinen Verdacht mit. In meiner Gegenwart fragte sie den Marchese, ob er mich kenne. Del Monte lächelte unbefangen. Nein, er habe noch nicht die Ehre gehabt, freue sich aber, mich kennenzulernen. Ich übersah die ausgestreckte Hand und nannte Jahr und Tag des Überfalls in der Toskana.

Del Monte bedauerte mein Mißgeschick und mutmaßte eine Verwechslung. Er entstamme einer berühmten Familie, deren Mitglieder sich alle auffallend ähnelten, aber leider nicht alle ehrenwerte Männer wie er selbst seien. Darunter habe auch er zu leiden, und nur der Fürsprache der Königin verdanke er, daß das irrtümlich über ihn verhängte Verbot, den Kirchenstaat zu betreten, kürzlich aufgehoben worden sei. Bei diesen Worten verneigte er sich tief, aber keineswegs devot vor der Königin und dem Kardinal.

Ich hielt ihn für einen kaltblütigen Lügner. Die Königin glaubte ihm. Vor dem Kardinal und mir wiederholte sie, was der Marchese ihr eingeredet hatte: Sein Geschlecht gehöre dem italienischen Zweig der Bourbonen an, der seinen Ursprung auf Karl den Großen zurückführe. Dieser und jener del Monte hätten so manchem Rivalen die Kehle durchgeschnitten, woran schwachnervige Päpste bis heute Anstoß nähmen. Christines Ton schwankte zwischen Bewunderung und Ironie. Wie bei den Santinelli und Monaldesco ahnte ich neues Unheil. Maria Eleanora hatte Zwerge gemocht, Mazarin Affen, der Papst ergötzte sich an Sarg und Totenkopf, Christine an Tunichtguten und Abenteurern. Dagegen erschien mir des Kardinals Vorliebe für Alchemie, die er mit Christine teilte, geradezu als Tugend.

Azzolino riet mir, den Widerwillen gegen del Monte zu bezwingen. Meine Abneigung würde die Königin nur noch mehr an ihn binden. Ich könne del Monte nichts beweisen, Behauptung stünde gegen Behauptung.

Christine überschüttete uns mit Fragen nach Rom und war so begierig auf die Stadt, daß sie sich keine Rast gönnte. Azzolino hatte dem Papst Christines unerschrockenes Eintreten für die Katholiken in Schweden und Hamburg in so herrlichen Farben ausgemalt, daß Alexander sie sofort zu empfangen wünschte. Die Königin nahm die Aufforderung wörtlich und ritt auf kürzestem Weg in den Vatikan. Dem Papst und den nach allen Wohlgerüchen Arabiens duftenden Kardinälen präsentierte sie sich unfrisiert, staubbedeckt von der Reise, in Reithosen und Männerstiefeln, deren Umrisse sich unter dem Rock abzeichneten. Doch Alexander nannte sie seine geliebte Tochter, alle Gesichter zeigten eitel Wohlgefallen. Vergessen die Hinrichtung von Fontainebleau, die Streitigkeiten vor der Abreise nach Schweden, vergeben die unschickliche Garderobe. Christine war in ihrem Glück, wieder in Rom zu sein, erfrischend wie eine Meeresbrise an heißen Sommertagen.

Der Kardinal wich nicht von ihrer Seite. Nie wieder habe ich einen Menschen Rom so umarmen sehen wie die Königin. Sie freute sich an allem – ihren Gemälden, dem Garten, dem wegen Geldmangels noch immer unfertigen Palazzo. Jedes ihrer Worte klang wie eine Liebeserklärung an Rom und den Kardinal. Obwohl inzwischen fünfunddreißig, sprang sie noch immer ohne Hilfe in den Sattel, und oft ritt sie mit Azzolino, nur von dem verschwiegenen Clairet begleitet, in die Campagna hinaus. Sieben Jahre nach ihrer ersten Ankunft in Rom schien Christine den Hafen, von dem sie einst Chanut geschrieben hatte, erreicht zu haben.

Die Königin hielt Wort. Nach ihrer Rückkehr durfte ich mich, unbelastet von höfischen Pflichten, den Wissenschaften widmen. Meine Arbeiten zur römischen Kaisergeschichte brachten mir die Anerkennung der Gelehrten und eine Professur an der Sapienza ein.

Um jene Zeit trat Grazia in mein Leben. An der Porta Settimiana, wo einst Raffaels Geliebte gewohnt hatte, begegnete ich ihr an einem Januartag zum ersten Mal. Ein sehr junges Mädchen mit Blicken von einem Feuer, daß ich mich im Weitergehen nach ihr umwenden mußte. Sie tat es im selben Moment. Am Abend traf ich sie in Begleitung ihres Vaters bei einem Ball im Hause Colonna. Sie errötete, mir zitterten die Knie. Um Mitternacht war ich entschlossen, jede Dummheit, jedes Verbrechen zu begehen, um sie zur Frau zu gewinnen. Grazia, die einzige Tochter des Advokaten Pierleoni, litt an der gleichen Krankheit wie ich. Wer je eine große Liebe erlebt hat, weiß, wovon ich spreche.

Ich sann darauf, wie ich der Königin den Dienst kündigen konnte, ohne ihren Zorn auf mich zu lenken. Grazia wollte nicht im Palazzo an der Lungara wohnen, und mir widerstrebte es, sie den höfischen Intrigen auszusetzen. Immer wieder schob ich das Gespräch mit der Königin auf. Einmal schien mir die Stunde nicht günstig, und war sie günstig, mochte ich das gute Einvernehmen mit Christine nicht gefährden. Sie fragte nie nach Grazia, obwohl die Spatzen von allen Dächern der Lungara pfiffen, daß der Schwede auf Freiersfüßen ging. So verstrich ein Vierteljahr. Der Umbau von Christines Palazzo näherte sich dem Ende. Bei der feierlichen Einweihung gab sich sogar der Papst die Ehre.

An diesem Abend war der Palazzo an der Lungara erstmals der glänzende Mittelpunkt Roms. Nachdem Alexander die Königin seiner päpstlichen Huld versichert hatte, wetteiferten Kardinäle und Fürsten miteinander, ihren Herrn an Schmeicheleien zu überbieten. Anfangs lächelte Christine, doch dann verdrossen sie die Lobhudeleien jener, die sie vor einiger Zeit noch als Barbarin und Mörderin gemieden hatten. Auf die geschraubte Rede eines spanischen Granden, die mit dem Satz schloß: »Eure Erhabene Majestät werden sich in diesem wunderschönen, leider etwas abgelegenen Wohnsitz vielleicht manchmal langweilen«, antwortete sie unüberhörbar laut: »Besser drei Tage allein als eine halbe Stunde in Ihrer Gegenwart.«

Christine, Herrin höfischer Etikette, verunsicherte immer wieder die Sklaven höfischer Etikette. Die Mitglieder der sogenannten guten Gesellschaft glauben, sich andere durch Schmeicheleien gefügig machen zu können – je dicker aufgetragen, desto wirksamer. Damit erschleicht man sich aber bestenfalls die Gunst von Sklaven. Ein freier Mensch verachtet die Schmeichelei ebenso wie die Schmeichler. Doch in der Welt des schönen Scheins nimmt er sich aus wie ein Hornochse unter Rennpferden. Einst hatte ein Kardinal Christine gefragt, wie man sie nennen solle. Ihre Antwort: »Man sage bloß Christine, das beleidigt durchaus nicht. Im Gegenteil, alles, was man Großes und Durchlauchtiges hinzusetzen könnte, erhöht es um nichts.« Von ihren Untertanen wollte sie Königin angeredet werden.

An jenem Abend litt ich über alle Maßen. Beiläufig bemerkte Christine, nun könne ich ja ein Zimmer im Palazzo beziehen. Ich bereute, nicht früher den Mut gefunden zu haben, um Entlassung zu bitten. Ich murmelte etwas von Grazia und Heirat, doch die Königin ließ mich stehen. Immer hatte sie über mich verfügt, ich war ein Teil ihres Lebens geworden. In mir stritt die Liebe zu Grazia mit der Treue zu Christine. Ich konnte nicht zwei Frauen dienen, ohne eine von ihnen zu verletzen.

Ratlos irrte ich durch die Orangenhaine und den Wald am Abhang des Janiculus, starrte in den Vollmond über der Peterskuppel. An der Wasserkaskade traf ich den Kardinal. Ihm vertraute ich an, was ich Christine nicht zu sagen wagte. Er versprach, ein gutes Wort für mich einzulegen, und bedauerte, daß ich aus den Diensten der Königin scheiden wollte. »Mir wäre lieber, del Monte ginge, aber Läuse sitzen immer fest im Pelz«, sagte er.

Am folgenden Tag ließ mich die Königin rufen. Zu meiner Überraschung gestand sie mir den Abschied zu, wenn ich nach zwei Monaten noch immer gleichen Sinnes sei. Ich möge ihr meine Liebste vorstellen. Ihre eisige Ruhe und del Montes Grimasse verhießen nichts Gutes.

Ich sorgte mich, wie Grazia die Audienz bestehen würde. Meine Ratschläge belustigten sie. Als echte Römerin und Tochter eines Advokaten fürchte sie sich weder vor Päpsten noch vor Königen, schon gar nicht vor einer Frau, die dem Alter nach fast ihre Mutter sein konnte. Ich möge sie nur zur Königin führen und alles andere ihre Sorge sein lassen. Obwohl ich niemals auch nur angedeutet hatte, wie nah Christine meinem Herzen stand, ahnte Grazia mit weiblichem Gespür die Rivalin und war begierig, sie aus dem Feld zu schlagen. An Selbstvertrauen fehlte es ihr nicht.

Christine musterte Grazia eingehend und ging dann zum Angriff über: »Man sollte niemals heiraten, denn selbst der beste Mann verdient nicht, daß man um seinetwillen die Freiheit opfert.«

»Welche Freiheit meinen Sie, Madame?« gab Grazia zurück. Sie war erst sechzehn, und so klang es doppeldeutig, als die Königin fortfuhr: »Und überhaupt: Kinder sind eine gräßliche Sache.«

»Wo nähmen die Könige ihre Untertanen her, wenn alle so dächten?« erwiderte Grazia unbefangen.

Die Königin hob die Brauen. »Reden Sie immer in Fragen?«

»Nur dort, wo ich kluge Antworten erwarte.«

Grazia gefiel der Königin, leider gefiel sie auch del Monte.

Christine schickte mich in einer dringenden Angelegenheit nach Neapel. Kaum zurück, bat mich Kardinal Rospigliosi zu sich. Er liebte die spanische Literatur, und wenn er nicht gerade selbst ein Theaterstück schrieb, übersetzte er spanische Dramen.

Ich half ihm oft dabei. Auch diesmal erörterten wir einige schwierige Passagen. Plötzlich sagte er, ich solle Grazia so schnell wie möglich heiraten. Sie sei sehr jung, Rom sehr verdorben. Auch die größte Liebe könne in Versuchung geraten. Er würde es sich zur Ehre anrechnen, uns zu trauen.

Ich verstand seine Worte als Warnung und eilte sofort zu Grazia. Sie wirkte verstört. Während meiner Abwesenheit habe ein Jüngling ihr Geschenke und Blumen geschickt. Schon deute ihr Vater an, der Kavalier sei offenbar aus vermögendem Hause und passe im Alter besser zu ihr. Sie fürchte, gegen ihren Willen verheiratet zu werden.

Ich lauerte dem Burschen auf. Als ich ihm den Dolch an den Hals setzte, gestand er, daß del Monte ihn ausstaffiert und mit Geld versehen habe, damit er Grazia verführe. Ich zwang ihn, diese Worte vor Grazias Vater zu wiederholen. Der alte Pierleoni rang nach Luft, als hätte ihn der Schlag getroffen. Während ich mich um ihn kümmerte, entkam der vermeintliche Kavalier durchs Fenster.

Mein nächster Weg führte mich in die Lungara, wo ich zuerst del Monte aufsuchte. Ich warf ihm die Geschenke vor die Füße und drohte ihm Prügel und alle Höllenstrafen an, wenn er Grazia durch seine Kreaturen weiterhin belästige. Del Monte beteuerte, er wisse nicht, wovon ich spreche. Er log wie immer.

Die Königin empfing mich in der Bibliothek. Sie hörte reglos zu, als ich del Monte und unausgesprochen auch sie anklagte. Hatte sie mich nicht weggeschickt, damit del Monte ungestört sein schändliches Spiel treiben konnte? In meiner Wut fürchtete ich ihren Zorn nicht mehr. Doch sie blieb ruhig. »Wegen Grazia willst du mich verlassen, David?« fragte sie leise und blickte mich so traurig an, daß ich alle Kraft aufbieten mußte, nicht vor ihr niederzufallen und ewige Treue zu schwören.

Das Aufgebot sei bestellt, und ich wolle sofort aus ihrem Dienst scheiden, erwiderte ich.

Die Königin schüttelte den Kopf. Ob es mich denn schon auf Erden nach dem Fegefeuer verlange? Ob ich das Wort des von uns beiden verehrten Herzogs Rochefoucauld vergessen habe: Die Ehe folgt der Liebe wie der Rauch dem Feuer?

Ich entgegnete, keiner irdischen Liebe sei Dauer beschieden, und ihrem Feuer folge auch ohne Ehe der Rauch. Alle Weisheiten dieser Welt seien mir nicht so viel wert wie meine eigenen Torheiten, mein eigenes Fegefeuer und mein eigenes Glück, vor denen zu bewahren sie sich vergeblich mühe.

Christine nannte mich impertinent und unbelehrbar dazu. »Geh nur, geh, lauf in dein Unglück!« Als ich schon an der Tür war, rief sie noch: »Du wirst mir fehlen!« Ich wandte mich nicht mehr um.

*

Eine Woche später heiratete ich Grazia. Unter dem goldschimmernden Mosaik von Santa Maria in Trastevere legte Kardinal Giulio Rospigliosi, der künftige Papst, unsere Hände ineinander. Kardinal Azzolino überreichte uns in Christines Namen ein kostbares Geschenk. Die Königin betrachte mich nach wie vor als Mitglied ihres Hofstaates mit allen Rechten, aber keinerlei Pflichten. Auch mein Lohn würde mir weitergezahlt.

Verstimmt, daß Christine mir nicht selbst gratulierte, hätte ich das Geschenk am liebsten zurückgewiesen. Grazia, mir an Lebensklugheit überlegen, hielt mich durch einen Blick davon zurück. So erwiderte ich nur, an Vergünstigungen liege mir nichts, behinderten sie mich doch in meiner Freiheit. Der Kardinal lächelte. »Sollte Ihnen entgangen sein, daß Sie soeben eine Fessel gegen eine andere tauschten, eine reizende Fessel übrigens.« Dabei verneigte er sich galant vor Grazia.

Der halbe Hofstaat der Königin feierte mit uns, und so war ich schließlich doch zufrieden, daß ich von dem wackeren Santini, von Clairet und all den anderen nicht endgültig Abschied nehmen mußte.

Grazia und ich wohnten von nun an im Hause meines Schwiegervaters. In Grazias Umarmungen wurde ich neu geboren, ihre Liebe verbrannte die Fesseln, die mich an Christine gebunden hatten.

Seltsam, wie parallel zuweilen das Schicksal der Königin und das meine verlief. Beide erlebten wir damals unsere glücklichste Zeit, vier Jahre nur, die mir heute wie eine übersonnte Ewigkeit erscheinen.

Im Palazzo an der Lungara trafen sich Gelehrte und Kardinäle zu Disputationen, sangen und spielten die besten Musiker und Komödianten Roms. Christine verbrachte einen großen Teil ihrer Tage im Laboratorium und in der Bibliothek. Gemeinsam mit dem wie sie ewig von Geldnöten geplagten Kardinal suchte sie nach dem Stein der Weisen. Es ist mir ein Rätsel geblieben, wie zwei so kluge Menschen solch einer Chimäre nachjagen konnten. Kardinal Azzolino gebot über den Palazzo der Königin und ihr Herz. Er gehörte nicht zu den lustigen Eminenzen und hatte deshalb oft nur mit zusammengebissenen Zähnen die Eskapaden der Königin ertragen. Jetzt konnte er aufatmen. Die Fürstin Sophie von Braunschweig, der ich die Sehenswürdigkeiten Roms zeigte, sagte nach einem Besuch bei der Königin: »Die arme Christine, die so sehr gegen die Ehe spricht, ist mehr Sklavin ihres Geliebten, als irgendeine verheiratete Frau es sein kann. Wie mag es der Kardinal nur angestellt haben, dieses Quecksilber zur Ruhe zu bringen? Sie wird Mühe haben, ihre Ketten zu brechen. Stimmt es, daß der Kardinal ihr Erbe werden soll?«

Ich erwiderte, Christine denke nicht ans Sterben, und was die Ketten betreffe, wisse man in solch einem Falle nie, wer sie wem anlege.

In Rom kursierte ein anonymes Pamphlet mit dem Titel »Das skandalöse und öffentliche Konkubinat Kardinals Azzolino mit der Königin von Schweden«. Diese Schmiererei bewies nichts als die ausschweifende erotische Phantasie seines Verfassers. Der Kardinal gab vor, ihn zu kennen. Auf die Frage, warum er ihn nicht vor Gericht brächte, antwortete er: »Wer Pech berührt, dem klebt es an der Hand.« Er tat recht daran, Rom nicht das Schauspiel eines Kardinals zu bieten, der vor Gericht beteuert, er teile nicht das Bett mit der Königin von Schweden.

Neben dem Verhältnis zwischen Christine und Azzolino war

in diesen Jahren der Streit zwischen dem Papst und dem französischen König das beliebteste Gesprächsthema in Rom.

Aus einem mir nicht mehr gewärtigen Grund entbrannte zwischen Bediensteten des französischen Botschafters und der korsischen Garde des Papstes eine Auseinandersetzung, in deren Verlauf ein französischer Page getötet wurde und am Ohr des Botschafters eine Kugel vorbeipfiff. Der hochfahrende Stolz des jungen Königs Ludwig XIV. und die Arroganz seines Botschafters in Rom ließen schlimme Folgen befürchten. Christine schickte sofort ein beruhigendes Schreiben an König Ludwig und riet dem Papst, die Korsengarde eher heute als morgen zu maßregeln, gleichgültig, wer den Streit vom Zaun gebrochen habe. Sie schlug vor, notfalls sogar Unschuldige zu bestrafen, wenn man die eigentlich Schuldigen nicht finden könne.

Leider war Mario Chigi Kommandant der Korsengarde, und Alexander zögerte, seinen Bruder zu demütigen. Wie Christine vorausgesehen hatte, stellte nun eine Entschuldigung König Ludwig nicht mehr zufrieden. Er verlangte ultimativ die Auflösung der Korsengarde, einen Kniefall des Kardinalsneffen Flavio Chigi in Paris und die Absetzung Kardinals Imperiali als Gouverneur von Rom. Das wiederum trieb Christine und Kardinal Azzolino auf die Seite des Papstes, denn Kardinal Imperiali, völlig schuldlos an den Ereignissen, war ihr Freund und ein Mitglied der Escadrone Volante.

Der Streit zwischen Papst und König fand erst nach zwei Jahren, 1664, im schändlichen Frieden von Pisa ein Ende, als der Papst alle Forderungen Ludwigs erfüllte. Christine schalt Alexander einen Feigling. Er rede nur Unsinn und vergeude seine Zeit mit Belanglosigkeiten. Man müsse es als bewiesen ansehen, daß der Heilige Geist persönlich seine Kirche leite, wenn man die hoffnungslose Schwäche der Päpste betrachte. Demütigende Friedensschlüsse bezeichnete sie fortan als alexandrinischen Frieden.

Bis heute meint man, in Christines Äußerung, lieber einen Unschuldigen zu strafen, eine krankhafte weibliche Grausamkeit bestätigt zu finden. Dabei zeugte sie eher von männlicher Entschlossenheit. Hätte man Frankreich sofort die Genugtuung gewährt, die ihm rechtens zustand, wäre dem Papst jahrelanger Ärger und die Niederlage von Pisa erspart geblieben. Doch Alexander, in dessen Pontifikat Christine so große Hoffnungen gesetzt hatte, vermochte weder die gespaltene Christenheit zu einen, noch den Frieden in Europa zu befördern. Er floh vor den Widerwärtigkeiten der Politik in schöngeistige Gespräche. Den Ermahnungen seines Staatssekretärs Rospigliosi verschloß er sich. Er vertraute blind seinem Bruder Mario, der sich hemmungslos an Kirchenämtern bereicherte, und seinem Neffen Flavio. Flavio Chigi verbrachte seine Zeit in den Betten schöner Frauen, auf dem Rücken edler Pferde, vor den Spiegeln französischer Schneider. Das Detail eines Sattels interessierte ihn mehr als der Kirchenstaat, aus dessen Schatulle er sich großzügig bediente.

Die Preise für Lebensmittel stiegen und mit ihnen Not und Unmut. Nur die Spitzel verdienten gut. Bald gab es mehr zur Galeere Verurteilte, als die päpstliche Flotte Ruderer brauchte. Im Osten rückten die türkischen Heere auf Ungarn vor. Statt den König von Frankreich für eine antitürkische Koalition zu gewinnen, wie es Christine seit Jahren versuchte, entzweite sich Alexander mit Ludwig. Der wiederum ermutigte insgeheim den Sultan mit Waffen und Geld, den Kaiser in Wien vom Thron zu stoßen. Ein beliebtes Spiel zu allen Zeiten: öffentlich den Feind zu verurteilen und heimlich mit ihm zu kooperieren.

Da Alexander politischer Ruhm versagt blieb, verherrlichte er sein Pontifikat in Marmor und Travertin. Was dem Staat schadete, schlug Meister Bernini zum Glück aus. Er wußte die Gunst der Zeit zu nutzen. Bernini gestaltete den Petersplatz, indem er Kolonnaden aus zweihundertvierundachtzig Travertinsäulen schuf, welche die allzu breite Fassade der Kirche höher erscheinen lassen und sich zu ihr verhalten wie die Arme zum Rumpf. Auf den Säulengängen postierte er einhundertzweiundsechzig Statuen von Heiligen und Ordensgründern, nach seinen Zeichnungen angefertigt. Durch die Scala Regia, einem Meisterwerk perspektivischen Bauens, verband er den Petersplatz mit dem Apostolischen Palast.

Bernini lebte im Schaffensrausch, das Alter minderte seine Kräfte nicht. Das heutige Rom ist sein Werk. Von der Porta Flaminia bis zum Lateran, vom Vatikan bis zur Porta Pia schuf er Kirchen, Brunnen, Plätze, Fassaden, Statuen, Grabmäler. Wahrscheinlich wußte der Meister am Ende seines Lebens selbst nicht, was er alles geschaffen hatte. In diesem Neapolitaner schien Michelangelo auferstanden, um sein Werk in Rom zu vollenden.

Christine bewunderte den Bildhauer Bernini, während ich dem Architekten Bernini den Vorzug gebe. Gern hätte sie ihn für sich arbeiten lassen, doch es fehlte ihr an Geld. Als er ihr eine Christus-Statue verehren wollte, lehnte sie ab. Sie könne sich durch kein entsprechendes Geschenk erkenntlich zeigen, sagte sie, und dabei blieb es trotz aller Bitten Berninis. Er setzte schließlich doch seinen Willen durch, indem er Christine die Statue in seinem Testament zusprach.

Die Königin sah ich in jenen glücklichen Tagen nur bei Konzerten und Disputationen in ihrem Palazzo. Sie richtete hin und wieder das Wort an mich, aber die alte Vertrautheit wollte sich nicht mehr einstellen.

Eines Tages tauchte Bengt in Rom auf. Ich erkannte ihn kaum wieder. Er war verschlossen. Was er in Rom trieb und wie lange er zu bleiben gedachte, sagte er nicht. Manchmal betrank er sich. Seine ehemals gelassene Ironie war verletzender Schärfe gewichen. Wir stritten über Kleinigkeiten. Grazia meinte, Bengt sei sich selbst nicht gut, weil er den Glauben an sich verloren habe, und umsorgte ihn liebevoll. Ihr und nicht mir erzählte er dann auch, daß er den Dienst beim Großherzog der Toskana aufgekündigt hatte. Nach vier Wochen eröffnete er mir, meine Leidenszeit sei zu Ende. Er reise nach Venedig, um sich von dort aus nach Kreta einzuschiffen. Wo gehauen und gestochen werde, seien Ärzte vonnöten. Gegen die Muselmanen habe er nichts, aber er meine, sie sollten daheim zu Allah beten und nicht die Kirchen auf Kreta in Moscheen verwandeln.

Ich versuchte ihm diesen Plan auszureden, nannte ihn verrückt. Bengt schüttelte den Kopf. »Was ist normal, was verrückt? Natürlich hätte ich in Florenz bis an mein Lebensende in Ehren und Reichtum leben können. Aber plötzlich überfiel mich Angst. Was ist das Leben, mein Leben? Den Herrschaften zu guter Verdauung verhelfen, hin und wieder einen Galgenbruder, öfter noch Hunde und Katzen, zum Ruhm der Wissenschaft sezieren, sonntags in der Kirche bei der Predigt des Erzbischofs denken, daß es um seine Gesundheit besser stünde, wenn er nicht so gefräßig wäre; jahraus, jahrein die gleichen Gespräche an den Tafeln der Herren, im Kreise der Kollegen. Da wird einem der beste Wein sauer und der hellste Himmel dunkel.

Auch in Rom kann ich nicht leben. Hier ist es wie überall. Jeder denkt nur an sich und betrügt die anderen mit frommen Augenaufschlägen. Heuchelei bei den Reichen, dumpfe Ergebung bei den Armen. Ich habe hier nur zwei Menschen getroffen: dein Weib und Königin Christine. Grazia hat mich getröstet, der Königin verdanke ich die Stellung als Arzt bei den venezianischen Truppen auf Kreta.«

Beide hätten ihm keinen guten Dienst erwiesen, widersprach ich. Er ginge in den sicheren Tod.

Bengt lächelte nur. Der Tod bliebe ohnehin keinem erspart. Ob ich auch zu jenen gehörte, die über die Türkengefahr jammerten, aber nichts gegen sie unternehmen wollten? Es sei freilich leichter, das blutige Geschäft anderen zu überlassen und selbst Hymnen darüber zu schreiben.

Aufgebracht warf Grazia Bengt vor, er heuchle nicht weniger als andere, wenn er seine Hoffart als Edelmut ausgebe. Er verließ uns grußlos. Grazia sagte traurig, nun könne ihm nur noch Gott helfen.

Zwei Wochen später kam sie zum erstenmal nieder. Als das Kind seinen ersten Schrei ausstieß, tat Grazia ihren letzten Atemzug. Der Knabe verschied am nächsten Tag.

Ich erinnere mich nicht an die Beisetzung, nicht an Menschen und Worte, nur daß ich von dem Gedanken besessen war, im

Kampf gegen die Türken zu sterben und damit mein Leid auszulöschen.

Ich bat die Königin um eine Empfehlung für den venezianischen Gesandten. Sie beschied mich abschlägig. Eher ließe sie mich in Ketten legen als gegen die Türken ziehen. Ich sagte, daß ich auch ohne Hilfe mein Vorhaben ausführen würde. Sie war schneller an der Tür als ich. Wann ein Gespräch zu Ende sei, bestimme sie, schrie sie und trieb mich mit Püffen ins Zimmer zurück. Ich möge endlich zur Besinnung kommen. Ob ich Grazia so wenig liebe, daß ich ihr das antun wolle?

»Grazia ist tot«, sagte ich.

»Unsinn«, erwiderte sie. »Fühlst du sie nicht im Blut, auf der Haut, im Herzen? Sie schaut aus deinen Augen, spricht aus deiner Stimme. Wenn du dich vernichtest, stirbt sie endgültig. Nur durch dich teilt sie sich der Welt mit wie eine Welle im Ozean der anderen. Du darfst Grazia nicht um ihre Unsterblichkeit bringen!«

Von der Königin hätte ich diese Worte zuallerletzt erwartet. Bisher versteinert im Schmerz, weinte ich nun wie ein Kind. Als ich mich gefaßt hatte, fragte ich Christine, warum sie Bengt nicht zurückgehalten habe. Sie besann sich eine Weile und sagte dann: »Dein Freund kann auf Kreta nichts verlieren, aber alles gewinnen. Du aber hast alles zu verlieren und nichts zu gewinnen. Und nun geh und lebe.«

Es war die Zeit des Karnevals. Papst Alexander lag krank darnieder und ahnte nicht, daß sein Neffe Flavio in den päpstlichen Palästen Orgien feierte. Am hellichten Tag spazierte Flavio Chigi in französischer Kavalierstracht, gepudert und parfümiert, durch den Petersdom, verliebte Blicke mit seinem ähnlich aufgeputzten Freund Kardinal Nini wechselnd.

Kardinal Mazarins Nichte Maria Mancini, während Christines erster Frankreich-Reise die Favoritin des jungen Königs Ludwig und jetzt mit Fürst Lorenzo Colonna verheiratet, rivalisierte mit der Königin um den Rang der Ersten Dame Roms. Bisher hatte Christine der dreizehn Jahre Jüngeren das Feld der geselligen

Unterhaltung überlassen. Im Hause der Fürstin Colonna trafen sich amüsierfreudige Damen und Herren bei Tanz, Kartenspiel und zum Klatsch, in Christines Palazzo nur Männer von Geist. Doch im Karneval 1666 nahm die Königin zur Verwunderung aller den Kampf mit der Mancini auf. Ihre Festlogen, von denen aus sie die Karnevalsumzüge auf dem Corso verfolgten, befanden sich vis-à-vis. Die Mancini erhielt den Beifall des Publikums, als sie am »Konsistorium der Königin«, wie man die Gesellschaft von vierundzwanzig Kardinälen in Christines Loge nannte, dreimal mit vierundzwanzig Kavalieren vorbeiritt. Darauf zeigte die Königin eine halbe Stunde ihre Reitkünste auf dem Corso. Aber sie wirkte längst nicht mehr so elegant wie früher. Sie begann kräftig zu werden, ihr Haar lichtete sich, und sie verbarg es nicht unter Perücken. Um die Mancini-Kavaliere auszustechen, ließ Kardinal Albizzi eine Serenade für Christine aufführen und verbot das Ave Maria-Läuten der nahen Kirche, damit es den musikalischen Genuß nicht störe.

Die Römer genossen das Duell zwischen der Königin und der Mancini. Die Mancini war mit Jugend, Schönheit und Reichtum im Vorteil. Ich verstand nicht, warum sich Christine auf diesen ungleichen Kampf einließ. Auch sonst machte sie wieder viel von sich reden. Sie ließ in ihrem Palazzo die gewagtesten Komödien aufführen, kokettierte, tanzte, besuchte alle Feste, als wolle sie sich von ihrer langen Abstinenz in einem Vergnügungsrausch erholen. Einige meinten, sie lege es darauf an, Azzolino zu ärgern, andere behaupteten, die Königin habe sich von ihm getrennt oder er von ihr. Der Fastenprediger des Papstes, Pater Zucchi, nannte Christine eine »falsche Prophetin« und tadelte die Anwesenheit von Kardinälen in ihrer Loge am Corso. Es hieß, Kardinal Azzolino sei mit Pater Zucchi befreundet. Wahr ist, daß ich den Kardinal nur noch selten im Palazzo an der Lungara traf.

Clairet und Santini besuchten mich täglich. Sie jammerten über del Monte, der sich an Trüffeln und griechischem Wein gütlich tue, allerlei Lumpen auf dem exterritorialen Gebiet der Königin vor dem Zugriff der Sbirren verstecke und sich dafür gut bezahlen lasse, während sie am Hungertuch nagten. Die beiden übertrieben mit dem Hungertuch, denn sie sprachen mehr dem Wein zu als den Gerichten, die ich ihnen vorsetzte. Ich bin sicher, daß sie der Königin jedes meiner Worte hinterbrachten.

Ihre Freunde vergaß Christine nie. Manchmal schickte sie ein aufmunterndes Billet. Ihre Einladungen schlug ich aus, denn das muntere Treiben im Palazzo vertrug sich nicht mit meiner Trauer um Grazia. Als die Königin mich im Juni zu sich befahl, hatte ich sie einige Monate nicht gesehen. Ihre Augen waren glanzlos, ihre Bewegungen schienen mir weniger lebhaft als früher.

Ob ich noch immer nach Kreta wolle, fragte sie. Es sei mir gleichgültig, wo ich lebe und sterbe, erwiderte ich. Christine nickte nur. Sie ließ mich wissen, sie werde in Kürze nach Schweden reisen, auch der Kardinal rate ihr dringend, sich an Ort und Stelle um ihre Geldangelegenheiten zu kümmern. »Er braucht freie Hand in Rom, wenn Alexander stirbt und ein neuer Papst gewählt wird.« Sie sagte es lächelnd, doch der bittere Unterton war nicht zu überhören.

Ich mußte ihr schwören, während ihrer Abwesenheit nicht nach Kreta zu gehen. Kämpfen könne ich auch in Rom, denn solche, die sich schlimmer als die Türken aufführten, gebe es hier genug, meinte sie. Schließlich bringe sie auch ein Opfer, denn sie verzichte nur schweren Herzens auf meine Begleitung.

Als ich ihr wünschte, sie möge bald gesund zurückkehren, lächelte sie wehmütig. »Wer weiß, ob ich Rom je wiedersehe. Mein Herz bleibt hier, eingeschlossen in einer goldenen Kapsel wie das meines Vaters. Ich werde in der Wüste des Nordens sterben, während man hier die Kapsel zu Geld macht und das Herz den Hunden vorwirft.« Sie fragte mich, ob ich mich meiner Bemerkung erinnere, keiner irdischen Liebe sei Dauer beschieden, und ihrem Feuer folge auch ohne Ehe der Rauch.

»Du hattest recht, David, nur ist deiner Liebe der Rauch erspart geblieben. Doch wir müssen Gott für Gutes und Böses danken: für das Gute, dessen wir nicht wert sind, und für das Böse, das immer weniger wert ist, als wir verdient haben. Gott allein genügt. Ihn und seinen Nächsten zu lieben ist das einzig Wahre, alles andere ist nur Grimasse.«

Christines Worte bestätigten mir, was Klatschmäuler seit dem Karneval mutmaßten. Zwischen der Königin und dem Kardinal stand es nicht zum besten. Christine dauerte mich. Doch zuzeiten schöpfen wir mehr Kraft aus der Schwäche anderer als aus ihrer Kraft. Das Leid der Königin verringerte mein eigenes. Rom blieb mir, und keine Enttäuschung zerstörte meine Erinnerungen.

Ende Juni brach Christine mit kleinem Gefolge auf. Der Kardinal begleitete sie bis Castel Nuovo. Sie sprachen nur wenig miteinander. Zum Abschied bat mich die Königin, ihr oft zu schreiben, »die Wahrheit, nichts als die bittere Wahrheit«.

Als wir heimwärts ritten, meinte der Kardinal: »Die Königin wird wieder reisen wie ein Geist und damit alle umbringen, die einen Körper haben.« Eine ebenso witzige wie zutreffende Äußerung, aber sie klang herzlos.

Die spärlichen Nachrichten aus dem Norden beunruhigten mich. Santini war kein großer Briefeschreiber, und ich mußte mir vieles zusammenreimen: Unterwegs in Deutschland von Dieben bestohlen. In Hamburg die leeren Hände von Manuel Texeira. Krankheit fesselte Christine ans Bett. Nach Monaten, immer noch krank, Aufbruch nach Schweden. In Dänemark brach sie zusammen. Wieder genesen, kam sie nur bis Norrköping. Da die Regentschaft ihr freie Religionsausübung untersagte, kehrte sie sofort nach Hamburg zurück. Dort hielten sie Krankheit und Geldnot fest.

In dieser Zeit schrieb sie die Briefe, die mir Kardinal Azzolino übergeben hat. Teilweise chiffriert, gelang es mir, sie bis auf wenige Stellen zu enträtseln. Ich glaube keinen Vertrauensbruch zu begehen, wenn ich einer hoffentlich verständigeren Nachwelt Auszüge dieser Briefe präsentiere.

23. Juni 1666, Hamburg
Nachdem ich glücklich das öde Deutschland durchquert habe, bin ich gestern abend hier angekommen und habe mit Freude Ihre Briefe einen Tag vorher erhalten... Sie und Rom tun mir zu viel Ehre an: Was man mir an Achtung und Liebe bezeugt, vergrößert meinen Kummer, weil mein unbesiegliches Unglück mich damit bedroht, länger, als ich dachte, von Rom und deshalb von aller Freude entfernt zu sein... Was mich verzweifeln läßt, ist der elende Zustand der schwedischen Krone. Die Parteien im Reichstag, die Uneinigkeit der Regentschaft und ihr schlechtes Verhalten, die Armut des Landes, das an Menschen und Geld erschöpft ist, tausend andere Umstände machen die Schweden

heute unglücklich und ziehen den schlimmen Stand meiner Geschäfte nach sich... Der französische Gesandte in Schweden schreibt hierher, daß meine Reise den schwedischen Hof stark beunruhigt. Ich glaube, man hat die Absicht, mich von der Reise abzuhalten, aber nichts in der Welt kann mich daran hindern, falls der Reichstag abgehalten wird... Sie sagen in Ihrem Brief Worte, die mich stark beunruhigen: Wenn Eure Majestät nicht in Rom bleiben wollen usw. Wie? Wollen Sie, daß ich nicht mehr zurückkehre, oder können Sie glauben, daß ich mich entschließe, Rom je zu verlassen? Erklären Sie sich darüber und reißen Sie mich aus der Not und Unruhe, in die diese Worte mich versetzt haben; glauben Sie mir, ich würde lieber in Rom von Wasser und Brot leben mit einer einzigen Dienerin, als woanders alle Königreiche und Schätze der Welt zu besitzen. Ich danke Ihnen millionenmal für Ihre Freundschaft, die Sie mir in Ihren Chiffren bezeigen; die zärtlichen Gefühle, von denen sie voll sind, trösten mich über all mein Leid. Auch kann ich Ihnen versichern, daß ich Ihre Freundschaft durch die zärtlichste Leidenschaft der Welt verdiene. Ich weiß nicht, ob ich jemals glücklicher sein werde, aber ich weiß wohl, daß ich Sie liebe bis in den Tod...

Hamburg, 24. Juli
...Beurteilen Sie die Unruhe, in der ich mich befinde, da ich mich Ihrer Briefe zu einer Zeit beraubt sehe, da mir dieser Trost so notwendig ist! Beurteilen Sie, sage ich, meine Unruhe nach Ihren eigenen Empfindungen, und erleichtern Sie mein Unglück durch Ihr Mitleid... Unter allen Gründen, die ich mir vorstelle, habe ich mir nicht denken können, daß Sie müde geworden wären, an mich zu schreiben, denn ich bin fest überzeugt, es ist unmöglich, daß Sie mich je vergessen könnten oder daß Sie eine Gelegenheit vorübergehen ließen, ohne mir zu schreiben. Ich habe hieran nicht den geringsten Zweifel und glaube mich eher jeder anderen Art von Unglück ausgesetzt – aber dies ist das einzige, von dem ich es für unmöglich halte, daß es mir zustoßen könnte. Es ist ein Vertrauen, das vielleicht bis zu Anmaßung geht, aber ich würde

denken, eine Schändung unserer Freundschaft zu begehen, wenn ich anders dächte, und ich bin überzeugt, daß Sie mir Vertrauen für Vertrauen geben werden, denn ich verdiene es... Ich bitte zu Gott, daß er Sie gesund erhalte und daß ich die Freude habe, Sie so wiederzusehen, wie ich Sie verlassen habe, indem ich versichere, daß meine Freundschaft nie andere Enden noch Grenzen hat als die meines Lebens...

Hamburg, 4. August 1666
...Ich wünschte, Ihnen schon von Stockholm aus schreiben zu können. Ich will nur unter zwei Bedingungen nach Schweden gehen: daß der Reichstag stattfindet und daß mir freie Religionsausübung gestattet wird... Ich habe fast jede Hoffnung verloren, daß der Reichstag noch in diesem Jahr einberufen wird, und ich habe auch noch nicht die Religionsfreiheit erlangt...

Hamburg, 11. August 1666
Ich bin in Verzweiflung über die Krankheit des Papstes, denn ich habe viele Gründe zu wünschen, während des Konklaves in Rom zu sein; aber wenn Gott es anders will, muß man Geduld haben und sich seinem Willen unterwerfen. Mein Trost ist, daß Sie dort sind und daß diese Gelegenheit Ihnen dazu dienen wird, Ihren Ruhm und Ihr Ansehen zu vergrößern. Denn da Sie kein anderes Interesse haben als den Dienst an Gott und das Wohl der Kirche, werden Sie, wie der Ausgang auch sein mag, wenigstens den Ruhm haben, Ihre Pflicht zu tun. Dasselbe erwarte ich von allen unseren Freunden, hoffe, daß sie eifriger und einiger als je für das allgemeine Wohl eintreten. Ich bin überzeugt, daß die Escadrone Volante in diesem Konklave triumphieren wird. Erinnern Sie sich der vertraulichen Unterhaltungen, die Sie und Kardinal Imperiali mit mir in jener glücklichen Zeit führten, da es mir noch erlaubt war, Sie zu stützen und anzufeuern in dem Eifer, den Sie so ohne jede Verstellung für den Ruhm und das Wohl der Kirche bezeigen. Wenn das Konklave kommt, ist es Zeit, jene edlen und schönen Pläne auszuführen. Denn ich versichere Ihnen, wenn

Sie nicht das Mittel finden, in irgendeiner Art die Unordnung und den Mißbrauch des Nepotismus zu heilen, wird diese Pest der Kirche schließlich tödlich werden. Ich bitte Sie um Verzeihung, daß ich mit so viel Freiheit über ein derart mißliches Thema spreche, das nicht meine Sache ist. Ich weiß um die Gefahr, diese Sache zu berühren, aber ich verspreche mir viel von Ihrem Eifer und Ihrem Mut... Sie, der Sie den Grund meines Herzens kennen, wissen, daß es mein größter Wunsch ist, Gott und seiner Kirche zu dienen. Danach beurteilen Sie, mit welcher Freude ich erfahren werde, daß Sie bei dieser Gelegenheit alles tun, was ich mir von Ihrem Eifer, Ihrer Kraft, von Ihrem Mut verspreche. Ich bitte Gott von ganzem Herzen, daß er Ihnen allen zum Ruhm seines Dienstes beistehe und uns einen Papst gibt, wie sein Dienst ihn fordert...

Hamburg, 15. September 1666
...Auf Ihre Chiffren habe ich nichts zu erwidern, wenn nicht Sie zu bitten, mir die Predigten des Paters Zucchi zu höherer Erbauung ohne Chiffren aufzuschreiben; ich werde mich freuen, sie zu lesen, denn so erspare ich mir die Mühe, in die Jesuitenkirche zu gehen, sobald ich wieder in Rom bin. Ich bin gleichwohl überzeugt, daß ich lange nicht dorthin zurückkehre, denn meine Geschäfte halten mich fern. Wo ich auch bin, werde ich Gott um Ihr Wohlergehen bitten. Obgleich meine Wünsche von geringer Wichtigkeit sind, glaube ich doch, daß Gott mich erhören wird, denn ich bin entschlossen, ihn wenig wegen anderer Dinge zu belästigen. Ich bitte Sie, dem Pater Fozio von mir zu bestellen, daß er seine Zeit verliert, Gott darum zu bitten, daß ich eine Heilige werde, denn ich werde nie genug Tugend haben, es zu sein, und nie genug Ehrlosigkeit, es zu heucheln... Ich beschwöre Sie, überzeugt zu sein, daß alle Wechsel, die in meinem Glück vorgekommen sind, und alles, was mir noch Grausames zu leiden bevorsteht, niemals mein Herz verändern kann, das Ihnen treu sein wird bis in den Tod.

Hamburg, 23. September 1666

... Ich antworte Ihnen nicht auf Ihre Komplimente voller Zeremonien, mit denen Ihr Brief gefüllt ist. Ich bin Ihnen dafür von ganzem Herzen verbunden und werde versuchen, die Ehre, die Sie mir antun, zu verdienen... Ich danke Ihnen auch für Ihre Sorge um meine Gesundheit und sage Ihnen, daß ich seit einiger Zeit fast gar nicht mehr lese, denn ich habe einen so heißen Kopf, daß ich zu nichts fähig bin, und einen schrecklichen Schnupfen, der mich verhindert haben würde, an jeden anderen als an Sie zu schreiben. Bitte danken Sie mir nicht dafür, denn ich wußte nichts anderes zu tun, und Sie sollen keine Verpflichtung gegen mich haben... Man hat Ihnen nicht die Wahrheit gesagt, denn ich lese sehr wenig; wenn man Ihnen gesagt hätte, daß ich ganze Nächte in meinem Zimmer auf und ab gehe, würde man Sie weniger getäuscht haben, und man würde Ihnen noch mehr die Wahrheit erzählt haben, wenn man Ihnen versichert hätte, daß ich die Nächte damit verbringe, mein Unglück zu beweinen, aber dieses Geheimnis ist nur Ihnen und mir bekannt. Den Tag bringe ich teils mit meinen Geschäften, teils mit Unterhaltungen zu, denn es kommen viele Leute, um mich zu sehen, teils mit Schach-, Landsknechts- und Piquetspiel. Aber da ich außerordentlich glücklich im Spiel bin und nicht genug Geld habe, absichtlich zu verlieren, spielen wir nicht um Geld. Manchmal sprechen wir von Rom und von Ihnen und schmeicheln uns mit unserer Rückkehr, und in solchen Augenblicken glaubt man sich glücklich im Vertrauen auf die Hoffnung, welche, so fern sie auch sei, stets etwas Süßes für arme Verbannte hat.

Hamburg, 29. September 1666

... Man kann nicht an dem Nachteil zweifeln, den der Nepotismus der Kirche bringt. Sie wissen das besser als ich, aber wozu dient es, daß wir es wissen? Ein Mittel zur Heilung? Ich sehe nur ein einziges: einen Papst zu wählen, der die Kraft hat, das auszuführen, was Papst Alexander mit soviel Ruhm begonnen hatte – und was er dann mit soviel Schwäche aufgab! Wieviel Ruhm würde ein Mann erwerben, der Bullen und Gesetze zur Ausrottung dieser Pest erließe! Ich weiß, daß Sie mir sagen: Wo solch einen Mann finden? Und Sie haben recht. Es ist schwer, fast unmöglich. Ist es nicht ein Elend und eine Schande zu sehen, wie viele Millionen aus dem Schoß der Kirche für den Luxus und die untergeordneten Bedürfnisse von Leuten aus dem Nichts verwendet werden; wie die Kirche und ihr Staat erschöpft werden, um Hunde, Pferde, Günstlinge, Kuppler und andere Arten von Kanaillen zu füttern... Armes Rom! Arme Kirche, wo ehemals so viele Tugenden geherrscht haben! Aber ich verweile zu lange bei diesem Thema und bitte Sie um Verzeihung, wenn der Eifer mich zu weit fortgerissen hat... Ich erwidere nichts auf Ihre Chiffre, denn ich weiß nichts zu sagen, als Ihnen zu bestätigen, was ich früher gesagt habe, und zu versichern, daß alle Veränderungen, die in Ihrem Herzen vorgehen, das meine nicht verändern werden, und daß ich Ihnen unverletzliche Treue bis in den Tod bewahren werde.

Hamburg, 6. Oktober 1666
... Es wäre mir angenehm zu glauben, was Sie mir in Ihrem Brief vom 11. September hinsichtlich des Kummers sagen, den Sie über die Verzögerung meiner Rückkehr empfinden. Aber wenn Sie mich ehemals haben daran glauben lassen, geschah es auf Zeugnisse hin, die Klügere als mich getäuscht haben würden. Gegenwärtig sind unsere Angelegenheiten in einem Zustand, daß man noch dümmer sein muß als ich, um Ihnen zu glauben... Rom erweist mir zu viel Ehre, mich zurückzuwünschen. Ich bin nicht genug wert, ersehnt zu werden. Ich bin sicher, daß sich Rom ebenso wie Sie trösten wird, wenn es erfährt, daß es mich vielleicht nie wiedersehen wird. Ich weiß nicht, wie ich das sagen kann, ohne zu sterben. Ich bin fest entschlossen, aber noch habe ich für diesen Entschluß viel zu kämpfen und viel zu besiegen... Ich bin in einem Zustand, der Ihnen schwer verständlich zu machen ist, und Sie dürfen nicht erstaunen, wenn ich auf Ihre Chiffren nicht antworte, denn ich glaube, mein Schweigen ist deutlicher und belästigt Sie weniger.

Hamburg, 27. Oktober 1666
...Ihr Brief ist von solch freundschaftlichen Wendungen erfüllt, daß ich darin noch dieselbe Neigung erkenne, die einst mein Glück war und die durch den Wandel, den die Zeit hineingetragen hat, gegenwärtig meinen Schmerz ausmacht. Ich danke für Ihre Mühe, mich zu trösten, und bitte Sie zu glauben, daß Ihre Unpäßlichkeiten mich sehr betrübt haben und daß ich ungeduldig bin zu erfahren, ob Sie davon befreit sind, denn ich nehme mehr Anteil an Ihrer Gesundheit als an der meinen und fühle Ihre Schmerzen bis hierher so lebhaft, als wenn ich selbst litte...

Hamburg, 10. November 1666
...Ich habe mit außerordentlicher Freude Ihren einundzwanzigsten Brief empfangen, denn man kann nicht leidenschaftlicher an Ihrer Gesundheit Anteil nehmen als ich. Meine Gesundheit ist gegenwärtig weder gut noch schlecht, und ich widerstehe, scheint es, diesem Klima besser, als ich geglaubt habe. Die einzige Verpflichtung, die ich gegen Deutschland habe, ist, daß ich magerer werde. Die Beschäftigung, die Sie mir auferlegen, meine Memoiren zu schreiben, nehme ich an, aber mit der Versicherung, daß ich nichts Gutes machen werde, da mein Kopf mit Kummer und Rechnungen angefüllt ist. Um ins Gedächtnis zurückzurufen, was die Zeit zerstört hat, müßte man einen freien und zufriedenen Geist haben. Doch werde ich mich zwingen, Sie zufriedenzustellen, bin aber sicher, daß Sie Ihre Neugier bereuen werden, weil mein Leben nichts Ihrer Kenntnis Würdiges aufweist.

Hamburg, 24. November 1666
(Über Schmähschriften, die in Rom über die Königin und den Kardinal zirkulierten, um Azzolinos Ansehen für das bevorstehende Konklave zu schädigen) ... Seien Sie überzeugt, daß die Schriften, die man während der Krankheit des Papstes veröffentlicht hat, mich nicht beunruhigen. Wenn man die Wahrheit spricht, darf sie nicht beleidigen, und eine Lüge soll man verach-

ten... Ich hatte mich darauf vorbereitet im Fall, daß ich in Rom gewesen wäre. Es erstaunt mich, daß man sich während meiner Abwesenheit erinnert und zu einer Zeit, da Sie für die Papstwahl noch nicht in Frage kommen. Das heißt frühzeitig beginnen! Die Verleumdungen, die ein Martinelli und seinesgleichen über mich verbreiten, halte ich für Lobreden. Machen Sie es ebenso!

Hamburg, 1. Dezember 1666
...Ihr Brief läßt mich erkennen, daß ich vergeblich daran arbeite, Sie von der Furcht zu heilen, die Ihnen meine Rückkehr bereitet. Nach allem, was ich Ihnen gesagt habe, glauben Sie mir nicht. Man muß auf die Zeit hoffen, die Sie erkennen lassen wird, daß ich Glauben verdiene. Mögen die Zeitungen sagen, was ihnen gefällt. Ich kann nicht, noch will ich es hindern.

Hamburg, 8. Dezember 1666
...Ich habe den Trost zu erfahren, daß Sie sich wohl befinden und sich in Frascati gut unterhielten, und bin Ihnen verbunden, sich dort meiner erinnert zu haben. Ich danke Ihnen für die übrigen Nachrichten, welche mich weniger von den Veränderungen, die in Italien vorgegangen sind, überzeugen als von der Änderung im Stil Ihrer Briefe. So bin ich überzeugt, daß ich bei meiner Rückkehr, falls ich je zurückkehre, alles verändert vorfinden werde außer meinem Herzen, das sich niemals ändern wird... Ich bin immer gequält von Erkältungen, Migräne und meinem Seitenschmerz. Das ist alles, was ich Ihnen sagen kann, ohne Sie zu belästigen...

Hamburg, 23. Dezember 1666
...Wir haben hier wenig Neuigkeiten. Der Frieden, den die Schweden mit den Moskowitern geschlossen haben, ist so schmachvoll wie der von Bremen, und das arme Schweden hat in kurzer Zeit Stöße empfangen, von denen es sich lange nicht erholen wird. Das sind die Früchte von König Karl Gustavs letztem Krieg gegen Dänemark, in dem Schweden sich erschöpfte

und nur daran gearbeitet hat, seine Feinde zu stärken. Die Leiden des kleinen Königs sind sehr häufig, aber ich hoffe, daß das Alter seinen Zustand ändern wird und seine Krankheiten beseitigt. Die allgemeine Meinung in Schweden und auch in Deutschland ist, daß er nicht am Leben bleiben wird. Ich weiß nicht, was kommt, aber es ist sicher, daß acht Jahre Minderjährigkeit Schweden so herunterbringen werden, daß weder die Weisheit Salomos noch die Tapferkeit Caesars oder Alexanders ausreichen würden, Schweden seinen verlorenen Ruhm wiederzugeben...

Hamburg, 5. Januar 1667
...Ihr neunundzwanzigster Brief zeigt mir Ihre Ungeduld, meine Memoiren, die ich Ihnen versprochen habe, zu erhalten, und ich bin in Verzweiflung, daß ich Sie bisher nicht habe befriedigen können, und bitte Sie, mir zu glauben, daß nur die Unmöglichkeit selbst mich hat daran hindern können, meine Unpäßlichkeiten und ständigen Beschäftigungen. Alle Tage belästigt von hundert zudringlichen Personen beiderlei Geschlechts, die mir ihre Aufwartung machen, und besonders mein Kummer haben mich bis jetzt unfähig gemacht, Ihnen Genüge zu leisten. Dazu kommt die Härte des unerträglichen Winters, denn zur Stunde, wo ich Ihnen schreibe, muß man die Tinte ständig übers Feuer halten, um das Einfrieren zu verhindern. Meine Finger sind so gefroren, daß ich die Feder nicht halten kann, und in Wahrheit, ich glaube, daß bis auf den Geist in diesem Lande alles einfriert. Die Kälte hat meinen Seitenschmerz in einer Weise verschlimmert, daß er mir fast unerträglich wird. Niemals habe ich ähnliches erduldet, und es vergeht keine Woche, in der ich nicht drei oder vier Tage unpäßlich bin...

Hamburg, 12. Januar 1667
...Bevor ich von anderem spreche, muß ich Ihnen meinen Schmerz ausdrücken, diese Woche Ihrer Briefe beraubt zu sein wegen des Ausbleibens des Kuriers aus Italien. Ich weiß wohl,

daß mir Ihre Briefe seit langem nur Grund zum Kummer geben, aber ich kann sie nicht entbehren, und sie sind mir noch so notwendig wie in der glücklichen Zeit, als sie mir Ursache zur Freude waren, weil sie mich von angenehmen Dingen unterhielten... Wundern Sie sich nicht, wenn Sie meine Briefe so kurz sehen, es ist unmöglich, sie länger zu machen, denn die Kälte ist so groß. Alles ist in diesem Land gefroren, ausgenommen mein Herz, das glühender ist als je.

Hamburg, 19. Januar 1667
...Wir haben diese Nacht einen großen Schrecken gehabt, da auf einem Schiff im Hafen, der ganz in der Nähe liegt, Feuer ausgebrochen war. Wir waren bis vier Uhr morgens auf. Diese Strapaze und eine Migräne haben mir diese Nacht genug Beschäftigung gegeben, mich heute unpäßlich zu machen. Ich bitte Gott, daß er Sie erhalte und behüte, wie Sie es verdienen und wie ich es wünsche. Leben Sie wohl.
PS. Wenn Hamburg nicht entfernt genug von Rom ist, um Ihre Grausamkeit zu befriedigen, so werde ich bis ans Ende der Welt gehen, um niemals mehr wiederzukommen.

Hamburg, 26. Januar 1667
...Ich beabsichtige, meine Abreise nach Schweden bis Ostern hinauszuschieben; wird der Reichstag im Mai abgehalten, ist das die rechte Zeit; wenn er aber erst im Oktober stattfinden sollte, werde ich meine Abreise bis September verschieben. Ich bin übrigens sehr unglücklich, weil Sie mich beschuldigen, Ihre Ratschläge ungünstig aufgenommen zu haben. Ich weiß nicht, wie ich Ihnen eine so schlechte Meinung von mir habe beibringen können. Ihre Ansichten und Ihr Rat sind für mich Orakel, und ich achte und ehre sie als solche. Wenn ich sie nicht immer befolge, wie Sie es wünschen, ist das nicht mein Fehler, sondern derjenige von Zeit und Umständen, die oft sehr verschieden von Ihrer Vorstellung sind... Ich denke, daß ich auf Ihre Chiffren genügend durch meine letzten geantwortet habe, gleichwohl fü-

ge ich hinzu, daß es niemals meine Absicht ist, Gott zu beleidigen, und ich Ihnen niemals Anlaß geben will, ihn zu beleidigen, aber dieser Entschluß wird mich nicht hindern, Sie bis in den Tod zu lieben. Wenn die Frömmigkeit Sie davon entbindet, mein Geliebter zu sein, so entbinde ich Sie davon, mein Diener zu sein, denn ich will leben und sterben als Ihre Sklavin.

Hamburg, 9. Februar 1667
...Ihr Brief vom 25. Januar läßt mich erkennen, daß Sie endlich allen Ernstes heilig geworden sind, und ich freue mich mit Ihnen darüber. Ich verspreche Ihnen, während Ihres Lebens an Ihrer Heiligsprechung zu arbeiten, unter der Bedingung, daß Sie nach meinem Tod an der meinigen arbeiten. Um auf Ihre Predigt zu antworten, sage ich nur, daß ich weiß, was ich Gott, Ihnen und mir schuldig bin, und daß ich versuchen werde, dafür zu bezahlen...

Hamburg, 16. Februar 1667
...Was Sie mir anläßlich der Aufführungen beim französischen Gesandten schreiben, würde mir viel Freude gemacht haben, wenn ich mir schmeicheln könnte, daß sich Ihre Empfindungen mit denen Roms decken, betreffs der Ungeduld über meine Rückkehr. Aber zu meinem Unglück sind Sie und Rom hinsichtlich meiner niemals einig gewesen, denn in der glücklichen Zeit, als Sie meine Rückkehr wünschten, war diese Rom gleichgültig, und jetzt, wo sie es nicht mehr für Rom ist, ist sie es Ihnen mehr als alles andere. Ich glaube, sie ist Ihnen nicht nur gleichgültig, Sie fürchten sie zweifellos wie die verhaßteste Sache der Welt, denn ich meine, Sie hassen nichts so sehr wie meine Gegenwart. Aber sprechen wir nicht mehr davon, Sie sind für lange Zeit außer Gefahr.

Hamburg, 23. Februar 1667
...Die Nachrichten, die Sie mir von dem schlechten Wetter geben, betrüben mich, denn ich fürchte für Ihre Gesundheit. Ich

hoffe, daß Gott Sie behüten wird... Ich bin Rom sehr verbunden für die Ungeduld, die es wegen meiner Rückkehr bezeugt; ich weiß nicht, ob das jemals kommen wird, aber ich weiß wohl, daß ich, an welchen Ort der Welt ich auch gehe, unglücklich sein werde. Ich habe hier ein Fest veranstaltet, von dem ich nicht früher sprach, weil ich nicht wußte, wie es gelingen würde. Aber jetzt kann ich Ihnen sagen, daß es würdig war, in Rom gesehen zu werden, und verdiente, Sie als Zuschauer zu haben. Andere werden Ihnen Einzelheiten erzählen; ich sage nur, daß ich mich rühmen kann, Ordnung und Respekt in eine Menschenmenge gebracht zu haben, und daß ich die feine Lebensart, die Pracht Italiens und Frankreichs einem Volk und einer Stadt zeigte, die nie davon eine Idee gehabt haben...

Hamburg, 9. März 1667
...Ich habe Ihren achtunddreißigsten Brief empfangen und würde Ihnen sehr dankbar für die freundschaftlichen Gefühle sein, die er enthält, wenn ich an sie glauben könnte. Aber Sie haben sich zu viel Mühe gegeben, mir über die Anmaßung, die Ihre Freundschaft mir ehemals gab, die Augen zu öffnen, und ich bin nicht unverbesserlich genug, in diesen Irrtum zurückzufallen. Ich empfange also Ihre Komplimente, wie man diejenigen zu empfangen pflegt, die gewöhnlich in der Welt gemacht werden... Sie erbauen mich mit theologischen und moralischen Betrachtungen, die Sie an alle Vorfälle, die Ihnen begegnen, knüpfen, und ich zweifle nicht, daß Ihr Geist wie gewöhnlich bei Gott weilte, während Sie die Komödie beim französischen Gesandten sahen, und daß die beiden Fräulein, die dort spielten und die gewöhnt sind, ganz Rom so viel Vergnügen zu bereiten, Ihnen nur eine Kasteiung bedeuteten, indem sie Ihre Augen auf sich zogen. Aber zweifellos sind Sie nach dem Beispiel unseres Herrn hingegangen, um sie zu bekehren. Eine so ängstliche Tugend wie die Ihre profaniert die Augen nur für einen solchen Plan. Denn wenn ich erwäge, welche Gewissensbisse Sie daran hinderten, zum Feuerwerk des spanischen Gesandten zu gehen, schließe ich

daraus, daß eine reine Wirkung der Frömmigkeit, mit der Sie gegenwärtig beschäftigt sind, Sie zum französischen Gesandten zieht, und ich freue mich mit Ihnen von ganzem Herzen... Was mich betrifft, weiß ich seit langem, daß ich sterben muß, und wenn Pater Zucchi auch nie davon gesprochen hätte, wäre ich nichtsdestoweniger davon überzeugt. Darum bitte ich Sie, mir keine Predigten darüber zu halten, denn ich liebe Predigten nicht.

Hamburg, 16. März 1667
...Ich verzweifle daran, in diesem Jahr einen Reichstag zu sehen, und ich beabsichtige, ihn bis zum Jahre 68, 69, 70 zu erwarten, falls mein Leben so lange währt. Wenn ich diese Zeit gewartet haben werde, meine ich, braucht man nicht mehr an eine Rückkehr zu denken, und es ist gerecht, wenn Sie mir für eine so gute und angenehme Nachricht ein Trinkgeld geben... Ich erwidere nichts auf Ihre Chiffren, denn ich gedenke weder Ihre noch meine Gefühle zu ändern. Sie haben recht, und ich habe nicht unrecht. Ich beklage mich nicht über Sie, beklagen Sie sich nicht mehr über mich...

Hamburg, 13. April 1667
...Ich werde in acht Tagen nach Schweden gehen, und da Sie so viel Ungeduld wegen meiner Abreise zeigen, werden Sie in einer Woche die Genugtuung haben zu hören, daß ich gegangen bin, und bald danach auch diejenige, daß ich nie wiederkomme. Ich denke, daß eine ewige Entfernung Sie zufriedenstellen wird, weil sie mich bestraft für all die Beleidigungen, die ich Ihnen angetan usw. usw. ... Ich danke Ihnen für Ihre frommen Ermahnungen, ich werde versuchen, soviel Nutzen als möglich daraus zu ziehen. Wenn es mir nicht gelingen sollte, was ich glaube, müssen Sie sich daran erinnern, daß das Übel unheilbar ist...

Hamburg, 27. April 1667
...Mit Gottes Hilfe reise ich morgen unfehlbar ab, trotz der Mei-

nung und dem Rat von aller Welt, die mir einstimmig versichern, mein Leben und meine Freiheit seien in Schweden in Gefahr. Ich spotte darüber, denn in dem Zustand, in dem ich bin, liebe ich das Leben nicht mehr genug, um nicht mit Freuden einzuwilligen, daß man es mir nimmt. Und da ich auch so gut wie entschlossen bin, Sie niemals wiederzusehen, bleibt mir nichts im Leben zu bedauern... Ich bin in Verzweiflung, Sie ohne Geld zu wissen. Verkaufen Sie, versetzen, borgen Sie und fürchten Sie nichts. Sobald ich in Schweden bin, werde ich es Ihnen an nichts fehlen lassen.

Unterwegs, 5. Mai 1667
Ich hoffe, diesen Abend den Kleinen Belt zu überqueren. Wir leiden unter der Kälte und sind Wind und Regen sehr ausgesetzt. In Schweden geht das Gerücht um, daß ich in meinem Gefolge zweihundert Jesuiten mitbringe. Kann man sich etwas Lächerlicheres vorstellen? Wenn Gott mir die Gnade gewährt, in Schweden anzukommen, werde ich alles in Ordnung bringen, und Sie werden wenigstens hinsichtlich des Geldes mit mir zufrieden sein. Ich spreche Ihnen nicht mehr über die Wahl eines neuen Papstes, da ich Sie in Ihren Briefen sehr zurückhaltend sehe. Ich beanspruche nicht, Geheimnisse zu entdecken, an denen ich nicht teilhaben soll, und da ich von niemandem etwas fürchte oder hoffe, ist es mir gleichgültig, wer es wird... Ich glaube, daß mein Leben nicht mehr lange währen wird. Wenn ich meine Schulden bezahlt hätte, würde ich zufrieden sterben und nur bedauern, zwei Jahre zu lange gelebt zu haben, denn seit dieser Zeit ist es etwa ...

(Hier bricht der Brief ab. Am 22. Mai starb Papst Alexander. Von ihrer mißglückten Schwedenreise schon am 5. Juni wieder nach Hamburg zurückgekehrt, erhielt Christine dort am 8. Juli die Nachricht, daß Giulio Rospigliosi als Clemens IX. den päpstlichen Thron bestiegen und Kardinal Decio Azzolino zum Staatssekretär ernannt hatte.)

Hamburg, 3. August 1667
...Ganz Europa schläft. Schwedens Lethargie ist tödlich, und ich glaube, diejenige des Hauses Österreich ist von gleicher Art. Nur die Holländer sind lebendig und mächtig. England ist schwach durch sich und sein Unglück. Deutschland ist zerrissen und schlecht regiert, in seinen Entschlüssen langsam und schwächlich. Spanien ist ohne Rat, ohne Soldaten, ohne Führer, ohne Geld. Niemals hat jemand günstigere Umstände gefunden, groß zu werden, als der König von Frankreich. Die Zeit wird uns lehren, ob solches Glück dauern kann und ob so viele, den seinigen entgegengesetzte Interessen nicht schließlich eine Wirkung hervorbringen sollten, die Frankreich in seinem Lauf aufhalten könnte. Es scheint mir unmöglich, daß dies nicht geschehen könnte, aber ich sehe noch nicht, wie, wenn nicht vielleicht durch eine Einigung zwischen England und Holland... Geben Sie mir nur immer gute Nachricht von der Gesundheit des Papstes, ich möchte gern einen Teil meines Lebens geben, um die Jahre seines Daseins zu verlängern, das der Allgemeinheit so notwendig ist. Ich bitte Sie um die Fortsetzung Ihrer Freundschaft als um ein Gut, das ich nicht entbehren kann, ohne sehr unglücklich zu sein.

Hamburg, 23. August 1667
...Ich bitte Sie um Verzeihung, wenn mein Brief Sie verletzt hat. Was er auch gesagt haben mag, bitte ich Sie zu glauben, daß ich für Ihre Tugend und Ihr Verdienst nur Empfindungen haben kann, welche diejenigen der Achtung und Verehrung weit übertreffen. Ich habe und kann nur Worte haben voll von größter Achtung und höchster Zärtlichkeit für Sie. Verzeihen Sie diese Wendung, die Sie verletzen wird und mit der ich Sie bis zum Tode verletzen werde.

Hamburg, 28. September 1667
...Ich werde nicht verfehlen, Sie rechtzeitig von meiner Abreise zu benachrichtigen. Sie haben mir nur den Tag vorzuschreiben,

an dem ich in Rom eintreffen soll und ihn mich in Augsburg wissen zu lassen, und ich verspreche Ihnen, daß nur der Tod und Krankheit mich hindern können, pünktlich zu sein. Ich beanspruche nicht, daß Sie sich die Mühe machen, mir entgegenzukommen. Sie erweisen mir schon zu viel Gnade, wenn Sie meiner Ankunft in Rom nicht entfliehen. Welchen Entschluß Sie auch fassen, ich werde mit allem, was Sie tun, zufrieden sein...

Hamburg, 19. Oktober 1667
...Wir haben vierzig Tage fürchterliche und ständige Stürme und Regenfälle gehabt, und in ein und derselben Woche erlebten wir hier die Hitze Italiens und die Kälte Schwedens, ohne in zwei Monaten mehr als ein paarmal die Sonne gesehen zu haben. Die Feuchtigkeit ist so groß, daß meine Bettücher naß sind, als wären sie dem Tau ausgesetzt gewesen. Wundern Sie sich nicht, wenn Sie erfahren, daß ich ein Laubfrosch geworden bin. Wirklich, ich habe wenig Grund zu lachen und verdiene aus mehr als einem Grund, daß Sie Mitleid mit mir haben. Ich fürchte, mein Unglück dauert so lange wie mein Leben. Ich werde Ihnen bald Geld schicken, haben Sie ein wenig Geduld.

Hamburg, 28. Dezember 1667
...Sie werden erkennen, wie ich alles über mich vermag, wenn es sich darum handelt, Ihnen zu gefallen, und ich werde der ganzen Welt zeigen, daß Sie mir wichtiger sind als alle Könige zusammen...

Hamburg, 23. Mai 1668
Ihr Brief ist so freundschaftlich, daß man Ihnen nicht dankbarer sein kann, als ich es bin. Welche Freude für mich Ihre artigen Bemerkungen über unsere Briefe. Ich kann die Befriedigung nicht genug ausdrücken, die mir die Nachricht von der vollkommenen Gesundheit des Papstes gibt. Auch freue ich mich, daß Seine Heiligkeit den Palast bei St. Peter bewohnt und sich dort recht wohl befindet. Sie wissen, wie ich den Vatikan liebe. In der Tat,

sie sind füreinander geschaffen; der Vatikan ist gemacht, damit der Herr der Welt ihn bewohnt, und unser Clemens ist würdig, es zu sein.

Hamburg, 6. Juni 1668

...Sie schelten mich zu Unrecht wegen meiner Reise, aber da ich Sie unendlich achte und ehre, dulde ich es, ohne mich zu beklagen. Ich habe Ihnen nichts als die Wahrheit über die schwedischen Angelegenheiten gesagt, und ich sage auch jetzt noch, daß sie so günstig wie möglich für mich liegen. Es ist für mich ein großes Unglück, daß ein so weitblickender Mann und ein so großer Politiker wie Sie Mühe hat, diese Wahrheiten zu verstehen. Um es Ihnen mit wenigen Worten zu erklären, sage ich, daß alles, was in Schweden befiehlt, mich fürchtet und haßt und alles, was gehorcht, mich liebt und herbeiwünscht. Danach beurteilen Sie selbst, was ich hoffen und was ich fürchten muß. Es wird aber für mich das letzte Mal sein, daß ich zu Ihnen darüber spreche, und ich lasse Ihnen die Freiheit, anderen zu glauben, von denen Sie sich besser unterrichtet wähnen... Weiter sage ich Ihnen, daß Sie in einer Art über meine Privatangelegenheiten sprechen, die mir etwas außerordentlich erscheint, aber ich ertrage alles von Ihnen, und zu Ihrem Trost sage ich nur, daß meine Rückkehr noch nicht so nahe ist, wie Sie fürchten. Ihr Glück wird nicht lange durch meine Gegenwart gestört werden, und wenn ich, wie ich hoffe, die Gewalt eines Schicksals besiegen kann, das mich an Rom fesselt, so werde ich mir eine Ecke in der Welt suchen, wo die Armut keine Schmach ist wie in Rom und wo ich wenigstens den Trost habe, daß die meine mir nicht ewig von Ihnen vorgeworfen wird. Alles hindert nicht, daß ich bis zum Tod für Sie bleiben werde – die ich bin.

Hamburg, 18. Juli 1668

...Ich empfange in diesem Augenblick Ihren Brief vom 30. Juni, und da die Post mir Zeit läßt, Ihnen zu antworten, sage ich Ihnen, daß mein Schmerz unaussprechlich ist und daß Sie mir eine

Behandlung zuteil werden lassen, die mir den Tod geben wird. Gott verzeihe es Ihnen, ich verdiene es nicht. Die Zeit wird mich rechtfertigen. Der schwedische Reichstag hält mich hier zurück und nicht irgendein Triumvirat. Ich werde Ihnen eine Liste von allem schicken, was ich hier ausgegeben habe, und Sie kennen mich schlecht, wenn Sie glauben, daß ich in der Alchemie verschwendet habe. Gott, der alles weiß, weiß auch, daß ich darin nicht verschwenderisch gewesen bin... Ich habe nichts mehr nötig, denn ich will sterben.

Hamburg, 25. Juli 1668
...Ich wage, Ihnen diese einzige und ständige Wahrheit zu versichern, daß alle Ihre Grausamkeiten und Mißhandlungen niemals die feste und treue Freundschaft verändern können, die ich Ihnen bis zum Tod bewahre.

Hamburg, 22. August 1668
...Ich sende Ihnen die Hälfte Ihres letzten Briefes zurück und bitte Sie um Vergebung, wenn die Antwort Ihnen mißfällt oder Sie beleidigt. Ich habe so viel Hochachtung für Sie, daß ich Ihnen nichts weiter sage; wenn Sie ebensoviel für mich hätten, würde ich von Ihnen nicht die unwürdige Behandlung empfangen, die mir so oft zuteil wurde und welche ich mit einer Geduld ertragen habe, die wenigstens etwas Rücksicht verdiente, wenn eine unglückliche Freundschaft von zwölf Jahren sie nicht hat verdienen können... Wenn diese Freundschaft Sie belästigt, werde ich den Tod suchen, um Sie davon zu befreien. Er wird mir weniger unerträglich sein als die Gefühle der Verachtung und Entrüstung, die Sie mir bezeugen. Infame wollen Sie glauben machen, daß ich Ihnen mißtraue und daß ich verboten habe, zu Ihnen von meinen Geschäften zu sprechen,während jene Leute nur deshalb nicht davon sprechen, weil sie sie nicht kennen. Sie aber lieben von allen meinen Dienern nur diejenigen, die Ihnen den Kopf mit Argwohn und Mißtrauen gegen mich füllen. Ich habe von Ihnen ein anderes Verfahren verdient, aber ich danke

Ihnen dafür, daß Sie meine Freundschaft auf dieser Reise allerhärtesten Proben aussetzen wollen, die man von einer so heftigen und außerordentlichen Freundschaft wie der meinen fordern kann. Wie dankbar bin ich Ihnen, weil Sie mich haben erkennen lassen, daß es nicht in der Macht Ihrer Ungerechtigkeiten und Grausamkeit liegt, sie zu zerstören.

Hamburg, 29. August 1668
...Sie vermögen alles über mich, und ich werde immer alles gut finden, was Sie sagen und tun. Es ist an mir, Sie für meine Empfindlichkeiten um Verzeihung zu bitten, aber schließlich bitte ich Sie darum, sich zu erinnern, daß ich weder aus Marmor noch aus Eisen bin.

Hamburg, 10. Oktober 1668
...Ich reise morgen in acht Tagen ab. Wenn ich Ihre Briefe in Augsburg oder Trient empfangen dürfte, würde das ein großer Trost sein. Obgleich Ihre Briefe nichts Verbindliches für mich enthalten, liegt doch ein geheimer Zauber in Ihren Schriftzügen, der meine Leiden und meine Schwermut lindert. Ich hoffe, bald nach dem Martinstag bei Ihnen zu sein, und ich werde Ihnen dann über alles genau Rechenschaft ablegen, und ich hoffe, Sie werden erkennen, daß mein Unglück nicht mein Herz geändert hat. Ich weiß, daß ich Ihnen dadurch nur verhaßter werde, aber was soll ich machen? Ich werde meine Anwesenheit in einer Weise regeln, daß diese sie nicht stört, und vielleicht befiehlt das Schicksal, uns von neuem zu trennen. Was auch kommen mag, ich werde immer dieselbe sein bis in den Tod. Ich bitte Sie um Vergebung, wenn ich mir die Freiheit nehme, Ihnen so wenig angenehme Sachen zu sagen; die Fülle des Herzens läßt mich so sprechen. Aber fürchten Sie nichts. Sie werden das Vergnügen haben, mich als unglücklichste Person der Welt zu sehen, ohne daß ich mich darüber beklage, und an den Orten, wo mich alle Gegenstände an vergangenes Glück erinnern, werde ich nichts weiter wünschen als den Tod...

Hamburg, 15. Oktober 1668
Ich hoffe, Sie bald wiederzusehen, und versichere, daß die drei oder vier Tage, die ich hier noch verbringen muß, mir länger als mein ganzes Leben erscheinen. Ich bitte Sie, überzeugt zu sein, daß die Freude, Sie wiederzusehen, unbegreiflich groß sein wird. Gott erweise mir die Gnade, Sie so reich an Gesundheit, Freude und Wohlergehen zu finden, wie Sie es an Glanz, Ruhm und Glück sind.

Hamburg, 20. Oktober 1668
Ich reise endlich von hier ab mit jener Freude, welche die Seelen beim Herausgehen aus dem Fegefeuer empfinden, und ich hoffe, einen Teil des meinigen hier abgebüßt zu haben... Ich erwarte mit außerordentlicher Ungeduld den glückseligen Augenblick, da ich Sie wiedersehe.

*

Giulio Rospigliosi, der mir auch als Papst seine Zuneigung bewahrte, erteilte mir den Auftrag, nach Hamburg zu reisen und der Königin eine Botschaft von ihm zu überbringen. Er muß geahnt haben, wie es um sie stand. Er bat mich um Eile und sagte: »Es wird ein Freudentag für mich sein, wenn ich Ihre Majestät endlich wieder in Rom begrüßen kann.«

Zu jener Zeit war der polnische Thron vakant, und auf Betreiben Azzolinos bewarb sich Christine neben anderen Fürsten um die Krone. Im Falle einer Wahl wäre sie von Hamburg nicht nach Rom zurückgekehrt, was Azzolino gewiß auch anstrebte. Ich hatte in Kurienkreisen davon munkeln hören und spielte darauf an, als ich erwiderte, der Weg von Krakau nach Rom sei weiter als der von Hamburg.

Rospigliosi lächelte vielsagend. »Gottes Wege, wie lang sie auch manchmal scheinen, sind immer die kürzesten. Die Königin trägt die Krone aller Länder.« Er gab dem Polenplan seines Freundes und nunmehrigen Staatssekretärs keine Chance. Der erfahrene Diplomat behielt recht. Aus der Königswahl ging ein polnischer Fürst als Sieger hervor und nach dessen Tod der künftige Türkenbesieger Johann Sobieski.

Die Römer hatten wie ich die Inthronisation Rospigliosis mit Freuden begrüßt. Pasquino feierte den neuen Papst, der sich von dem Wahlspruch »Aliis non sibi clemens« (Nachsichtig zu anderen, nicht zu sich selbst) leiten ließ, mit einer Ode, die seine Gerechtigkeit und Bescheidenheit rühmte, und prophezeite ein goldenes Zeitalter. Noch nie hatte sich der bissige Pasquino so freundlich über einen Papst geäußert.

Vor meiner Abreise gratulierte ich Kardinal Azzolino zu seinem neuen Amt. Er wehrte ab: »Beglückwünschen Sie sich und mich lieber zu unserem Heiligen Vater. Auch Ihre Majestät wird sich sehr freuen.« Ich fragte nach Neuigkeiten über die Königin und ob es stimme, daß sie häufig krank sei. »Wir werden alle nicht jünger«, erwiderte der Kardinal schroff. Er wollte mit mir nicht über Christine sprechen.

Einen Fürsten hätte Christine nicht aufmerksamer empfangen können als mich. Sie schien um Jahre gealtert. Welch ein Gegensatz zwischen dieser müden, zerquälten Frau und den vom Erfolg verjüngten Azzolino. Der Brief des Papstes erfreute sie über alle Maßen. Doch dann erkundigte sie sich sofort nach dem Kardinal. Sie verbarg ihren Kummer nicht.

»Ich müßte glücklich sein, ihn zu lieben, statt dessen bin ich unglücklich über seine erkalteten Gefühle«, klagte sie. »Was soll ich nur tun? Die Ablenkungen, die del Monte und Santini sich einfallen lassen, heitern mich nur für Augenblicke auf. Man kann die ganze Welt betrügen, aber nicht sich selbst.«

Ich erzählte von den Ausgrabungen am Viminal, von den fast fertiggestellten Kolonnaden des Petersplatzes, von der exquisiten Gemäldesammlung, die der Kardinal für sie erworben hatte. Ganz Rom erwarte sie ungeduldig, und es könne doch die Liebe und Verehrung so vieler nicht für nichts gelten. Meine Worte trösteten sie nicht. »Ohne Geld, mein Freund, bin ich in Rom ein Tantalus, verhungernd und verdurstend inmitten des Überflusses.«

Die schlechte finanzielle Lage raubte der Königin den Schlaf. Sie prüfte Abrechnungen, prozessierte gegen ihre schwedischen

Verwalter, forderte, drohte, bat; führte, wie sie es nannte, »eine Existenz des Kummers und der Rechnungen«.

Del Monte beschwerten keine Sorgen. Er lief hinter jeder Weiberschürze her. Wie in Rom beschaffte er sich Geld durch Erpressungen. Im Duell tötete er einen holländischen Hauptmann, und es war Clairet, der die Witwe aus eigenen Mitteln unterstützte, damit die Königin vor größeren Forderungen verschont blieb.

Zu Ehren Giulio Rospigliosis gab Christine ein Fest im Haus am Krayenkamp. Manuel Texeira hatte einen großzügigen Kredit gewährt. Alle Honoratioren der Stadt und viele Fürsten der Umgebung folgten der Einladung. Geschütze feuerten Salut, eine feierliche Messe wurde zelebriert. Auf dem Platz zwischen Krayenkamp und Michaeliskirche verlustierte sich zahlreiches Volk, ohne sich um die Konfession des reichlich fließenden Weins zu kümmern. Am Abend leuchtete an der Front des Hauses eine Inschrift aus Hunderten von Lampen: Clemens IX. Pont. Max. Vivat.

Das hätte Christine nicht tun dürfen. Eine katholische Fürstin, die in einer protestantischen Stadt im Haus eines Juden die Thronbesteigung des Papstes feierte, mutete der hanseatischen Toleranz zuviel zu. Als die Lichter gelöscht und die Gäste schon auf dem Heimweg waren, überfiel aufgehetzter Pöbel mit Steinwürfen das Haus und versuchte sich mit einem Rammbock Einlaß zu verschaffen. Die Soldaten des Magistrats, sonst bei jedem Aufruhr schnell zur Stelle, ließen sich nicht blicken. In Notwehr schossen Christines Wachen in die Menge. Sie selbst floh durch eine Hintertür in die Residenz des schwedischen Botschafters. Ich wurde durch einen Stein an der Schulter verletzt.

Am nächsten Tag entschuldigte sich der Senat bei der Königin. Das machte die acht Toten nicht lebendig und linderte nicht die Schmerzen der Verletzten. Del Monte schalt auf »die dummen deutschen Tiere«. Die Königin pflichtete ihm bei und tat den Ausspruch, den ich am Anfang meines Berichtes zitiert habe: »Ein greuliches Land. Alles, was man hier sieht, mißfällt und langweilt. Anderswo braucht es nur vierundzwanzig Stunden, um einen Tag und eine Nacht zu bilden, hier dagegen dauert eine Stunde vierundzwanzig Tage, und die gleichen Tage, die in Rom nur einen Augenblick währen, dauern hier jahrhundertelang. Es ist besser, ein Ketzer zu sein als ein Deutscher, denn ein Ketzer kann katholisch werden, aber eine Bestie niemals vernünftig. Verflucht sei das Land und die dummen Bestien, die es hervorbringt.«

Scharf erwiderte ich: »Majestät haben einmal zu Recht bemerkt, Judenhaß sei ein Zeichen von Unbildung. Die Verachtung eines jeglichen Volkes ist es. Ich bin Jude, und ich bin Deutscher. Ich verbitte mir, von Marchese del Monte als dummes Tier bezeichnet zu werden! Im übrigen: Der Pöbel gleicht sich überall auf der Welt. Man sollte ihn nicht unnötig reizen, wie es Eure Majestät durch dieses Fest getan haben.«

Übermüdet, verzweifelt, daß ihr alles zum Unglück ausschlug, schrie Christine mich an: »Unseliger, wer bist du denn, mich zu belehren! Du hergelaufenes Stück Mist...« Sie fluchte wie ein Fuhrknecht. Noch in der selben Stunde kehrte ich Hamburg den Rücken, ohne mich um Gnade oder Ungnade der Königin zu scheren.

*

Ich ließ mir Zeit für die Rückkehr nach Rom und reiste kreuz und quer durch Deutschland. Mich entsetzten die Armut, mehr noch Stumpfsinn und Unkultur der Menschen östlich der Elbe. Es ist mir bis heute ein Rätsel, wie nur wenige Jahre später ein Heer des Großen Kurfürsten die Schweden bei Fehrbellin besiegen konnte. Wenn seine Nachfolger ihm an Tatkraft nicht nachstehen, werden sie Preußen zum Ruhm Spartas verhelfen. In Leipzig und Frankfurt florierte wieder der Handel, in Nürnberg das Handwerk, freilich immer noch armselig im Vergleich zu Holland.

Vor allem der Bekanntschaft zweier Männer verdanke ich, daß ich mich in der Verteidigung der Deutschen bestärkt fühlte. Der Magdeburger Bürgermeister Otto von Guericke war nicht nur ein hervorragender Gelehrter, der wie Galilei die experimentelle Methode in den Wissenschaften anwandte, sondern auch ein dem Gemeinwohl verpflichteter Mann. Stolz zeigte er mir die Stadt, die unter seiner Regierung aus Asche und Trümmern wie ein Phönix auferstanden war. Daß Magdeburg sich dem Kurfürsten von Brandenburg hatte unterwerfen müssen, bekümmerte Guericke, doch tröstete er sich damit, daß die Elbe die Stadt weiterhin mit Hamburg und der Welt verbindet. Als er mir seine Experimente zum luftleeren Raum vorführte, dessen Vorhandensein Descartes noch bestritten hatte, bemerkte er tiefsinnig, Deutschland sei mit diesem Vakuum zu vergleichen. Erschöpft, ausgepumpt durch seine Vergangenheit, wirkten die äußeren Mächte auf das Land wie der Luftdruck auf die beiden Halbkugeln. Aber mittels der Luftpumpe, durch die man ein Vakuum herstelle, könne man bei umgekehrter Anordnung der Ventile das Vakuum auch wieder aufheben. Nur betätige in der Geschichte Gott die Luftpumpe.

Den jungen Leibniz traf ich in Nürnberg als frischgebackenen Laureatus der Universität Altdorf. Wir saßen eine Nacht beim Wein zusammen, und er erklärte mir seine Gedanken von einer Verschmelzung aller Konfessionen. Aufgabe der Philosophie sei, den Riß, der die Welt teile, durch den Nachweis ihrer Einheit zu heilen. Deutschland, das durch seine vielen Grenzen Europa spalte, könne ebensogut Brücke sein zwischen Ost und West, Nord und Süd und so die Einheit des christlichen Abendlandes wiederherstellen.

Der Zwanzigjährige ließ eine Weite und zugleich Tiefe seiner Anschauungen erkennen, wie ich sie selbst bei Descartes nicht angetroffen habe. Unser Briefwechsel, der bis zum heutigen Tag andauert, läßt allerdings vermuten, daß sich sein großer Geist an den kümmerlichen Zuständen in Deutschland zerreibt. Aber die Zeit wird kommen, auch wenn wir sie nicht mehr erleben, da seine Gedanken auf fruchtbaren Boden fallen.

In Rom erwartete mich ein Brief der Königin. Er war sehr kurz und ganz anders, als ich ihn mir nach meinem unerlaubten Fortgang aus Hamburg vorgestellt hatte: »Lieber David, das dumme Tier war diesmal ich. Bleib mir gewogen wie ich dir. Christina Alexandra.« Kardinal Azzolino, dem ich von unserem Streit erzählte und den Brief zeigte, sagte: »Sie ist eine wirkliche Königin.«

Als solche wurde sie auch bei ihrer Rückkehr im November 1668 empfangen. Der Kardinal reiste ihr bis Terni entgegen, die letzten Meilen ohne Gefolge, und so war niemand Zeuge ihrer Begegnung. Christine mag großzügig genug gewesen sein, alle Mißverständnisse auf sich beruhen zu lassen. »Die Krone ist ein sehr hübsches Mädchen«, hatte sie einst zu Karl Gustav gesagt, und sie begriff sehr wohl, wenn auch unter Schmerzen, daß sie als alternde Frau diesem Mädchen nichts entgegensetzen konnte. Sie selbst hatte ja Azzolino in seinem Ehrgeiz bestärkt, nach der Papstkrone zu streben. Doch daß er diesen Ehrgeiz und seine erkalteten Gefühle durch Frömmigkeit bemäntelte, verletzte Christine, war ihr doch Heuchelei mehr als alles andere zuwider.

Wo Liebe und Leidenschaft Zwillinge sind, stirbt mit der einen oft die andere. Wie es der Königin und dem Kardinal gelang, in den folgenden Jahren auf den Trümmern ihrer Liebe einen neuen Seelenbund zu gründen, ehrt beide. Christine brachte das größere Opfer, weil sie niemals aufgehört hatte zu lieben. Sie verlor fast den Verstand darüber.

In Castel Nuovo, wo ich mit vielen anderen die Königin erwartete, begrüßte sie mich gut gelaunt, auch Azzolino gab sich heiter. Wenigstens äußerlich herrschte zwischen beiden wieder gutes Einvernehmen. Den Weg durch Rom säumte jubelndes Volk. Giulio Rospigliosi empfing Christine mit den Worten: »Seit dem ersten Tage meines Pontifikates habe ich mit Sehnsucht auf Sie gewartet, denn Ihre Anwesenheit ist mir tröstlich.«

Giulio Rospigliosi schenkte der Königin, wonach es sie am meisten verlangte: Vertrauen über jeden Anschein hinaus. Nicht immer gegen Bilder ankämpfen müssen, die sich andere von ihr machten, sondern um ihrer selbst willen geliebt zu werden. Daß dieser Papst nur zweieinhalb Jahre amtierte, war für Rom und für Christine ein Unglück.

Die Karnevalsfestivitäten von 1669 übertrafen an Glanz alle, die ich je in Rom erlebt habe. Während sich der Papst ins Kloster von Santa Sabina zurückzog, feierten die Römer fröhlich, aber nicht mit der brutalen Ausgelassenheit wie sonst. Die Königin kleidete sich weiblich und rivalisierte nicht mehr mit der Mancini.

Clemens erreichte mit Güte, worum sich Alexander mit Verboten und Vorschriften vergeblich gemüht hatte: Rom wurde zur zivilisierten Hauptstadt der Christenheit. Täglich speisten beim Papst dreizehn Bedürftige, die er selbst bediente; er verschenkte über eine halbe Million Goldscudi an Arme; kümmerte sich um Hospitäler, besuchte Künstler in ihren Ateliers, förderte die Gelehrten. Obwohl immer wieder von plötzlichen Ohnmachten heimgesucht, vernachlässigte er keine seiner geistlichen und weltlichen Pflichten. Verbrechen geschahen seltener, die Gefängnisse leerten sich. Kein Nepotismus. Unerbittlich bekämpfte Kardinal Azzolino die Korruption. Unter der Herrschaft dieser beiden Männer schien wirklich das goldene Zeitalter angebrochen zu sein.

Der Königin setzte Clemens einen jährlichen Betrag von zwölftausend Goldscudi aus, der sie der drückendsten Sorgen enthob. Er besuchte sie im Palazzo an der Lungara und bewunderte ihre Kunstsammlungen.

Bei dieser Gelegenheit schenkte er Clairet eine Reliquie, die dieser sich gewünscht hatte. Ein Prälat wies Clairet an, das beigelegte Gebet möglichst oft zu sprechen, mindestens aber allmorgendlich. Clairet drehte das Papier verlegen zwischen den Händen. Ob nicht ein anderer das Gebet für ihn sprechen könnte, fragte er. Streng verneinte der Prälat. Wenn es denn sein müsse, seufzte Clairet, dann möge man ihm zuerst das Lesen beibringen.

Clemens hatte dem Gespräch amüsiert zugehört, er wußte, daß Clairet kein Freund von Gebeten war. Nun lachte er. Clairet möge die Reliquie nur bei sich tragen, das helfe schon. Dann ließ er ihm eine Flasche ausgesuchten Weins überreichen und meinte dazu, der Rebentrank wäre wohl eher nach Clairets Herzen und ebenso gut wie ein Gebet an den Herrn.

Clairet fiel auf die Knie, küßte den Ring des Papstes und sprach vor Begeisterung ein Vaterunser. So hütete Clemens seine Schafe – ohne bissige Hunde, und doch lief ihm keins davon.

Im Frühjahr 1669 brach der Ätna aus und bebte die Erde, was viele für ein schlimmes Vorzeichen nahmen. Sie behielten recht. Im Sommer läuteten Nacht für Nacht alle Glocken Roms zum Gebet für die Insel Kreta. Nur die Festung Candia trotzte noch den anstürmenden Türken.

Clemens war es nicht gelungen, König Ludwig von Frankreich zu einer Koalition gegen die Türken zu bewegen. Immerhin eilte wenigstens ein französisches Freiwilligen-Regiment der venezianischen Garnison auf Kreta zu Hilfe. Seinen Neffen Vicenzo Rospigliosi ernannte Clemens zum Oberkommandierenden der päpstlichen, französischen, venezianischen und Malteser Galeeren, um die Eifersüchteleien zwischen den einzelnen Befehlshabern zu beenden.

Ende des Sommers erhielt ich zum erstenmal Nachricht von Bengt, den ich schon totgeglaubt hatte. Er schrieb, Candia sei eine Ruine, die Erde fasse die Leichen nicht mehr. Die Überlebenden seien Krüppel und Verletzte. Von den angekündigten Hilfstruppen versprach er sich nichts, denn »kein Mensch mit einem Funken Verstand wird sich in den Dienst des Todes stellen«. Der Kommandant der Festung sei nicht der tapfere Venezianer Morosini, sondern der Sensenmann, und er, Bengt, sein Gehilfe. Doch werde er ausharren bis zum bitteren Ende. Candia verdanke er die Erkenntnis von den letzten Dingen.

Im Herbst verstummten die Glocken von Rom. Vergeblich hatten sie mit ihrem Geläut den Himmel bestürmt. Candia war in türkischer Hand. Papst Clemens wallfahrtete zu den sieben Hauptbasiliken Roms. In der Nacht darauf erlitt er einen leichten Schlaganfall. Kardinal Azzolino bat ihn auf Knien, nicht ein zweites Mal die Strapazen einer Wallfahrt auf sich zu nehmen. Clemens erwiderte nur: »Die Verteidiger Candias schonten ihr Leben auch nicht. Was kann ich anderes tun als beten, um die selbstsüchtigen Mächte Europas zur Vernunft zu bringen?« Doch er beließ es nicht beim Beten. Er bestellte eine Gruppe von Kardinälen unter Azzolinos Leitung, die eine europäische Verteidigungs-Liga gegen die Türken schaffen sollten.

Die Königin ging mit im Zug der Betenden, als Clemens zur zweiten Wallfahrt aufbrach. Wie er hatte sie sich seit Jahren vergeblich um eine antitürkische Koalition gemüht und nur Spott geerntet. Von zwei Kardinälen gestützt, schleppte sich Clemens von Kirche zu Kirche und brach schließlich zusammen. Die ganze Stadt weinte und betete um sein Leben.

Am Abend jenes Novembertages, da Papst Clemens vor dem Altar von Santa Maria Maggiore ohnmächtig niedergesunken war, stand Bengt vor meiner Tür, zum Skelett abgemagert und mit schmutzigen Lumpen angetan. An seiner Seite ein verwegen aussehender Bursche, ebenso elend wie er. Wir fielen einander in die Arme und hätten wohl noch lange so in der Tür gestanden, wären nicht die Nachbarn neugierig herbeigelaufen. Wie unter Zwang wiederholte Bengt immer nur einen Satz: »Hassan ist Türke, sei gut zu ihm.« Als ich die beiden mit Hilfe des Dieners entkleidet und gebadet hatte, betrachtete ich lange den schlafenden Bengt. Mit seinem weißen Bart und dem zerfurchten Gesicht erinnerte er mich an meinen Vater. Der hatte in der Todesstunde so ausgesehen.

Bengt schlief einen Tag und eine Nacht. Beim Erwachen fragte er nach Grazia. Es erstaunte mich, daß er, den der Tod doch nicht mehr schrecken mußte, weinte. Später erzählte er von seinen Erlebnissen.

Etwa dreißigtausend Christen aller Nationen und hunderttausend Türken hatten die Kämpfe um Candia mit dem Leben bezahlt. Der junge Türke Hassan war den Verteidigern von Candia schwer verwundet in die Hände gefallen. Als man ihn foltern wollte, um Aussagen zu erpressen, hatte Bengt gedroht, die Festung zu verlassen. So rettete er Hassan das Leben. Nach der Kapitulation geriet Bengt mit den Kranken und Verwundeten in Gefangenschaft. Hassan befreite Bengt und floh mit ihm. »Während der Flucht hat der Bursche mehr als einmal sein Leben für mich alten Mann aufs Spiel gesetzt. Gemeinsam haben wir zu Jesus Christus und Allah gebetet, und der Gott aller Götter erbarmte sich unser.« Kein Anflug von Ironie mehr, aber auch keine Bitterkeit.

Bengt erholte sich überraschend schnell. Vor der Königin berichtete er knapp und bildhaft, wie sie es schätzte. Erst jetzt, da er ohne Stocken und Tränen sprach, erfaßte ich das ganze Ausmaß des Schreckens.

»Ich bin stolz auf Sie«, sagte die Königin, als er geendet hatte. »Jeder Fürst in Europa wird dankbar sein, sich Ihrer ärztlichen Kunst anvertrauen zu dürfen.« Sie überreichte ihm eine mit Diamanten besetzte Goldkette, und ich stellte mir schon das lange Gesicht des sparsamen Azzolino vor. Aber Bengt nahm das Geschenk nicht an. »Entlohnen Sie meinen Lebensretter Hassan, Majestät. Ich habe das Gelübde der Armut abgelegt und werde Priester.« Hätte Bengt sich als Muselmane bekannt, die Verwirrung wäre nicht größer gewesen.

Die Königin faßte sich zuerst. »Es verlangt Sie nach dem Heiligenschein? Den kann ich Ihnen freilich nicht verschaffen«, spottete sie, brach dann aber los: »Welcher Teufel hat Ihnen den Verstand geraubt! Priester schleichen zu Tausenden durch Rom, gute Ärzte gibt es wenige. Laufen Sie meinetwegen in einer Soutane oder Kutte herum, leben Sie nur von Wasser und Brot, aber bleiben Sie Arzt!«

»Majestät scheinen Ihre Meinung über die Jünger Äskulaps geändert zu haben. Vor meiner Abreise beliebten Sie von Verbrechern und Scharlatanen zu sprechen.« Im Lächeln, das um seine Mundwinkel zuckte, erkannte ich den früheren Bengt wieder. Da die Königin schwieg, fuhr er fort: »Candia lehrte mich Demut. Ich habe Geschosse entfernt, Glieder amputiert, Beulen aufgestochen. Meist verlängerte ich nur die Leiden vor dem Tod;

die ich heilte, starben in der Schlacht oder an der nächsten Verwundung. So ist es im Krieg, im Frieden nicht anders. Die Reichen sterben am Reichtum, die Armen an der Armut. Die Seelen der Menschen sind krank, und diesen ist nicht durch Skalpell und Aderlaß zu helfen. Wenn die Schreie der Sterbenden mich nicht schlafen ließen, dachte ich über das Geheimnis der Heilkräfte Jesu Christi, der Apostel und Propheten nach. Immer wieder kreisten meine Gedanken um jene Stelle im Matthäus-Evangelium, wo der Hauptmann von Kapernaum zu Jesus spricht: Herr, ich bin nicht wert, daß du unter mein Dach gehst, sondern sprich nur ein Wort, so wird mein Knecht gesund. Und es geschah wie der Hauptmann sagte. Seit Jahrhunderten wiederholen die Gläubigen vor der Kommunion diese Anrufung mit den Worten: Tantum dic verbo et sanabitur anima mea – sprich nur ein Wort, so wird meine Seele gesund. In ihnen liegt eine uralte Weisheit, die wir Ärzte vergessen haben, leider auch viele Priester: Alle Krankheiten beginnen in der Seele, und dort müssen sie auch geheilt werden.«

Christine schaute Bengt durchdringend an. Er hielt ihrem Blick stand. In erinnerte mich an das Gespräch mit der Königin nach Grazias Tod. Ihre Bemerkung, Bengt habe auf Kreta nichts zu verlieren, aber alles zu gewinnen, hatte sich bewahrheitet. Jetzt sagte sie nur lachend: »Noch einer mehr, der mir Strafpredigten halten wird, und gar auf schwedisch.«

Kardinal Azzolino fand Gefallen an Bengt. Er bat ihn an das Krankenlager des Papstes. Giulio Rospigliosi wollte sich nicht untersuchen lassen. »Kümmert Euch lieber um die Lebenden«, sagte er, »aber zuvor erzählt mir von Euch und Kreta.«

Bengt kam mit leuchtenden Augen aus dem Vatikan zurück. Noch nie sei ihm ein Sterbender wie Rospigliosi begegnet, dessen Geist den verfallenen Leib schon überwunden habe. Was ein Mensch wirklich gewesen sei, enthülle sich erst in der Stunde des Todes.

Am nächsten Tag verlangte Clemens die Sterbesakramente. Dann wollte er Christine noch einmal sehen. Er dankte ihr und segnete sie. Kardinal Azzolino mußte die Weinende vom Lager des Papstes führen. Am neunten Dezember starb Clemens, den die sonst so antipäpstlichen Römer schon zu seinen Lebzeiten wie einen Heiligen verehrt hatten. Der Leichnam wurde bis zur Beisetzung Tag und Nacht bewacht. Die Menschen drängten sich zu Tausenden, ihn zu berühren, vielleicht einen Stoffetzen als Reliquie mit sich nehmen zu dürfen.

Urban VIII. war unter Verwünschungen zu Grabe getragen worden. Um Innozenz X. sterbliche Hülle hatten die Ratten gespielt. Die Totenzeremonien für Alexander VII. waren so pompös wie gleichgültig vollzogen worden. Clemens IX. aber betrauerten Bettler wie Fürsten. Vielleicht werden spätere Jahrhunderte kaum etwas von diesem Mann wissen, denn er setzte sich keine Denkmäler aus Marmor und Bronze wie die Päpste vor und nach ihm. Die Menschen bewundern nur, was ihre fünf Sinne fassen können, gleich dem ungläubigen Thomas, der nicht eher an die Auferstehung unseres Herrn glaubte, als bis er seine Finger in die Wundmale des Auferstandenen legen konnte. So möge man mir glauben oder nicht glauben, wenn ich sage, daß Giulio Rospigliosi mehr Wärme und Licht in die Welt gebracht hat als alle Päpste dieses Jahrhunderts samt dem vielgerühmten Sonnenkönig Ludwig XIV. Er eroberte keine Länder, sondern Herzen.

Das Konklave begann am 20. Dezember 1669, dauerte bis Ende April 1670 und endete mit einer Niederlage für Kardinal Azzolino und die Königin. Wie in alten Zeiten hatten sie ihre Kräfte vereint, um dem Kirchenstaat zu einer guten Regierung zu verhelfen. Sie favorisierten als Papst Kardinal Vidoni; Azzolino im abgeschlossenen Vatikan, Christine in zahllosen Gesprächen mit den Botschaftern Frankreichs und Spaniens, Chaulnes und Astorga. Doch sie verloren gegen Kardinal Flavio Chigi, der die Wahl des neunundsiebzigjährigen Kardinals Emilio Altieri durchsetzte. Azzolino verhielt sich während des Konklaves so geschickt, daß es ihm wie vielen gescheiten Menschen erging, die aus lauter Klugheit Torheiten begehen. Darauf spielte Christine an, als sie in ihren Maximen schrieb: »Ich kenne Männer, die Päpste hätten werden können, wären sie nicht große Persönlichkeiten gewesen.« Ihr Wunsch, Azzolino einmal als Papst zu sehen und mit ihm gemeinsam für den Frieden in Europa zu wirken, erfüllte sich nicht.

In diesem Konklave waren die Würfel gefallen. Der achtundvierzigjährige Azzolino hätte noch acht bis zehn Jahre als Staatssekretär unter einem Papst seiner Wahl gebraucht, um in die richtige Position zu gelangen. Mit Kardinal Vidoni wäre das möglich gewesen. Unter Emilio Altieri aber verlor er das Staatssekretariat und damit an Einfluß. Ich habe das sehr bedauert. Doch die Geschichte verläuft nicht nach unseren Wünschen. Sie ist vielmehr, mathematisch ausgedrückt, die Summe aller Einzelhandlungen, dividiert durch die Wünsche der Handelnden; eine Rechnung, die nur Gott aufmachen könnte. Oder einfacher: Geschichte ist, wenn der eine dies, der andere jenes will, und herauskommt, was keiner von beiden gewollt hat.

Als Clemens X. Altieri am 29. April 1670 zum Papst gewählt wurde, weilte ich als Christines Gesandter in Wien. So weiß ich nur aus Berichten von den Turbulenzen des Konklaves. In dem von der Außenwelt abgeschlossenen Vatikan entrüstete sich der verbitterte Vidoni über die Trinkgelage Medicis, den sein Bruder, der Großherzog, mit köstlichen Weinen versah. Flavio Chigi bewirtete seine Freunde mit feinen Käsesorten, während Kardinal von Hessen selbst erfundene stärkende Gesundheitspillen anbot. Azzolino und seine Freunde unterhielten sich mit den amüsanten Schilderungen, die Christine ihnen über ihre Gespräche mit den Botschaftern Frankreichs und Spaniens in den Vatikan zu schmuggeln wußte, indes Flavio Chigi durch eine Öffnung seiner Zelle zusah, wie Diener seinen Lieblingspferden auf dem Petersplatz Bewegung verschafften. Und alle zusammen froren sie jämmerlich in ihren kargen Zellen, denn die Winterkälte hielt ebenso lange an wie das Konklave.

Ich kam erst nach der Inthronisation des Papstes aus Wien zurück, bedrückt und mit der Welt zerfallen. Folgendes hatte sich zugetragen: Ende Februar 1670 war Rabbi Levi in Rom aufgetaucht. In einer der wenigen Stunden, da die Königin nicht mit dem Konklave beschäftigt war, erklärte ich ihr eine schwierige Stelle aus dem Tacitus, als ein Diener meldete, ein Landstreicher begehre die Königin zu sprechen, wahrscheinlich ein Jude, denn er nenne sich Rabbi Levi. Mein Herz tat einen Sprung. Ohne die Erlaubnis der Königin abzuwarten, stürmte ich die Treppe hinunter. Als sei seit unserer Begegnung in Paris nur ein Tag verstrichen, sagte der Rabbi: »Nun ist die Stunde gekommen, mit der Königin zu sprechen.« An den verdutzten Dienern vorbei führte ich Rabbi Levi durch den Haupteingang über die breite Treppe. Die Königin kam uns entgegen und war von solcher Liebenswürdigkeit, daß der Rabbi während des Gespräches bekannte, er habe nie den bösen Gerüchten über die Königin geglaubt, aber diese Begegnung überzeuge ihn, daß sie ein guter Mensch sei.

Ich hatte von Rabbi Levi zuletzt 1667 in Hamburg gehört. Die Juden dort lebten damals, wie viele europäische Juden, in einem religiösen Wahn. Ein Sabbatai Zewi aus Smyrna hatte sich für den erwarteten Messias ausgegeben, und viele Juden machten sich bereit, nach Jerusalem aufzubrechen, um die Herrlichkeit des neuen Messias zu schauen und seiner Wunder teilhaftig zu werden. Wer glaubt nicht an Wunder, wenn er allerorten verfolgt wird!

Manuel Texeira, Christines Bankier und Gastgeber, blieb von dem Fieber unberührt. Sein Freund, der jüdische Gelehrte Sasportas, der um diese Zeit in Hamburg eintraf, war Rabbi Levi in Marseille begegnet. Von ihm erfuhr ich, daß auch der Rabbi nichts von der schwärmerischen Sekte der Sabbatianer hielt. »Gott baut seinen Tempel in den Herzen der Menschen, nicht in Jerusalem«, zitierte Sasportas den Rabbi. Sabbatai Zewi erwies sich dann auch als falscher Prophet. Als die türkische Regierung ihn einkerkern ließ, bekannte er sich zum Islam, um sein Leben zu retten.

An diesem Februartag des Jahres 1670 überbrachte Rabbi Levi der Königin eine Botschaft von Manuel Texeira. Darin erbat der Bankier Christines Hilfe für die bedrängten Wiener Juden. Kaiser Leopold hatte öffentlich verkünden lassen, alle Juden müßten bis zu Fronleichnam 1670 Wien und die österreichischen Länder verlassen, das Wiener Judenviertel sollte in Leopoldstadt umbenannt, die Synagoge zur Kirche geweiht werden.

Rabbi Levi schilderte die Verzweiflung der Wiener Juden. Man werfe ihnen vor, sie seien als Händler im Einverständnis mit den Türken, was aber nicht zutreffe, denn gerade sie unterstützten den Kampf gegen die andrängenden Heere. Sechshunderttausend Gulden hätten sie in den letzten Jahren an die kaiserliche Kasse gezahlt. Nun jage man sie davon wie herrenlose Hunde. Wohin sollten sie ihren Fuß setzen? In Polen und in der Ukraine seien Ströme von Judenblut geflossen, die deutschen Städte verschlössen ihnen die Tore.

Christine versprach Hilfe, auch Kardinäle werde sie zum Protest beim Kaiser bewegen. »Leopold kann doch nicht so verblendet sein, daß er sein eigenes Land zugrunde richtet. Die Vertreibung der Juden würde den Handel lähmen und die Waren verteuern. Wenn Leopold nicht zur Vernunft kommt, werden ihn die Türken dazu zwingen«, sagte sie.

Rabbi Levi dankte der Königin für den Beistand. Mir aber vertraute er an, er sehe keine Hoffnung mehr für die Wiener Juden, die schon jetzt grausam verfolgt würden. »Grausamkeit entspringt der Furcht. Kaiser Leopold fürchtet König Ludwig von Frankreich, er fürchtet die Türken, und mit ihm lebt ein ganzes Volk in Angst. Was vermag die Vernunft schon gegen die Angst!«

Vierundzwanzig Stunden später verließen der Rabbi und ich Rom mit einer Botschaft der Königin an den Kaiser. Endlich durfte ich meinen Lehrer begleiten, wie ich es mir vor einem Vierteljahrhundert in Fürth gewünscht hatte. Über Straßen und Gebirgspässe zogen wir, zwei fremde Wanderer in einer fremden Welt, doch einer geborgen im anderen. Der Rabbi breitete seinen Schatz von Erfahrungen vor mir aus. Seine Worte öffneten die Grenzen zwischen dem in sich selbst gefangenen und manchmal an sich erstickenden Ich und der Weltseele – Gott. Enttäuschungen, Schmerz, Zweifel seien Brücken zwischen dem Ich und der Welt. Den Frieden und die Freiheit Gottes fänden wir nur selten und niemals ausschließlich in heiligen Büchern, Kirchen, Tempeln und Synagogen, sondern nur in der tätigen Liebe zu den Menschen, welcher Rasse, Religion oder welchen Standes auch immer. Der Rabbi verdeutlichte es mir an einer Parabel: Ein gottbegeisterter Mann wanderte aus der Welt in die große Leere, bis er an die Pforte des Geheimnisses kam. Auf sein Klopfen fragte eine Stimme nach seinem Begehr. Ich habe, sagte der Mann, den Ohren der Sterblichen dein Lob verkündet, aber sie waren taub. So komme ich zu dir, daß du selber mich vernehmest und mir erwiderst. Kehr um, rief es von drinnen, hier ist dir kein Ohr. In die Taubheit der Sterblichen habe ich mein Hören versenkt.

Auf dieser Reise lehrte mich Rabbi Levi, wieder mit den Augen eines Kindes zu sehen. Ich entdeckte den Zauber von Menschen und Landschaften, für den ich in all meiner Gelehrsamkeit und Eigenliebe blind geworden war. Heiter und mit der Abrede, gemeinsam nach Rom zurückzureisen, trennten wir uns vor den Toren Wiens. Der Rabbi wandte sich zum Judenviertel, während ich mich zum Haus des Hofbibliothekars Peter Lambeck durchfragte.

Peter machte mir wenig Hoffnung auf einen Erfolg meiner Mission. Der Kaiser sei bigott, seine spanische Gemahlin hasse die Juden, und die jesuitischen Beichtväter bestärkten sie in ihrer Dummheit. Peter behielt recht. Der Kaiser gewährte mir keine Audienz. Ich wurde an einen Minister verwiesen, der die Botschaft mit der Bemerkung entgegennahm, die Königin mische sich in fremde Angelegenheiten. Ich erwiderte, sich eines Bedrängten zu erbarmen, sei Christenpflicht und erinnerte an das Gleichnis vom barmherzigen Samariter. Der Minister entließ mich mit eisiger Miene.

Zwei Tage wartete ich vergeblich auf Rabbi Levi. Dann machte ich mich auf die Suche. Nur mit Mühe konnte ich in das von Soldaten abgesperrte Judenviertel gelangen. Ich traf sterbensmüde Greise, Männer, Frauen und Kinder, die mit wenigen Habseligkeiten auf dem Rücken blicklos an mir vorüberzogen. Mir begegneten Menschen, die vor Verzweiflung den Verstand verloren hatten. Ich war so entsetzt, daß ich niemanden anzusprechen wagte. Erst als mir ein alter Rabbiner in den Weg trat, fragte ich nach Rabbi Levi. Ich erfuhr, daß vor einigen Tagen plündernder Pöbel das Judenviertel überfallen hatte. Rabbi Levi war ihm mit ausgebreiteten Armen und dem Ruf »Schalom!« entgegengegangen. Ein Stein hatte ihn tödlich getroffen. Der Alte führte mich an das Grab und sagte: »Er hat den besseren Teil erwählt.«

Zu Tausenden zogen die Wiener Juden in eine ungewisse Zukunft. Nur Rabbi Levi, dessen Zuhause die Straße gewesen war, blieb in Wien. Als ich Peter Lambeck meinen Jammer klagte, sagte er düster: »Rabbi Levis Blut wird über die Stadt kommen, dann gnade uns Gott.«

Peters Prophezeiung erfüllte sich. Nach dem Auszug der Juden spülte eine Teuerungswelle den einstigen Wohlstand hinweg; die Pest von 1679/80 kostete Tausende von Wienern das Leben, unter ihnen mein Freund Peter Lambeck; 1683 standen die türkischen Heere vor den Toren Wiens.

Wieder in Rom, erstattete ich der Königin sofort Bericht. Noch enttäuscht von der Wahl Emilio Altieris zum Papst, erbittert, daß der Kaiser sie in meiner Person gedemütigt hatte, entlud sich ihre Trauer in einem Zornesausbruch. Sie hämmerte mit ihrem Ebenholzstock auf den Boden und stieß atemringend hervor: »Fürsten sind mitunter verbrecherischer durch ihre Vorbilder als durch ihre Handlungen. Und die große Masse war zu allen Zeiten und in allen Religionen dumm und abergläubisch. Sie ist es heute und wird es immer sein. Kanaillen alle miteinander!«

Noch einmal protestierte sie beim Kaiser gegen die Judenverfolgungen. Leopold antwortete nichtssagend. Christine resignierte nicht. Sie verfaßte ein Dekret zum Schutz der römischen Juden, das sie sechzehn Jahre später ausdrücklich bekräftigte, und in dem es hieß: »Die Königin Christina, Beschützerin der Elenden, Unterdrückten und Gequälten, bewogen durch ein hochherziges Mitleid, tut kund und zu wissen, daß sie das Ghetto der Juden in Rom und alle seine Bewohner in ihren wirksamen Schutz genommen hat. Demzufolge tut sie kund, daß sie alle streng zu strafen wissen wird, wer immer in Zukunft sich unterfängt, die oben Genannten in irgendeiner Weise zu beschimpfen oder zu verletzen.«

*

Mit Clemens X. Altieri verstand sich Christine unerwartet gut. Obwohl den Künsten wenig zugetan, erlaubte er der Königin, das verfallende Tordinona-Gefängnis unweit der Engelsbrücke zu einem Theater umzubauen. Er erhob auch keinen Einspruch, als auf der Bühne weibliche Rollen von Frauen dargestellt wurden. Diese Neuerung erregte großes Aufsehen. Fürsten und Kardinäle mieteten Logen im Tordinona, unter ihnen Kardinal Benedetto Odeschalchi, von dem zu reden sein wird, wenn er sich Papst Innozenz XI. nennt.

Im Palazzo an der Lungara gewährte Christine Frauen Wohnung und Schutz, die vor einer erzwungenen Eheschließung oder vor Mißhandlungen durch ihre Männer geflohen waren. Die Königin ließ sie nach ihren Talenten ausbilden, damit sie fortan unabhängig von ihren Familien leben konnten. Angehörige beschwerten sich bei der Kurie oder sogar beim Papst über Christine. Ich erinnere mich, wie der greise Kardinal Francesco Barberini von der Königin die Herausgabe eines Mädchens verlangte, das ihre Verwandten zur Ehe mit einem reichen Mann zwingen wollten. Christine schlug es ihm rundweg ab und ließ sich auch nicht auf seinen Vorschlag ein, das Mädchen in ein Kloster zu geben. Dann könne das arme junge Geschöpf ja gleich zu den Huren auf die Ripetta gehen, fuhr Christine den Kardinal an. Er sei ein alter Trottel, der nichts von der Welt verstehe. Bleich verließ der Kardinal das Gemach der Königin und murmelte vor sich hin: »Ein Trottel bin ich nicht, nein, ein Trottel bin ich nicht.«

Kein Hilfsbedürftiger klopfte vergeblich an die Tür der Königin. »La Padrona« nannten die Römer sie nun. Überraschend besserte sich ihre finanzielle Situation, als 1672 Karl Gustavs

Sohn, der als Kind ständig kränkelnde Karl XI., den schwedischen Thron bestieg. Niemand, am wenigsten wohl der allmächtige Herr Magnus, hatte sich vorstellen können, daß der Jüngling mit eisernem Besen kehren würde. Innerhalb weniger Jahre beschnitt er kräftig die Rechte des Adels, beschlagnahmte die ergaunerten Krongüter, entmachtete Herrn Magnus und ließ ihn wegen Verschwendung und Bereicherung verurteilen. Für Christines Güter bestellte er einen ehrlichen Verwalter, so daß sie fortan regelmäßig mit Einkünften rechnen konnte.

Die Königin protegierte Künste und Wissenschaften. In ihrer Akademie versammelten sich die besten Geister Roms, und jeder ausländische Gelehrte rechnete es sich zur Ehre an, zu den Sitzungen geladen zu werden. Im Palazzo an der Lungara verkehrten die Astronomen Cassini und Giordani, der Mathematiker Borelli, dessen großartiges Werk über die Mechanik der Tierbewegungen Christine drucken ließ, der Numismatiker Camelli, der Kunsthistoriker Bellori. Die Königin korrespondierte mit dem deutschen Alchimisten Glauber, dem Historiker Samuel von Pufendorf, dem Astronomen Wasmuth, aber auch mit ihren alten Bekannten Isaac Vossius und Nicolaas Heinsius. Ohne Ansehen von Konfession oder Nation förderte sie Dichter, Künstler und Gelehrte durch großzügige Schenkungen.

Viele Stunden des Tages verbrachte sie in der Bibliothek, in der Bildergalerie, die sie ständig vergrößerte, und im Laboratorium, wo sie mit Azzolino noch immer nach dem Stein der Weisen suchte.

Clairet spionierte wie eh und je für seine Herrin, Santini lobte Gott und den Wein, del Monte hurte, erpreßte, spielte und amüsierte die Königin mit witzigen Einfällen. Obwohl ständig mit tausend Dingen beschäftigt, waren alle ruhiger geworden, wie es das Altern so mit sich bringt.

Azzolino peinigte nicht mehr der Ehrgeiz, Papst zu werden, und Christine fand sich damit ab, daß die Vorsehung sie nicht dazu bestimmt hatte, in Europa ein Reich des Friedens zu errichten. »Die Welt hat sich verändert«, sagte sie in einer Akademiesitzung, »sie bedarf keiner Heroen mehr. Europa zerfällt in sich befehdende Staaten, deren Oberhäupter sich um so großartiger dünken, je mittelmäßiger sie sind. Europa ist verloren, es sei denn, der Sultan zwingt den Kontinent zur Einheit. Aber um welchen Preis! Es könnte sein, daß Kosaken und Tataren unter türkischer Führung in Polen einfallen und so neue fatale Ereignisse für die Christenheit heraufbeschwören.« Sie mochte dabei an die Prophezeiung denken, auf dem polnischen Territorium werde die Entscheidungsschlacht des Jahrtausends zwischen Gläubigen und Ungläubigen ausgetragen. »Was Polen geschieht, geschieht uns allen«, sagte sie oft.

Von niemandem betrauert, starb 1676 der hochbetagte Papst Clemens X. Ihm folgte Benedetto Odeschalchi als Innozenz XI. Den Römern schwante nichts Gutes bei der spartanischen Krönung – keine Festlichkeiten, Triumphbögen, Geldmünzen fürs Volk. Man machte sich noch keine rechte Vorstellung von dem Mann, der immer nur der Arbeit und dem Gebet gelebt hatte und nur selten in der Öffentlichkeit erschien. Ich war ihm einige Male im Tordinona-Theater begegnet und wußte, daß die Königin ihn schätzte. Seit Jahren unterstützte er den Plan einer europäischen Koalition gegen die Türken, und er galt als unbestechlich. Und doch sollte gerade er zu Christines schärfstem Widersacher werden.

Dem goldenen Zeitalter unter Clemens IX. Rospigliosi folgte das eiserne unter Innozenz XI. Odeschalchi. Innozenz regierte mit harter Hand und verlangte Verzicht von den Römern. Seine Sittenstrenge trieb wunderliche Blüten. Er ließ die Nacktheit auf Gemälden übermalen, er wetterte gegen die kleidsame Tracht der Römerinnen. Wer Arme und Halsausschnitt zeigte, wurde von der Kommunion ausgeschlossen. Anfangs spottete Christine über ihren alten Freund, der sich vom Theaterliebhaber zum Savonarola wandelte. Zu Papstaudienzen erschien sie bis zur Lächerlichkeit verhüllt, die sie begleitenden Damen mußten ein von ihr entworfenes Gewand tragen, die »Innozentiana«: ein schwarzes Kleid mit langer Schleppe, das selbst Kinn und Hände bedeckte. Der Papst lächelte nicht. »Ausgelassenheit und Schlappheit« wollte er nicht dulden. Er verbot das öffentliche Theater, den Auftritt von Frauen auch in Privataufführungen.

Jetzt widersetzte sich Christine offen. Entgegen dem päpstlichen Verbot protegierte sie weiterhin das Tordinona-Theater, bis der Papst es zum Getreidespeicher erklärte. Im Palazzo an der Lungara spielten wie vorher Frauen in weiblichen Rollen. Christine verlängerte die Öffnungszeiten für ihre Gemäldesammlung, in der jedermann die Schönheit des nackten menschlichen Körpers auf den Bildern großer Meister bewundern konnte. Nie zuvor hatten sich so viele Besucher im Palazzo eingefunden.

Innozenz war ein Mann von ebenso starkem Willen wie schlechter Menschenkenntnis. Ein spottlustiges, wildes, vergnügungssüchtiges Volk wie die Römer läßt sich nur mit Nachsicht für menschliche Schwächen regieren oder überhaupt nicht. In diesem Sinne war Christine eine echte Römerin. Mochte der Papst sich noch so große Verdienste in der Verwaltung des Kirchenstaates erwerben, solange er den Römern vorschrieb, wie sie zu denken und zu spucken hatten, erregte er nur ihren Zorn.

Die Jesuiten sahen ihre große Stunde gekommen. Wie unbestritten die Leistungen dieses Ordens auch in den exakten Wissenschaften sind – ich nenne hier nur das Universalgenie Pater Athanasius Kircher, die Astronomen Clavius und Scheiner, die Geographen Marquette, Kühn und Fritz –, in der Theologie versteigt er sich zu finsterer Intoleranz. Zu unser aller Verhängnis fürchtete Papst Innozenz die Jesuiten, da er, obwohl fromm, keine gediegene theologische Ausbildung besaß.

Mein Freund Bengt, inzwischen Priester in Kardinal Azzolinos Diensten, erntete Beifall, als er während einer Sitzung der Königlichen Akademie bemerkte, nichts sei unerträglicher als eine Wissenschaft des Glaubens. Sie ersticke sowohl Wissenschaft wie Glauben und hülle die Welt in ein Dunkel, das nur vom Feuer der Scheiterhaufen erhellt werde.

Auch als Priester blieb Bengt Arzt. Die Soutane trug er mit der nicht zu verleugnenden Eleganz des Weltmannes, sein Witz kam aus dem Intellekt und nicht aus den Tiefen der Volksseele wie einst bei Pater Gennaro. Die Armen nannten ihn »il dottore« und verehrten ihn mit scheuer Zurückhaltung, die Reichen spotteten hinter seinem Rücken, holten aber gern seinen medizinischen Rat ein. Manchmal klagte Bengt, er sitze zwischen allen Stühlen. Ich tröstete ihn, das sei immer noch besser als auf dem hohen Roß. Wir sahen uns nur selten, denn Bengt hatte sich mit dem spanischen Priester Miguel Molinos angefreundet.

Zehn Jahre zuvor war Miguel Molinos nach Rom gekommen, um die Seligsprechung eines Geistlichen aus seiner Heimat zu betreiben. Das glückte ihm zwar nicht, aber seine seelsorgerischen Fähigkeiten machten ihn bald bei den Damen des Adels beliebt. Miguel Molinos wurde Mode. Er lehrte, es bedürfe keiner ermüdenden Gebete und Exerzitien, um sich Gott zu nähern. Die richtige Haltung der Seele bestünde in passiver Resignation und im Schweigen. Es sei sinnlos, sich gegen Versuchungen zu wehren, etwa durch Kasteiungen, denn alles entspringe göttlicher Eingebung, auch die Sünde. Kein Wunder, daß solch eine Lehre vielen ängstlichen Seelen gefiel. Wird doch ein armer Sünder nicht dadurch zu einem Heiligen, daß ihm eifrige Priester bei jeder Verfehlung die Schrecken des Jüngsten Gerichts ausmalen. Nicht jeder besitzt die seelische Stärke einer Christine, die den Ermahnungsbrief eines mir unbekannten Priesters mit Randbemerkungen versah wie: »Wer hat Sie um Ihre Ansicht gebeten?« – »Unterlassen Sie es, mich zu schulmeistern!« – »Schulmeister, Kontrolleure, Vorbeter, alle solche Kanaillen verabscheue ich.« – »Glauben Sie, ich sei so weltfremd, daß ich nicht weiß, wie man in Rom lebt und welche Schurkenstreiche hier begangen werden?« – »Wenn Gott ein Priester wäre, dann wehe der Welt.« — »Sobald Sie in die Ewigkeit eingehen, werden Sie einsehen, welch ein Untier Sie auf Erden waren, und weiß Gott, wo Sie landen werden.«

In der Wertschätzung des Miguel Molinos waren sich der Papst, Kardinal Azzolino und die Königin ausnahmsweise einmal einig. Bengt überzeugten die Glaubenssätze des Mystikers als Priester wie als Arzt. Ich teilte seine Begeisterung für Molinos nicht. So löblich mir manche Grundsätze des Spaniers auch schienen, hielt ich ihn doch für einen Wirrkopf, der sich zur großen spanischen Mystik einer Therese von Avila und eines Johannes vom Kreuz ausnahm wie ein ungezogener Schüler zu seinen Lehrern. Ich verstand nicht, daß ein kühler Denker wie Bengt der These anhängen konnte, der Teufel verleite die Menschen zwar zu Untaten, aber die Seele bleibe davon unberührt; oder gar den kindischen Satz verteidigte, jeder Einfall sei eine göttliche Eingebung, der man sofort folgen müsse. Für starke, in sich gefestigte Charaktere mag gelten, daß sie keiner Priester, Sakramente und vorgeschriebener Gebete bedürfen, um in Einklang mit Gott zu leben. Die meisten Menschen aber brauchen das Korsett des in irdische Sprachen übersetzten göttlichen Gesetzes, also verbindlicher Regeln und Normen.

Molinos lehrte Mißtrauen gegen die Priester, doch wenn er unbedingten Gehorsam gegenüber Seelsorgern seiner Art forderte, erwachte mein Argwohn. Mehr als den leicht erkennbaren Fanatismus der Dunkelmänner fürchte ich den Fanatismus der Menschheitsbeglücker.

Jeden Montag fand sich Pater Molinos im Palazzo an der Lungara ein. Die Königin mochte den kleinen häßlichen Mann vermutlich vor allem deshalb, weil er den Jesuiten die Stirn bot. Sie führte lange theologische Gespräche mit ihm, aber ungleich anderen Fürstinnen wählte sie ihn nicht zum Seelsorger. Als er ihr einmal vorhielt, Gesang und Musik während des Gottesdienstes seien ermüdende weltliche Zerstreuungen, entgegnete sie, diese Messen seien das Schönste auf Erden und geeignet, die Zuhörer gläubig zu machen. Auch über seine »göttlichen Inspirationen« äußerte sich Christine skeptisch.

Vor mir liegt ein Brief, in dem sie auf die Ermahnungen des Paters, sie setze ihren Ruf aufs Spiel, wenn sie allzu kritisch über den Papst spreche, antwortet, sie lobe nur die Würdigen und kritisiere die Unwürdigen, aber sie könne auch schweigen, wenn es nötig sei. Außerdem weigere sie sich zu glauben, daß Molinos seinen Brief unter göttlicher Eingebung geschrieben habe, wie er behaupte. Gott gebe niemals einem Menschen ein, Dummheiten zu sagen. Die Macht, die ihn zu diesem Brief inspiriert habe, sei nicht Gott, sondern der Teufel, »aber ein Teufel, der ein Schafskopf ist und mich schlecht kennt«.

Dennoch verteidigte Christine die Quietisten, wie sich die Anhänger des Molinos nannten, bis zu ihrem Tode. Sie konnte nichts Gefährliches an Menschen entdecken, die Gott mit dem Herzen suchen und dabei die äußeren Formen kirchlicher Frömmigkeit ablehnen.

Bengt fehlte diese souveräne Urteilskraft. Des jahrzehntelangen Zweifelns, Irrens und Suchens müde, glaubte er in Pater Molinos' Lehre den Stein der Weisen gefunden zu haben: eine Toleranz, die alle Grenzen zwischen den Religionen aufhebt und zur Staatsdoktrin wird. Vergeblich warnte ich ihn, den Boden der Wirklichkeit zu verlassen. Mit der Freiheit, die er meinte, würden die Menschen Unfug treiben und ins Chaos stürzen. Ich predigte tauben Ohren. Bengt gehörte damals zu jenen, die ein für allemal die Menschheitsprobleme lösen wollen, anstatt das ihnen Aufgegebene zu tun und alles andere dem Gang der Geschichte zu überlassen. Mit Feuereifer warf er sich in den Kampf gegen die Jesuiten.

Auch die Königin versuchte Bengts Eifer zu dämpfen. Als er meinte, man müsse die quietistische Lehre zum Wohle aller mit jedem Mittel durchsetzen, und sich dabei auf Machiavelli und Tacitus berief, sagte sie, diese beiden Männer seien sehr gewandt gewesen, hätten aber durch ihre Bücher viele Dummköpfe und Schurken gemacht. »Man wird nicht immer gewandt, wenn man eine Kanaille wird, und wenn die Seele nicht davon überzeugt ist, daß die Tugend mehr gilt als das Glück, die Ehre mehr als der eigene Nutzen, dann kann man glauben, daß man die anderen täuscht, aber man täuscht nur sich selbst.«

Theologische Fragen haben mich zeitlebens wenig interessiert, schon gar nicht zu seiner Zeit, da die Türken gegen Wien vorrückten. Währenddessen tat sich Ludwig XIV. an Europa gütlich. Er eroberte, unterjochte, raubte, plünderte – in Deutschland, Spanien, Flandern. Die Türken konnten sich keinen besseren Helfer wünschen. Christine nannte Ludwig nur noch »le petit Turc«.

Dem Heer Kara Mustafas schien niemand mehr widerstehen zu können, am wenigsten Kaiser Leopold. Dessen beste Truppen lieferten sich am Rhein Schlachten mit den Franzosen. Polen war unsere letzte Hoffnung. Bisher bedrängt von Schweden, Russen und Brandenburgern, vernachlässigt vom Heiligen Stuhl, verraten von Frankreich, sollten nun die Polen mit ihrem Blut und dem Beistand der Jungfrau Maria die Throne in Wien und Rom verteidigen. Papst Innozenz versprach König Sobieski alles, was er wollte, um hernach so gut wie nichts davon einzulösen.

Der Sommer des Jahres 1683 erinnerte an den von 1669, als Candia dem Untergang geweiht war. Wenn Wien fiel, war auch Rom verloren. Wieder läuteten alle Glocken. Der Papst, alle Kardinäle, Priester, Mönche, Nonnen und unzählige Gläubige beschworen Gott auf Knien, den Verteidigern Wiens beizustehen. Diesmal fanden sie Gehör. Am 12. September 1683, fast auf den Tag genau vierzehn Jahre nach der Niederlage christlicher Heere auf Kreta, besiegte König Sobieski die Türken vor Wien und rettete durch sein beherztes Eingreifen das christliche Abendland.

Überschwenglich feierten die Römer. Mit Freudenschüssen, Illuminationen, Dankmessen befreite sich die Stadt von der angstvollen Spannung des letzten halben Jahres. Es waren wohl die glücklichsten Tage während des Pontifikats dieses ungeliebten Papstes.

Die Königin schrieb an Sobieski: »An diesem zwölften September haben sich Eure Majestät nicht nur des polnischen Thrones würdig erwiesen, sondern auch die Herrschaft über die ganze Erde verdient, wenn der Himmel sie einem einzigen Herrscher zugedacht hätte. Ich, die ich kein Reich mehr besitze, schulde Ihnen die Erhaltung meiner Ruhe und Unabhängigkeit, die ich höher schätze als alle Reiche der Welt.«

Die Ruhe, von der Christine an Sobieski schrieb, blieb ihr versagt. Das Schicksal und ihr Temperament ließen es nicht zu, daß sie sich aus den Geschäften der Welt zurückzog.

Anfang der achtziger Jahre hatten die Jesuiten einen Prozeß gegen Molinos angestrengt, aus dem der Pater als Sieger hervorgegangen war. Ich versuchte Bengts Euphorie mit dem Hinweis auf das Verfahren gegen Galilei zu dämpfen. Auch Galilei hatte mächtige Beschützer gehabt und war schließlich doch unterlegen. Bengt schalt mich einen Schwarzseher. Fünfzig Jahre seien seit dem Prozeß gegen Galilei vergangen, die Erde drehe sich noch immer um die Sonne und auf die Vernunft zu.

Doch was sind fünfzig Jahre in der Geschichte! Und Vernunft bedeutet doch meist nur Klarsicht für die Fehler anderer und Blindheit gegenüber den eigenen Fehlern.

Immer wieder stritt ich mit Bengt über den Quietismus. Die Quietisten legten, so meinte ich, die Lehre ihres Meisters gar zu freizügig aus. Verschafften sie sich doch ein reines Gewissen, indem sie alle Sünden dem Teufel anlasteten und Gott zum Zeugen ihrer Unschuld anriefen. Bengt gab dies zu und redete von Entstellungen der reinen Lehre. Ich bezweifelte nicht die persönliche Lauterkeit von Molinos. Aber wenn er den Menschen einredete, jede Aktivität sei von Übel, und man brauche nicht an seiner Vollkommenheit zu arbeiten, weil dies eine Regung des schädlichen Eigenwillens darstelle, durfte er sich nicht über solche »Entstellungen« wundern.

Die zweifelhafte Moral der Quietisten lieferte den Jesuiten genügend Vorwände, sie zu verfolgen. Es trat ein, was ich schon lange befürchtet hatte. An einem Juliabend des Jahres 1685 ließ das Heilige Offizium Molinos und Bengt verhaften. Auf diese Nachricht hin eilte ich sofort zur Königin. Kardinal Azzolino war bei ihr. Er hielt die Festnahmen für einen Irrtum, alles werde sich aufklären. Als er gegangen war, bat mich Christine, die Molinos-Briefe aus ihrer Korrespondenz zu entfernen und zu verbrennen. Sie nahm den Vorfall ernster als der Kardinal. »Du weißt, daß ich nur Gott fürchte«, sagte sie, »aber wir müssen jetzt klug sein. Hier geht es nicht um Theologie, sondern um Politik. Innozenz hat Molinos fallengelassen, weil ihm die Jesuiten eingeredet haben, der Pater bedrohe die Kirche. Und wer die Kirche ist, bestimmen sie. Ein offener Kampf gegen den Papst und den Orden Jesu ist nicht zu gewinnen. Ein Jegliches unter dem Himmel hat seine Zeit.«

Damit sagte sie mir nichts Neues. Meine Sorge galt allein Bengt. Sollte er als Galeerensklave sein Leben beschließen?

Die Königin meinte nur, auch der fanatischste Jesuit brauche hin und wieder einen guten Arzt, das werde Bengt retten.

Tag und Nacht hallten die Schritte der Sbirren in den Gassen. Die Denunziationen und Verhaftungen nahmen kein Ende. Bengts türkischer Diener Hassan verschwand spurlos. Pasquino verging der Spott, er stöhnte: »Wenn wir sprechen, kommen wir auf die Galeeren; wenn wir schreiben, werden wir aufgehängt; wenn wir schweigen (se stiamo quieti – eine Anspielung auf die Quietisten), schleppt man uns vors Heilige Offizium. Was sollen wir tun?«

Die Kommission zur Prüfung der quietistischen Häresien lud Hunderte von Zeugen vor, durchforschte Tausende von Briefen, die in Molinos' Wohnung beschlagnahmt worden waren. Auf Betreiben der Jesuiten berief man Kardinal Azzolino, dessen Sympathien für die Quietisten jedermann kannte, in die Kommission. Er setzte durch, daß die Briefe der Königin an Molinos nicht geprüft wurden, und er ließ Christine die Abschriften aller Protokolle zukommen. Mehr konnte er für sie und Molinos nicht tun.

In den zwei Jahren bis zum Prozeß gegen Molinos verfiel der Kardinal zusehends. Der gewandte Diplomat, der entschiedene Reformer verfing sich in den Netzen der Inquisition. Die Affäre um Molinos untergrub Azzolinos Gesundheit und führte schließlich zu seinem Tode. Wo Dummheit und Fanatismus regieren, stirbt ein aufrechter Mann im Gefängnis oder mit der gemarterten Seele.

Die Königin litt nicht minder. Doch während ganz Rom vor dem Heiligen Offizium zitterte, bewahrte ihre geistige Unabhängigkeit sie vor Selbstzerstörung. Öffentlich bekundete sie Vertrauen in die Unschuld des Molinos. Täglich brachten ihre Diener ihm und Bengt Obst ins Gefängnis. Sie studierte alle Dokumente, die Azzolino ihr zu verschaffen wußte. »Falls Molinos die Dummheiten wirklich gesagt hat, die man in den Protokollen liest, müßte er ins Narrenhaus kommen und nicht vor das Sanctum Officium«, äußerte sie. »Ich habe aber den Eindruck, daß es sich um gefälschte Briefe und Zeugenaussagen handelt, mit deren Hilfe man die einfache Lehre dieses armen Mannes abwürgen will, nachdem er jeder menschlichen Hilfe beraubt ist. Gewisse Vorwürfe sind allerdings absolut richtig und unbestreitbar. Andere Dinge sind falsch ausgelegt und mißverstanden worden – böswillig oder aus Unkenntnis. Ich frage mich, ob es sich hier nicht um einen Fall handelt, bei dem Wahrheit und Unschuld der Heuchelei und egoistischen Interessen zum Opfer fallen.«

Hätte ich so vor dem Heiligen Offizium gesprochen, schriebe ich heute nicht mehr diesen Bericht. Man befragte mich endlos zu Bengt, zum Gefolge der Königin, zu meiner Person. Immer wieder versuchten die Vernehmer meine Antworten im Sinne der Anklage zu verdrehen. Doch ich beschränkte mich auf wenige Worte und ließ mich auf keine Erörterungen ein. Das Kratzen der Federkiele auf Papier verursachte mir Übelkeit.

In die Räume des Heiligen Offiziums dringt kein Hauch von Leben. Die Beamten bewegen sich wie Marionetten, sie ähneln einander auf beängstigende Weise, nie erheben sie die Stimme,

Bettes, den ich im Halbdämmer nicht bemerkt hatte. Es war Bengt.

Als wir später in der Bibliothek beieinander saßen, flehte ich Bengt an, die Gelegenheit zur Flucht zu nutzen. Er lehnte ab. »Ich habe meinen Kampf gekämpft und bin als Besiegter eines Höheren daraus hervorgegangen. Papst, Fürsten, die Gesellschaft Jesu dienten nur als Werkzeug, meine Eitelkeit und Anmaßung zu besiegen. Sieger sind auch sie nicht.« Kardinal Azzolino habe vom Heiligen Offizium erwirkt, daß er in strenger Abgeschlossenheit im Kapuziner-Kloster leben dürfe. In seiner Zelle sei er ein wahrhaft freier Mann. »Die Freiheit, David, tragen wir in uns, oder wir erlangen sie nie. Wenn wir die Welt von Ost nach West, von Nord nach Süd durchquerten, uns in die Lüfte erhöben wie die Vögel und in die Tiefen der Meere tauchten wie die Fische, unsere Sehnsucht bliebe doch immer ungestillt, und das Unheil säße uns beständig auf den Fersen. Erinnerst du dich an den Prior von Fiesole? In der Zelle des Bernardino von Siena sprach er davon, daß Freiheit nur in der Beschränkung zu finden sei. Er hatte recht. In der Blume vor meinem Fenster erlebe ich alle Wunder der Schöpfung, wie es mir früher nie vergönnt war. Laß mir diesen Frieden. Ich habe einen hohen Preis dafür bezahlt.«

Zwischen den Wachen ging er davon, schwerfällig, mit gesenktem Kopf. Bei diesem Anblick mußte ich die Zähne zusammenbeißen, um nicht vor Schmerz aufzuschreien. Wenn wir uns auch noch einige Male am Lager der Königin trafen, war dies unser Abschied für immer gewesen.

Niemand, auch Bengt nicht, hatte erwartet, daß sich die Königin noch einmal von ihrem Krankenlager erheben würde. Doch Mitte März läuteten in Rom die Glocken, feierte das Volk Christines Genesung. Am glücklichsten war der Kardinal. Er, der sonst so sparsame, beschenkte alle Diener, ließ Dankmessen lesen, den Palazzo illuminieren. Immer wieder hatten böse Zungen behauptet, der Kardinal hofiere die Königin nur, um sie zu beerben. Seine Freude strafte sie Lügen. Wie früher kam er jeden

Tag zu Christine, obwohl seine Gesundheit der Schonung bedurfte.

Als die Königin ankündigte, sie werde sich in Kürze in die Einsamkeit zurückziehen, glaubte ich, sie spreche vom Kloster. Ihr Groll gegen Papst Innozenz war geschwunden. Sie bestimmte ihn zu ihrem Testamentsvollstrecker. Aber die Gemälde des Audienzsaales, für die er ihr sechzigtausend Taler bot, überließ sie ihm nicht. »Er möge warten, bis ich tot bin«, sagte sie.

Christines Kunstsammlungen werden auf eine halbe Million Taler geschätzt. Sie enthalten die besten Correggios, Werke von Tizian, Raffael, Guido Reni, Veronese, Caracci; antike Marmorskulpturen und Statuen von Bernini; mehr als hundert prächtige Gobelins. Unschätzbar ist der Wert ihrer Bibliothek, der zweitausend Manuskripte, der Handzeichnungen, Kupferstiche, Münzsammlungen.

In den letzten Märztagen begleitete ich Christine auf einem Gang durch die Bildergalerie. Dabei gedachte sie auch Berninis, der seit fast neun Jahren unter den Altarstufen von Santa Maria di Maggiore ruhte. Kurz vor seinem Tod hatte der Meister Kardinal Azzolino aufgetragen, Christine möge für ihn, Bernini, beten, denn er verspreche sich von ihrer Fürsprache ewiges Heil. Sie hatte ihm ausrichten lassen, sie wolle sich größte Mühe geben, seinen Wunsch zu erfüllen, ihn aber ihrerseits gebeten, für sie und Azzolino im Himmel ein gutes Wort einzulegen, damit sie alle drei einst dort zusammenträfen, wo man in Ewigkeit ungetrübtes Glück genieße.

»Ich habe getan, was ich konnte«, sagte Christine, »nun bitte ich dich um dein Gebet, denn der Kardinal und ich werden bald heimgehen zu unserem Schöpfer und dich dort erwarten.«

Sie stützte sich schwer auf meinen Arm, Kurzatmigkeit zwang sie, immer wieder innezuhalten. Lange verweilte sie vor dem Marmorbildnis der Clytia. Sie hatte das hellenistische Fragment ergänzen lassen, und die Szene zeigt jenen Moment, da die Nymphe vor Liebe zum Sonnengott vergeht und sich in eine Blume verwandelt. In jenem Tonfall, der nie erkennen ließ, ob sie es ernst meinte oder spottete, sagte Christine: »Ich habe mich immer als eine Schwester Clytias gefühlt. Tochter eines Titanen, besaß sie das wilde Herz ihrer Väter, doch nicht deren kriegerische Unarten. Wieviel besser wäre es um die Welt bestellt, wenn sie und ihre Schwestern anstelle von Kronos und Zeus regiert hätten.«

Christine nahm Abschied. Ein Vorfall, der sich um diese Zeit im Palazzo zutrug, beschleunigte ihren Tod. Eine der jungen Frauen, die Christine protegierte, bei sich beherbergte und ausbilden ließ, war die bildschöne Sängerin Giorgina, der Königin lieb wie eine Tochter. Der Priester Vaini, ein berüchtigter Schürzenjäger, stellte ihr schon lange nach und nutzte jetzt eine günstige Gelegenheit, dem Mädchen Gewalt anzutun. Diener eilten dem Mädchen auf ihr Schreien zu Hilfe, der Schurke entkam. Giorgina warf der Schock auf das Krankenlager. Die Königin vermißte sie, fragte nach ihr, aber niemand wagte ihr die Wahrheit zu sagen, da der Kardinal allen verboten hatte, Christine aufzuregen. Als sie schließlich doch von dem Vorfall erfuhr, sprang sie aus dem Bett, als sei sie noch jung und gesund, riß die Türen ihres Schlafgemachs auf und schrie, man möge den Übeltäter aufspüren und tot oder lebendig vor sie bringen. Dann stürzte sie ohnmächtig zu Boden.

Bengt eröffnete dem Kardinal, nun bestünde keine Hoffnung mehr für Christine, man solle sie auf den Tod vorbereiten. Drei Tage und drei Nächte wachte Azzolino an Christines Lager. Wie einst die Liebe, band sie jetzt der Tod aneinander.

Papst Innozenz, ebenfalls bettlägerig, schickte der Königin seinen Segen, den sie dankbar und mit klaren Sinnen empfing, wie sie auch die Sterbesakramente laut und deutlich mitsprach. Ihre letzten Worte an mich lauteten: »Weine nicht, David, das Leben ist ein Traum, vergeht und flieht wie ein Blitz. Wir alle eilen der Ewigkeit zu. Lehrte dich nicht auch dies die Geschichte?«

Im Morgengrauen des neunzehnten April trat der Kardinal aus dem Schlafgemach und sagte tonlos: »Ihre Majestät, die Königin von Schweden, ist abgeschieden. Möge Gott sie nach seiner Barmherzigkeit herrlich und selig sein lassen.«

In ihrem Testament hatte Christine verfügt: »Wir wünschen, daß Unser Leichnam in weiße Tücher gehüllt und in der Kirche La Rotonda (Pantheon) oder in einer anderen Kirche, die Unsere Erben wählen mögen, beigesetzt werde; der Leichnam soll nicht gezeigt werden, und Wir verbieten auch jeden Begräbnisprunk und ähnliche Eitelkeiten. Das Epitaph soll ein einfacher Stein mit folgender Inschrift sein: D.O.M. Vixit Christina annos LXIII. Dies wünschen Wir und nichts mehr und nichts weniger.«

Der Kardinal tat alles Menschenmögliche, ihre Wünsche zu erfüllen. Doch der Papst entschied anders. War es schlechtes Gewissen, falsch verstandener Dienst an der Kirche oder Konzession an die Schaulust der Römer, die ihn Christines Testament mißachten ließ? Die Königin wurde im Palazzo an der Lungara aufgebahrt, im Verfall ihrer sterblichen Überreste den Blicken Neugieriger preisgegeben. In der Chiesa Nuova fanden die Exequien statt, und nach einem prunkvollen Leichenzug setzte man den Sarg im Petersdom bei. Die Römer verabschiedeten die Königin so feierlich, wie sie sie einst empfangen hatten. Kardinal Azzolino und der Papst blieben dem Begräbnis fern, sie lagen beide krank darnieder.

Wochen später versammelten sich im Garten des Palazzos an der Lungara die Mitglieder der Königlichen Akademie, um ihrer Gründerin und Förderin zu gedenken. Der Dichter Alessandro Guidi trug den Text des Singspiels »Diana und Endymion« nach einem Entwurf von Christine vor. Die Liebe zwischen Diana und dem Schäfer Endymion hatte die Königin seit der ersten Begegnung mit dem Kardinal immer wieder beschäftigt. Sie schrieb verschiedene Fassungen dieser Sage. In ihrem letzten, nun von Alessandro Guidi rezitierten Entwurf läßt sie den Schäfer Endymion zuerst in Liebe entbrennen. Seine Leidenschaft läutert sich schließlich zu sanftem Feuer, bis sie als Strahl göttlichen Lichts die Zurückhaltung der herben, stolzen Diana besiegt. So triumphiert nicht Endymion über Diana, sondern beide werden durch die Kraft der Liebe überwunden. Mit Guidis Stimme sprach Christine ein letztes Mal zum Kardinal.

Azzolino hielt während des Vortrags die Augen geschlossen. Sein Gesicht zeigte keine Regung, auch nicht – war's Zufall oder Absicht –, als jenseits der Mauer ein Gassenjunge das alte Spottlied sang: »Aber Azzolino in Rom weiß ihre Sorgen zu vertreiben, ohne ihn würde Christine traurige Nächte verbringen.«

Ich wollte den Frechling davonjagen. Der Kardinal hielt mich zurück. »Das gehört dazu«, sagte er.

Am heutigen Tag, da ich meinen Bericht abschließe, ist Papst Innozenz XI. gestorben. Ein Geschlecht tritt ab, ein neues steigt auf. Unsere Zeit ist zu Ende. Wir haben viel gewollt und wenig erreicht. Nun steht uns nur noch bevor, das Wort aus dem Johannes-Evangelium zu erfüllen: »Wenn das Weizenkorn nicht in die Erde fällt und erstirbt, so bleibt's allein; wenn es aber erstirbt, bringt es viel Frucht.«

Keiner der nach uns Kommenden möge sich uns überlegen dünken. Denn wie er richtet, wird über ihn gerichtet werden. Gott steh uns allen bei. Amen.

Rom, am 12. August 1689 nach dem Gregorianischen Kalender

den neapolitanischen Feldzug; Verrat Monaldescos und dessen Hinrichtung in Fontainebleau (6. November)

1658 Christina kehrt nach Rom zurück und bezieht den Palazzo Mazarin (Mai)
Leopold I. wird römisch-deutscher Kaiser (18. Juli)
Tod Oliver Cromwells (3. September)

1659 Christina bezieht den Palazzo Riario (Juli)

1660 Tod König Karls X. Gustav (3. Februar), Magnus de la Gardie übernimmt Vormundschaftsregierung für den vierjährigen Karl XI.
Frieden von Oliva zwischen Schweden und Polen (3. Mai)
Schwedisch-dänischer Frieden (Juni)
Wiederherstellung der Monarchie in England unter Karl II. Stuart (29. Mai)
Vermählung Ludwigs XIV. mit Maria Theresia von Spanien (9. Juni)
Christina reist von Rom (18. Juli) über Hamburg (18. August) nach Stockholm (12. Oktober)

1661 Tod Lucas Holstenius' (2. Februar)
Tod Kardinal Mazarins (9. März), Ludwig XIV. übernimmt die Regierung
Christina verläßt Schweden (Mai) und residiert in Hamburg

1662 Christina kehrt nach Rom zurück (20. Juni)

1666 Auf dem Weg nach Schweden macht Christina in Hamburg Station (7. Juli)

1667 Abreise nach Schweden (28. April)
Tod Papst Alexanders VII. (22. Mai)
Christina reist überstürzt aus Schweden ab (5. Juni), wieder in Hamburg (10. Juni)
Clemens IX. (Giulio Rospigliosi) wird Papst (20. Juni), Kardinal Decio Azzolino dessen Staatssekretär

1668 König Johan II. Kasimir Wasa von Polen dankt ab (16. September)
Christina bemüht sich um die polnische Krone

Rückkehr nach Rom (November), triumphaler Empfang
1669 Türkische Truppen erobern Candia (9. September), Kreta in türkischer Hand
Tod Papst Clemens' IX. (9. Dezember)
1670 Clemens X. (Emilio Altieri) zum Papst gewählt (29. April)
Vertreibung der Juden aus Wien
Christina läßt das Tordinona-Gefängnis zum Theater ausbauen
1672 Karl XI. übernimmt die Regierung in Schweden, Christinas Finanzlage bessert sich
1674 Christina gründet die Accademia Reale (später Arcadia)
Johann III. Sobieski wird polnischer König
1675 In der Schlacht von Fehrbellin besiegt der Große Kurfürst die Schweden
1676 Tod Papst Clemens' X. (22. Juli)
Innozenz XI. (Benedetto Odeschalchi) besteigt den Stuhl Petri (21. September)
1680 Tod Gianlorenzo Berninis (28. November)
1683 Türkische Truppen vor Wien (14. Juli)
Sieg über die Türken (12. September)
1685 Verhaftung von Pater Miguel Molinos durch die Inquisition (18. Juli)
Aufhebung des Edikts von Nantes (18. Oktober), Hugenotten verlieren das Recht der freien Religionsausübung und fliehen aus Frankreich
1687 Streit mit dem Papst über die Immunität der Botschaften in Rom; Christina trägt sich mit dem Gedanken, Rom für immer zu verlassen
1688 Tod des Großen Kurfürsten (9. Mai)
1689 Tod Christinas (19. April)
Tod Kardinal Azzolinos (8. Juni)
Tod Papst Innozenz' XI. (12. August)

Register

Sigrid Grabner

Mahatma Gandhi

Politiker, Pilger und Prophet

Ullstein Buch 34941

Als Mahatma Gandhi am 30. Januar 1948 erschossen wird, ist sein Leben bereits Legende. Der Mann, der als Mohandas Karamchand Gandhi 1869 in Indien geboren wurde, hatte der Welt gezeigt, daß soziale und politische Veränderungen nicht nur durch Gewalt und Terror, sondern auch durch Liebe und Mitleid erreicht werden können. Sigrid Grabner zeichnet den Lebensweg des gewaltlosen Rebellen nach und beleuchtet die unterschiedlichen Facetten Gandhis als Politiker, Pilger und Prophet.

Biographie